Bernhard Adamski

Praktisches Arbeitszeitmanagement

Bernhard Adamski

Praktisches Arbeitszeitmanagement

Ressourcenverwaltung und -steuerung durch
Arbeitszeitkonten- und Personaleinsatzplanung

2. wesentlich überarbeitete und erweiterte Auflage

Die Deutsche Bibliothek – CIP-Einheitsaufnahme

Adamski, Bernhard:

Praktisches Arbeitszeitmanagement : Ressourcenverwaltung und -steuerung durch Arbeitszeitkonten und Personaleinsatzplanung / Bernhard Adamski. -2., wesentlich überarb. und erw. Aufl., - Frechen : Datakontext-Fachverl., 2000
 ISBN 3-89577-182-1

ISBN 3-89577-182-1
2. Auflage 2000
Alle Rechte vorbehalten
© 2000 by DATAKONTEXT-FACHVERLAG GmbH
Augustinusstraße 9d – D-50226 Frechen
Ohne ausdrückliche Genehmigung des Verlages ist es nicht gestattet, das Buch oder Teile daraus in irgendeiner Weise zu vervielfältigen. Lizenzausgaben sind nach Vereinbarung möglich.

Umschlaggestaltung: Hentschel Design & Konzept, Pulheim
Druck: Raimund Roth GmbH, Solingen
Printed in Germany

Inhaltsverzeichnis

Vorwort ... 14

1 VON DER ZEITWIRTSCHAFT ZUM ZEITMANAGEMENT ... 17

1.1 Begriffsbestimmung Arbeitszeitmanagement ... 17

1.2 Aufgabe des Arbeitszeitmanagements ... 18

1.3 Anforderungen an das Arbeitszeitmanagement ... 19

1.4 Die Zeitwirtschaft als Basis ... 20

1.5 Aufbau und Struktur eines Arbeitszeitmanagementsystems ... 23

1.6 Die Arbeitszeitmanagement-Pyramide ... 25

2 DIE REGELKREISE DER ARBEITSZEITFLEXIBILISIERUNG UND DES ARBEITSZEITMANAGEMENTS ... 27

2.1 Regelkreis der Arbeitszeitgestaltung ... 27

2.2 Regelkreis Flexibilisierungsmaßnahmen und Zeitmanagement ... 29

2.3 Anforderungen an Mitarbeiter und Führungskräfte ... 30

    2.3.1 Probleme bei der Umsetzung ... 32

3 FLEXIBLE ARBEITSZEITEN UND ARBEITSZEITMANAGEMENT ... 34

3.1 Kapazitätsorientierte Jahresarbeitszeit ... 34

3.2 Ermittlung des Bedarfs ... 35

3.3	Positionspapier des Deutschen Beamtenbundes DBB über Neue Arbeitsformen	38
3.4	Kundenfreundliche Funktions- und Servicezeiten	39
	3.4.1 Selbststeuernde Gruppen	39

4 RECHTLICHE RAHMENBEDINGUNGEN VON ARBEITSZEITKONTEN 42

4.1	Tarifliche Regelungen	42
	4.1.1 Eisen- und Stahlindustrie Nordrhein-Westfalen	43
	4.1.2 Holzverarbeitende Industrie Baden-Württemberg	44
	4.1.3 Fleischwarenindustrie Westfalen	45
	4.1.4 Getränkeindustrie Rheinland-Pfalz	46
	4.1.5 Nährmittelindustrie NRW	48
	4.1.6 Süßwarenindustrie West	50
	4.1.7 Textilindustrie West	51
	4.1.8 Volkswagen AG	52
	4.1.9 Chemie	54
	4.1.10 Privates Bankgewerbe	56
	4.1.11 Weitere tarifliche Arbeitszeitkonten und Rahmenregelungen	56
4.2	Gesetzliche Regelungen	57
4.3	Flexigesetz	59

5 GESTALTUNG VON ARBEITSZEITKONTEN 73

5.1	Flexibilisierung als Ausgangspunkt	73
5.2	Auswirkungen der Zeitkontenmodelle	74
5.3	Systemtechnische Gestaltung	76

6 AUFBAU UND INHALTE VON ARBEITSZEITKONTEN 78

6.1	Ausgleichseffekt	78
6.2	Mögliche Inhalte des Arbeitszeitkontos	83

6.3	Kurzzeit- und Langzeitkonto	83
	6.3.1 Rechtliche Hemmnisse für Langzeitkontenmodelle	86
6.4	Mögliche Dispositionsräume des Arbeitszeitkontos	90
6.5	Die organisatorische Festlegung von Ansparleistungen und Freizeitausgleich	92
	6.5.1 Bewertung von bezahlten Abwesenheiten	95
6.6	Praktische Umsetzung: Genehmigungsverfahren für Mehrarbeit und Freizeitausgleich	97
	6.6.1 Die Möglichkeiten der Steuerung von Freizeitausgleich	104
6.7	Musteraufbau Arbeitszeitkonto	105

7 ZEITRAUMÜBERWACHUNG VON ARBEITSZEITKONTEN 108

7.1	Ampelkonten	108
7.2	Jahresarbeitszeitkonto	109
7.3	Automatische Zeitraumüberwachung	110

8 SPEZIELLE TARIFLICHE ANFORDERUNGEN AN DAS ARBEITSZEITKONTO 112

8.1	Tarifvertrag Chemie	112
8.2	Tarifvertrag Stahlindustrie	118
8.3	Tarifvertrag Privates Bankgewerbe	119

9 INFORMATIONEN ZUM ARBEITSZEITMANAGEMENT 121

9.1	Das Arbeitszeitkonto als Auslastungsindikator	121
9.2	Informationen als Steuerungsinstrument	124

10 ALTERSTEILZEIT — 126

11 VERTRAUENSARBEITSZEIT — 129

11.1 Definition — 129

11.2 Probleme der Vertrauensarbeitszeit — 131

11.2.1 Zeiterfassungsmöglichkeiten — 131

11.2.2 Rechtliche Rahmenbedingungen — 132

11.2.2.1 Arbeitszeitgesetz — 132

11.2.2.2 Flexigesetz — 137

11.3 Effektive Vertrauensarbeitszeit — 138

11.4 Aufgaben und Probleme der Zeitwirtschaft — 139

11.4.1 Probleme der manuellen Zeiterfassung — 141

11.5 Kernsätze für und wider die Zeiterfassung — 142

11.6 Beispiele aus der Praxis — 143

11.6.1 Betriebsvereinbarungen zur Vertrauensarbeitszeit — 143

11.6.2 Anwendungsbeispiele — 147

11.7 Problemkreis Zielvereinbarungen — 156

11.8 Mitarbeiterstruktur — 160

11.9 Wertewandel zum Arbeitszeitmanagement — 161

11.10 Betriebliches und persönliches Arbeitszeitmanagement als Basis zur Vertrauensarbeitszeit — 163

11.11 Die Zukunft des sozialen Arbeitszeitmanagements — 165

12 ARBEITSZEITKONTEN – GRUNDLAGEN UND GESTALTUNGEN IM SPIEGEL KONTROVERSER MEINUNGEN — 168

12.1	Politische Absichtserklärung der ÖTV	168
12.2	Belohnen Zeitkonten den Arbeitszeitverbrauch?	172
12.3	Wer hat den Vorteil von Arbeitszeitkonten?	173
12.4	Grundlagen und Gestaltungsempfehlungen von Arbeitszeitkonten	174
12.5	Warum werden Arbeitszeitkonten geführt?	176
12.6	Wann abrechnen?	177
12.7	Rollierender Ausgleichszeitraum	180
12.8	Steuerung von Arbeitszeitkonten	180
12.9	Kurzzeitkonto ein Auslaufmodell?	182
12.10	Aufzeichnungspflichten lt. Flexigesetz	183
12.11	Urteile zur flexiblen Arbeitszeit und Überstunden	183
12.12	Tarifliche Regeln zu Arbeitszeitkonten (WSI)	184
12.13	Arbeitszeitkonten und Überstundenabbau	186

13 GRUNDLAGEN DER PERSONALEINSATZPLANUNG — 190

13.1	Fehlzeiten als betriebliche Probleme	194
13.2	Die Erfordernisse für eine Personaleinsatzplanung	195
13.3	Praktische Gründe für die Einführung eines Personaleinsatzplanungssystems	196
13.4	Struktureller Aufbau der Personaleinsatzplanung	201
13.5	Mögliche Planungszeiträume	201

14 PERSONALBEDARFSPLANUNG — 202

14.1	Parameter der Personalbedarfsplanung	202

14.2 Auswirkungen der Personalbedarfsplanung — 205

15 SCHNITTSTELLE ZEITWIRTSCHAFT / PERSONALEINSATZ-PLANUNG — 206
15.1 Schichtplangestaltung — 207

15.2 Arbeitszeitkonto — 207

15.3 Fehlzeiten — 208

15.4 Verfahrens- und Rechenregeln — 210

16 WESENTLICHE LEISTUNGSMERKMALE DER PERSONALEINSATZPLANUNG — 212
16.1 Mitarbeiterspezifische Daten — 213

16.2 Qualifikationen, Funktionen und Prioritäten — 215

16.3 Soll-Ist-Planung — 215

16.4 Zeitraumüberwachung durch Personaleinsatzplanung — 216

16.5 Berücksichtigung von Freizeitausgleich — 216

16.6 Schicht- oder Dienstplanung — 220

16.7 Arbeitsplatzplanung — 223

16.8 Mitarbeiter-Pooling — 225

16.9 Soll-Ist-Vergleich — 226

16.10 Erweiterte Anwendungen im PEP-Bereich: Call-Center — 227

17 CHECKLISTE LEISTUNGSMERKMALE DER PERSONALEINSATZPLANUNG — 230

18 LÖSUNGEN ÜBER INTERNET UND WORKFLOW — 238
18.1 Erfassungsmöglichkeiten und Zeitdatenpflege — 240

18.2 Papierlose Anträge und Genehmigungen — 243

19 DERZEITIGE STRUKTUR DER PERSONALEINSATZPLANUNGSSYSTEME — 246

20 DER NUTZEN EINES AKTIVEN ARBEITSZEITMANAGEMENTS — 251

20.1 Der Nutzen der Personaleinsatzplanung aus der Sicht des Unternehmens — 251

20.2 Der Nutzen der Personaleinsatzplanung aus der Sicht der Mitarbeiter — 252

20.3 Effektivität und Nutzungsgrad installierter Zeitwirtschaftssysteme — 253

21 INTERESSENAUSGLEICH ALS AUFGABE DES ARBEITSZEITMANAGEMENTS — 261

21.1 Arbeitszeitmanagement auf allen Ebenen — 262

22 BETRIEBLICHE INFORMATIONSPOLITIK ALS VORAUSSETZUNG ZUM PRAKTISCHEN ARBEITSZEITMANAGEMENT — 265

22.1 Kontenabruf — 265

22.2 Ausdruck des monatlichen Arbeitszeitkontos — 267

22.3 Die generelle Mitarbeiterinformation — 268

23 ZUSAMMENWACHSEN DER RESSOURCEN ALS ZUKÜNFTIGE AUFGABE DES ARBEITSZEITMANAGEMENTS — 278

Anhang A:
EDV-gestützte Personaleinsatzplanung im Einzelhandel

1 ALLGEMEINE ÜBERLEGUNGEN ZUR PEP — 282

2 ANFORDERUNGEN AN EIN PEP-SYSTEM FÜR DEN EINZELHANDEL — 283

3 BASISINFORMATIONEN — 288

3.1 Personalbedarf — 288
3.1.1 Bedarfsermittlung nach Frequenzdaten — 289
3.1.2 Bedarfsermittlung frequenzunabhängig — 295

3.2 Personalinformationen — 298
3.2.1 Arbeitsvertragliche / außervertragliche Regelungen — 298
3.2.2 Qualifikationen — 299
3.2.3 Fehlzeiten — 300
3.2.4 Wünsche — 301

3.3 Sonstige Einflußgrößen — 302
3.3.1 Gesetzliche Vorgaben — 302
3.3.2 Tarifliche Vorgaben — 303
3.3.3 Betriebliche Vorgaben — 303

4 PERSONALEINSATZPLANUNG — 304

4.1 Manuelle (interaktive) Einsatzplanung — 306

4.2 Systemgestützte Einsatzplanung — 310

4.3 „Automatische" Einsatzplanung — 314

5 PERSONALZEITERFASSUNG — 315

6 PEP ALS CONTROLLINGINSTRUMENT — 318

Anhang B:
Anwendungsbeispiele: Arbeitszeitmanagement, Flexible Arbeitszeiten, Arbeitszeitkonten und Personaleinsatzplanung

1	ANWENDUNGSBERICHT 1: WEBASTO AG FAHRZEUGTECHNIK, STOCKDORF	322
2	ANWENDUNGSBEISPIEL 2: MAHR GMBH, GÖTTINGEN	328
3	ANWENDUNGSBEISPIEL 3: SCHICHTPLANUNG IN EINEM FESTPLATTENWERK	340
4	ANWENDUNGSBEISPIEL 4: 4P RUBE GÖTTINGEN GMBH	356
5	ANWENDUNGSBEISPIEL 5:CITIBANK PRIVATKUNDEN AG	362
6	ANWENDERBERICHT: ZEITWIRTSCHAFT UND PERSONALEINSATZPLANUNG IM EINZELHANDEL	370
	6.1 famila Warenhaus GmbH & Co. KG Soest	370
	6.2 MANOR AG Basel	370
7	ANWENDUNGSBEISPIEL 7: BAUSTOFFZULIEFERBETRIEB TOCHTERUNTERNEHMEN DER DEGUSSA AG, FRANKFURT/M	290
8	ANWENDUNGSBERICHT 8: ZEITPHILOSOPHIE BEI HEWLETT-PACKARD	398

Vorwort

Seit dem Erscheinen der ersten Auflage dieses Buches im Februar 1998 sind zwar erst zwei Jahre vergangen, die aber im Bereich der Zeitwirtschaft und des Arbeitszeitmanagements einiges bewegt und verändert haben. War damals der Begriff des Arbeitszeitmanagements noch relativ neu und wurde nur von wenigen benutzt, so finden wir ihn heute in Veröffentlichungen beider Tarifpartner, sowohl der Arbeitgeber als auch der Gewerkschaften. Es ist erkannt worden, daß die Flexibilisierung der Arbeitszeit nur durch ein gezieltes Arbeitszeitmanagement dauerhaft zum Erfolg geführt werden kann.

Aber auch weitere Veränderungen sind inzwischen eingetreten: Altersteilzeit und Vertrauensarbeitszeit sind auf dem Vormarsch, über Inhalte und Gestaltung von Arbeitszeitkonten wird vermehrt diskutiert und die systemtechnischen Möglichkeiten des Internet/Workflow auch mit anderen Erfassungs- und Auskunftsmöglichkeiten haben enorm zugenommen. Dementsprechend habe ich in dieser zweiten Auflage zu diesen Sachthemen umfangreiche neue Kapitel eingefügt. Das Arbeitszeitkonto als nach wie vor zentrales Thema dieses Buches kommt natürlich übergreifend in allen Abschnitten vor, wobei es m.E. zum besseren Verständnis dient, wenn der Bezug zum Hauptthema des Kapitels als kurzer Ausschnitt manchmal wiederholt wird. Viele Querverweise, die mit dem notwendigen Suchen und Blättern verbunden sind, stören oftmals die Konzentration auf das Thema.

Aber auch die anderen Inhalte wurden je nach Aktualität mehr oder weniger überarbeitet. Da die Problematik insgesamt nicht kleiner sondern wesentlich größer geworden ist, hat auch der Umfang dieses Buches entsprechend zugenommen. Die Anhänge wurden ebenfalls überarbeitet bzw. erweitert.

Die im Vorwort der ersten Auflage gemachten grundsätzlichen Bemerkungen sind auch heute noch gültig und können daher uneingeschränkt übernommen werden: Arbeitszeitmanagement kann jedoch nur funktionieren, wenn grundlegende organisatorische Voraussetzungen geschaffen werden. Diese Voraussetzungen müssen schon in das Projekt Zeitwirtschaft einfließen und als wesentliches Ziel festgehalten werden. Die Erfahrung hat immer wieder gezeigt, daß eine mangelnde Zieldefinition letztlich nicht zum gewünschten Erfolg des Projektes führt und es häufig scheitern läßt. Ich habe dazu ausführlich in meinem 1996 erschienenen Leitfaden „Einführung der integrierten Zeitwirtschaft" (Datakontext-Fachverlag) Stellung genommen. Für die Zeitwirtschaft heißt dies, flexiblere Werkzeuge für die Ausgestaltung und Umsetzung der betrieblichen Anforderungen zur Verfügung zu stellen. Die erforderlichen Regelwerke, Formelgeneratoren oder wie immer die Tools zur Erstellung der benötigten Funktionen und Leistungsmerkmale heißen, müssen einfacher werden und leicht vom Anwender zu beherrschen sein. Dies um so mehr, als die Zeitwirtschaft heute als die wesentliche Vorstufe zum Arbeitszeitmanagement betrachtet werden muß.

Die Ansätze der Personalzeitwirtschaft haben sich in den letzten Jahren ziemlich verändert. Häufig wird diese Veränderung im praktischen Einsatz von Zeitwirtschaftssystemen aber nicht mit vollzogen. Diese bleiben in ihrer Effektivität daher auf halbem Wege stehen. Der Turn-around zum Arbeitszeitmanagementsystem findet nicht statt. Dabei gibt gerade die Einführung von Arbeitszeitkonten den Unternehmen die Voraussetzung und die Verpflichtung für ein aktives Arbeitszeitmanagement.

Flexible Arbeitszeiten bedürfen einer Personaleinsatzplanung als Steuerungsinstrument für die optimierte Planung der Ressourcen und Verfügbarkeiten. Die Bandbreite der benötigten Funktionen ist bei der Personaleinsatzplanung jedoch wesentlich höher als bei der eigentlichen Zeitwirtschaft. Dies resultiert aus der größeren betrieblichen Nähe der Personaleinsatzplanung. Insofern kann in diesem Buch die generelle Funktionalität der Personaleinsatzplanung dargestellt werden, branchenspezifische Eigenheiten können nur relativ global angesprochen werden, sie werden z.B. im Anhang A für den Einzelhandel dokumentiert.

Wie der Leser bemerken wird, habe ich in dieser erweiterten Auflage viele Informationen über das Internet erhalten und verwendet. Es ist davon auszugehen, daß die Informationsmenge zum Thema Arbeitszeitmanagement auch über dieses Medium zunehmen wird. Dem interessierten Leser rate ich daher, regelmäßig die Veröffentlichungen zu diesem Themenkreis zu studieren.

Zum Schluß wie in allen drei Büchern der Hinweis: ich bin auch diesmal meiner Meinung treu geblieben, d.h. ein Bild sagt mehr als tausend Worte. Grafiken sollen das Geschriebene veranschaulichen und verdeutlichen. Erwarten Sie keine wissenschaftliche Abhandlung, sondern eine Handlungshilfe aus der Praxis für die Praxis.

Landau/Pfalz, Februar 2000

Bernhard Adamski

1 Von der Zeitwirtschaft zum Zeitmanagement

1.1 Begriffsbestimmung Arbeitszeitmanagement

Professor Dr. Rainer Marr beschreibt in seinem 1987 veröffentlichten Buch "Arbeitszeitmanagement" im Vorwort die Aufgabe folgendermaßen: "Arbeitszeitmanagement ist die Gestaltung des betrieblichen Arbeitszeitsystems zur Harmonisierung von Arbeitszeitbedarf und Arbeitszeitangebot nach Maßgabe der Kriterien der ökonomischen und sozialen Effizienz und im Rahmen der durch Gesetz und Tarifvertrag festgelegten Spielräume." Auf Seite 23 heißt es: " Die Grundfunktion des Arbeitszeitmanagements besteht bei bedarfs- bzw. interessenorientierter Zeitgestaltung darin, Arbeitszeitmodelle zu entwickeln und zu implementieren, die eine möglichst effiziente Anpassung des Arbeitszeitsystems an sich verändernden Arbeitszeitbedarf bzw. individuelle Arbeitszeitinteressen ermöglichen."

Vereinfacht gesagt: die vorhandenen Ressourcen müssen unter einen Hut gebracht werden, d.h. Ressourcenverwaltung.

Arbeitszeitmanagement:
Synchronisation von Angebot und Nachfrage

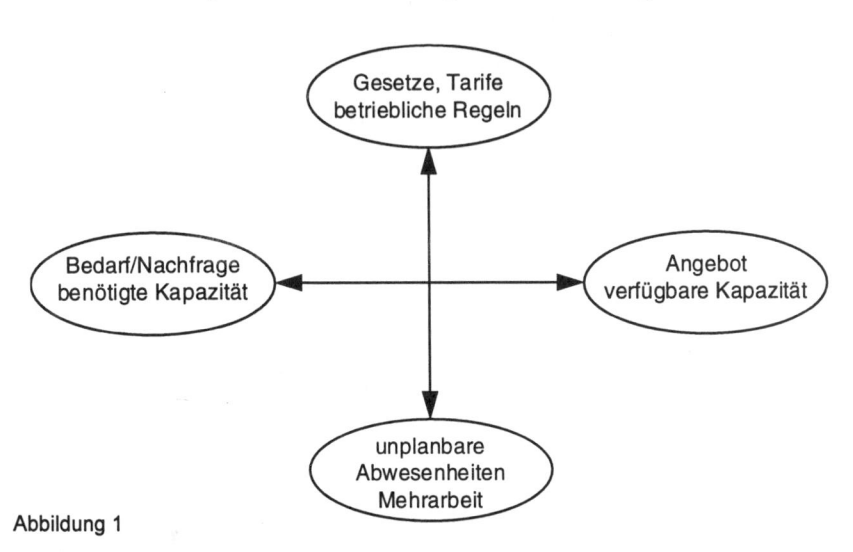

Abbildung 1

Angebot und Nachfrage bewegen sich in dem Spannungsfeld von Gesetzen, tariflichen und betrieblichen Vorschriften und Regeln auf der einen Seite und Störfaktoren auf der anderen Seite, die durch unplanbare Abwesenheiten und dadurch erforderliche Kapazitätsaufstockung meist in Form von Mehrarbeit entstehen. Mit anderen Worten: das Angebot an verfügbarer Arbeitszeit unterliegt täglichen Schwankungen.

1.2 Aufgabe des Arbeitszeitmanagements

Aber auch der Bedarf an Arbeitszeit ist nicht gleich, sondern unterliegt je nach Branche, Unternehmen und Saison mehr oder weniger starken Schwankungen. Aufgabe des Arbeitszeitmanagements ist es nun, diese unterschiedlichen Schwankungslinien zu synchronisieren, d.h. so weit wie möglich aufeinander abzustimmen. Dabei müssen Machbarkeitskriterien genauso berücksichtigt werden wie Kostengesichtspunkte.

Aufgabe des Zeitmanagements
Anpassung an den schwankenden Arbeitsanfall

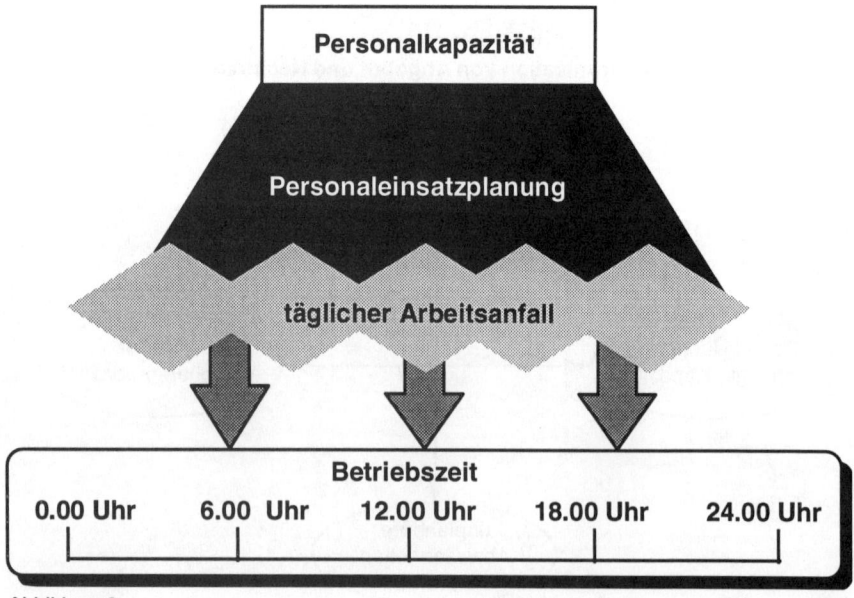

Abbildung 2

Die Grafik auf der vorherigen Seite zeigt anschaulich den aktiven und operativen Teil des Arbeitszeitmanagements, nämlich die Harmonisierung der unterschiedlichen Komplexe mit unterschiedlichen Vorstellungen. Gerade hier ist die Feinabstimmung zwischen Unternehmen und Mitarbeitern unerläßlich. Ohne jedoch exakte Zeitwirtschaftsinformationen über die tatsächlichen betrieblichen Gegebenheiten ist diese wichtige Managementaufgabe zum Scheitern verurteilt, und zwar Zeitwirtschaftsinformationen über mögliche flexible Arbeitszeiten und Inhalte bzw. Grenzen von Arbeitszeitkonten.

Ein wesentliches Mittel zur Durchführung eines aktiven Arbeitszeitmanagements ist die Personaleinsatzplanung. Personalbedarf und -verfügbarkeit werden hier mit anderen Parametern zusammen verarbeitet, um angepaßte Schicht- oder Dienstpläne zu erstellen. Im zweiten Teil dieses Buches wird ausführlich auf die Personaleinsatzplanung und die Schnittstelle zur Zeitwirtschaft eingegangen.

1.3 Anforderungen an das Arbeitszeitmanagement

Anforderungen an das Zeitmanagement

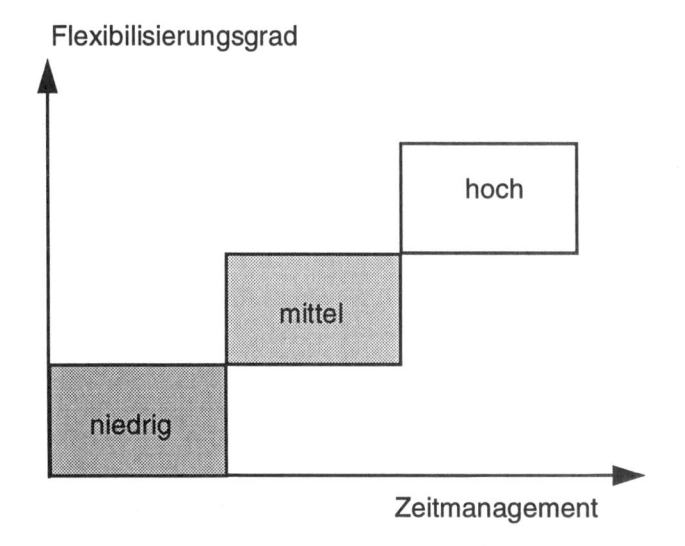

Abbildung 3

Die Anforderungen an das Arbeitszeitmanagement steigen mit der Flexibilisierung der Arbeitszeit: je größer der Flexibilisierungsgrad, je mehr muß das Zeitmanagement leisten. Bei einem 1-Schicht-Betrieb mit starrer Arbeitszeit ist die angebotene Arbeitsleistung relativ fix und daher gut überschaubar. Allerdings wird häufig mit kostenintensiven Überstunden gearbeitet werden müssen. Hohe Flexibilität mit einem großen Arbeitszeitkorridor verlangt eine intensivere Ressourcenplanung, wird jedoch Zusatzkosten durch Überstunden vermeiden helfen und das Arbeitszeitkonto als Glättungsfaktor benutzen.

1.4 Die Zeitwirtschaft als Basis

Die Zeitwirtschaft mit ihren vier tragenden Säulen bildet das Fundament für ein produktives Arbeitszeitmanagement.

Zeiterfassung

Erfassung nach Zeitarten (An- und Abwesenheiten) und Zeiträumen (von Datum/Uhrzeit bis Datum/Uhrzeit)

Zeitbewertung

Berechnung der erfaßten Zeitarten aufgrund zugeordneter Arbeitszeitmodelle, Soll-Ist-Vergleich (geplante und verfahrene Schicht) und Umwandlung der Zeitarten in Lohnarten

Zeitauswertung

Führen von Arbeitszeitkonten, Informationen über An- und Abwesenheiten und aktuelle Kontenstände, kumulierte Zeitarten, summarische Informationen über Abteilungen, Kostenstellen etc., Statistiken, Arbeitszeitmanagementinformationen

Personaleinsatzplanung

Anpassung des generellen Schichtplans (Dienstplan) an die aktuellen Gegebenheiten, Informationen über wann und wo benötigten Personalbedarf, Nutzung der flexiblen Arbeitszeiten

Die Grundpfeiler für modernes Arbeitszeit- und Personalmanagement

Personalmanagement

Arbeitszeitmanagement

Personaleinsatzplanung als Bedienoberfläche

| Zeit-erfassung | Zeit-bewertung | Zeit-auswertung | Personal-einsatz-planung Funktionen |

Zeitwirtschaft

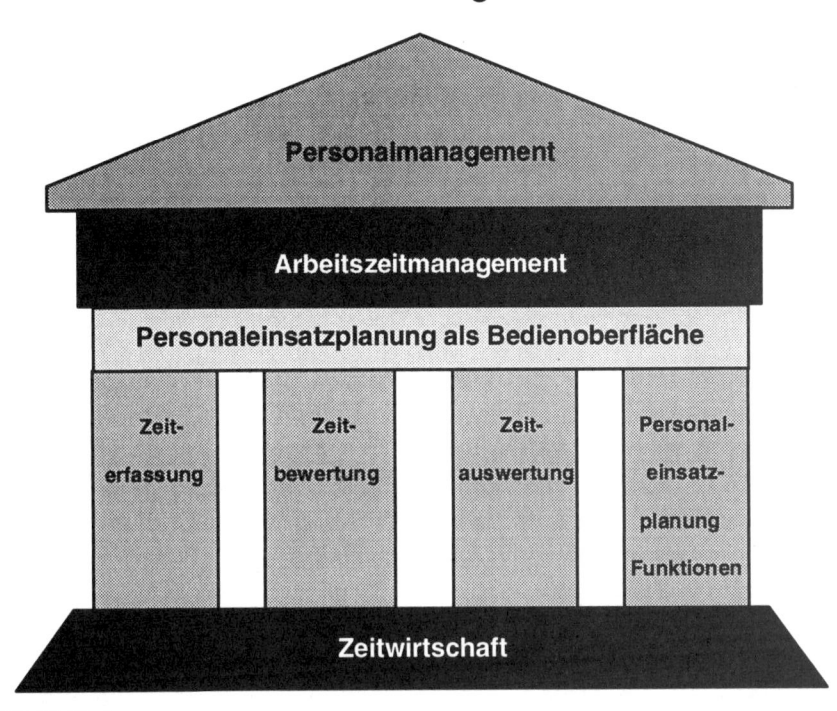

Abbildung 4

Die Personaleinsatzplanung beinhaltet eine Doppelfunktion: einmal ist sie mit ihren Funktionen eine der tragenden Säulen der Zeitwirtschaft und damit Ausgangsbasis für das Arbeitszeitmanagement, zum andern werden zukünftig beinahe sämtliche Funktionen der Zeitwirtschaft über die Personaleinsatzplanung bedient. Sie muß mit wesentlichen Leistungsmerkmalen integrierter Bestandteil eines Zeitwirtschafts- und Zeitmanagementsystems werden.

Mit der Einbeziehung der sozialen Komponente ist das Arbeitszeitmanagement unter dem gemeinsamen Dach des Personalmanagements anzusiedeln. Hierbei gewinnt die gesamte Zeitwirtschaft durch die Integration mit einem Personalinformationssystem zusätzliche Bedeutung.

1.5 Aufbau und Struktur eines Arbeitszeitmanagementsystems

Man kann nur von der Zeiterfassung über die Zeitwirtschaft zu einem Zeitmanagementsystem gelangen. In der Abbildung 5 ist die grundsätzliche Struktur eines Zeitmanagementsystems dargestellt. Wichtig ist, welcher Organisationsgrad tatsächlich erreicht wird. Davon hängt letztlich auch der Wirkungsgrad sprich Nutzen des Systems ab. Häufig werden in der Zieldefinition schon Fehler gemacht, nämlich das eigentliche Arbeitszeitmanagement gar nicht als Ziel definiert und beschrieben.

Der weitgehend von der Technik eines Systems abzudeckende Zeitwirtschaftsbereich ist zwar der unkritischere, benötigt allerdings auch einen gut durchdachten organisatorischen Unterbau. Gerade die Möglichkeiten der flexiblen Arbeitszeiten und die daraus resultierende ganze Bandbreite von Arbeitszeitkonten und Ausgleichszeiträumen erfordert eindeutige und konsequente Abläufe und Rechenregeln.

Der Arbeitszeitmanagementbereich ist nur noch bedingt systemtechnisch zu betrachten. Management ist eine organisatorische und persönliche Aufgabe und keine systemtechnische. Allerdings sollte man zur Bewältigung dieser Aufgabe die Informationen nutzen, die ein richtig eingesetztes System liefern kann. Das Projekt Zeitwirtschaft ist mit der Installation eines Systems nicht beendet, sondern ist als permanentes Projekt mit laufenden Veränderungen und Anpassungen zu betrachten. Optimierung von Arbeitszeitmodellen und betrieblichen Arbeitsabläufen können nur auf der Basis von gesicherten Istdaten erfolgen. Der eigentliche Effekt eines computergesteuerten Zeitwirtschaftssystems liegt heute nicht mehr in den möglichen Einsparungspotentialen gegenüber manuellen Erfassungen und Auswertungen und schon gar nicht im Gebrauch als Kontrollinstrument, sondern in der Lieferung von Arbeitszeitmanagementdaten. Allerdings müssen diese Daten auch genutzt und in aktives Arbeitszeitmanagement umgesetzt werden. Dies setzt daher eine neue Dimension der betrieblichen Informationspolitik voraus, weil Arbeitszeitmanagement zwar in der Spitze eines Unternehmens beginnt, aber in der Breite umgesetzt werden muß.

Aufbau und Struktur von Zeitwirtschaft und Zeitmanagement

Organisations-
grad
Nutzen
Ziele

Erfassen	Bewerten Informieren	Entwickeln Planen	Erkennen Agieren
Anwesenheit Abwesenheit (Fehlgründe Aufträge)	Führen von Arbeitszeitkonten Zeitarten Lohnarten aktuelle Konten Statistiken Kostenstellen Kostenarten Kalkulation	Optimierung Arbeitszeitgestaltung Arbeitsablauf Personaleinsatzplanung Ressourcenplanung	Zeitmanagement Personalmanagement Motivation Produktivitätssteigerung

Zeitliche Umsetzung

Technik — Organisation

Zeitwirtschaftsbereich ⟷ Zeitmanagementbereich

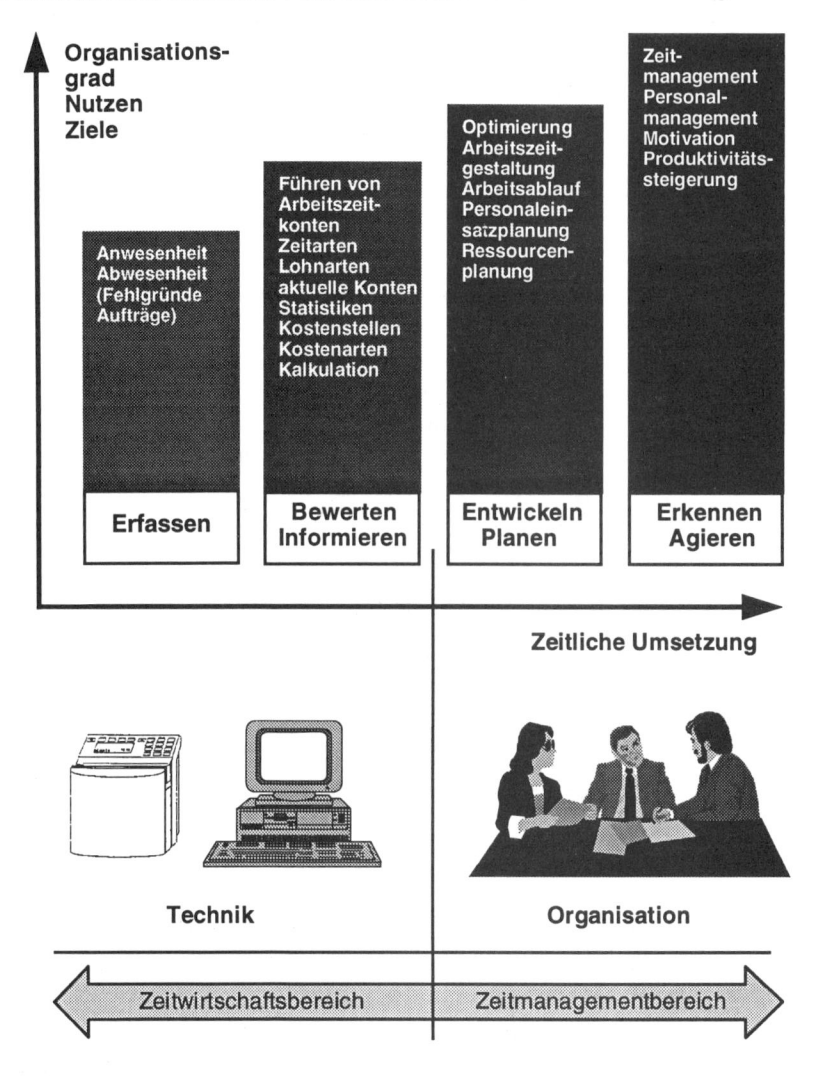

Abbildung 5

1.6 Die Arbeitszeitmanagement-Pyramide

Wer ist denn nun für das Arbeitszeitmanagement in einem Unternehmen verantwortlich? Wer ist der eigentliche Arbeitszeitmanager? Hier beginnen in der Praxis die Schwierigkeiten. Über das theoretische Prozedere ist man sich relativ schnell einig, aber die Umsetzung im betrieblichen Alltag schafft oftmals Probleme.

Die Aufgabenverteilung innerhalb eines Unternehmens kann an der Arbeitszeitmanagementpyramide lt. Abbildung 6 dargestellt werden.

Die Arbeitszeitmanagementpyramide
Aufgabenverteilung im betrieblichen Arbeitszeitmanagement

Information — GF Vorgaben — Wirkung

Stabsabteilungen
PA, Abt. Zeitmanagement
Organisation u. Information

Bereichsleiter
Ressourcenverwaltung und steuerung
Controlling, Mitarbeiter-Führung

Meister, Abteilungsleiter
Personaleinsatzplanung und steuerung,
Leistung- und Ergebnisbewertung, Mitarbeiter-Führung

Mitarbeiter und Mitarbeitergruppen
Selbststeuerung der Gruppe, Abstimmung mit anderen Gruppen
persönliches Arbeitszeitmanagement, Flexibilität, neue Denkweise

Arbeitszeitmanagement auf allen Ebenen

Abbildung 6

Wie die Abbildung zeigt, ist Arbeitszeitmanagement als ganzheitliches strategisches Unternehmensziel zu betrachten. Auf allen Ebenen findet ein dieser Ebene zugeordnetes Arbeitszeitmanagement statt, mit wechselseitiger horizontaler und vertikaler Wirkung und Information. Dabei kommen zu Anfang den Stabsabteilungen Personalverwaltung bzw. Abteilung Arbeitszeitmanagement besondere Bedeutung für die Durchdringung der betriebliche Informationspolitik in Richtung Arbeitszeitmanagement zu. Die tatsächliche praktische Aufgabe der Synchronisation von Angebot und Nachfrage als ursächliche und erste Aufgabe des Arbeitszeitmanagements kann nur von Mitarbeitern der untersten Leitungsebene, d.h. Meister, Gruppen- oder Kostenstellenleiter durchgeführt werden. Praktisches und aktives Arbeitszeitmanagement ist aber keine Einrichtung und keine neue Organisationsform, die von heute auf morgen eingeführt werden kann. Hier handelt es sich um einen Prozeß, der unter der strategischen Maßgabe eines Wertewandels in den Unternehmen abläuft. Mitarbeiter und Führungskräfte sind Teil dieses Unternehmens und müssen sich daher den Veränderungen anpassen, d.h., traditionelle Verhaltensweisen müssen dem zukunftsorientierten „Zeitmanager-Verhalten" weichen.

Diese praktische Durchführung auf der untersten Leitungsebene wird oftmals von den zuständigen Mitarbeitern nicht richtig angenommen. Folgende Gründe konnten hauptsächlich ausgemacht werden:

- Mangelnde Information über die Aufgaben
- Fehlende Hilfsmittel zur Planung und Steuerung
- Mangelnde Bereitschaft, Mitarbeiter kapazitätsorientiert einzusetzen (d.h. in der Praxis: Freizeit anzuordnen bei geringem Arbeitsanfall) und evtl. Konfliktsituationen anzunehmen
- Mangelnde Verantwortungsbereitschaft

Der Erfolg des Arbeitszeitmanagements als strategisches Unternehmensziel wird also weitgehend davon abhängen, in welcher Form die betriebliche Informationspolitik durchgeführt wird, damit alle Mitarbeiter sich mit der Zeit mit diesem Unternehmensziel identifizieren können.

2 Die Regelkreise der Arbeitszeitflexibilisierung und des Arbeitszeitmanagements

Man kann für die Gestaltung der Arbeitszeit, also weitergehende Flexibilisierung und daraus resultierendes Zeitmanagement grundsätzlich zwei Regelkreise erstellen.

2.1 Regelkreis der Arbeitszeitgestaltung

Für die grundsätzliche Gestaltung gelten drei Eckwerte: Flexibilisierung, Zeitwirtschaft und Zeitmanagement. In den allermeisten Fällen muß Zeitwirtschaft eigentlich mit Zeitwirtschaftssystem gleichgesetzt werden, weil ab einer gewissen Firmengröße gleich Anzahl der Mitarbeiter eine effektive Zeitwirtschaft nur über ein vernünftiges System durchgeführt werden kann. Dies wird übrigens seit geraumer Zeit auch nicht mehr von den Gewerkschaften bestritten. In der im April 1994 von der Hans-Böckler-Stiftung in Zusammenarbeit mit der Gewerkschaft Nahrung-Genuss-Gaststätten herausgegebenen 2. überarbeiteten Auflage der Broschüre "Zeiterfassung und Zugangskontrolle" heißt es im Kapitel "Möglichkeiten zur organisatorischen Veränderung durch Zeiterfassungs- und Zugangskontrollsysteme": " Zeiterfassungs- und Zugangskontrollsysteme können einerseits eingesetzt werden, um im Betrieb bereits vorhandene Arbeitszeitformen (wie z.B. Gleitzeit oder Schichtarbeit) zu verwalten oder andererseits um neue flexible Arbeitszeitmodelle einzuführen bzw. deren Einführung zu unterstützen. Bei zahlreichen, sehr stark differierenden Arbeitszeitformen (mehr als 30 verschiedene Arbeitszeiten in einem Betrieb sind mittlerweile keine Seltenheit mehr), bei denen zusätzlich die Länge und Lage der täglichen und wöchentlichen Arbeitszeiten variiert, ist ein riesiger Verwaltungsaufwand erforderlich, nicht nur zur

- Verwaltung der erfaßten Zeiten, sondern vor allem zur
- zeitlich optimalen Steuerung des Personaleinsatzes.

Ohne den Einsatz der EDV wäre dies wirtschaftlich kaum möglich. Darum sind Zeiterfassungssysteme (Zugangskontrollsysteme haben hierbei noch einen anderen Stellenwert) die technische Voraussetzung zur (wirtschaftlichen) Einführung flexibler Arbeitszeiten." (Ende des Zitats)

Regelkreis der Arbeitszeitgestaltung

Zeitwirtschaft (System)

Flexibilisierung der Arbeitszeit

Zeitmanagement

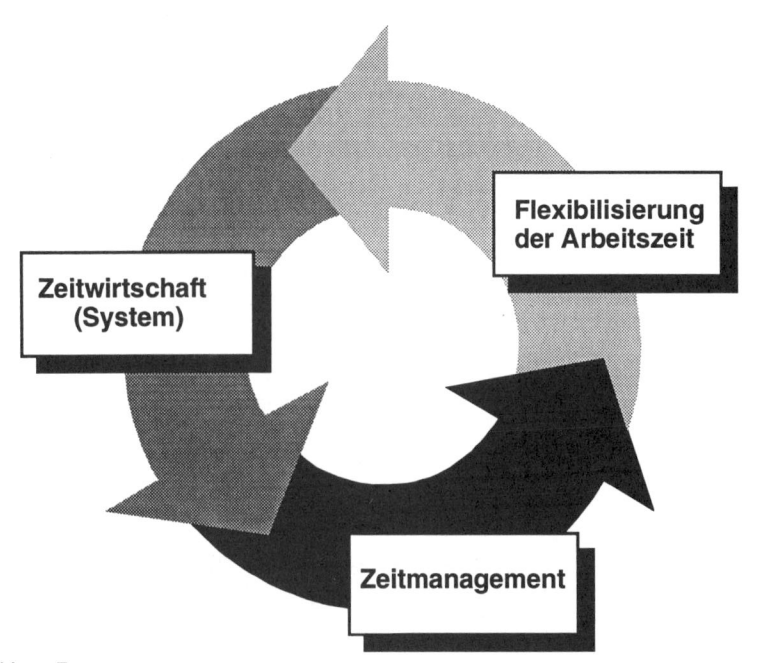

Abbildung 7

Der in der Abbildung 7 dargestellte Regelkreis geht von der Notwendigkeit der Arbeitszeitflexibilisierung aus. Wie vorher beschrieben, ist die Erfassung und Bewertung von Zeitarten, sprich Arbeitszeitkonten, bei Flexibilisierung ohne ein Zeitwirtschaftssystem sinnvoll nicht möglich. Ein richtig konzipiertes und eingesetztes Zeitwirtschaftssystem jedoch ermöglicht das benötigte Zeitmanagement, wie in Abbildung 5 aufgezeigt. Arbeitszeitmanagement wiederum versetzt uns in die Lage, weitere Optimierungsmaßnahmen vorzunehmen. Dieser Kreislauf muß permanent erfolgen, um die laufende Anpassung an die sich ändernden tariflichen, betrieblichen und markttechnischen Gegebenheiten zu gewährleisten. Es ist also ein Fehler zu glauben, daß das Projekt Zeitwirtschaft mit der erfolgreichen Installation eines Systems abgeschlossen ist. Wir müssen lernen, daß Zeitwirtschaft und Arbeitszeitmanagement gemeinsam ein immerwährendes Projekt sind, wobei sich natürlich die Zusammensetzung der Projektgruppe und die Projektarbeit ändert. Es wird später noch einiges zu einer Untersuchung zum Nutzen bereits länger installierter Systeme zu sagen sein, wobei sich herausgestellt hat, daß der Nutzungsgrad immer schlechter wird, wenn kein Projektverantwortlicher mehr zur Verfügung steht.

2.2 Regelkreis Flexibilisierungsmaßnahmen und Zeitmanagement

Dieser Regelkreis differenziert die Auswirkungen von Flexibilisierungsmaßnahmen auf Mitarbeiter und Unternehmen.

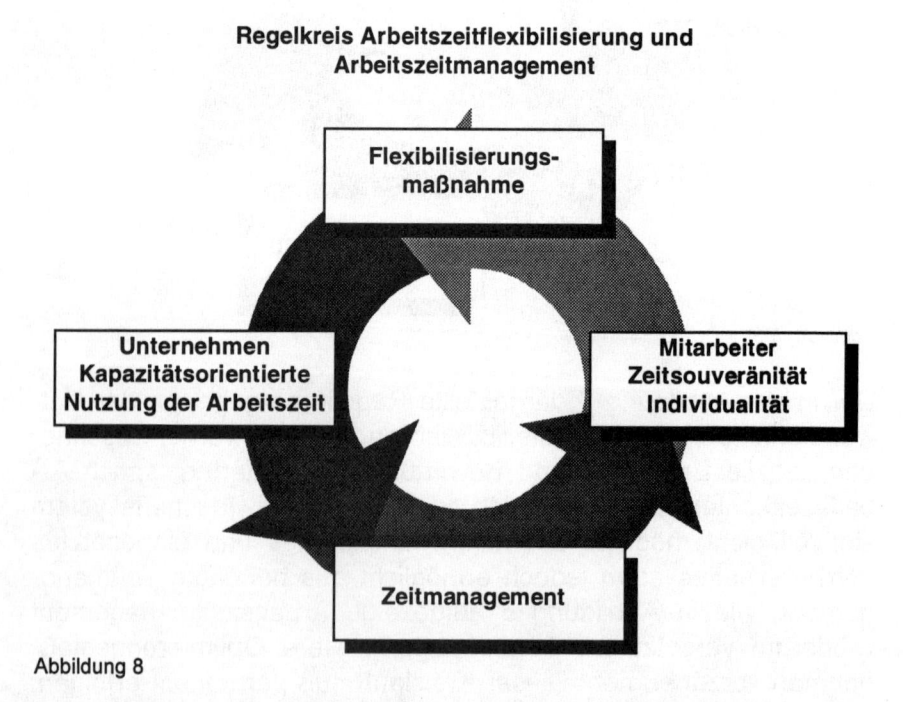

Regelkreis Arbeitszeitflexibilisierung und Arbeitszeitmanagement

- Flexibilisierungsmaßnahme
- Unternehmen: Kapazitätsorientierte Nutzung der Arbeitszeit
- Mitarbeiter: Zeitsouveränität, Individualität
- Zeitmanagement

Abbildung 8

Die Aufgabe des Arbeitszeitmanagements besteht auch darin, Konfliktsituationen zu erkennen und zu beseitigen, besser noch, zu vermeiden. Unterschiedliche Interessen von Unternehmen und

Mitarbeitern müssen so synchronisiert werden, daß möglichst wenig Reibungsverluste entstehen. Die kapazitätsorientierte Nutzung der Ressource Arbeitszeit muß mit der Zeitsouveränität des Mitarbeiters bestmöglich in Einklang gebracht werden.

2.3 Anforderungen an Mitarbeiter und Führungskräfte

Praktisches und aktives Arbeitszeitmanagement ist keine Einrichtung und keine neue Organisationsform, die von heute auf morgen eingeführt werden kann. Hier handelt es sich um einen Prozeß, der unter der Maßgabe eines Wertewandels in den Unternehmen abläuft. Mitarbeiter und Führungskräfte sind Teil dieses Unternehmens und müssen sich daher den Veränderungen anpassen, d.h., traditionelle Verhaltensweisen müssen dem zukunftsorientierten „Arbeitszeitmanager-Verhalten" weichen.

**Flexible Arbeitszeiten und Arbeitszeitmanagement:
Anforderungen an die Mitarbeiter**

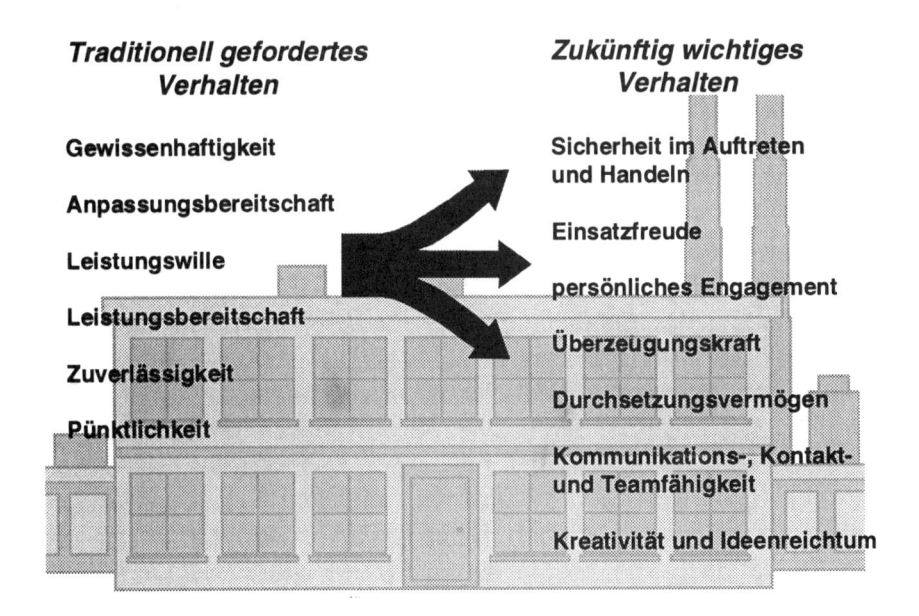

Traditionell gefordertes Verhalten	*Zukünftig wichtiges Verhalten*
Gewissenhaftigkeit	Sicherheit im Auftreten und Handeln
Anpassungsbereitschaft	Einsatzfreude
Leistungswille	persönliches Engagement
Leistungsbereitschaft	Überzeugungskraft
Zuverlässigkeit	Durchsetzungsvermögen
Pünktlichkeit	Kommunikations-, Kontakt- und Teamfähigkeit
	Kreativität und Ideenreichtum

Abbildung 9 (Quelle: Neue Wege für die Arbeitswelt A. Fauth-Herkner)

Der Führungskraft kommt dabei die Aufgabe zu, dem Mitarbeiter bei diesem Wandel zu helfen. Dazu muß zunächst die Führungskraft den Weg von starren Verhaltensmustern hin zu mehr Flexibilität mit dem Ziel des aktiven Arbeitszeitmanagements begreifen und gehen. Dieser Weg beinhaltet den Ausbau der eigenen Kompetenz von der fachlichen Seite über die methodische und persönliche bis hin zur sozialen Komponente.

Flexible Arbeitszeiten und Arbeitszeitmanagement: Anforderungen an die Führungskräfte

Fachliche Kompetenz

Methodische Kompetenz

Persönliche Kompetenz

Soziale Kompetenz
- Visionen, Werte und Ziele entwickeln und vermitteln
- Rahmen für kreatives, flexibles und eigenverantwortliches Handeln schaffen
- Mitarbeiter unterstützen, entwickeln und befähigen
- Teams entwickeln und coachen
- Interessenausgleich und Konsens herstellen
- Konflikte lösen bzw. handhabbar machen

Abbildung 10 (Quelle: Neue Wege für die Arbeitswelt A. Fauth-Herkner)

Angela Fauth-Herkner (Neue Wege für die Arbeitswelt, Pullach bei München) schreibt anläßlich eines Vortrags beim CoPers-Forum 1996 über die neue Rolle der Führungskraft: „Der Grad der Mitbestimmung bei der Gestaltung der Arbeitszeit hängt im wesentlichen von der Führungskraft ab. Die entscheidende Frage heißt: Wieviel Zeitsouveränität und Dispositionsfreiheit kommen den einzelnen Mitarbeitern zu und wieviel dem Unternehmen? Der Begriff der Flexibilität bedeutet zunächst ja nur, daß bei der Gestaltung der Arbeitszeit Spielräume vorhanden sind, die kurz- oder längerfristig genutzt werden können. Nicht geklärt ist dadurch jedoch die entscheidende Frage, wer bestimmt, wann und in welchem Ausmaß die Flexibilität eines Arbeitszeitsystems ausgenutzt wird. Zur Unterstützung der Führungskraft können zentrale Regelungspunkte nur als allgemeine Leitlinien fungieren und dienen. Denn diese Balance zwischen Unternehmens- und Mitarbeiterinteressen zu finden, also dieses „Geben-Nehmen-Prinzip" im Lot zu halten, ist eine Herausforderung an die Persönlichkeit der Führungskraft. Diese Gratwanderung, dieses Steuern des Demokratisierungsprozesses ist eine der wichtigsten Aufgaben der Führungskraft. Nur, wenn die Führungskraft die fachliche und soziale Kompetenz besitzt, wird das Arbeitszeitkonzept optimal in das Unternehmen integriert und von den Beschäftigten akzeptiert.... Aus diesem Grunde rücken bei der Entwicklung einer Arbeitszeitkultur Personalentwicklungsmaßnahmen für die Führungskräfte in den Vordergrund. Themenbereiche könnten z.B. sein: Lernen im Umgang mit neuen teamorientierten Prozessen, Flexibilitätspotentiale erkennen und nutzen, Integration von Arbeitszeitwünschen, schrittweise Delegation der Zeitkompetenz auf meine MitarbeiterInnen etc."

2.3.1 Probleme bei der Umsetzung

Flexible Arbeitszeiten und Arbeitszeitmanagement: Einwände und Vorwände bei der Umsetzung

von den unmittelbaren Vorgesetzten

von den Mitarbeitern

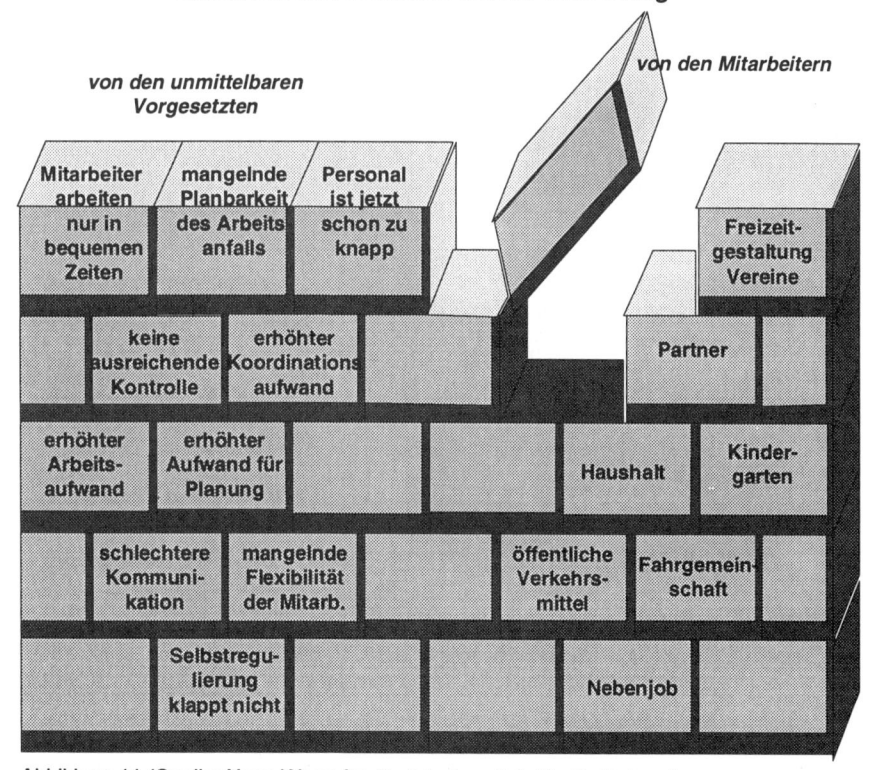

Mitarbeiter arbeiten nur in bequemen Zeiten	mangelnde Planbarkeit des Arbeitsanfalls	Personal ist jetzt schon zu knapp			Freizeitgestaltung Vereine
keine ausreichende Kontrolle	erhöhter Koordinationsaufwand			Partner	
erhöhter Arbeitsaufwand	erhöhter Aufwand für Planung			Haushalt	Kindergarten
schlechtere Kommunikation	mangelnde Flexibilität der Mitarb.		öffentliche Verkehrsmittel	Fahrgemeinschaft	
	Selbstregulierung klappt nicht			Nebenjob	

Abbildung 11 (Quelle: Neue Wege für die Arbeitswelt A. Fauth-Herkner)

Das Projekt „Praktisches und aktives Arbeitszeitmanagement" besteht aus mehreren Teilprojekten, die aber sachlich untrennbar miteinander verbunden sind: Flexible Arbeitszeiten einführen, Zeitwirtschaft zur Verwaltung, Bewertung und Abrechnung, und Zeitmanagement als notwendige logische Konsequenz.

In der Praxis werden immer dieselben Einwände geltend gemacht, warum das „gerade bei uns nicht geht." Deshalb müssen solche Projekte nicht nur gezielt und längerfristig geplant und vorbereitet, sondern auch betreut werden, und zwar permanent. (vergl. 2.1) Dabei können auch Einwände, die zum Teil nur Vorwände sind, und Stolpersteine erkannt, behandelt und beseitigt werden. Ohne eine andauernde Projektverfolgung und -betreuung werden Unebenheiten im Projektablauf häufig zu spät oder gar nicht erkannt und gefährden das zu erreichende Ziel.

Flexible Arbeitszeiten und Arbeitszeitmanagement: Stolpersteine auf dem Weg

- Unternehmenskultur
- soziales Umfeld der Mitarbeiter
- Angst vor Minus-Stunden
- Führungskräfte
- Mangel an Transparenz und Informationen
- Verhaltensmuster und Beharrungsvermögen der Mitarbeiter
- starre Arbeitsverträge

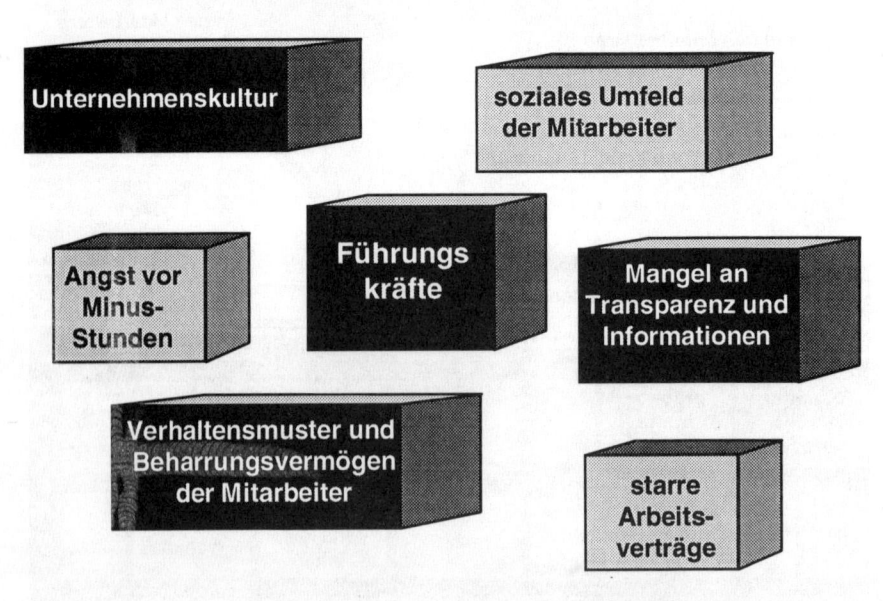

Abbildung 12 (Quelle: Neue Wege für die Arbeitswelt A. Fauth-Herkner)

3 Flexible Arbeitszeiten und Arbeitszeitmanagement

3.1 Kapazitätsorientierte Jahresarbeitszeit

Darunter ist die Synchronisation von Angebot = Arbeitszeitvolumen der Mitarbeiter und Nachfrage = benötigte Arbeitszeit zur Erledigung der anstehenden Aufgaben auf den Zeitraum eines Jahres zu verstehen. Die Priorität genießt dabei die Vermeidung von zusätzlichen Überstunden. Mehrarbeiten in auftragsstarken Zeiten sollen durch Minderarbeiten in Schwachlastzeiten ausgeglichen werden, so daß im Jahresmittel als Ausgleichszeitraum die betriebliche Sollzeit von z.B. 38,5 Wochenstunden erreicht wird. Plus- und Minusstunden werden in einem Arbeitszeitkonto als Jahreskonto mit einem beispielsweise 12-Monats-Ausgleichszeitraum geführt.

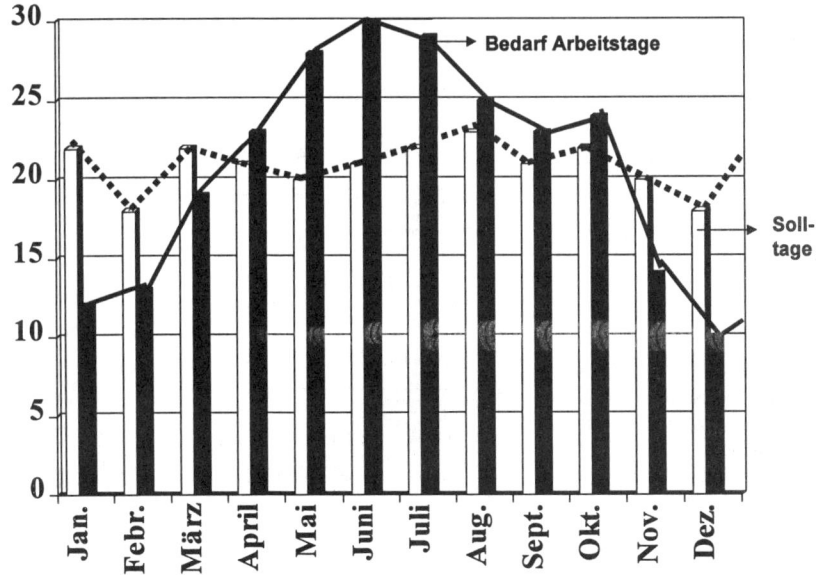

Abbildung 13

Die vorstehende Abbildung zeigt die Schwankungen auf Monatsbasis auf: einmal die gestrichelte Linie, die die monatlichen Solltage aufgrund des Kalenders darstellen und zu anderen die dunklen Balken mit der durchgehenden Linie, die den tatsächlichen Bedarf an Arbeitstagen in dem betreffenden Monat fixieren. In der Praxis zeigt sich in den meisten Fällen wie in diesem Beispiel, daß erhebliche Differenzen zwischen Angebot und Nachfrage bestehen. Das Ziel der kapazitätsorientierten Jahresarbeitszeit ist es, diese Linien so weit als möglich mit der vorhandenen Normalarbeitszeit (Tarifarbeitszeit) in Deckung zu bringen. Die tarifliche Wochenarbeitszeit unterliegt dabei einer ungleichmäßigen Verteilung, so daß im Jahresdurchschnitt die tarifliche Wochenarbeitszeit erreicht wird.

3.2 Ermittlung des Bedarfs

Die Erstellung der Regeln einer Jahresarbeitszeit orientieren sich also grundsätzlich am Bedarf in der vorher festgelegten Zeiteinheit, z.B. in einem Monat. Es kann aber durchaus erforderlich sein, den Monat noch weiter zu unterteilen.

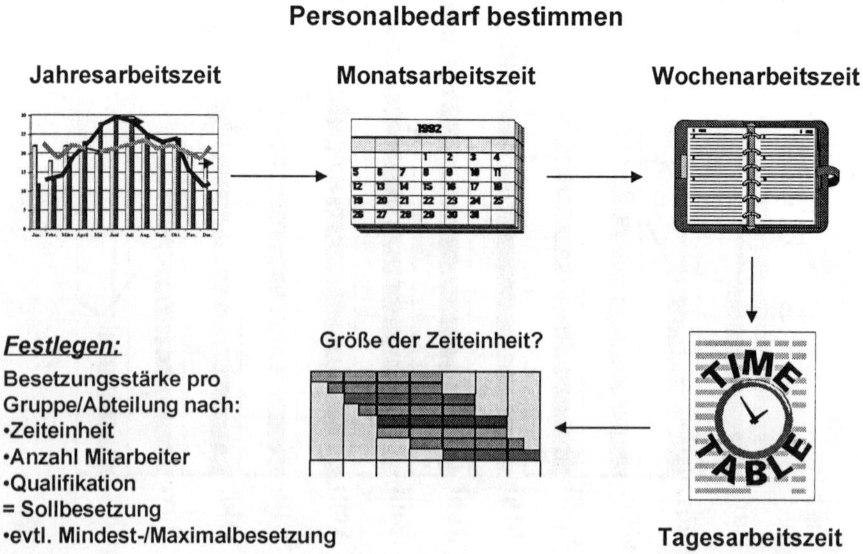

Personalbedarf bestimmen

Jahresarbeitszeit → Monatsarbeitszeit → Wochenarbeitszeit
↓
Tagesarbeitszeit

Festlegen:
Besetzungsstärke pro Gruppe/Abteilung nach:
•Zeiteinheit
•Anzahl Mitarbeiter
•Qualifikation
= Sollbesetzung
•evtl. Mindest-/Maximalbesetzung

Größe der Zeiteinheit?

Abbildung 14

Die Aufgabe des Arbeitszeitmanagements besteht in diesem Falle darin, die Bedarfe in den einzelnen Bereichen pro Zeiteinheit zu ermitteln. Als Bereiche sind hier Abteilungen, Kostenstellen, Gruppen zu verstehen, die als Funktionseinheiten bezeichnet werden können. Funktionseinheiten können aber auch übergreifend aus Mitarbeitern mehrerer Gruppen bestehen. Hier gilt es zunächst, die Funktionseinheiten genau zu definieren.

Der Personalbedarf sollte als „Soll" erfragt werden und nicht aufbauend auf dem gegenwärtigen "Ist", weil das derzeitige Ist in den meisten Fällen nicht als kapazitätsorientiert bezeichnet werden kann und von häufigen Überstunden geprägt ist. Als Beispiel wird nachfolgend ein Fragebogen abgebildet, der von den Leitern der Funktionseinheiten ausgefüllt werden soll. Ein ausgefülltes praxisorientiertes Beispiel als Anlage wird diese Aufgabe wesentlich erleichtern.

Beispiel: Fragebogen zur Ermittlung des Personal- und Kapazitätsbedarfs

Abteilung:	Anzahl VZ:	Anzahl TZ:
Gruppe:	Anzahl VZ:	Anzahl TZ:
Funktionseinheit:	Anzahl VZ:	Anzahl TZ:

1. Ermittlung des Jahresbedarfs
Bitte geben Sie pro Monat die benötigte Sollkapazität in % im Verhältnis untereinander an. Der Monat mit der vollen Kapazitätsauslastung aller Mitarbeiter ohne Überstunden, also nur mit der Normalzeit von durchschnittlich 7,5 Stunden täglich beträgt 100. Monate mit höherem Bedarf bewerten Sie entsprechend höher, mit niedrigerem Bedarf entsprechend niedriger, z.B. 120 oder 75.

Januar		Mai		September	
Februar		Juni		Oktober	
März		Juli		November	
April		August		Dezember	

2. Ermittlung des Tagesbedarfs
Der Tagesbedarf orientiert sich an zukünftig veränderten Service- und Funktionszeiten. Dabei ist davon auszugehen, daß der Bedarf

an anwesenden Mitarbeitern nicht über die gesamte Rahmenzeit (Betriebsöffnungszeit) gleich ist. Um Ihnen die Arbeit zu erleichtern, bieten wir 3 Varianten an.

Variante1: Festlegung der max. Zeitpunkte der zukünftigen Arbeitszeit

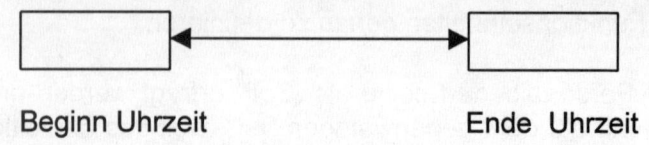

Beginn Uhrzeit   Ende Uhrzeit

Variante 2: Festlegung der max. Zeitpunkte der zukünftigen Arbeitszeit mit Angabe eines Zeitraums der Spitzenbelastung

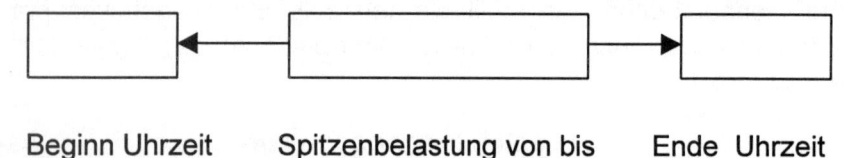

Beginn Uhrzeit   Spitzenbelastung von bis   Ende Uhrzeit

Variante 3: Festlegung der max. Zeitpunkte der zukünftigen Arbeitszeit und des tatsächlichen Kapazitätsbedarfs in Vollzeitkräften (VZ) pro Zeiteinheit. Die Zeiteinheit ist von uns mit 2 Stunden vorgegeben. Sie tragen in das entsprechenden Kästchen jeweils die Uhrzeiten ein, z.B. 6:00 – 8:00 oder 7:00 – 9:00 ein. Darunter die benötigte Anzahl der Vollzeitkräfte, Teilzeitkräfte anteilmäßig, z.B. 0,5.

Sollten Sie eine andere Zeiteinheit wählen, so tragen Sie diese bitte ein.

In einem Anschreiben zu diesem Erfassungsformular sollten folgende Punkte aufgeführt werden.

- Hinweise auf die Sollzahlen für das nächste Jahr, Lösen vom derzeitigen Ist

- Kapazitätsanpassung über das gesamte Jahr betrachten
- möglichst Vermeidung von angeordneten Überstunden
- Hinweis auf Steuerung über das Arbeitszeitkonto mit Plus **und** Minus
- zusätzliche Bemerkungen und Wünsche bzw. Anregungen des Abteilungs-, Gruppen- und/oder Funktionseinheitsleiters sollten in einem Beiblatt ausdrücklich gewünscht werden.

3.3 Positionspapier des Deutschen Beamtenbundes DBB über Neue Arbeitsformen

Auszugsweise wird aus diesem Positionspapier (www.dbb.de/dbb-positionen/neue arbeitsformen/htm) ein Abschnitt über die Aufgabenanalyse bei flexiblen Arbeitszeiten wiedergegeben, der das vorher Gesagte unterstützt:

Aufgabenanalyse
Voraussetzung für das Funktionieren flexibler Arbeitszeitmodelle ist eine gründliche Analyse der zu bewältigenden Aufgaben einzelner oder Gruppen von Dienstposten. Erst diese zeigt mögliche Flexibilisierungsspielräume auf. Ein allgemeingültiges Modell ist deshalb nicht planbar. Die Analyse muß eine Bestandsaufnahme aller Funktionen und Aufgaben beinhalten und deren Teilbarkeit untersuchen: Teilbarkeit sowohl was die Aufgabenstellung als auch die Arbeitszeit betrifft. Die Analyse des "Ist-Zustandes" bildet dann die Grundlage für weitergehende Überlegungen für eine Reorganisation der inneren Arbeits- und Organisationsabläufe. Im Einklang mit einem der zentralen Ansätze der Verwaltungsmodernisierung, nämlich der Dezentralisierung und der Verlagerung von Verantwortung "nach unten", stehen hier Modelle im Vordergrund, Teamarbeit zu fördern und in diesem Rahmen das "Arbeitszeitmanagement", die Koordination der Arbeit und der Anwesenheitszeiten zu dezentralisieren und auf die handelnde Einheit bzw. die Arbeitsgruppe zu verlagern.

3.4 Kundenfreundliche Funktions- und Servicezeiten

Die heutige Gleitzeit mit den starren Regeln und der Kernzeit mit Anwesenheitspflicht muß als flexifeindlich angesehen werden. Sie verpflichtet die Mitarbeiter zur Anwesenheit, unabhängig davon, ob der Arbeitsanfall dies erfordert oder nicht. Eine Anpassung an den schwankenden Arbeitsanfall wird dadurch erschwert. Zusätzliche Überstunden sind die Folge. Außerdem werden die Mitarbeiter zum „Sammeln" angeregt, was sich überall in der Praxis an den 99%igen Plusinhalten in Höhe der Maximalüberträge zeigt.
Funktions- und Servicezeiten kennen keine Kernzeiten, sondern richten sich in ihrer Besetzungsstärke nach dem tatsächlichen Arbeitsanfall. Da dies innerhalb der Funktionseinheiten selbständig geregelt werden soll, ist dies eine besondere Form der Vertrauensarbeitszeit.

3.4.1 Selbststeuernde Gruppen

Innerhalb der festzulegenden Funktions- und Servicezeiten werden sog. selbststeuernde Gruppen (Funktionseinheiten) definiert. D.h., die Mitarbeiter sprechen untereinander aufgrund der erforderlichen Besetzungsstärke pro Zeiteinheit/Tag ihre tatsächliche Arbeitszeit in Abhängigkeit der benötigten Kapazität ab. Das folgende Bild soll diese Aufgabe schematisch verdeutlichen. Dieses Beispiel soll verdeutlichen, wie je nach Bedarf zu unterschiedlichen Zeiten die jeweils benötigten Mitarbeiter nach Absprache anwesend sind. Dabei sind auch kürzere von z.B. nur 4 Stunden oder längere bis zur max. täglichen Arbeitszeit lt. Arbeitszeitgesetz von 10 Stunden zu berücksichtigen. Auch Teilzeitkräfte werden in diese Selbststeuerung eingebunden.

Unternehmensspezifisch können noch Mindest- oder Maximalbesetzungsstärken definiert werden. Darüber hinaus kann die garantierte Ansprechzeit gegenüber der Gleitzeit wesentlich erhöht werden, was zu kundenfreundlicheren Servicezeiten führt.

Von der Gleitzeit zur Funktions - und Servicezeit

Gleitzeit

|← Anwesenheitspflicht für Alle →|

Gleitzeit	Kernzeit	Pause	Kernzeit	Gleitzeit

07:00   09:00   30min   15:30   18:00
Ansprechzeit = 6,00 Stunden, max. 11 Stunden, möglich ???

Funktionszeit

Besetzungsstärke pro Zeiteinheit
1   2   3   4   6   7   6   4   2   1

06:00   08:00   10:00   12:00   14:00   16:00   18:00   20:00

Garantierte Ansprechzeit = 14 Stunden

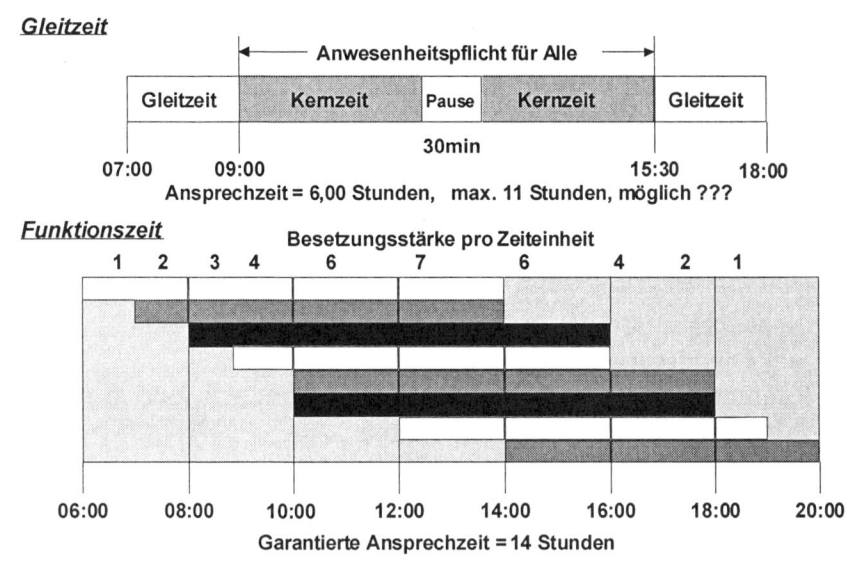

Abbildung 15

Zusammengefaßt können Funktions- und Servicezeiten wie folgt definiert werden:

Im Gegensatz zur bekannten Gleitzeit gibt es bei diesem Arbeitszeitmodell meist eine längere Rahmenzeit (evtl. pro Abteilung), z.b. zwischen 6:00 und 20:00 Uhr und keinerlei Kernzeit mit Anwesenheitspflicht für alle mehr.

Definition

- Funktion und Service werden innerhalb einer Abteilung/Gruppe/Funktionseinheit während der gesamten Rahmenzeit garantiert, und zwar extern und intern.

Inhalte

- Rahmenzeiten pro Bereich definieren und festlegen
- Festlegen unterschiedlicher Serviceleistungen innerhalb der Rahmenzeit, und zwar differenziert nach Zeiteinheiten von bis Uhrzeit (7:00 – 9:00, 9:00 – 12:00 etc.)

- Besetzungsstärke pro Zeiteinheit ermitteln zur Aufrechterhaltung der Funktions- und Arbeitsfähigkeit
- Weitgehend selbständige Steuerung und Terminierung der An- und Abwesenheiten des Einzelnen

Ziele

- Längere Funktions- und Servicefähigkeit gegenüber der Kernzeit
- Höhere Effektivität durch Anpassung an schwankenden Arbeitsanfall, dadurch weniger Überstunden und bessere Kundenorientierung extern und intern
- Stärkung des eigenverantwortlichen Handelns und des persönlichen Arbeitszeitmanagements
- Größere Zeitsouveränität der Mitarbeiter
- Vereinfachung der Arbeitszeitregelungen, Wegfall von Zuschlägen für Überstunden in zu vereinbarenden Zeirahmen
- Bessere Integration von unterschiedlichen Arbeitszeiten, wie Vollzeit, unterschiedliche Teilzeiten, Altersteilzeit etc.

Vereinbarungen

In der Funktionseinheit gemeinsam Vereinbarungen treffen über
- Leistungsumfang für Funktion und Service (was soll wie schnell erfolgen, just-in time?)
- Besetzungstärke zur Erzielung der definierten Leistung
- Vertretungsregelungen bei Abwesenheiten
- evtl. Qualifizierungsbedarf ermitteln, damit eine gleichbleibende Leistung erreicht wird
- Eingreifen der Führungskräfte nur bei Abstimmungsproblemen
- Ausgleich Mehr- und Minderarbeit über ein Arbeitszeitkonto

4 Rechtliche Rahmenbedingungen von Arbeitszeitkonten

4.1 Tarifliche Regelungen

Flexible Arbeitszeiten und Arbeitszeitkonten werden seit geraumer Zeit auch von den Gewerkschaften gefordert, wie der nachstehende Zeitungsbericht aus der „Rheinpfalz" vom 30.8.97 untermauert.

DAG für flexible Arbeitszeiten

▶ SAARBRÜCKEN (ap). Die Deutsche Angestellten-Gewerkschaft setzt auf eine stärkere Verankerung individueller Arbeitszeitwünsche der Arbeitnehmer in den Tarifverträgen. Der DAG-Vorsitzende Issen vertrat gestern im Saarländischen Rundfunk die Ansicht, die Tarifpolitik werde sich in dieser Hinsicht künftig „sehr viel differenzierter" darstellen. Er rechne mit Rahmenvereinbarungen, die die Betriebsleitungen sowie die Betriebs- und Personalräte in die Lage versetzten, „individuelle Regelungen, orientiert an den Bedürfnissen der Arbeitnehmerinnen und Arbeitnehmer, zu treffen".

Issen kündigte an, die DAG wolle sich dafür einsetzen, Überstunden abzubauen. „Dort, wo Überstunden nicht vermeidbar sind, in Spitzenzeiten, wollen wir den Ausgleich über Freizeit und nicht über Geld", sagte Issen. Ziel müsse sein, mit dem Überstundenabbau neue Beschäftigung zu ermöglichen.

Das WSI-Tarifarchiv der Hans-Böckler-Stiftung hat eine Zusammenstellung von Regelungsinhalten, die sich mit dem Führen von Arbeitszeitkonten beschäftigt, im Internet unter www.boeckler.de/wsi/tarchiv mit letztem Änderungsstand März 1999 veröffentlicht. Es folgen einige Beispiele von Tarifen, aus denen die unterschiedlichen Möglichkeiten der Gestaltung und Handhabung von Arbeitszeitkonten hervorgeht.

4.1.1 Eisen- und Stahlindustrie Nordrhein-Westfalen
Tarifliche Regelungen zu Arbeitszeitkonten

1. Allgemeine Bestimmungen
Arbeitszeitstandard 35 Std./W.; zur Vermeidung betriebsbedingter Kündigungen AZ-Verkürzung auf bis zu 30 Std./W. durch freiwillige BV für alle Beschäftigten (ohne Ausz.). Ausgleichszeitraum im Durchschnitt mehrerer Wochen möglich.
2. Einrichtung des Kontos
durch freiwillige BV
3. Inhalt des Kontos
bis zu 12 Schichten/J. als Vor- oder Nacharbeit. Mehrarbeit kann im Einvernehmen zwischen Arbeitgeber und Beschäftigten mit erfaßt werden
4. Zulässige Grenzwerte -
5. Kontoausgleichszeitraum
Ausgleich nach Ablauf von 12 Monaten (im Einzelfall 24 Monate mit Zustimmung der Tarifvertragsparteien), weiteren 3 Monaten bei Zeitguthaben, 6 Monate bei Zeitschulden
6.Ab-/Aufbau des Kontos
AG und Beschäftigte können jeweils Vor- oder Nacharbeit verlangen. Die jeweiligen Verlangen müssen rechtzeitig angekündigt werden. Beschäftigte können pro Jahr bis zu 12 Schichten vor- oder nacharbeiten. AG kann pro Monat eine Schicht als Vor- oder Nacharbeit verlangen; ab 01.07.98 12 Schichten pro Jahr, jedoch nicht mehr als 2 Schichten pro Monat
Ankündigungsfristen
Rechtzeitig
7.Sonstige Bestimmungen -

(ähnliche Regelung im Bundesgebiet Ost; 38 Std./W.)

4.1.2 Holzverarbeitende Industrie Baden-Württemberg
Tarifliche Regelungen zu Arbeitszeitkonten

1. Allgemeine Bestimmungen
Arbeitszeitstandard 35 Std./W, durch BV Planwochenarbeitszeiten zwischen 30 und 40 Std. möglich, wenn im Planungszeitraum von jedem AN durchschnittl. 35 Std./W. erreicht werden. 69 Std. bezahlte Freistellung/Jahr in Form von halben oder ganzen Freischichten möglich bei einer 36,5 Std.-Woche (bezahlt werden 35 Std.). Planwochenarbeitszeiten im Zusammenhang mit Beschäftigungsförderung zwischen 40 und Null Stunden möglich.
Arbeitszeitverteilung
Regelmäßige WAZ: Montag - Freitag. Planwochenarbeitszeiten: Bei 36 oder weniger Stunden pro Woche durch BV 4-Tage-Woche möglich.
Ausgleichszeitraum
Mindestens 6 , höchstens 12 Mon.
2. Einrichtung des Kontos
Einrichtung eines Freizeitkontos in Zusammenhang mit Beschäftigungsförderung und Erhöhung der regelmäßigen WAZ auf bis zu 40 Std. möglich.
3. Inhalt des Kontos
Die Differenz zur tarifl. WAZ muß einem persönlichen Freizeitkonto gutgeschrieben werden. Eine Beschäftigungsförderung muß vereinbart werden.
Ansparen von AZ über einen längeren Zeitraum:
Auf Antrag des AN ist eine WAZ-Verlängerung auf bis zu 40 Std. möglich, wenn die Differenz zur tarifl. WAZ einem persönlichen Freizeitkonto gutgeschrieben wird und der Freizeit- bzw. Entgeltanspruch entsprechend versichert wird. Eine Versicherung im o.g. Sinne liegt dann vor, wenn der Anspruch des AN im Falle der Zahlungsunfähigkeit des Unternehmens bzw. des Arbeitgebers, bei Betriebsstillegung und bei einem Wechsel des AN zu einem neuen AG uneingeschränkt fortbesteht. Einzelheiten sind unter Mitwirkung des BR in einer Nebenabrede zum Arbeitsvertrag schriftlich zu vereinbaren.
4. Zulässige Grenzwerte +/- 35 Std.
5. Kontoausgleichszeitraum

Siehe unter Ausgleichszeitraum. In begründeten Ausnahmefällen kann über den Planungszeitraum von 12 Monaten hinausgegangen werden, wenn etwaige Freizeitansprüche der AN abgesichert sind.

6. Ab-/Aufbau des Kontos
Ankündigungsfristen
Freizeit ist zu gewähren, wenn nachfolgende Ankündigungsfristen eingehalten werden:
bei einem ganzen Tag 1 Woche
bei einem halben Tag 3 Tage
stundenweise am Vortag.
Anspruch auf Freizeitgewährung entfällt bei Nichteinhaltung der Ankündigungsfristen. Einzelheiten sind in einer Betriebsvereinbarung zu regeln. Zustimmung der TV-Parteien erforderlich.
7. Sonstige Bestimmungen -

4.1.3 Fleischwarenindustrie Westfalen
Tarifliche Regelungen zu Arbeitszeitkonten

1. Allgemeine Bestimmungen
Arbeitszeitstandard 37,5 Std./W.
Arbeitszeitverteilung Variante a: Die AZV wird durch Vereinbarung zwischen AG und BR in Form von Gewährung von ganzen oder halben freien Tagen oder Verkürzung der WAZ um ganze oder halbe Stunden geregelt. Es können auch Mischformen vereinbart werden. Bei Verkürzung in freien Tagen können bis zu durchschnittlich 40 Std./W. gearbeitet werden.
Variante b: Vereinbarung abweichender AZ möglich in der Produktion (alle Bereiche außerhalb der Verwaltung) durch freiwillige BV; montags bis freitags im Rahmen von 30 bis 48 Std.; tägl. mind. 6 Std., max. 10 Std.
Ausgleichszeitraum
b) 12 Monate
2. Einrichtung des Kontos
a) Zur Ermittlung des Freizeitanspruchs ist vom AG ein AZ-Konto zu führen.
b) Wird die tarifl. WAZ über- oder unterschritten, so ist die Zeitdifferenz für jeden AN einem AZ-Konto gutzuschreiben.
3. Inhalt des Kontos

a) Ansammlung von AZV-Tagen
b) AZ-Guthaben, AZ-Schulden, Mehrarbeit, Mehrarbeitszuschläge (= 25% ab 41. Wochen-Std., 40 % ab 43. Wochen-Std.)
4. Zulässige Grenzwerte -
5. Kontoausgleichszeitraum
b) 12 Monate
6. Ab-/Aufbau des Kontos
b) Der Saldo des AZ-Kontos ist monatlich mit der Entgeltabrechnung bekanntzugeben.
Ankündigungsfristen
Änderungen der AZ sind spätestens eine Woche vorher anzukündigen. Die Betriebsparteien können eine abweichende Ankündigungsfrist vereinbaren. 14 Tage vor Ende des Abrechnungszeitraums muß der AN entscheiden, ob Mehrarbeitszuschläge ausgezahlt oder dem AZ-Konto gutgeschrieben werden.
Restguthaben/-schulden
AZ-Guthaben am Ende des Ausgleichszeitraums sind innerhalb von 3 Monaten in Freizeit auszugleichen. Unter Mitbestimmung des BR kann es auch ausgezahlt werden. Eine AZ-Schuld ist in den folgenden Ausgleichszeitraum zu übertragen und auszugleichen. Falls ein Ausgleich im folgenden Ausgleichszeitraum nicht möglich ist, verfällt die AZ-Schuld.
7. Sonstige Bestimmungen
Unabhängig von der jeweiligen WAZ wird in jedem Monat das Monatsentgelt gleichbleibend, d. h. auf Basis von 37,5 Wochen-Std. gezahlt. Für zusätzliche Einsätze, z. B. an Samstagen kann im Rahmen der BV grundsätzliche eine Vergütung vereinbart werden.
b) Bei Abwesenheit des AN in Fällen, in denen AZ-Guthaben angesammelt werden, wird die in seiner Abteilung während der Abwesenheitsdauer geleistete AZ zugrunde gelegt.
a) b) AZ-Guthaben bei Beendigung des Arbeitsverhältnisses werden vergütet, jedoch ohne Zuschläge. Dieser Anspruch ist auch vererbbar. Eine AZ-Schuld bei Beendigung des Arbeitsverhältnisses wird wie unbezahlte Freizeit behandelt.

4.1.4 Getränkeindustrie Rheinland-Pfalz
Tarifliche Regelungen zu Arbeitszeitkonten

1. Allgemeine Bestimmungen

Arbeitszeitstandard 38 Std./W., Montag bis Freitag, soweit keine abweichende Regelung zwischen GF und BR vereinbart wird.
Arbeitszeitverteilung
Variante a: Zwischen Betriebsleitung und BR kann eine regelm. betriebliche WAZ vereinbart werden, die die regelm. tarifliche AZ um bis zu 2 Std. übersteigt. Die sich ergebenden AZ-Guthaben sind durch Gewährung von ganzen oder halben freien Tagen oder Verkürzung der WAZ um ganze oder halbe Stunden an einzelnen Tagen auszugleichen (auch Mischformen, auch für einzelne Betriebsabteilungen und AN-Gruppen möglich).
Variante b: Zur Schaffung zusätzlicher Arbeitsplätze, Vermeidung von Kurzarbeit und Entlassungen sowie zur Gewährleistung ganzjähriger Beschäftigung können BR und GL durch freiwillige BV für Betriebsabteilungen und AN-Gruppen abweichende AZ-Regelungen treffen. Regelmäßige betriebliche AZ täglich max. 9, wöchentlich max. 45 Std.
Ausgleichszeitraum
b) bis zu 12 Monate
2. Einrichtung des Kontos
a) Bei einer Regelung über die Gewährung von ganzen oder halben freien Tagen AZ-Konto verbindlich.
b) Bei abweichender AZ-Regelung AZ-Konto verbindlich.
3. Inhalt des Kontos
a) AZ-Guthaben aus Verkürzung der WAZ bis zur Dauer von max. 40 Std. zuschlagsfrei
b) Differenz aus tatsächlich geleisteter AZ zu 7 Std. 36 Min. tägl. (= tarifl. AZ). Hinzu kommt Belastungsausgleich: 9 Min. (15 %) für die 41. bis 43. Wochen-Std. und 13 Min. (22 %) für die 44. und 45. Wochen-Std.
4. Zulässige Grenzwerte -
5. Kontoausgleichszeitraum-
6. Ab-/Aufbau des Kontos
a) b) AZ-Konto ist unter Berücksichtigung des Kontostandes auszugleichen. Einzelne Monate können bei der Gewährung von Ausgleichszeit ausgenommen werden.
7. Sonstige Bestimmungen
a) Soweit eine Vereinbarung für den ganzen Betrieb, einzelne Betriebsabteilungen oder AN-Gruppen nicht zustande kommt, soll eine Einigung unter Hinzuziehung je eines Vertreters der vertragschließenden Organisation versucht werden. Wird kein

Einvernehmen über die betriebliche AZ erzielt, so gilt die 39-Stunden-Woche. Die sich dann ergebenden AZ-Guthaben werden in Form von ganzen oder halben freien Tagen gewährt. Hiervon kann aus dringenden betrieblichen Gründen abgewichen werden.
b) Bei Beendigung des Arbeitsverhältnisses werden Zeitguthaben abgegolten; negative Zeitsalden, die nicht auf betriebliche Gründe zurückzuführen sind, werden wie unbezahlte Freizeit behandelt.
b) Die Bestimmungen zu a) gelten entsprechend mit der Maßgabe, daß in die abweichende AZ-Regelung für jeden AN höchstens 4 Samstage pro Kalenderjahr mit einbezogen werden.

4.1.5 Nährmittelindustrie NRW
Tarifliche Regelungen zu Arbeitszeitkonten

1. Allgemeine Bestimmungen
Arbeitszeitstandard 37 Std./W., grundsätzlich auf 5 Tage nämlich montags bis freitags verteilt. Eine aus betrieblichen Gründen notwendige andere Verteilung der AZ kann mit dem BR vereinbart werden.
Arbeitszeitverteilung
Variante a: Abweichend kann durch BV kann vereinbart werden, daß die AZ 40 Std./W. beträgt.
Variante b: Abweichende AZ zur Beschäftigungssicherung, Vermeidung von Kurzarbeit und Gewährleistung ganzjähriger Beschäftigung durch freiwillige BV mit dem BR. Im falle der Kündigung endet die BV ohne Nachwirkung. Tägliche AZ zwischen 5 und 9 Std.; wöchentlich zwischen 30 und 45 Std., wobei auch 4 AT statt 5 möglich sind.
2. Einrichtung des Kontos
a) b) Wenn abweichende AZ (Kann-Bestimmung), dann AZ-Konto für jeden AN verbindlich.
3. Inhalt des Kontos
a) Differenz zwischen 37 und 40 Std./W.
b) Unter- oder Überschreitungen der tarifl. WAZ (7 Std. 24 Min. täglich). Zusätzlicher Belastungsausgleich von 15 % (9 Min.) für die 41. bis 43. Std./W., 22 % (13 Min.) für die 44. und 45. Std./W.
4. Zulässige Grenzwerte

a) Bis zur Dauer von 40-Wochenstunden tatsächlich geleistete Arbeitsstunden zuschlagsfrei.
b) Auf der Minusseite max. 37 Std.
5. Kontoausgleichszeitraum
b) 12 Monate. Bei Langzeiterkrankten verlängert sich der Ausgleichszeitraum um die Dauer der Erkrankung.
6. Ab-/Aufbau des Kontos
a) Kann durch Gewährung ganzer oder halber freier Tage abgebaut werden. Für jeden freien Tag werden 7 Std. 24 Min. abgerechnet.
b) Mit jeder Monatsabrechnung erhält der AN einen Ausdruck seines AZ-Kontos.
Ankündigungsfristen
b) für AZ-Änderungen mindestens 5 Tage Restguthaben/-schulden
b) Besteht nach 12 Monaten trotz aller Bemühungen ein Zeitguthaben, das aus betrieblichen Gründen nicht realisiert werden konnte, so erfolgt auf das Guthaben ein Freizeitzuschlag von 50 %. Nach 12 Monaten bestehende AZ-Defizite, die nicht auf betriebliche Gründe zurückzuführen sind, werden wie unbezahlte Freizeit behandelt. Bleiben aus betrieblichen Gründen negative Zeitsalden, sind diese vom Unternehmen auszugleichen.
7. Sonstige Bestimmungen
a) AZ-Gutschriften entstehen nur für tatsächlich geleistete Arbeitsstunden, d. h. nicht bei Urlaub, Krankheit etc.
a) AZ-Guthaben bei Beendigung des Arbeitsverhältnisses wird vergütet, jedoch ohne Zuschläge. AZ-Defizite werden als unbezahlte Freizeit abgerechnet.
a) AZV-Tage, die geplant und angekündigt waren, verfallen bei Krankheit des AN nicht.
b) Der BR wird monatl. über die abteilungsweise Entwicklung der AZ-Konten informiert.
b) Den Wünschen des AN zur zeitlichen Lage der Freizeit kann aus dringenden betrieblichen Gründen widersprochen werden. Der AG ist dann verpflichtet einen Alternativvorschlag verbindlich zu unterbreiten. Ist der AN mit der Verschiebung nicht einverstanden, findet § 87 Abs. 1, Ziffer 2 u. 5, BetrVG analoge Anwendung.
b) Eine finanzielle Abgeltung des AZ-Guthabens ist nur bei Beendigung des Arbeitsverhältnisses zulässig. Im Todesfall erhalten die Erben die Abgeltung.

b) Das vereinbarte Monatsentgelt wird unabhängig von der AZ gezahlt.

4.1.6 Süßwarenindustrie West
Tarifliche Regelungen zu Arbeitszeitkonten

1. Allgemeine Bestimmungen
Arbeitszeitstandard 38 Std. an in der Regel 5 Werktagen in der Woche Arbeitszeitverteilung Vereinbarung abweichender AZ mit bis zu 45 Std./W. durch BV möglich.
2. Einrichtung des Kontos
Bei abweichender AZ (Kann-Bestimmung) AZ-Konto für jeden AN verbindlich.
3. Inhalt des Kontos
Die über die tarifliche AZ (38 Std.) hinaus tatsächlich geleisteten Arbeitsstunden mehrarbeitszuschlagsfrei. Zusätzlich wird den Beschäftigten ein Belastungsausgleich je Stunde in Form einer AZ-Gutschrift auf dem AZ-Konto gewährt (gilt nicht bei betrieblichen Gleitzeitregelungen):
15 % = 9 Min. für die 41. bis 43. Wochenstunde (Mo.-Fr.),
20 % = 12 Min. ab der 44. Wochenstunde (Mo.-Fr.),
15 % = 9 Min. für Samstagsarbeit innerhalb der 40-Std.-Woche,
25 % = 15 Min. für Samstagsarbeit, wenn damit 40 Stunden überschritten werden.
AZ-Guthaben entstehen an Tagen mit tatsächlicher Arbeitsleistung, d. h. nicht bei Urlaub, Krankheit und sonstigen arbeitsfreien Tagen
4. Zulässige Grenzwerte
AZ-Guthaben, das einer tarifl. AZ von max. 3 Monaten (65 Arbeitstagen à 7,6 Std.) entspricht.
5. Kontoausgleichszeitraum-
6. Ab-/Aufbau des Kontos AZ-Ausgleich durch Freizeit an einzelnen Tagen oder Blockfreizeit möglich. Einzelheiten der Inanspruchnahme werden durch eine BV geregelt. Dabei sind die persönlichen Belange der betroffenen Beschäftigten im Rahmen der betrieblichen Erfordernisse zu berücksichtigen. Restguthaben/-schulden: Die Abgeltung eines nicht in Anspruch genommenen Zeitguthabens ist nur zulässig bei Beendigung des Arbeitsverhält-

nisses, wenn die Inanspruchnahme nicht mehr möglich ist sowie beim Tod des betroffenen Mitarbeiters.
7. Sonstige Bestimmungen
AG und BR haben ihre Vorschläge zur AZ-Gestaltung einzubringen. Können sich die Betriebsparteien nicht verständigen, sind die TV-Parteien beratend hinzuzuziehen. Kommt es auch dabei zu keiner Einigung, entscheidet eine entsprechend § 87, Abs. 2 Betr.VG zu bildende Einigungsstelle. Auflösung des AZ-Kontos siehe 6.
Ein AZ-Defizit, das bei Beendigung des Arbeitsverhältnisses nicht ausgeglichen werden konnte, wird als unbezahlte Freizeit abgerechnet.
Tod des Mitarbeiters siehe 6.
In diesem Fall steht den Erben ein entsprechender Geldanspruch in Höhe der dann jeweils gültigen Vergütung zu.

4.1.7 Textilindustrie West
Tarifliche Regelungen zu Arbeitszeitkonten

1. Allgemeine Bestimmungen
Arbeitszeitstandard 37 Std./W. (Grundlage für Berechnung der Jahres-AZ). Zur Vermeidung von Entlassungen u. zur Beschäftigungssicherung ist AZ- Absenkung/-Erhöhung durch Betriebsvereinbarung bis zu 6,75 % der Jahres-AZ (130 Std.) bei einer der AZ entsprechenden Bezahlung möglich. (Ausschluß von betriebsbedingten Kündigungen während der Laufzeit der Betriebsvereinbarung.)
Arbeitszeitverteilung
Der Zeitraum der Jahres-AZ muß 12 Kalendermonate umfassen. Die Verteilung der Jahres-AZ ist zwischen Betriebsleitung u. Betriebsrat zu vereinbaren.
Ausgleichszeitraum
12 Kalendermonate, bei anderweitiger AZ-Verteilung 52 Wochen, insbesondere auch im Rahmen von Freischichtenregelungen.
2. Einrichtung des Kontos
Soweit erforderlich, werden AZ-Konten eingerichtet.
3. Inhalt des Kontos
Regelmäßige AZ geleistete Stunden, jeweilige Zeitsalden.
Durch Vereinbarung zwischen AN und AG können Zuschläge in

Form von Zeit auf dem AZ-Konto gutgeschrieben werden. Wünsche von AN, Mehrarbeitsstunden u. -zuschläge auf dem AZ-Konto gutzuschreiben, sind zu realisieren. Die Festlegung des Inhaltes der AZ-Konten ist betrieblich zu vereinbaren.
4. Zulässige Grenzwerte -
5. Kontoausgleichszeitraum-
6. Ab-/Aufbau des Kontos
Es besteht Einstimmigkeit zwischen den TV-Parteien darüber, daß den AN ein größeres Maß an Arbeitszeitsouveränität gewährt werden soll. Bei der Verteilung der AZ können individuelle Wünsche von AN berücksichtigt werden. Gruppen von AN mit gleichen Tätigkeiten oder Tätigkeitsbereichen können in Abstimmung mit dem AG ihre AZ koordinieren. Bei vorhandenem Zeitguthaben können AN einzelne Tage als bezahlte Freizeit oder Freizeitblöcke beantragen.
Ankündigungsfristen
Bei einzelnen Tagen ist dem Antrag zu entsprechen, wenn eine Ankündigungsfrist von 1 Woche eingehalten ist. Bei Freizeitblökken ist rechtzeitige Antragsstellung notwendig, so daß eine entsprechende Berücksichtigung bei der AZ-Verteilung möglich ist.
Restguthaben/-schulden
Am Ende des Ausgleichszeitraumes bestehende Minus- u. Pluszeiten können durch Vereinbarung zwischen AG u. AN auf den nächsten Ausgleichszeitraum übertragen werden. Wird keine Übertragung vereinbart, sind nicht geleistete Arbeitsstunden mit dem persönlichen Durchschnittsverdienst zu vergüten. Bestehende Zeitguthaben einschl. Mehrarbeitszuschläge sind abzugelten.
7. Sonstige Bestimmungen
Ausgleich von Zeitguthaben oder Zeitschulden: bei Ausscheiden vorrangig in Zeit; ist dies aus betrieblichen Gründen nicht möglich, entfallen Zeitschulden ersatzlos ohne Einkommensminderung, Zeitguthaben sind abzugelten.

4.1.8 Volkswagen AG
Tarifliche Regelungen zu Arbeitszeitkonten

1. Allgemeine Bestimmungen
Arbeitszeitstandard 28,8 Std./W. zur Sicherung der Beschäftigung.
Arbeitszeitverteilung

AZ-Verlängerung möglich bis max. 38,8 Std./W./8 Std./Tag in Produktions- bzw. in produktionsabhängigen Bereichen.
Ausgleichszeitraum
innerhalb eines Kalenderjahres

2. Einrichtung des Kontos
Um die 28,8 Stunden-Woche im Kalenderjahr für den Einzelnen sicherzustellen, kann durch BV ein AZ-Konto nach dem Ansparprinzip eingeführt werden (auch für nicht produktionsabhängige Bereiche möglich). Ein Organisationsmittel für das Guthabenkonto ist der sogenannte Beschäftigungsscheck. Durch BV sind Mindestinhalte des Kontos zu regeln. Zur Sicherung der Beschäftigten müssen die im indirekten Bereich Beschäftigten eine 1,2-stündige Soll-Leistung pro Woche und Mitarbeiter erbringen. Diese Soll-Leistung wird im individuellen AZ-Konto in Form eines Minussaldos vorgetragen.

3. Inhalt des Kontos
Mehrarbeit
Gleitzeit (Normalschicht)
Zeitwerte aus Bonuszahlungen

4. Zulässige Grenzwerte -

5. Kontoausgleichszeitraum
innerhalb von 12 Kalendermonaten (auch zu einem späteren Zeitpunkt möglich, wenn AN und Unternehmen zweckgebundene Freizeitentnahme vereinbaren)

6. Ab-/Aufbau des Kontos
Abbau grundsätzlich durch Freizeitausgleich (Vergütung möglich in Ausnahmefällen durch BV), dabei sind durch BV Mindestinhalte zu regeln: Voraussetzungen, Verfahren und der Zeitpunkt für die Bestimmung des Verwendungszweck von bezahlter Freistellung
Verfahren, Ankündigungsfristen für die konkrete Inanspruchnahme
Voraussetzungen, Verfahren für eine kollektive Festsetzung der Inanspruchnahme
Voraussetzungen, Verfahren für eine finanzielle Abgeltung von den Stunden, wenn eine bezahlte Freistellung aus betrieblichen Gründen nicht gewährt werden kann.
Verwendung des Guthabens möglich für eine längere Unterbrechungszeit oder für einen gleitenden Übergang in (Stafette für Ältere) bzw. für einen vorgezogenen Ruhestand mit Hilfe des Beschäftigungsscheck als Finanzausgleich.

Abbaus des Minussaldos der Soll-Leistung kann z. B. erfolgen durch Leistung und Verrechnung im Rahmen der gleitenden AZ, durch Nachleistung oder Verrechnung mit arbeitsfreien Tagen oder mit geleisteter Mehrarbeit (ist jeweils betrieblich durch BV festzulegen).

7. Sonstige Bestimmungen bei Vorliegen eines wichtigen Grundes Anspruch (schriftliche Geltendmachung) auf finanzielle Abgeltung eines Zeitguthabens, der insbesondere vorliegt beim Ausscheiden des AN, bei absehbaren längeren Ruhezeiten des Arbeitsverhältnisses wie Wehr-/Zivildienst oder Erziehungsurlaub sowie bei drohender Zahlungsunfähigkeit des Unternehmens bzw. eines laufenden Konkurs- bzw. Vergleichsverfahrens. Abgeltungsanspruch entsteht in dem Zeitpunkt, in dem der Beendigungs- bzw. Ruhetatbestand eintritt.

Vererblicher finanzieller Abgeltungsanspruch bei Tod des AN Erlöschen eines Minussaldos nach Ablauf von 12 Monaten bei Nichtverschulden des AN.

4.1.9 Chemie

Zum 1.5.96 trat eine Änderung des § 3 MTV für die chemische Industrie in Kraft, die folgenden Wortlaut hat:

„Geleistete Mehrarbeit ist durch Freizeit auszugleichen. Die Zuschlagspflicht bleibt hiervon unberührt, sofern der Ausgleich nicht innerhalb eines Monats erfolgt. Kann der Freizeitausgleich wegen Krankheit, Urlaub, Dienstreise oder ähnlichen Gründen nicht innerhalb eines Monats erfolgen, so ist er spätestens in dem darauffolgenden Monat vorzunehmen.

Erfolgt der Zeitausgleich nicht innerhalb der vorgenannten Zeiträume, ist er mit Ablauf von zwei weiteren Monaten einschließlich des Mehrarbeitszuschlags von 25 % in Freizeit auszugleichen.

Bei notwendiger Mehrarbeit für einzelne Arbeitnehmer oder Arbeitnehmergruppen, für die ein Zeitausgleich aus betrieblichen oder arbeitsorganisatorischen Gründen nicht oder schwierig durchzuführen ist, kann der Arbeitgeber die geleisteten Mehrarbeitsstunden zuschlagspflichtig abgelten.

Gelegentliche geringfügige Überschreitungen der täglichen Arbeitszeit sind bei Arbeitnehmern der Gruppe E 9 bis E 13 mit dem Tarifentgelt abgegolten."

In den Erläuterungen zur Neufassung des § 3 heißt es unter Begriff der Mehrarbeit: „Der Begriff der Mehrarbeit ist nicht verändert worden. Mehrarbeit ist die über die tarifliche wöchentliche oder über die in diesem Rahmen betrieblich festgelegte regelmäßige tägliche Arbeitszeit hinausgehende Arbeitszeit, soweit sie angeordnet ist. Maßgeblich ist in erster Linie die regelmäßige tägliche Arbeitszeit. Nur in Ausnahmefällen kommt es auf die tarifliche wöchentliche Arbeitszeit an, nämlich beispielsweise dann, wenn bei sonst üblicher Fünf-Tage-Woche am sechsten Tag gearbeitet wird. ... Soweit von dem Arbeitszeitkorridor nach § 2 I Ziffer 3 Gebrauch gemacht wird, ist Maßstab für die Mehrarbeit die bis zu 2 1/2 Stunden längere oder kürzere regelmäßige betriebliche Arbeitszeit.

Die anderweitige Verteilung der regelmäßigen Arbeitszeit nach § 2 MTV im Rahmen eines Verteilzeitraumes von bis zu 12 Monaten führt nicht zur Mehrarbeit. Dies gilt auch dann, wenn im Rahmen des Arbeitszeitkorridors von den Möglichkeiten der anderweitigen Verteilung der Arbeitszeit Gebrauch gemacht wird.

Auch Zeitguthaben bei der gleitenden Arbeitszeit sind keine Mehrarbeit.

Mehrarbeit liegt nur dann vor, wenn die Überschreitung der regelmäßigen täglichen oder der tariflichen wöchentlichen Arbeitszeit angeordnet ist. Überschreitungen der regelmäßigen täglichen oder tariflichen wöchentlichen Arbeitszeit ohne eine entsprechende Anordnung sind keine Mehrarbeit."

In dieser Erläuterung zu dem zunächst relativ einfach klingenden Text sind noch einige Fallstricke, die die Umsetzung technisch und organisatorisch äußerst erschweren. Auch darauf wird später noch im Detail eingegangen.

4.1.10 Privates Bankgewerbe

Der MTV für das Private Bankgewerbe und öffentliche Banken vom 1.7.96 beinhaltet ebenfalls einen ähnlichen Passus, der in den Erläuterungen folgendermaßen kommentiert wird: „Die Mehrarbeitsdefinition ist insoweit modifiziert worden, als Mehrarbeit erst entsteht, wenn die über die regelmäßige Arbeitszeit bzw. bei ungleichmäßiger Verteilung die über die festgelegten Einsatzzeiten hinaus angeordnete und geleistete Arbeit nicht entweder in der vorhergehenden oder in den darauffolgenden 4 Wochen (bisher: in der darauffolgenden Woche) durch entsprechende Freizeitgewährung ausgeglichen wird. Damit erfolgt der Freizeitausgleich in dem definierten 6-Wochen-Zeitraum (Vorwoche-"Überstundenwoche"-4 Folgewochen) im Verhältnis 1:1, also zuschlagsfrei."

Auch hier liegt die Problematik in der Zeitraumüberwachung, in dem Mehrarbeit mit oder ohne Zuschlag auszugleichen ist.

4.1.10.1 Weitere tarifliche Arbeitszeitkonten und Rahmenregelungen

In der Zeitschrift Lohn + Gehalt 3/97 schreibt Rechtsanwalt Wolfgang Reß, Köln, zu diesem Thema:

„Tarifliche Arbeitszeitkonten (und damit den tariflichen Zwang zur Zeiterfassung) gibt es derzeit bisher nur in einigen Branchen, wie bspw. der Süßwarenindustrie, der Obst- und Gemüseverarbeitung, der Nährmittelindustrie Baden-Württemberg, der Landwirtschaft, der Fleischwarenindustrie Westfalen, dem Fleischerhandwerk Hessen, dem privaten Transport- und Verkehrsgewerbe Sachsen, einzelnen Regionen des Hotel- und Gaststättengewerbes, der Feinstblechpackungsindustrie, der Holz- und Kunststoffverarbeitenden Industrie Nordwestdeutschland, der Metallindustrie Bayern, des Rheinischen Braunkohlebergbaus, der Stahlindustrie, der Textil- und Bekleidungsindustrie sowie des Einzelhandels in Bremen.

Hierbei handelt es sich aber nicht zuletzt aufgrund des geringen möglichen Ansparvolumens von rund 500 Stunden durchweg um sog. Kurzzeitkonten, die vor dem Hintergrund der besonderen Branchenspezifika (Saisonbetriebe) und den sich daraus ergebenden Flexibilisierungsbedürfnissen zustande gekommen sind."

Etwas weiter nimmt Wolfgang Reß zu Freizeitausgleich für Mehrarbeit und Zuschlägen Stellung: „Durch die im Rahmen der Bündnisdebatte erhobene Forderung der Gewerkschaften des Freizeitausgleichs von Überstunden haben die Arbeitszeitkonten eine zusätzliche Facette erhalten - nämlich den Ausgleich von Mehrarbeit durch Freizeit über die Arbeitszeitkonten. Während bis vor kurzem nur Einzelfälle wie Volkswagen über das Arbeitszeitkonto Freizeitausgleich für Mehrarbeit vorsahen, haben nun auch die Stahlindustrie, Textil- und Bekleidungsindustrie, die Feinstblechpackungsindustrie und die Chemische Industrie entsprechende Vereinbarungen getroffen.

Zusätzlich werden in einigen Bereichen auch arbeitsbezogene Zulagen und Zuschläge auf dem Arbeitszeitkonto verbucht. So wird in der Süßwarenindustrie ebenso wie in der Obst und Gemüse verarbeitenden Industrie der Belastungsausgleich als Arbeitszeitgutschrift berücksichtigt. In der Fleischwarenindustrie Westfalen ist die Gutschrift von Mehrarbeitszuschlägen eine Kann-Vorschrift. Auch das Verhandlungsergebnis der Textil- und Bekleidungsindustrie eröffnet den Arbeitnehmern in Form einer Kann-Vorschrift die Option, Zuschläge - auch Mehrarbeitsstunden und Zuschläge - in Form von Zeit auf den Arbeitszeitkonten gutzuschreiben."

Die Zeit hat inzwischen diese damals geltenden Tatsachen überholt: in allen oder fast allen Tarifverträgen sind mittlerweile die Möglichkeiten des Ausgleichs über Arbeitszeitkonten vorgesehen, wenn auch mit unterschiedlichen Regelungen, wie die vorstehenden Beispiele unterstreichen.

4.2 Gesetzliche Regelungen

Im Arbeitszeitgesetz vom 10. Juni 1994 heißt es in § 3 über die Arbeitszeit der Arbeitnehmer: „Die werktägliche Arbeitszeit der

Arbeitnehmer darf acht Stunden nicht überschreiten. Sie kann bis auf 10 Stunden nur verlängert werden, wenn innerhalb von sechs Kalendermonaten oder innerhalb von 24 Wochen im Durchschnitt acht Stunden werktäglich nicht überschritten werden." (Vergl. auch Kapitel über Vertrauensarbeitszeit)

Der § 7 Abweichende Regelungen sagt: „In einem Tarifvertrag oder aufgrund eines Tarifvertrages in einer Betriebsvereinbarung kann zugelassen werden,
1. abweichend von § 3
    a) die Arbeitszeit über zehn Stunden werktäglich auch ohne Ausgleich zu verlängern, wenn in die Arbeitszeit regelmäßig und in erheblichem Umfang Arbeitsbereitschaft fällt,
    b) einen anderen Ausgleichszeitraum festzulegen,
    c) ohne Ausgleich die Arbeitszeit auf bis zu 10 Stunden Stunden werktäglich an höchstens 60 Tagen im Jahr zu verlängern. ..."

Über Arbeitszeitnachweise meint das Gesetz im § 16 Absatz 2: „Der Arbeitgeber ist verpflichtet, die über die werktägliche Arbeitszeit des § 3 Satz 1 hinausgehende Arbeitszeit der Arbeitnehmer aufzuzeichnen. Die Aufzeichnungen sind mindesten zwei Jahre aufzubewahren."

Die EWG-Richtlinie 5/4.2 über bestimmte Aspekte der Arbeitszeitgestaltung vom 23. November 1993 regelt in Artikel 6 Wöchentliche Höchstarbeitszeit: „Die Mitgliedsstaaten treffen die erforderlichen Maßnahmen, damit nach Maßgabe der Erfordernisse der Sicherheit und des Gesundheitsschutzes der Arbeitnehmer:

1. die wöchentliche Arbeitszeit durch innerstaatliche Rechts- und Verwaltungsvorschriften oder in Tarifverträgen zwischen den Sozialpartnern festgelegt wird;

2. die durchschnittliche Arbeitszeit pro Siebentageszeitraum 48 Stunden einschließlich der Überstunden nicht überschreitet."

Durch die gesetzlichen Regelungen werden also lediglich Obergrenzen und Durchschnittsbeträge innerhalb bestimmter Zeiträume festgelegt, die jedoch nur durch das genaue Führen von Arbeitszeitkonten eingehalten werden können. Mit anderen Worten: gesetzliche und tarifliche Regelungen erfordern persönliche Arbeitszeitkonten, die unter Beachtung der Ausgleichszeitszeiträume effektiv und kostensparend nur über Zeitwirtschaftssysteme abgewickelt werden können.

4.3 Flexigesetz

Mit dem sog. Flexigesetz wurde der Begriff der Wertguthaben geschaffen, die sowohl in Zeit als auch in Geld geführt werden können. Diese Wertguthaben müssen dokumentiert werden. Nachfolgend eine Veröffentlichung der Bundesversicherungsanstalt für Angestellte BfA in Berlin zu diesem Thema. Aufgrund der Komplexität habe ich mich entschieden, keine Auszüge vorzunehmen, sondern den Beitrag ungekürzt zu übernehmen. Für die Zeitwirtschaft ist der Punkt 1.3 relevant, der die Führung von Wertguthaben in der Form eines Arbeitszeitkontos vorsieht.

Amtliches Veröffentlichungsblatt – DAngVers – Jahrgang 46 - Februar 1999
Zur sozialrechtlichen Absicherung flexibler Arbeitszeitregelungen
Von Gerhard B u c z k o [*]
Bereits vor einem Jahr, nämlich rückwirkend zum 1.1.1998, sind wesentliche Teile des Gesetzes zur sozialrechtlichen Absicherung flexibler Arbeitszeitregelungen vom 14.4.1998 in Kraft getreten 1. Bei diesen Neuregelungen geht es darum, den unterschiedlichen Modellen, die zur Flexibilisierung der Arbeitszeit entwickelt wurden, besser Rechnung zu tragen. Die gesetzlichen Rahmenbedingungen wollen kein bestimmtes Arbeitszeitmodell festschreiben, sondern das geltende Recht für bestehende Modelle öffnen -z.B. für Sabbatjahrvereinbarungen- und für künftige Entwicklungen offenhalten. Sozialversicherungsschutz genießen nun auch Vereinbarungen zwischen Arbeitgeber und Arbeitnehmer zur Ansparung von Arbeitsentgelt (Arbeitszeiten) in Wertguthaben (Arbeitszeitkonten), die dann in einer Freistellungsphase (z.B. Sabbatjahr oder "Vorruhestand") aufgebraucht werden. Auch während der Freistellung besteht Versicherungsschutz als Beschäftigter. Die

Fälligkeit der Sozialversicherungsbeiträge für das angesparte Arbeitsentgelt wird -bei Einhaltung der gesetzlichen Rahmenbedingungen- aus der Ansparphase in die Freistellungszeiträume verschoben. Das Gesetz ermöglicht hierdurch nicht nur Jahres-, sondern auch Mehrjahres- und sogar Lebensarbeitszeitmodelle, also eine Flexibilisierung der Arbeitszeit über viele Jahre und sogar über ein ganzes Arbeitsleben. Die gesetzlichen Regelungen sind auch auf Modelle der Arbeitszeitflexibilisierung anzuwenden, die bereits vor dem 1.1.1998 begonnen haben. Für Freistellungsphasen vor dem 1.1.1998 gezahlte Beiträge gelten als zu Recht und rechtzeitig entrichtete Pflichtbeiträge.Im folgenden wird das Gesetz zur sozialrechtlichen Absicherung flexibler Arbeitszeitregelungen unter Heranziehung der Gesetzesbegründung 2 und der gemeinsamen Verlautbarung der Spitzenverbände der Sozialversicherung vom 23. 7.1998 vorgestellt.

1. Versicherungspflicht
Eine Beschäftigung gegen Arbeitsentgelt begründet grundsätzlich Versicherungspflicht und damit Versicherungsschutz in allen Zweigen der Sozialversicherung [§ 2 Abs. 2 Nr. I Viertes Buch Sozialgesetzbuch (SGB IV), § 25 Abs. I Drittes Buch Sozialgesetzbuch (SGB III), § 5 Abs. I Nr. I Fünftes Buch Sozialgesetzbuch (SGB V), § 1 Satz 1 Nr. I Sechstes Buch Sozialgesetzbuch (SGB VI), § 20 Abs. I Nr. I, Abs. 2 Elftes Buch Sozialgesetzbuch (SGB XI)]. Ein versicherungspflichtiges Beschäftigungsverhältnis setzt allerdings grundsätzlich eine Arbeitsleistung gegen Arbeitsentgelt voraus. Durch die Neuregelungen im Gesetz zur sozialrechtlichen Absicherung flexibler Arbeitszeitregelungen gelten jetzt auch bestimmte Zeiträume ohne Arbeitsleistung als versicherungspflichtiges Beschäftigungsverhältnis, wenn die Arbeitnehmer während dieser Freistellungsphasen Arbeitsentgelt erhalten, das durch eine tatsächliche Arbeitsleistung vor oder nach der Freistellungsphase erzielt wird. Sowohl Unterbrechungen des Arbeitslebens (z. B. Sabbatjahre) als auch Freistellungsphasen gegen Ende des Arbeitslebens (z. B. Altersteilzeitarbeit in Blockbildung) können dadurch in den Sozialversicherungsschutz einbezogen werden. Nach § 7 Abs. I a SGB IV besteht eine Beschäftigung gegen Arbeitsentgelt während einer Freistellung von der Arbeit dann, wenn
- die Freistellung aufgrund einer schriftlichen Vereinbarung erfolgt

- in der Freistellungsphase Arbeitsentgelt fällig ist
- dieses Arbeitsentgelt mit einer vor oder nach der Freistellungsphase erbrachten eigenen Arbeitsleistung erzielt wird (Wertguthaben)
- die Höhe des für die Freistellungsphase gezahlten Arbeitsentgelts nicht unangemessen von dem monatlich fälligen Arbeitsentgelt der vorausgegangenen 12 Kalendermonate einer flexiblen Arbeitszeitregelung abweicht und
- die Arbeitsentgelte während der Arbeitsphase und der Freistellung 1/7 der monatlichen Bezugsgröße (§ 18 SGB IV) übersteigen. Ab dem 1. 4.1999 ist statt dessen für Gesamtdeutschland der Grenzwert von 630 DM auf Dauer festgelegt.

Für das Bestehen eines Beschäftigungsverhältnisses während der Freistellung müssen die genannten fünf Voraussetzungen insgesamt erfüllt sein. Eine flankierende Regelung in § 7 Abs. lb SGB IV soll verhindern, daß die Möglichkeit zur Vereinbarung flexibler Arbeitszeiten den Arbeitnehmer in seinem Kündigungsschutz benachteiligt.

1.1 Schriftliche Vereinbarung
Regelungen über die Freistellungsphase sowie über die Höhe des während der Freistellung fälligen Arbeitsentgelts sind schriftlich, also durch Tarifvertrag, Betriebsvereinbarung oder Einzelvertrag zu treffen. Sind Arbeitnehmer von Konzernunternehmen betroffen, ist es auch zulässig, die Mitnahme des Wertguthabens in ein anderes Unternehmen des Konzerns schriftlich zu vereinbaren. Das gilt jedoch nur bei fortbestehendem inländischen Versicherungsverhältnis.

1.2 Fälligkeit von Arbeitsentgelt während der (teilweisen) Freistellung
Während der Freistellung wird Arbeitsentgelt aus einem Wertguthaben fällig. Dabei kann das Wertguthaben auch für eine nur teilweise Freistellung von der Arbeitsleistung verwendet werden (z. B. Senkung der wöchentlichen Arbeitszeit mit Arbeitsentgeltausgleich aus dem Wertguthaben).

1.3 Eigenes Wertguthaben

Wertguthaben aus vertraglich vereinbarten flexiblen Arbeitszeitregelungen können als Geldguthaben (Geldkonten) aus angesparten Arbeitsentgelten i. S. von § 14 SGB IV oder als Zeitguthaben (Arbeitszeitkonten) aus einer versicherungspflichtigen Beschäftigung geführt werden. Es können beispielsweise Teile des laufenden Arbeitsentgelts, Mehrarbeitsvergütungen, Einmalzahlungen, freiwillige Zusatzleistungen des Arbeitgebers, Überstunden, nicht in Anspruch genommene Urlaubstage eingebracht werden. Angespart werden kann nur beitragspflichtiges Arbeitsentgelt, wobei allerdings auch Arbeitsentgelt über der Beitragsbemessungsgrenze zu berücksichtigen ist. Mit dem Wertguthaben erwirtschaftete Erträge (Zinserträge u. a.) können auch in das Wertguthaben eingestellt werden.

Nach § 7 Abs. I a Satz 2 SGB IV kann ein Beschäftigungsverhältnis auch mit einer Freistellungsphase beginnen. Hier muß der Arbeitgeber dem Arbeitnehmer das entsprechende Wertguthaben kreditieren, das dieser dann später durch nachträgliche Arbeitsleistungen "abzahlt". Wird dieses Beschäftigungsverhältnis unvorhersehbar vorzeitig beendet, so daß die Arbeitsleistung nicht mehr erbracht werden kann, wird das Beschäftigungsverhältnis während der Freistellungsphase dadurch nicht in Frage gestellt (§ 7 Abs. la Satz 3 SGB IV). Eine Freistellungsphase ist nur dann ein Beschäftigungsverhältnis, wenn sie aus einem eigenen Wertguthaben des Arbeitnehmers finanziert wird, nicht aber aus dem Wertguthaben eines anderen, das ihm lediglich übertragen worden ist. Die Übertragung von Wertguthaben auf Dritte, auch die Verbriefung von Wert- oder Zeitguthaben in Zertifikaten, Wertpapieren o. ä. bei flexiblen Arbeitszeitregelungen ist zwar nicht ausgeschlossen, eine Übertragung begründet für Dritte jedoch keinen Schutz in der Sozialversicherung. Darüber hinaus wird mit der Übertragung zugunsten des Übertragenden die Beiragsleistung aus dem angesparten Arbeitsentgelt fällig.

1.4 Angemessenheit der Entgelthöhe

Das monatliche Arbeitsentgelt während der Freistellungsphase darf nicht unangemessen von dem Arbeitsentgelt der vorangegangenen 12 Kalendermonate mit Arbeitsleistung abweichen. Die Spitzenverbände der Sozialversicherung sehen die Angemessenheit als gewahrt an, wenn während der Freistellungsphase 70 % des durchschnittlichen Arbeitsentgelts der maßgeblichen 12monatigen Arbeitsphase nicht unterschritten werden. Das in der Arbeitsphase fällige Arbeitsentgelt wird dabei ohne Begrenzung, also ohne Beitragsbemessungsgrenze, aber auch ohne zusätzlich zum Lohn oder Gehalt gezahlte, aber beitragsfreie Zulagen oder Zuschläge berücksichtigt. Wird mit der Freistellungsphase begonnen, sind für den Angemessenheitsvergleich die Arbeitsentgelte der nachfolgenden Arbeitsphase heranzuziehen.

1.5 Mehr als geringfügiges Arbeitsentgelt
Sowohl während der Arbeits- als auch während der Freistellungsphase muß das Arbeitsentgelt über einem Siebtel der monatlichen Bezugsgröße liegen (1999 Rechtskreis West: 630 DM, Rechtskreis Ost: 530 DM). Ab dem 1.4.1999 ist statt dessen für Gesamtdeutschland der Grenzwert von 630 DM auf Dauer festgelegt.

1.6 Sonstiges zur Versicherungspflicht
Für den Bestand der Versicherungspflicht in der Freistellungsphase ist es nicht erforderlich, daß das Beschäftigungsverhältnis anschließend fortgesetzt wird. Fälle wie Erholungsurlaub, Krankheit oder Freistellungen für Bildungsmaßnahmen unter Entgeltfortzahlung sind keine Anwendungsfälle der gesetzlichen Neuregelungen, da hierbei nach gefestigter Rechtsprechung der Sozialversicherungsschutz ohnehin fortbesteht (vgl. z. B. BSGE 68, 236 ff.). Für die Krankenversicherung (KV) ist anzumerken, daß durch eine zulässige Entgeltsenkung während der Freistellungsphase die Jahresentgeltgrenze (75 % der Beitragsbemessungsgrenze der Rentenversicherung - RV) unterschritten werden kann und deshalb u. U. Krankenversicherungspflicht eintritt, allerdings mit der Möglichkeit der Befreiung unter den Voraussetzungen des § 8 Abs. I Nr. 3 SGB V.Entsprechendes gilt für die Pflegeversicherung (PflegeV), in der allerdings bei Befreiungen von der sozialen PflegeV die Pflicht zur privaten Pfl egeV besteht (§ 23 Abs. I SGB XI).

2. Beiträge in Normalfällen
Sozialversicherungsbeiträge werden grundsätzlich nach getaner Arbeit fällig, und zwar nach § 23 Abs. I Satz 2 SGB IV spätestens am 15. des Folgemonats und nach Satz 3 a. a. O. sogar schon am 25. des Zuordnungsmonats, sofern das Arbeitsentgelt bis zum 15.

dieses Monats fällig ist. Bei flexiblen Arbeitszeitvereinbarungen i. S. von § 7 Abs. la SGB IV verschiebt sich dagegen die Beitragsfälligkeit teilweise, und zwar für im Wertguthaben angesparte Arbeitsentgelte. Nach § 23 b Abs. I SGB IV ist hier nicht, wie nach der Grundregel des § 23 Abs. I Satz 2 SGB IV, an das er arbeitete bzw. erzielte Arbeitsentgelt, sondern an das fällige Arbeitsentgelt anzuknüpfen. Sowohl für Zeiten der Arbeitsleistung als auch für Zeiten der Freistellung ist danach das in dem jeweiligen Zeitraum fällige Arbeitsentgelt für die Beitragsfälligkeit nach § 23 Abs. I SGB IV maßgebend. Die Beiträge während der Arbeitsphase bemessen sich dementsprechend aus einem gegenüber dem erarbeiteten Arbeitsentgelt geminderten Entgelt und die während der Freistellungsphase aus dem für diese Phase zulässigerweise angesparten Entgelt. Dieser Aufschub der Beitragsfälligkeit tritt allerdings nur ein, wenn von Anbeginn die fünf Voraussetzungen einer flexiblen Arbeitszeitvereinbarung nach § 7 Abs. I a SGB IV erfüllt sind. Anderenfalls sind die Beiträge insgesamt nach § 23 Abs. I SGB IV sofort fällig, also auch Beiträge auf die Teilbeträge, die in ein Zeit- oder Geldkonto (Wertguthaben) abgezweigt worden sind. Das zum Aufschub der Beitragsfälligkeit bei Arbeitszeitvereinbarungen bisher Ausgeführte (Normalfall) gilt schließlich auch dann nicht, wenn der Arbeitgeber zahlungsunfähig wird oder das im Wertguthaben angesparte Arbeitsentgelt nicht vereinbarungsgemäß verwendet wird (sog. Störfall).

3. Beiträge in Störfällen
Nach § 23 b Abs. 2 Satz 1 SGB IV gelten Wertguthaben auch dann als beitragspflichtige Einnahmen, soweit
- im Fall der Zahlungsunfähigkeit des Arbeitgebers Beiträge gezahlt werden oder
- das Arbeitsentgelt nicht gem. einer Vereinbarung nach § 7 Abs. I a SGB IV verwendet wird, insbesondere nicht laufend für eine Zeit der Freistellung gezahlt wird oder
- wegen vorzeitiger Beendigung des Beschäftigungsverhältnisses in einer Zeit der Freistellung von der Arbeitsleistung nicht mehr gezahlt werden kann.

Diese Störfälle sind beispielsweise die Beendigung des Arbeitsverhältnisses bei Kündigung, Erwerbsminderung oder Tod des Arbeitnehmers sowie die Verwendung des Wertguthabens für eine betriebliche Altersversorgung 3, eine auch nur teilweise nicht für die Freistellung bestimmte Auszahlung oder eine Übertragung an Dritte. Die Beitragspflicht und das Beitragsverfahren für diese Störfälle sind in § 23 b Abs. 2 SGB IV besonders geregelt. Soweit ein Störfall Arbeitszeitkonten betrifft, die auf einen Ausgleich von Zeitguthaben von nicht mehr als 12 Monaten gerichtet sind (Jahresarbeitszeitkonten), ist es nach Auffassung der Spitzenverbände der Sozialversicherung angemessen, die Wertguthaben - abweichend von den sonstigen Störfällen - für die Beitragsberechnung wie einmalig gezahltes Arbeitsentgelt zu behandeln (§ 23 a SGB IV).3.1 Rentenversicherung. Abgesehen von Jahresarbeitszeitkonten sind Wertguthaben in Störfällen weder als Einmalzahlung zu behandeln noch rückwirkend der Arbeitszeit zuzuordnen. Vielmehr ist bei ihnen ein besonderes Beitragsverfahren im "Krebsgang" vorgesehen, das über die gesetzliche RV abgewickelt wird.

3.1.1 Beitragspflichtiges Arbeitsentgelt
Das Arbeitsentgelt aus dem Wertguthaben ist nach § 23 b Abs. 2 SGB IV auf die in der Vergangenheit liegenden Kalendermonate mit Pflichtbeiträgen zur RV für versicherte Beschäftigungen bei dem jeweiligen Arbeitgeber zu verteilen. Es ist einem Monat erst dann zuzuordnen, wenn alle späteren Monate bereits mit Arbeitsentgelt oder gleichzeitig mit Kindererziehungszeiten bis zur Beitragsbemessungsgrenze der RV belegt sind. Diese Aufteilung und Zuordnung der Beitragsbemessungsgrundlage im "Krebsgang" erfolgt unabhängig davon, von welchem Zeitpunkt an oder in welchen Monaten und Jahren das Wertguthaben tatsächlich angesammelt worden ist. Allerdings muß es sich um Zeiten einer rentenversicherungspflichtigen Beschäftigung bei dem Arbeitgeber handeln, bei dem das Wertguthaben angespart worden ist. Wenn die Mitnahme eines Wertguthabens im Konzernbereich zulässig war, sind die Beschäftigungsverhältnisse in den betroffenen Konzernunternehmen zu berücksichtigen. Soweit in der Vergangenheit Arbeitsentgelt der Beitragsbemessung zugrunde gelegt wurde, ist die Beitragsbemessungsgrenze um dessen Betrag zu vermindern und die Differenz als Rückrechnungsbetrag für den "Krebsgang" heranzuziehen. Die Rückrechnung beginnt mit dem Tag der Zahlungsunfähigkeit des Arbeitgebers bzw. der nicht vereinbarungsgemäßen Inanspruchnahme des Wertguthabens. Das sind z. B. der Tag vor Eröffnung des Insolvenzverfahrens, der Tag vor Abweisung des Insolvenzantrages mangels Masse, der Tag vor der

vollständigen Betriebsstillegung, wenn ein Insolvenzantrag nicht gestellt wurde, der letzte Tag des Beschäftigungsverhältnisses bei Kündigung, Erwerbsminderung oder Tod, der Auszahlungstag, der Übertragungstag oder bei Verwendung für eine betriebliche Altersversorgung der Tag der Vereinbarungsänderung.

3.1.2 Beitragsbemessungsgrenze
Maßgebend ist die Beitragsbemessungsgrenze des Jahres, dem das Arbeitsentgelt im Zuge der Rückrechnung zugeordnet wird (§ 23 b Abs. 2 Satz 4 SGB IV).

3.1.3 Beitragssatz
Es sind die Beitragssätze anzuwenden, die in der RV (d. h. in der Arbeiterrenten-/Angestelltenversicherung bzw. der knappschaftlichen RV) zum Zeitpunkt des Störfalles jeweils gelten.

3.1.4 Besonderheiten bei der Verbeitragung eines Wertguthabens im "Krebsgang"
Zeiten der Rentenversicherungspflicht aufgrund des Bezugs von Entgeltersatzleistungen sind nicht als Rückrechnungszeit zu berücksichtigen. Kindererziehungszeiten sind im Rückrechnungszeitraum vorrangig vor dem Wertguthaben auf die Beitragsbemessungsgrenze anzurechnen und dabei mit dem Durchschnittsentgelt zu bewerten. Für Zeiten einer Mehrfachbeschäftigung im Rückrechnungszeitraum ist das Wertguthaben insoweit heranzuziehen, als die bereits der Beitragsbemessungsgrundlage zugrunde gelegten Arbeitsentgelte die Beitragsbemessungsgrenze nicht ausschöpfen. Eine anteilige Beitragsberechnung nach § 22 Abs. 2 SGB IV wird nicht (erneut) nachträglich angetastet.

3.2 Kranken- und Pflegeversicherung
Bei krankenversicherungspflichtigen Beschäftigten sind in Störfällen die KV-Beiträge aus 75 % des für die Berechnung der RV-Beiträge zu berücksichtigenden Arbeitsentgelts aus Wertguthaben zu berechnen. Es gilt der Beitragssatz der Krankenkasse, welcher der Versicherte zum Zeitpunkt des Störfalles angehört. Sie erhält auch den bezeichneten Beitrag, unabhängig davon, ob der Versicherte während des gesamten Rückrechnungszeitraumes auch ihr Mitglied war und ob mit dem Rückrechnungsbeitrag rückwirkend die Jahresentgeltgrenze überschritten würde. Für die PflegeV

kann der Rückrechnungszeitraum frühestens am 1.1.1995 beginnen.

3.3 Arbeitslosenversicherung
Die Beitragsbemessungsgrundlage (Berechnung, zeitliche Zuordnung) entspricht der der RV. Es gilt der Beitragssatz der Arbeitslosenversicherung z. Z. des Störfalles.

3.4 Verfahren
Der Arbeitgeber hat dem zuständigen RV-Träger unverzüglich die nicht vereinbarungsgemäße Verwendung des Wertguthabens mitzuteilen. Er muß dabei den Anlaß der nicht vereinbarungsgemäßen Verwendung des Wertguthabens, die Krankenkasse des Beschäftigten sowie deren maßgebenden Beitragssatz benennen (§ 23 b Abs. 2 Satz 6 SGB IV). Ist bei Zahlungsunfähigkeit des Arbeitgebers ein Dritter Schuldner des Arbeitsentgelts, hat er diese Arbeitgeberpflichten zu erfüllen (§ 23 b Abs. 2 Satz 9 SGB IV).Der RV-Träger teilt daraufhin dem Arbeitgeber, dem Versicherten und der Einzugstelle (Krankenkasse) mit, in welchem Umfang das Arbeitsentgelt aus dem Wertguthaben als beitragspflichtiges Arbeitsentgelt zu berücksichtigen ist sowie die Zeiträume, denen dieses Arbeitsentgelt zuzuordnen ist. Diese Mitteilung gilt als Beitragsnachweis und als Meldung nach § 28 a SGB IV. Bei Arbeitnehmern, die Mitglied einer berufsständischen Versorgungseinrichtung und nach § 6 Abs. I Nr. I SGB VI von der Rentenversicherungspflicht befreit sind, teilt der Arbeitgeber dieser Versorgungseinrichtung das Wertguthaben mit, die entsprechend dem Verfahren der RV den beitragspflichtigen Teil des Wertguthabens zu ermitteln hat.

3.5 Beitragsfälligkeit in Störfällen
In Störfällen richtet sich die Beitragsfälligkeit nach dem Eingang der Mitteilung des RV-Trägers bzw. der berufsständischen Versorgungseinrichtung beim Arbeitgeber. Die Beiträge aus dem nicht vereinbarungsgemäß verwendeten Wertguthaben werden dann spätestens mit den Beiträgen der Entgeltabrechnung des Kalendermonats fällig, der auf den Eingang dieser Mitteilung beim Arbeitgeber folgt.

4. Insolvenzschutz

Nach § 7a SGB IV treffen die Parteien einer flexiblen Arbeitszeitvereinbarung Vorkehrungen für den Fall der Zahlungsunfähigkeit des Arbeitgebers. Diesem Insolvenzschutz unterliegen das Wertguthaben einschl. der darauf entfallenden Arbeitgeberanteile am Gesamtsozialversicherungsbeitrag. Mangels eines Sicherungsbedürfnisses erübrigt sich ein besonderer Insolvenzschutz,

- soweit der Arbeitnehmer Anspruch auf Insolvenzgeld hat
- Wertguthaben und Arbeitgeberanteile betragsmäßig das Dreifache der monatlichen Bezugsgröße (Rechtskreis West 1999: 13 230 DM, Rechtskreis Ost 1999: 11 130 DM) nicht übersteigen
- als Zeitraum, in dem das Wertguthaben auszugleichen ist, nicht mehr als 27 Kalendermonate nach der ersten Gutschrift vereinbart sind oder
- Arbeitgeber der Bund, ein Land oder eine juristische Person des öffentlichen Rechts ist, bei der das Insolvenzverfahren nicht zulässig ist.

Das Gesetz enthält keine detaillierten Vorgaben für den Insolvenzschutz, um in der Anlaufphase die Praxis nicht unangemessen zu behindern (versicherungsrechtliche Lösungen, gemeinsame Einrichtungen der Tarifvertragsparteien, Bankbürgschaften, dingliche Sicherheiten u. a. m.). Ein Bericht über die Insolvenzschutzpraxis, die das Bundesministerium für Arbeit und Sozialordnung unter Angabe von Vorschlägen bis zum 31.12. 2001 zu erstellen hat, soll dem Gesetzgeber eine Grundlage für die Weiterentwicklung des gesetzlichen Rahmens schaffen.

5. Leistungsrechtliche Auswirkungen

Im Bereich der gesetzlichen RV ist wichtig, daß Beiträge, die in einem Störfall für das nicht vereinbarungsgemäß verwendete Wertguthaben nachträglich im "Krebsgang" gezahlt werden (§ 23 b Abs. 2 SGB IV), als rechtzeitig gezahlte Pflichtbeiträge gelten und dadurch noch für zwischenzeitlich begonnene Renten wegen Todes oder Erwerbsminderung rentensteigernd berücksichtigt werden können (§ 75 Abs. I Satz 2 SGB VI).Für die gesetzliche KV ist hervorzuheben, daß auch während einer Freistellungsphase Anspruch auf Krankengeld besteht, dieser Anspruch aber ruht, soweit für diese Freistellungszeiten keine Arbeitsleistung geschuldet wird (§ 49 Abs. I Nr. 6 SGB V). Mit diesem Krankengeldanspruch dem Grunde nach wird die Anwendung des allgemeinen - nicht ermäßigten - Beitragssatzes der KV auch während der Freistellungsphase einer flexiblen Arbeitszeitregelung begründet (§ 241 SGB V).Für die Berechnung des Krankengeldes ergibt sich aus § 47 Abs. 2 Satz 4 SGB V, wonach der Versicherte Krankengeld nur auf der Basis des gezahlten Entgelts erhält, daß die in Störfällen nachträglich verbeitragten Wertguthaben dabei außer Betracht bleiben.In der gesetzlichen Arbeitslosenversicherung sollen § 134 Abs. I Satz 3 Nr. 3, Abs. 2 Nr. 4 SGB III verhindern, daß Arbeitnehmer in flexibler Beschäftigung Nachteile bei der Berechnung des Arbeitslosengeldes haben. Hat der Arbeitslose im Bemessungszeitraum in einem Beschäftigungsverhältnis mit flexibler Arbeitszeit gestanden, ist der Leistungsbemessung nämlich das Arbeitsentgelt zugrunde zu legen, das er ohne die flexible Arbeitszeitregelung im Bemessungszeitraum erzielt hätte. Für Zeiten der Freistellung ist allerdings das Arbeitsentgelt maßgebend, das der Erhebung der Beiträge zugrunde lag.

6. Geltung für Altfälle
Die Übergangsregelung in Art. I I des Gesetzes zur sozialrechtlichen Absicherung flexibler Arbeitszeitregelungen bezieht auch bereits bestehende Vereinbarungen flexibler Arbeitszeiten in den Geltungsbereich des Gesetzes ein, Altersteilzeitvereinbarungen ausgenommen. Die in ihrem Rahmen entrichteten Beiträge gelten als rechtzeitig zu Recht entrichtete Pflichtbeiträge.

7. Verhältnis zum Altersteilzeitgesetz
Bereits das Altersteilzeitgesetz (AtG) vom 23. 7.1996 - in Kraft seit 1. 8.1996 - ermöglicht den gleitenden Übergang in den Ruhestand durch eine Flexibilisierung der Arbeitszeit. Es ist allerdings nur auf ältere Arbeitnehmer von der Vollendung des 55. Lebensjahres bis zum frühestmöglichen abschlagfreien Altersrentenbeginn, längstens bis zur Vollendung des 65. Lebensjahres anwendbar. Sie müssen während der letzten fünf Jahre vor Beginn der Altersteilzeit mindestens drei Jahre (1080 Tage) in der Arbeitslosenversicherung versicherungspflichtig gewesen sein, und zwar vollzeitbeschäftigt mit der tariflichen regelmäßigen Arbeitszeit. Diese Arbeitszeit ist während der Altersteilzeit auf die Hälfte zu reduzieren. Ihre Verteilung bleibt grundsätzlich den Vertragsparteien vorbe-

halten. Bei tarifvertraglichen Regelungen war ursprünglich ein Verteilzeitraum von höchstens fünf Jahren, ansonsten einer von nur einem Jahr zulässig. Das Gesetz zur sozialrechtlichen Absicherung flexibler Arbeitszeitregelungen hat hier das AtG geändert und die Verteilzeiträume verlängert (§ 2 Abs.2 Nr. l, Abs.3 AtG), und zwar von fünf Jahren letztlich auf 10 Jahre und von einem Jahr auf drei Jahre. Die Verlängerung des Fünfjahreszeitraumes gilt mit der Maßgabe, daß Altersteilzeit bis zu 10 Jahren zulässig ist, wenn ein Zeitausgleich (Halbierung der Arbeitszeit) wenigstens in einem Teilzeitraum von fünf Jahren sichergestellt ist (§ 2 Abs. 3 AtG).Darüber hinaus ist der Tarifvorbehalt aufgelockert worden (§ 2 Abs. 2 Satz 2 bis 5 AtG) und läßt den längeren Verteilzeitraum bei entsprechenden Tariföffnungsklauseln durch Betriebsvereinbarungen zu - bei Fehlen eines Betriebsrats auch durch Einzelverträge - und das sogar bei nicht tarifgebundenen Arbeitgebern sowie in Bereichen, in denen (üblicherweise) keine Arbeitszeittarifverträge gelten. Altersteilzeit kann dadurch jetzt in größerem Ausmaß durch Blockbildungen (z. B. fünf Jahre Arbeitsphase, fünf Jahre Freistellungsphase) abgewickelt werden.

Eine Förderung der Altersteilzeit durch die Bundesanstalt für Arbeit (BA) ist aber auch in diesen Fällen nur für längstens fünf Jahre vorgesehen (Erstattung der Aufstockungs- und der Unterschiedsbeträge). Die Förderung setzt voraus, daß die durch Altersteilzeit frei werdenden Arbeitsplätze durch Arbeitslose oder übernommene Auszubildende besetzt werden. Das Gesetz zur sozialrechtlichen Absicherung flexibler Arbeitszeitregelungen läßt bei Kleinbetrieben mit regelmäßig nicht mehr als zwanzig Arbeitnehmern nun auch die Neueinstellung von Auszubildenden zu (§ 3 Abs. l Nr. 2 Buchst. b AtG). Die Förderung wird darüber hinaus jetzt auch gewährt, wenn ein Störfall während einer vorgelagerten Arbeitsphase eintritt, die Einstellungsvoraussetzung aber erfüllt ist (§ 12 Abs. 3 Satz 1 AtG). Von der BA werden dann Aufstockungsbeträge und Unterschiedsbeträge erstattet.

Zur Altersteilzeit gehört, daß der Arbeitnehmer zu seinem eigentlichen steuer- und beitragspflichtigen Arbeitsentgelt einen steuer- und beitragsfreien Aufstockungsbetrag von mindestens 20 % des für die Altersteilzeitarbeit gezahlten Bruttoarbeitsentgelts erhält, mindestens 70 % eines an einem Vollzeitarbeitsentgelt orientierten pauschalierten Nettoentgelts. Außerdem erhält er einen Unterschiedsbetrag, durch den sein RV-Beitrag nach mindestens 90 % seines alten Vollzeitarbeitsentgelts bemessen wird.Sofern es bei der Altersteilzeit zu Störfällen kommt, ist in der RV § 23 b Abs. 2 SGB IV nicht anzuwenden (d. h. keine Verteilung des Wertguthabens im "Krebsgang"), sondern gem. § 10 Abs. 5 AtG i. d. F. des Gesetzes zur sozialrechtlichen Absicherung flexibler Arbeitszeitregelungen ein Teil des Wertguthabens als Einmalzahlung zu verbeitragen, und zwar der Unterschiedsbetrag zwischen 90 % und 100 % des bis zum Störfall erzielten Vollzeitarbeitsentgelts. Für andere Versicherungszweige gilt dagegen § 23 b Abs. 2 SGB IV. Lohnersatzleistungen für Arbeitslose richten sich in Störfällen nach einem vollen Bemessungsentgelt (§ 10 Abs. I AtG).

Das Gesetz zur sozialrechtlichen Absicherung flexibler Arbeitszeitregelungen hat schließlich die Geltungsdauer der Altersteilzeitregelungen (abgestellt auf den Beginn der Arbeitszeitverminderung) um weitere drei Jahre bis zum 31. 7. 2004 verlängert (§§ 1 Abs. 2,16 AtG). Auch bei einer Altersteilzeit handelt es sich um eine flexible Arbeitszeitregelung. Soweit nicht die Sonderregelungen des AtG eingreifen, gelten dementsprechend auch hier die Bestimmungen des Gesetzes zur sozialrechtlichen Absicherung flexibler Arbeitszeitregelungen. Damit läßt sich z. B. auch begründen, daß ein vor der Altersteilzeitvereinbarung erarbeitetes Wertguthaben als Wertguthaben aus Altersteilzeit berücksichtigt werden kann, soweit dadurch nicht die besonderen Anforderungen des AtG umgangen werden. Sowohl das AtG als auch das Gesetz zur sozialrechtlichen Absicherung flexibler Arbeitszeitregelungen eröffnen so der Praxis einen beachtlichen, angemessenen Spielraum. Aus der Sicht der RV wäre es allerdings sehr zu begrüßen, wenn der Gesetzgeber einen Weg fände, in Störfällen die verwaltungsaufwendige Aufteilung des Wertguthabens im Rahmen der Beitragsbemessung im "Krebsgang" zu vereinfachen.

---

* Gerhard Buczko ist Leiter des Referats Versicherungs- und Beitragsrecht/Abt. Grundsatz der BfA.
1 BGBl. I Nr. 21 vom 14. 4.1998, S. 688.
2 BR-Drucks.1000/97 vom 29.12.1997 (Gesetzentwurf der Bundesregierung), BT-Drucks.l3/9741 vom 3.2.1998 (Gesetzentwurf von CDU/CSU, FDP - textidentisch -), BT-Drucks.l3/1033 vom

4.3.1998 (Beschlußempfehlung und Bericht des 11. A- und S-Ausschusses).
3 Das gilt auch für sog. Direktzusagen. Entgeltumwandlungen sind nur für künftige Entgeltansprüche zulässig (§ 1 Abs. 5 des Gesetzes zur Verbesserung der betrieblichen Altersversorgung). Vereinbarungen nach § 7 Abs. I a SGB IV setzen das Entstehen des Arbeitsentgeltanspruchs mit der Arbeitsleistung voraus. Eine flexible Arbeitszeitregelung unter Vorbehalt einer Direktzusage könnte die Beitragsfälligkeit nicht gem. § 23 b Abs. I SGB IV aufschieben.

Letzte Aktualisierung: 16.04.1999
© 1999 Bundesversicherungsanstalt für Angestellte

Die Problematik der Störfälle ist wohl letztendlich noch nicht abschließend geregelt, dürfte aber mehr im Bereich der Entgeltabrechnung als in der Zeitwirtschaft angesiedelt sein. Wesentlich ist auch die gesetzliche Regelung des Insolvenzschutzes bei Langzeitkonten lt. Punkt 4.

Zusammenfassend muß festgestellt werden, daß die rechtlichen Rahmenbedingungen die Führung von Arbeitszeitkonten geradezu erzwingen. Unter diesem Aspekt sind Vertrauensarbeitszeiten ohne Kontenführung nicht denkbar. Über die Art der Kontenführung sagen die Vorschriften allerdings nichts aus, so daß auch manuelle Aufzeichnungen durchaus möglich sind. Hier stellt sich jedoch wie immer die Frage der praktischen Handhabung.

5 Gestaltung von Arbeitszeitkonten

Ausgehend von der Arbeitszeitflexibilisierung geht es zunächst darum, die entsprechenden Modelle festzulegen, die für die Arbeitszeitgestaltung nach folgendem Schaubild gewählt werden können:

5.1 Flexibilisierung als Ausgangspunkt

Arbeitszeitflexibilisierung

```
              Flexibilisierungs-
                  Modelle
                 /        \
                /          \
   Offene Zeitmodelle      Variationsmodelle
   "Atmende Fabrik"        der Betriebszeit
          |                       |
   Service- und            Mehrschichtarbeit
   Funktionszeiten
          
   Flexible Teilzeit       Mehrfachbe-
   Mobilzeit               setzungssysteme
          
   Jahresarbeitszeit
```

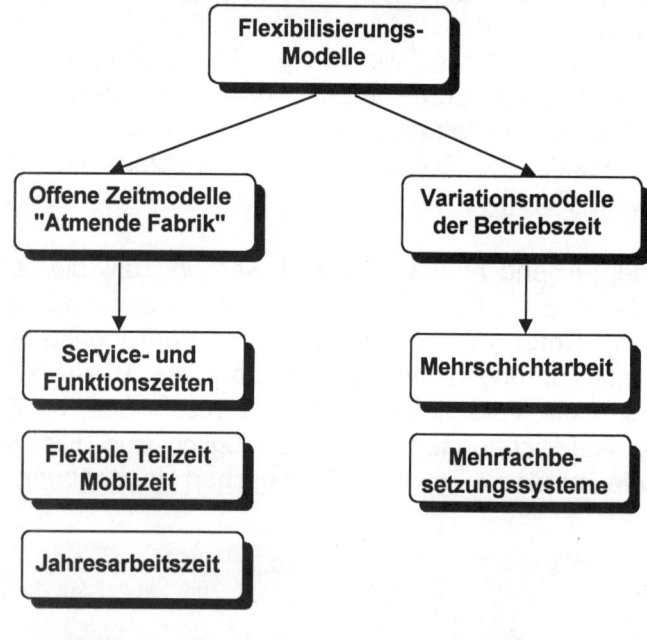

Aspekte

- produktive Nutzung der Arbeitszeit
- Erhöhung der Zeitsouveränität

Aspekte

- Verringerung der Stückkosten
- Reduzierung von Mehrarbeit
- Samstagsarbeit
- positiver Arbeitsmarkteffekt

(in Anlehnung: Klaus Peren, BDA)

Abbildung 16

Die zu wählenden Modellarten werden sicherlich nicht zuletzt von der Art des Betriebes bestimmt und sind untereinander mischbar.

5.2 Auswirkungen der Zeitkontenmodelle

In der Ebene darunter sind die Zeitkontenmodelle anzusiedeln, die sich für Unternehmen und Mitarbeiter wie folgt darstellen:

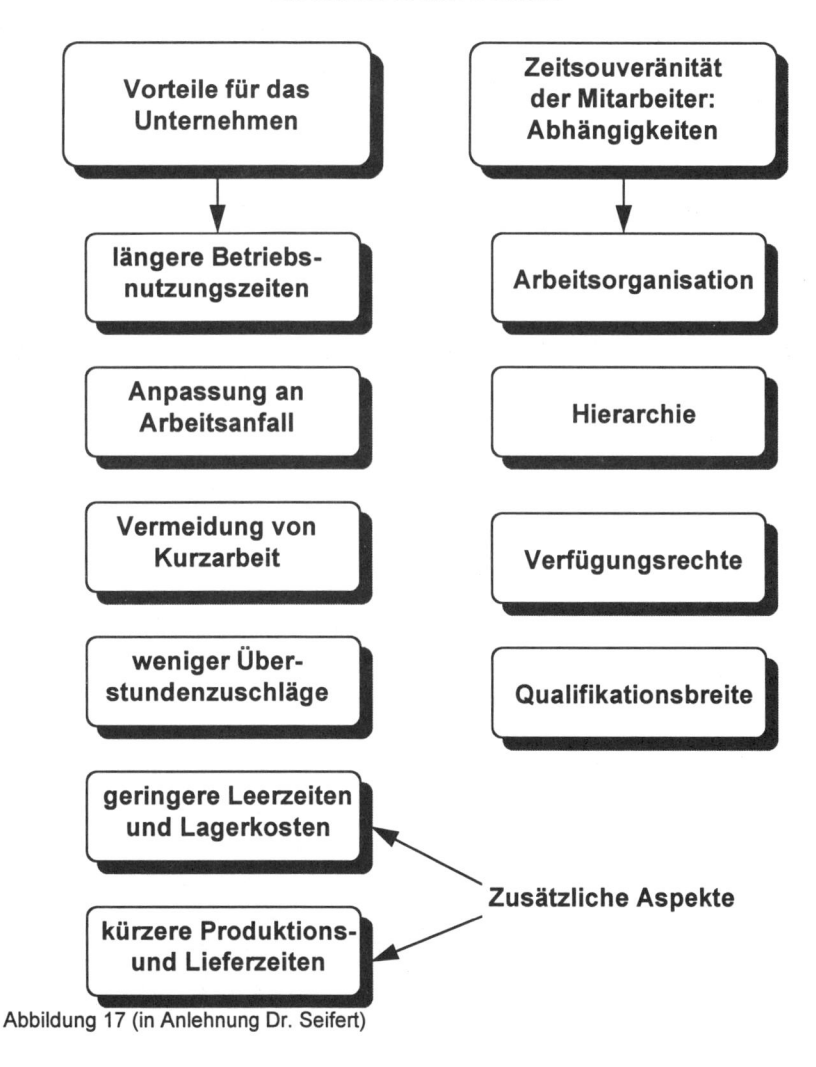

Zeitkontenmodelle

Vorteile für das Unternehmen	Zeitsouveränität der Mitarbeiter: Abhängigkeiten
längere Betriebsnutzungszeiten	Arbeitsorganisation
Anpassung an Arbeitsanfall	Hierarchie
Vermeidung von Kurzarbeit	Verfügungsrechte
weniger Überstundenzuschläge	Qualifikationsbreite
geringere Leerzeiten und Lagerkosten	← Zusätzliche Aspekte
kürzere Produktions- und Lieferzeiten	

Abbildung 17 (in Anlehnung Dr. Seifert)

Für das Unternehmen geht es darum, praktisches Arbeitszeitmanagement zu betreiben: optimale Ressourcenausnutzung unter Kostengesichtspunkten zu erreichen. Teuere Überstundenzuschläge können durch Flexibilisierungsmaßnahmen abgebaut werden, Arbeitsleistungen werden im Rahmen der vereinbarten Regelungen in Anspruch genommen. Als Zusatznutzen können Kostenreduktionen durch geringere Leer- und Lagerzeiten sowie kürzere Produktions- und Lieferzeiten angenommen werden.

Für die Mitarbeiter geht es um größere Freiheiten durch mehr Zeitsouveränität. Hierbei ist die Frage der Abhängigkeiten zu klären, die eben durch die Arbeitsorganisation, die Hierarchien im Unternehmen, die Verfügungsrechte und auch die Qualifikationsbreite beeinflußt wird.

Arbeitsorganisation
Ist der vorhandene Ablauf „flexi-like" oder muß er entsprechend angepaßt werden, z.B. durch Gruppenarbeit?

Hierarchie
Welche und wieviel Personen müssen bei Mehr- und Minderarbeit im Rahmen einer Flexibilisierungsmaßnahme um Erlaubnis gefragt werden? Wie sieht das Genehmigungsverfahren bei Inanspruchnahme von Freizeitausgleich aus?

Verfügungsrechte
In welcher Form kann der Mitarbeiter über seine Zeitsouveränität verfügen? Wie ist das Abstimmungsverfahren? Kann Freizeitausgleich angeordnet werden? Wer kann wie über welche Inhalte des Arbeitszeitkontos verfügen? Wann kann oder muß angesparte Zeit in Geld umgewandelt werden?

Qualifikationsbreite
Sind genügend qualifizierte Mitarbeiter vorhanden, wenn Mehrarbeiten durch Freizeit ausgeglichen wird? Die Erfahrung hat gezeigt, daß es hierbei Probleme geben kann. Spezialisierte Mitarbeiter haben häufig bezahlte Überstunden geleistet. Wenn diese Zeiten nun in das Arbeitskonto fließen und zwangsläufig durch die Ausgleichszeiträume durch Freizeit abgegolten werden, fehlen diese Mitarbeiter u.U. dem Betrieb, so daß die Anzahl der Spezia-

listen vergrößert werden muß. Diese organisatorischen Abläufe und Bedingungen müssen auch im Sinne einer funktionierenden computergesteuerten Zeitwirtschaft optimiert werden, worauf später jedoch noch im Detail eingegangen wird.

5.3 Systemtechnische Gestaltung

Die Gestaltung des Arbeitszeitkontos unter tariflicher und systemtechnischer Betrachtungsweise sieht also wie folgt aus:

Gestaltung des Arbeitszeitkontos

Tarifvertrag als Rahmen

grobe Vorgaben

Detailvereinbarungen

Betriebsvereinbarung Arbeitszeitkonto

genaue Anforderungen

Systemparametrierung

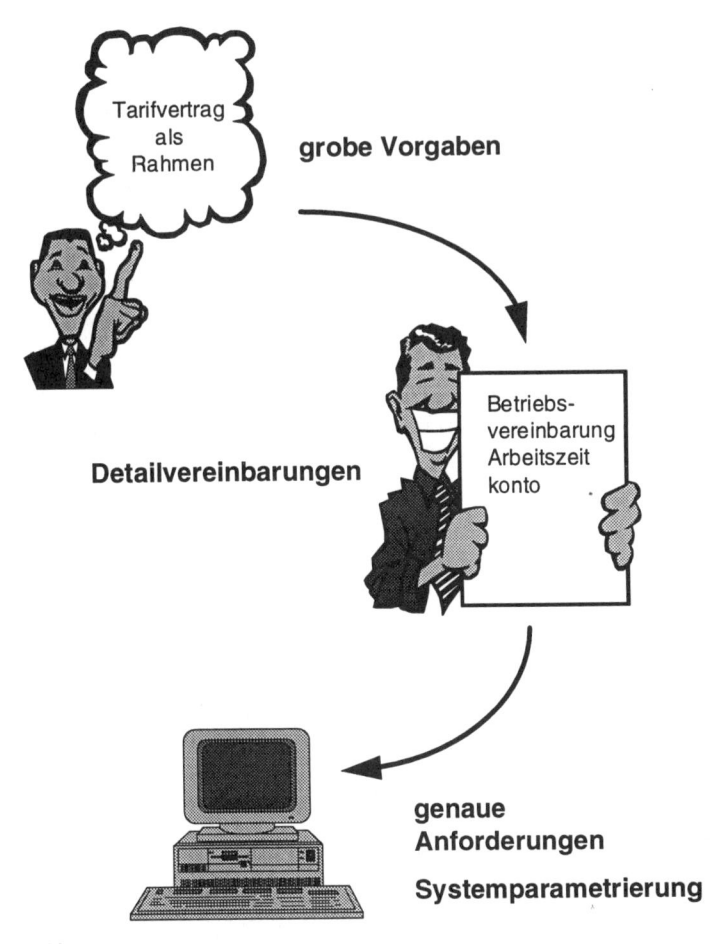

Abbildung 18

Wie in den Kapiteln 3 und 4 bereits dargelegt, ist der Tarifvertrag zum Teil schon heute, sicherlich zukünftig aber generell, nur noch als Rahmenvereinbarung zu betrachten. Die Regelungen zur Gestaltung, zu den Inhalten und zur Bewertung von Arbeitszeitkonten sind auf betrieblicher Ebene zu treffen, die dann durch die Systemanpassung und -parametrierung für die Zeitwirtschaft umgesetzt werden.

Der Nachteil für den Anwender liegt im höheren Projektaufwand gegenüber früher. Beim Einsatz eines Zeitwirtschaftssystems war früher ein wesentlicher Teil der Leistung die Umsetzung des Tarifvertrages mit den dort enthaltenen Lohnarten. Wenn ein Anbieter z.B. mehrfache Referenzen in einem Tarifgebiet nachweisen konnte und die Parametrierung mitlieferte, war für den Anwender ein erheblicher Teil der Arbeit getan. Dies ist heute nicht mehr so. Der Anwender ist gezwungen, in einem Pflichtenheft seine betrieblichen Verfahrens- und Rechenregeln, den Aufbau und die Inhalte des Arbeitszeitkontos und die Art der Zeitraumüberwachung festzulegen. (vergl. Adamski: Einführung der integrierten Zeitwirtschaft - Ein Leitfaden zur Vorgehensweise, Datakontext 1996) Erfolgt dies nicht detailliert genug, so ist der Anbieter nicht in der Lage, ein entsprechend exakt kalkuliertes Angebot für die erforderliche Dienstleistung vorzulegen. Dienstleistung ist in diesem Fall die Parametrierung oder Programmierung der benötigten Formeln und Rechenregeln. Die Praxis hat gezeigt, daß für diese Arbeiten häufig ein wesentlich höherer Betrag als für die eigentliche Standardsoftware anzusetzen ist. Es wird in Zukunft darauf ankommen, daß die Anbieter Softwarewerkzeuge entwickeln, mit denen es leichter und damit kostengünstiger als heute ist, diese individuellen Anpassungen zu erstellen.

Wo ein Nachteil ist, ist meist auch ein Vorteil. Der liegt in diesem Fall darin, daß nun die große Chance besteht, auf betrieblicher Ebene eine organisatorisch vernünftige effiziente Lösung zu finden. Der Zwang des von außen übergestülpten Tarifvertrages, der in letzter Zeit oft genug betrieblich vernünftige Lösungen verhindert hat, entfällt. Es wird jedoch weitgehend darauf ankommen, daß Unternehmensleitung und Betriebs- oder Personalrat eine gemeinsame auf dem praktischen Arbeitszeitmanagement basierende Plattform finden.

6 Aufbau und Inhalte von Arbeitszeitkonten

6.1 Ausgleichseffekt

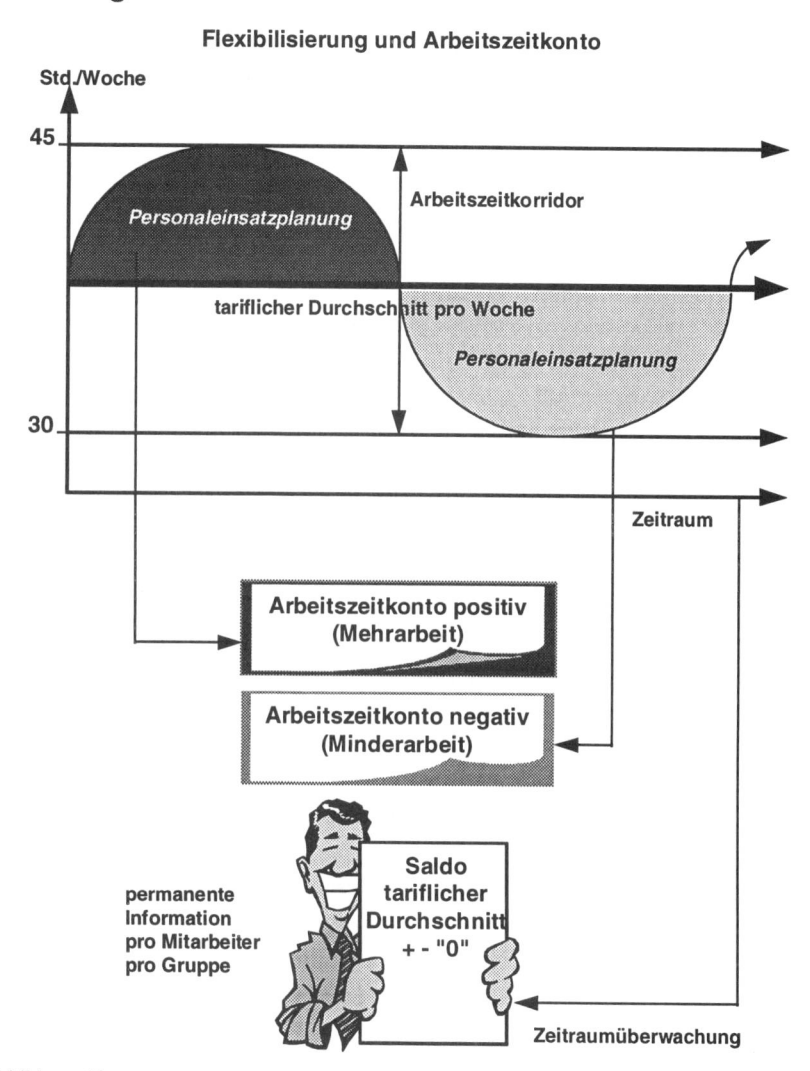

Abbildung 19

Das Arbeitszeitkonto als Ergebnis einer Flexibilisierungsmaßnahme ist einer Sinuskurve vergleichbar: Positiv und Negativ müssen gleich stark sein, müssen sich neutralisieren. Spätestens am Ende des Ausgleichszeitraums muß der Saldo Null betragen, d.h. der tarifliche Durchschnitt oder eine andere angestrebte Größe erreicht sein. Dazu ist natürlich eine permanente Information nicht nur an die betroffenen Mitarbeiter, sondern auch an verantwortlichen Zeitmanager erforderlich. Dazu wird im nächsten Kapitel ausführlich Stellung genommen.

Im Rahmen der Flexibilisierung wird ein Arbeitszeitkorridor festgelegt, der die maximale und minimale Arbeitszeit pro Woche umfaßt. Innerhalb dieses Korridors gelten „normale" tarifliche Arbeitszeiten ohne irgendwelche Zuschläge. Je breiter dieser Korridor ist, je mehr Anpassung an den vorhandenen schwankenden Arbeitsanfall ist möglich. Bei der Festlegung sind natürlich die tariflichen Gegebenheiten zu berücksichtigen.

Die Verrechnung stellt sich zunächst sehr einfach dar: die wöchentliche oder auch tägliche tarifliche Arbeitszeit ist die Basis, darüber hinausgehende Stunden werden als Mehrarbeit positiv, darunter liegende Zeiten als Minderarbeit negativ bewertet. Wir werden nachfolgend aber noch sehen, daß das Arbeitszeitkonto nicht aus einem einzigen Saldo bestehen kann, also kein „Girokonto" ist.

Nun kann man jedoch nicht einfach davon ausgehen, daß dieser definierte Arbeitszeitkorridor immer unter allen Umständen eingehalten wird. Was soll erfolgen, wenn die festgelegten Werte nach oben oder nach unten durchbrochen werden, wenn also z.B. einige Mitarbeiter mehr als 45 oder weniger als 30 Stunden lt. Abbildung 17 in der Woche leisten? Um diese Zeitarten dann automatisch richtig bewerten zu können, müssen im Zeitwirtschaftssystem entsprechende Rechenregeln hinterlegt werden, z.B.: Mehrarbeiten über die Maximalgrenze hinaus gelten als zuschlagspflichtige Überstunden, die folgendermaßen verrechnet werden können:

- Grundvergütung geht positiv in das Arbeitszeitkonto
- Zuschlag geht als Zeitzuschlag (z.B. 25% = ¼ Stunde) ebenfalls in das Arbeitszeitkonto
- Zuschlag wird als Lohnart bewertet und ausgezahlt
- Mitarbeiter hat die Wahl über Zeitzuschlag oder Lohnart

Diese unterschiedlichen Verrechnungsarten sollten auf betrieblicher Ebene so festgelegt werden, daß ein automatischer Ablauf ohne große manuelle Eingriffe in das Zeitwirtschaftssystem möglich ist.

Arbeitszeitflexibilisierung lebt vom Ausgleich, wie in der Sinuskurve der Abbildung 17 dargestellt. Die größten Fehler werden oftmals schon in der Definition der maximalen und minimalen Übertragungsbeträge gemacht. Da werden Vereinbarungen getroffen, die plus 100 Stunden und minus 50 Stunden beinhalten, oder auch in höheren Bereichen plus 300 und minus 200 Stunden. Solche Regelungen erschweren eine optimales praktisches Zeitmanagement ungemein, denn was machen die Mitarbeiter? Genau das, was die Regelung beinhaltet: alle Mitarbeiter haben Plusstunden und häufig genug auch an der oberen Grenze. Wenn Mehr- und Minderarbeit im Rahmen der Flexibilisierung sich ausgleichen müssen, dann müssen auch getroffenen Vereinbarungen dies unmißverständlich zum Ausdruck bringen, also der Rahmen im Positiv- und Negativbereich gleich groß sein. Ansonsten wird den Mitarbeitern suggeriert, daß der Minusbereich tatsächlich „negativ" ist.

Arbeitszeitkonto: Bedeutung des Minus

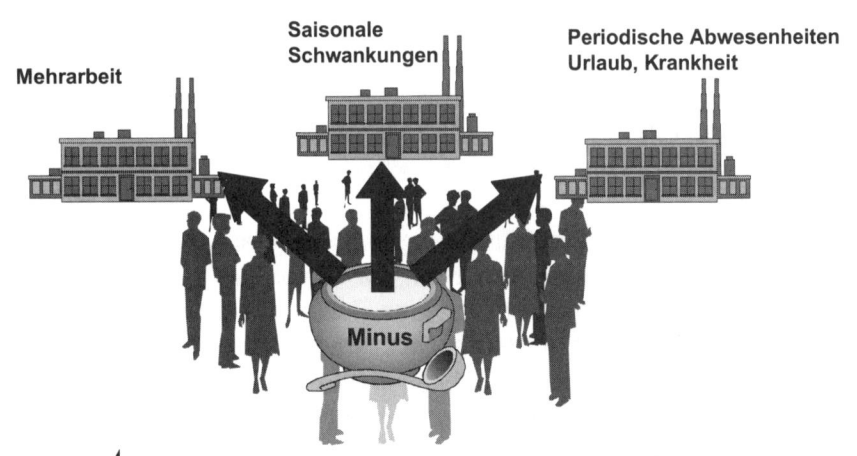

Mehrarbeit

Saisonale Schwankungen

Periodische Abwesenheiten Urlaub, Krankheit

Minus

✓ Minus = kostenneutrale Kapazitätsreserve

Plus = kostenwirksame Kapazitätsbegrenzung

Abbildung 20

Ähnliche Erfahrungen haben viele Unternehmen bei der Erweiterung von bestehenden Gleitzeitregelungen gemacht, wenn diese wie früher üblich bei 10 oder 12 Stunden Übertragungsmöglichkeit in den Folgemonat lag. Wenn nun eine größere Bandbreite von beispielsweise 30 oder 50 Stunden eingeräumt wurde, konnte nach einigen Monaten festgestellt werden, daß ein Großteil der Mitarbeiter wiederum am Maximum angelangt waren, obwohl die zu bewältigende Arbeit nicht mehr geworden war.

Der Minusbereich muß als kostenneutrale Kapazitätsreserve gesehen werden, aus der bei Bedarf Kapazität geschöpft werden kann. Wenn zu viele Plusstunden auf den Arbeitszeitkonten angehäuft wurden, kann meist eine erforderliche Anpassung nur noch über zusätzliche Überstunden mit Zuschlägen erfolgen.

Hier fehlt einfach das Zeitmanagement als betriebliche Informationspolitik. Die Mitarbeiter müssen lernen und wissen, daß die untere Form der Sinuskurve, also die Minderarbeit, nicht negativ zu beurteilen ist, sondern als positiv zu bewertende notwendige Flexibilität. Es muß erreicht werden, daß jeder einzelne Mitarbeiter sein eigener Arbeitszeitmanager im Rahmen seiner Arbeitsgruppe ist. Praktisches Arbeitszeitmanagement heißt auch, daß Vorgesetzte und Mitarbeiter sich gegenseitig über den laufenden Arbeitsanfall informieren und dementsprechend handeln. Die Einführung von Flexiblen Arbeitszeiten und das Führen von Arbeitszeitkonten erfordert eine neue Qualität in der betrieblichen Informationspolitik mit dem Ziel, daß alle Mitarbeiter des Unternehmens die Wichtigkeit eines aktiven Arbeitszeitmanagements erkennen.

In der Zeitschrift Personalführung 9/95 schreibt Michael Weidinger, Arbeitszeitberatung Dr. Hoff, Weidinger und Partner, Berlin, unter dem Titel „Abschied von der Zeitverbrauchs-Kultur": „Nicht die Gipfel, die Täler sind das Problem. Dieser einfache Zusammenhang hat in der Praxis bislang nur wenig Berücksichtigung gefunden. Statt dessen fördern die meisten betrieblichen Regelungen zur flexiblen Gestaltung der Arbeitszeit - allen voran die Gleitzeit - direkt oder indirekt den Verbrauch von Arbeitszeit; Zeitorientierung ersetzt die Ergebnisorientierung oder steht ihr zumindest im Weg. Insbesondere die Grundüberzeugung, daß Zeitguthaben Zeitschulden grundsätzlich vorzuziehen seien, erfreut sich nach wie vor großer Verbreitung, kommt sie doch allen Beteiligten entgegen."

Der "Überstunden-Eisberg"

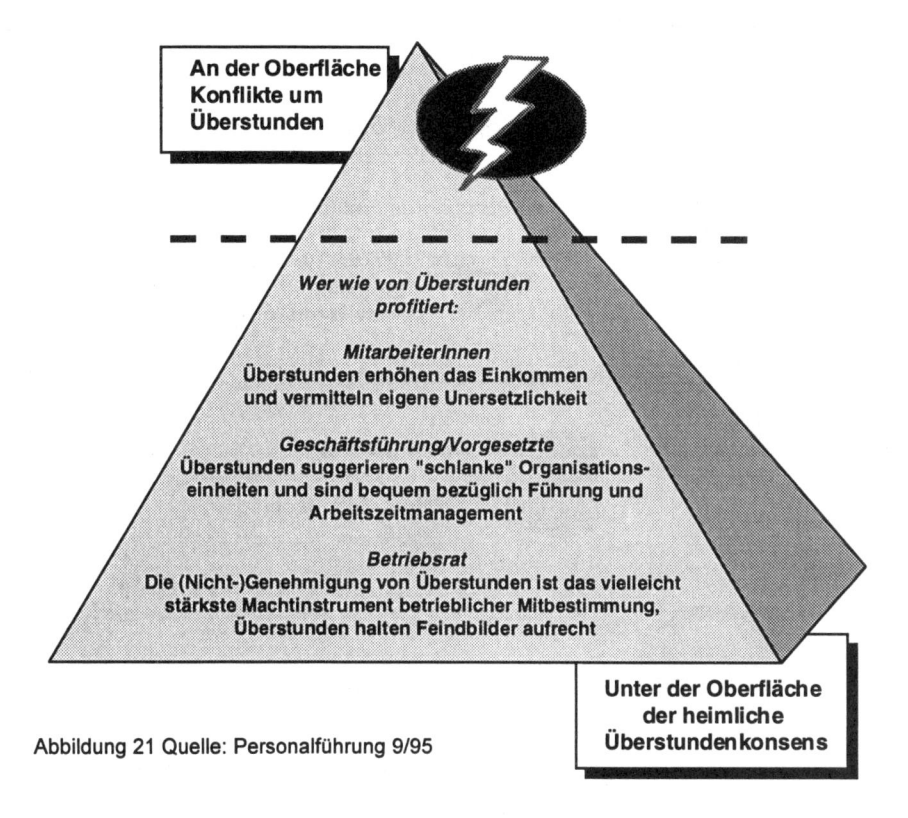

An der Oberfläche Konflikte um Überstunden

Wer wie von Überstunden profitiert:

MitarbeiterInnen
Überstunden erhöhen das Einkommen und vermitteln eigene Unersetzlichkeit

Geschäftsführung/Vorgesetzte
Überstunden suggerieren "schlanke" Organisationseinheiten und sind bequem bezüglich Führung und Arbeitszeitmanagement

Betriebsrat
Die (Nicht-)Genehmigung von Überstunden ist das vielleicht stärkste Machtinstrument betrieblicher Mitbestimmung, Überstunden halten Feindbilder aufrecht

Unter der Oberfläche der heimliche Überstundenkonsens

Abbildung 21 Quelle: Personalführung 9/95

6.2 Mögliche Inhalte des Arbeitszeitkontos

Die Inhalte eines Arbeitszeitkontos, also die einzelnen Zeitarten, richten sich nach den tariflichen und betrieblichen Anforderungen. Folgende Inhalte sind denkbar:

Arbeitszeitkonto: Mögliche Inhalte

Mehrarbeit aus Flexibilisierung

Zeitzuschläge je nach festgelegten Grenzwerten (Arbeitszeitkorridor)

Mehrarbeit aus Überstunden

Grundvergütung

Zeitzuschläge

Samstags- / Sonntags- / Feiertagsarbeit

Grundvergütung

Zeitzuschläge

Gleitzeit-Saldo max. Übertrag

Minderarbeit - Freizeitausgleich

Minderarbeit - Freischichten

Abbildung 22

Hierbei handelt es sich um Zeitartenblöcke, die je nach betrieblicher Festlegung genau definiert werden müssen.

Mehrarbeit aus Flexibilisierung
Wie im vorherigen Kapitel ausgeführt, werden einmal die positiven Zeiten innerhalb des Arbeitskorridors und die darüberliegenden Stunden evtl. mit Zeitzuschlägen als Überstunden gewertet.

Mehrarbeit aus Überstunden
Die Bewertung von angeordneten Überstunden ist zu definieren: Zuschläge in Zeit oder in Geld. Wenn in Zeit, sind sie Inhalte des Arbeitszeitkontos. Zusätzlich müssen bei einigen Tarifverträgen, z.B. Chemische Industrie, Zeiträume berücksichtigt werden, in denen angeordnete Überstunden ohne Zeitzuschlag durch Freizeitausgleich zurückgeführt werden.

Samstags-, Sonntags- und Feiertagsarbeit
Immer mehr Tarifverträge und Betriebsvereinbarungen gehen dazu über, auch diese Zuschläge nicht als Lohnarten und damit in Geld, sondern in Zeitzuschläge umzuwandeln. Damit werden sie Bestandteile des Arbeitszeitkontos.

Gleizeitsaldo
Auch der Gleitzeitsaldo mit den Begrenzungen für den Übertrag in die Folgeperiode gehört in das Arbeitszeitkonto. Häufig wird jedoch wohl eine Differenzierung zwischen Gleitzeit und Schichtarbeit stattfinden. Aber es gibt zunehmend mehr Betriebe, die Gleitzeit im Schichtdienst praktizieren, so z.B. auch im Pflegedienstbereich von Krankenhäusern.

Minderarbeit
Wie bereits ausgeführt, muß die Entlastung der Mehrarbeiten durch Minderarbeit gewährleistet sein. Der durch Mehrarbeit erworbene Freizeitanspruch wird durch stunden- oder tageweisen Freizeitausgleich, Freischichten, z.B. auch durch Brückentage, kompensiert.

Alle diese Zeitarten müssen einzeln aufgeführt werden, weil ansonsten die Nachprüfbarkeit und Korrekturen mit Rückrechnungen nicht möglich sind. Auch das Arbeitszeitgesetz verlangt bei Überschreiten der werktäglichen Höchstarbeitszeit einen detaillierte Nachweis (vergl. 4.2). Die Zusammenfassung in einem Gesamtsaldo ist natürlich sinnvoll, entbindet jedoch nicht von der separaten Erfassung und Bewertung der einzelnen Zeitarten.

6.3 Kurzzeit- und Langzeitkonto

Kurz- und Langzeitkonto sind Begriffe, die im Zusammenhang mit dem Arbeitszeitkonto immer häufiger genannt werden. Wie sind diese Konten nun zu definieren?

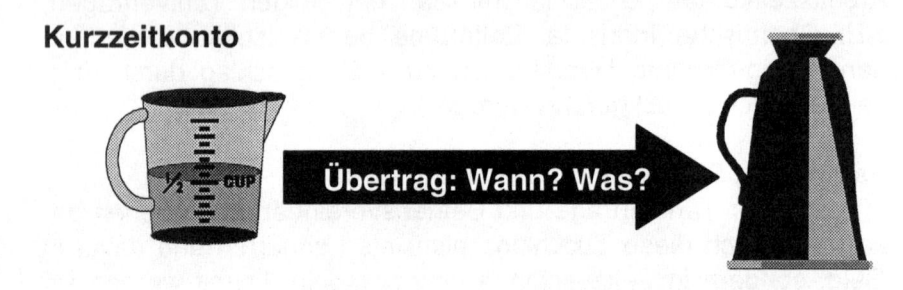

Kurzzeitkonto

Übertrag: Wann? Was?

Langzeitkonto

Abbildung 23

Es gibt keine gültige Regelung, die besagt, wie lange ein Kurzzeitkonto zu sein hat. Es gibt Unternehmen, die die Kurzzeitkonten auf 3 oder 4 Monate beschränken. Die Laufzeit des Kurzzeitkontos sollte identisch mit dem Zeitraum der ungleichmäßigen Verteilung der tariflichen Arbeitszeit sein, d.h. im Regelfall ein Jahr. Dieser Zeitraum ist auch unter Anpassung an saisonalen Schwankungen als optimal zu bezeichnen. Kürzere Zeiten berücksichtigen diese nicht und tragen daher nicht zu kapazitätsorientierter Ressourcenanpassung bei, ja sie erschweren ein praktisches Arbeitszeitmanagement.

Wenn ein Langzeitkonto geführt werden soll, muß zunächst geklärt werden

- welche Zeitarten werden übertragen?
- werden sie positiv und negativ übertragen oder nur positiv?

- wer hat die Verfügungsgewalt über das Langzeitkonto?
- in welcher Form kann die Verfügungsgewalt ausgeübt werden?
- wann endet das Langzeitkonto?

Mit anderen Worten: warum soll das Langzeitkonto geführt werden? Das Ziel ist entweder der zeitweilige oder der frühe Ausstieg aus dem Berufsleben. Zeitweilig heißt Langzeiturlaub (Sabbatical) oder Weiterbildung. Der frühe Ausstieg wird heute durch Altersteilzeitgesetz (vergl. Kapitel über Alterteilzeit) und evtl. zusätzliche tarifliche Vereinbarungen geregelt. Die Problematik bei Langzeitkonten lag bis Ende 1997 noch in der Rechtsunsicherheit bezüglich der Sozialversicherungen und der Insolvenzsicherung.

6.3.1 Rechtliche Hemmnisse für Langzeitkontenmodelle

Das folgende Kapitel wurde aus der ersten Auflage voll übernommen, obwohl die dargelegten Punkte durch das sog. Flexigesetz (vergl. 3.3) teilweise überholt sind. Es erschien mir jedoch angebracht, diese zur Verdeutlichung der Problematik nochmals aufzuführen, zumal die Einführung von Langzeitkonten immer noch sehr zögerlich erfolgt.

In der schriftlichen Niederlegung seines Referats „Arbeitszeitkonten - Die neue Form von Zeitmanagement?" zum 2. CoPers-Forum in Köln am 20. und 21.3.1997 schreibt Wolfgang Reß, Leiter der Abteilung Lohn- und Tarifpolitik der Bundesvereinigung der Deutschen Arbeitgeberverbände, Köln:

„Im Hinblick auf die rechtlichen Ausgestaltung sind bei Arbeitszeitkontenmodellen, wie bei jeder Form flexibler Gestaltung der Arbeitszeit, die gesetzlichen Bestimmungen des Arbeitszeitgesetzes sowie die einschlägigen tarifvertraglichen Arbeitszeitregelungen zu beachten. Ursachen für die noch mangelnde Verbreitung insbesondere von Langzeitarbeitszeitkonten dürften in einer Vielzahl ungeklärter Rechtsfragen liegen. Die Sozialpartner sind damit dem Bundesministerium für Arbeit und Sozialordnung hierüber im Gespräch. U.a. ergeben sich folgende zentrale Fragestellungen:

1. Betriebliche Mitbestimmung

Unter Berücksichtigung der in Literatur und Rechtsprechung vertretenen Auffassung über Mitbestimmungsrechte des Betriebsrats beim sog. Freischichtmodell und bei der Verteilung von regelmäßiger Arbeitszeit wird - da eine Auseinandersetzung mit Arbeitszeitkonten noch weitgehend fehlt - wohl von einem Mitbestimmungsrecht bei der Einführung - dem „Ob" von Arbeitszeitkonten auszugehen sein. Der Arbeitnehmer selbst sollte über die Frage der Einbuchung und der Entnahme von individueller Arbeits- bzw. Freizeit entscheiden. Die Frage des „Wie" muß daher mitbestimmungsfrei sein.

2. Übertragbarkeit von Ansprüchen

Wechsel der Mitarbeiter in ein anderes Unternehmen oder scheidet er aus, stellt sich die Frage, wie bereits verdiente Guthaben auf den neuen Arbeitgeber übertragen werden können oder ob lediglich eine Abgeltung möglich ist. Hierzu sind einverständliche Vereinbarungen zwischen altem und neuem Arbeitgeber über eine Übertragung von Zeitguthaben ein möglicher Weg. Rechtlich nicht zulässig wäre dagegen die Regelung der Übernahme im Tarifvertrag. Scheidet ein Mitarbeiter aus einem Unternehmen aus, wird in der Regel bei Langzeitkonten ein Abgeltungsanspruch zu bejahen sein, da hier der Anspareffekt im Vordergrund steht.

3. Sozialversicherungsrechtliche Aspekte

Eine Lösung ist dringend in der Frage erforderlich, wie in Fällen flexibler Arbeitszeitgestaltung die Folgewirkung im Hinblick auf die Beitragspflicht in der Sozialversicherung zu regeln sind. Während Steuern nach dem Zuflußprinzip erhoben werden, sind die Beiträge für das Arbeitsentgelt nach dem Entstehungsprinzip abzuführen. D.h., sie werden spätestens am 15. des Monats fällig, der dem Monat folgt, in dem die Beschäftigung, mit der das Arbeitsentgelt erzielt wurde, ausgeübt worden ist oder als ausgeübt gilt (§23 Abs. 1 SGB IV). Sinn und Zweck von Arbeitszeitkonten liegen gerade darin, daß das Arbeitsentgelt für eine bereits im voraus erbrachte Arbeitsleistung zu einem wesentlich späteren Zeitpunkt tatsächlich - während der Freistellungsphase - zufließt. Erforderlich ist eine Gesetzesänderung insoweit, als für Zeiten der Freistellung von der Arbeitsleistung, in denen Arbeitsentgelt fällig wird, das mit einer vor oder nach diesem Zeitpunkt erbrachten Arbeitsleistung erzielt wird, eine Beschäftigung gegen Arbeitsentgelt fingiert wird (Änderung des § 7 SGB IV). Eine solche Erweiterung gibt es bereits begrenzt auf die Altersteilzeit (§ 2 Abs. 2 ATG).

4. Arbeitsförderungsrechtliche Aspekte
Von entscheidender Bedeutung dürfte die Behandlung von Arbeitszeitkonten im Falle von Kurzarbeit sein. Der kurz vor dem parlamentarischen Abschluß stehende Gesetzentwurf zum Arbeitsförderungsreformgesetz (AFGR) enthält in § 170 Abs. 4 Regelungen zu Arbeitszeitkonten. Hierbei ist jedoch die Regelung unter § 170 Abs. 4 Satz 3 Nr. 1 AFGR so eng gefaßt, daß jegliche Verfügung über das Zeitkonto des Arbeitnehmers ausgeschlossen sein muß, die nicht der vorzeitigen Freistellung einer altersbedingten Beendigung des Arbeitsverhältnisses dient. Darüber hinaus wird selbst diese Regelung erst zum 1.1.1998 in Kraft treten. Ebenfalls nicht praxisgerecht erscheint § 170 Abs. 4 Satz 3 Nr. 3 AFGR, der den Schutz des Arbeitszeitguthabens von einem Übersteigen von 10% der ohne Mehrarbeit geschuldeten Jahresarbeitszeit des Arbeitnehmers abhängig machen will. Dieser Wert ist unrealistisch. Bei einem Jahresarbeitszeitvolumen in verschiedenen Branchen zwischen 1.500 und 1.950 Stunden wären lediglich Zeiten erfaßt und geschützt, die über 150 bis 195 Arbeitsstunden im Jahr liegen würden. Erfahrungen haben gezeigt, daß ein Ansammeln in der Bandbreite von 50 bis 150 Stunden erreichbar ist, wobei die Obergrenze die Ausnahme bleibt.

Weitestgehend offen ist die Frage, ob und wie Arbeitszeitkonten bei Konkurs/Gesamtvollstreckung oder Vergleich des Unternehmens abgesichert sind. Bisher wird über das Konkursausfallgeld von der Bundesanstalt für Arbeit nur ein verhältnismäßig geringer Teil, nämlich drei Zwölftel des im Durchschnitt von zwölf Monaten angesparten Arbeitszeitguthabens abgesichert.

5. Vererbbarkeit
Die Beantwortung der bisher rechtlich ungeklärten Frage der Vererbbarkeit von Zeitguthaben wird auch davon abhängen, ob ein möglicher Erbanspruch aus einem Arbeitszeitkonto als höchstpersönlicher Anspruch auf bezahlte Freistellung anzusehen ist oder die tatsächlich erbrachten Arbeitsleistungen als geldwerte Vorleistungen des Arbeitnehmers gewertet werden. Das BAG hat ledig-

lich hinsichtlich der Abgeltung eines Urlaubsanspruchs entschieden, dieser sei als höchstpersönlicher Anspruch mit dem Tode des Arbeitnehmers erloschen und insoweit nicht auf den Erben übergegangen. Empfehlenswert erscheint daher eine vorherige Regelung zur Vererbbarkeit der Kontoinhalte.

Fazit:
Der Weg der Weiterentwicklung von Arbeitszeitkontenmodellen ist vorgezeichnet. Der Phantasie sind nahezu keine Grenzen gesetzt. Allerdings bedarf es der Flankierung durch den Gesetzgeber in einigen Teilbereichen. Nicht vergessen werden sollte jedoch bei der Entwicklung von Arbeitszeitkonten, daß die Einbuchung von Mehrarbeit in Langzeitkonten die Gefahr birgt, daß die sich parallel entwickelnden Flexibilisierungs- und Differenzierungsansätze (Korridorlösungen) bei der Arbeitszeit konterkariert werden können und damit für die Unternehmen teure Lösungen entstehen."

6.4 Mögliche Dispositionsräume des Arbeitszeitkontos

Das Arbeitszeitkonto stellt ein flexibles Dispositionsmittel dar. Deshalb müssen auch die Dispositionszeiträume flexibel möglich und auf die spezifischen Inhalte abgestimmt sein. Folgende Zeiträume sind möglich:

Tag
Der Tag ist der typische Dispositionszeitraum innerhalb einer Gleitzeitvereinbarung. Üblicherweise kann zwischen einer Kernzeit von z.B. 6 Stunden und einer Rahmenzeit (maximale Arbeitszeit) von z.B. 10 Stunden angepaßt gearbeitet werden. Die Basis zur Errechnung von Mehr- oder Minderarbeit, also zur Saldobestimmung, ist dabei der tägliche tarifliche Durchschnitt von z.B. 7,5 Stunden. Aber natürlich können auch unterschiedlich lange Tagesschichten vereinbart werden, was im Dienstleistungsbereich häufig der Fall ist.

Woche
Der flexible Rahmen der Woche wird durch den festgelegten Arbeitszeitkorridor bestimmt. Die tatsächliche Arbeitszeit sollte mit relativ kurzen Ankündigungsfristen in Abstimmung mit dem Betriebs-/Personalrat geklärt werden. Der Wochenzeitraum wird auch für die Erstellung des effektiven Schichtplans genutzt, wobei die Stundensumme der Schichten der festgelegten Arbeitszeit innerhalb des Arbeitszeitkorridors entspricht. Innerhalb der Wochenspanne muß geregelt sein, ob der Samstag, wenn auch nur teilweise z.B. bis 14.00 Uhr, in die Regelarbeitszeit einbezogen werden kann oder nicht.

Arbeitszeitkonto: Mögliche Dispositionszeiträume

Tag
tariflicher Durchschnittsbetrag als Sollzeit

Woche
Korridor mit variablem Stundenbetrag
genaue Schichtplanung

Monat
festgelegter Stundenbetrag für Monatslohn

Jahr
Jahresarbeitszeit mit Ausgleichszeitraum
kapazitätsorientierte Anpassung an
schwankenden Arbeitsanfall

Langzeitkonto
Altersteilzeit, Lebensarbeitszeit,
Beschäftigungssicherung

Abbildung 24

Monat

Der Monatszeitraum in Stunden gilt einmal als Basis zur Festlegung des Monatslohns, also der regelmäßigen monatlichen Vergütung. Außerdem wird er häufig als Planungszeitraum für den Schicht- oder Dienstplan herangezogen. Bei der gleitenden Arbeitszeit herkömmlicher Struktur erfüllt er die Funktion des Ausgleichszeitraums mit einer Beschränkung für den maximalen Übertrag in den Folgemonat. Genau hier liegt auch die Grenze der Flexibilität der Gleitzeit, die jeden Monat gleich bewertet.

Jahr
Das Jahr dient als Glättungsfaktor, d.h. als Ausgleichszeitraum bei kapazitätsorientierter flexibler Arbeitsweise. Saisonale und kurzfristige konjunkturelle Schwankungen können innerhalb einer (mindestens) Jahresfrist (12 Monate und nicht 1.1. bis 31.12!) am besten aufgefangen werden. Sollten am Ende dieses Zeitraums Überhänge vorhanden sein, können kürzere, meist Dreimonats-Zeiträume zum Ausgleich vereinbart werden. Eventuelle Überträge in das Langzeitkonto müssen mit den entsprechenden Rechenregeln geklärt werden.

Langzeitkonto
Das Langzeitkonto nimmt Überhänge auf, die blockweise entnommen werden können und ist damit die langfristigste Dispositionseinheit. Ausgleich zur Beschäftigungssicherung, Altersteilzeit und Lebensarbeitszeit sind die langfristig dispositiven Inhalte.

6.5 Die organisatorische Festlegung von Ansparleistungen und Freizeitausgleich

Um die Arbeitszeitkonten organisatorisch und systemtechnisch sinnvoll zu gestalten, müssen Vereinbarungen über Ansparleistungen und Freizeitausgleich getroffen werden, die in die erforderlichen Rechenregeln innerhalb des Zeitwirtschaftssystems umgesetzt werden müssen. Dies gilt sowohl für die Kurzzeit-, als auch in besonderem Maße für die Langzeitkonten.

Häufig wird jedoch vergessen, daß das Führen eines Kontos, also die erforderlichen Buchungen und Bewertungen, mit Aufwand verbunden ist. Bei Einsatz eines Zeitwirtschaftssystems sollten sowohl die Buchungen als auch die daraus resultierenden Bewertungen weitestgehend vom System automatisch durchgeführt werden. Dazu sind jedoch zuerst Voraussetzungen zu schaffen, die den Ablauf des Ansparens und des Entnehmens der Zeiten automatisieren können bzw. die notwendigen manuellen Eingriffe auf ein Mindestmaß reduzieren. Diese zu treffenden Vereinbarungen können sowohl kollektiv durch die Betriebsvereinbarung als auch individuell durch den Arbeitsvertrag geregelt sein. Gerade bei Teilzeitkräften oder Anstellungsverträgen mit einer bestimmten Stundenzahl müssen individuelle Vertragsbestandteile berücksichtigt werden.

Arbeitszeitkonto:
Dauer und Umfang von Ansparleistung und Freizeitausgleich

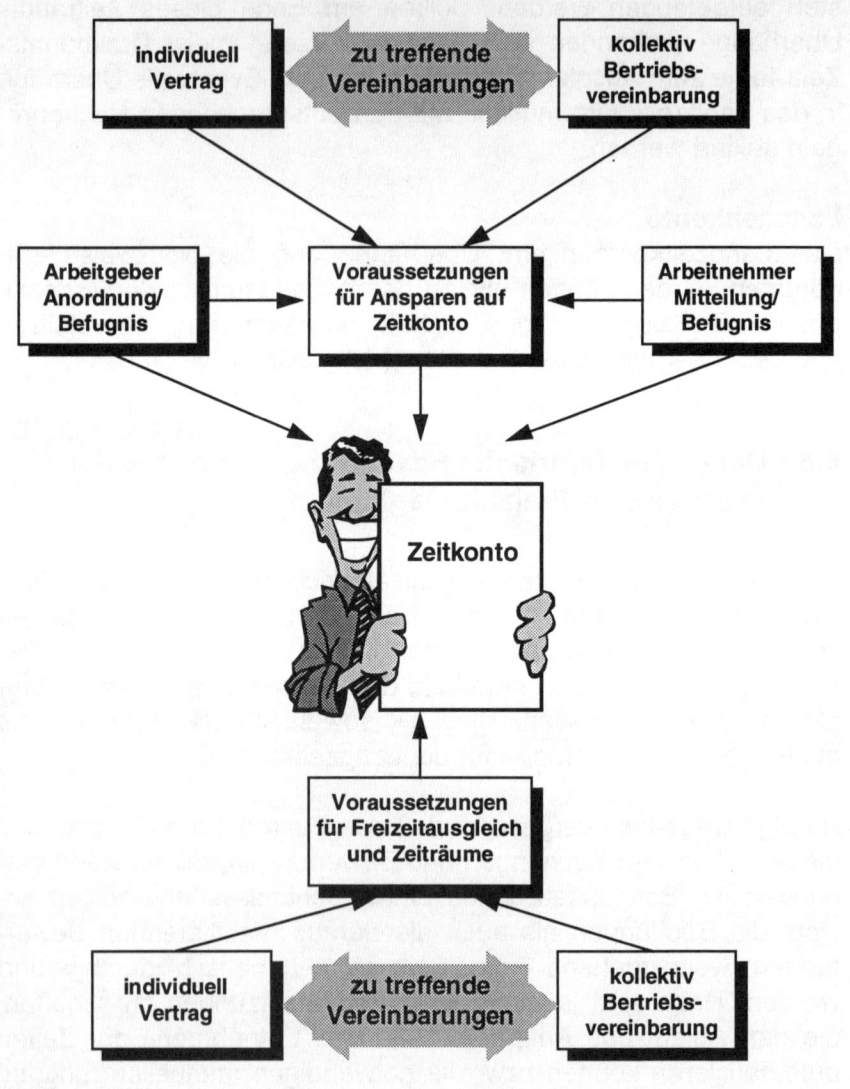

Abbildung 25

Folgende sachlichen Voraussetzungen zum Ansparen sowie zur Entnahme müssen geklärt werden:

Welche Zeitarten fließen in das Arbeitszeitkonto?
Mehrarbeit oder Minderarbeit durch Gleitzeit, durch Flexibilisierungsmaßnahmen, angeordnete Mehrarbeit (Überstunden) mit Grundvergütung oder auch mit Zeitzuschlag (1,00 geleistete Stunden werden zu 1,25 Stunden Freizeitausgleich), Differenz aus betrieblicher Schichtzeit zu tariflicher Arbeitszeit etc. (vergl. 5.2)

Wie werden die unterschiedlichen Zeitarten im Arbeitszeitkonto dargestellt?
Fließen alle Zeiten summarisch in ein einziges Konto oder müssen sie getrennt gehalten werden wegen Nachweis, Kappungsgrenzen oder Ausgleichszeiträume?

Welche Maximal- und Minimalbeträge müssen beachtet werden?
Was soll bei Über- oder Unterschreiten der Grenzwerte erfolgen? Werden z.B. Zeiten aus Gleitzeit über Maximum gekappt? Werden bei bestimmten Personengruppen festzulegende Zeitbeträge als „im Entgelt enthalten" betrachtet?

Welche Ausgleichszeiträume müssen betrachtet werden?
Wann muß das Konto ausgeglichen sein? Wird evtl. nach einem bestimmten Zeitraum die geleistete Mehrarbeit mit einem Zeitzuschlag versehen (z.B. Tarifvertrag Chemie)?

Darüber hinaus sind sowohl von Arbeitgeber- als auch Arbeitnehmerseite folgende Befugnisse zu klären, d.h., wer kann wann welche Änderungen veranlassen oder welche Anordnungen erteilen:

- Welche Ankündigungsfristen für veränderten Schichtplan (Wochenarbeitszeit) müssen eingehalten werden?
- Welche Ankündigungsfristen für Mehrarbeiten (Überstunden) müssen eingehalten werden?
- Müssen Zuschläge in Zeit oder Geld bei Unterschreiten der Ankündigungsfristen gewährt werden?
- Können veränderte Arbeitszeiten kurzfristig ohne Zuschläge angeordnet werden?
- Kann kurzfristig Freizeitausgleich angeordnet werden oder gelten dafür auch Ankündigungsfristen?

- Kann der Mitarbeiter selbst über Mehrarbeit im Sinne der Flexibilisierung und über Freizeitausgleich entscheiden?
- Wie erfolgt in diesem Falle die Mitteilung an die Betroffenen?
- Wird in einer Gruppe über Mehrarbeit und Freizeitausgleich entschieden?
- Wer ist für das eigentliche praktische Arbeitszeitmanagement vor Ort zuständig und verantwortlich?

Wenn all diese organisatorischen Fragen zur Zufriedenheit aller Beteiligten geklärt sind, sollte man die technische Machbarkeit im Sinne einer effektiven Ablauforganisation untersuchen.

6.5.1 Bewertung von bezahlten Abwesenheiten

Nach dem Lohnausfallprinzip muß Entgelt für die im Ausfallzeitraum des Arbeitnehmers maßgebende regelmäßige Arbeitszeit gezahlt werden. Wie ist jedoch bei flexiblen Arbeitszeiten die regelmäßige Arbeitszeit zu betrachten?

1. Die Basis der Verrechnung bildet einmal die durchschnittliche tarifliche Tagesarbeitszeit. Dem Mitarbeiter werden also nach dem Durchschnittsprinzip für jeden entgeltfortzahlungspflichtigen Abwesenheitstag wie z.B. Krankheit oder Urlaub jeweils z.B. 7 Stunden angerechnet. Das Arbeitszeitkonto erhält weder eine Gutschrift noch eine Belastung, bleibt also neutral. Diese Regelung empfiehlt sich für die Bewertung innerhalb einer Gleitzeit, weil die Flexibilisierung in diesem Fall auf den Tag ausgelegt wurde.

2. Flexibilisierung durch Bildung eines wöchentlichen Arbeitszeitkorridors mit dem Ziel einer Jahresarbeitszeit, d.h. Ausgleich von saisonalen oder sonstigen Schwankungen im Arbeitsanfall, erfordern eine Verrechnung nach dem Ausfallprinzip, d.h. die Gutschrift entspricht der vereinbarten Schicht. Diese kann jetzt je nach betrieblicher Vereinbarung über oder unter dem tariflichen Durchschnitt von z.B. 7 Stunden pro Tag liegen. Die Gutschrift richtet sich systemtechnisch gesehen nach der Sollzeit der im Schichtplan vorgesehen Schicht. Diese Vergütungsform wird auch „Hätteschicht" genannt: „wie wenn er gearbeitet hätte". Im Arbeitszeitkonto wird je nach definiertem Inhalt der Zeitbetrag gutgeschrie-

ben oder abgezogen, der von dem tariflichen Durchschnitt abweicht.

Arbeitszeitkonto: Entgeltfortzahlungsgesetz (EFZG)

Lohnausfallprinzip: Entgelt für die im Ausfallzeitraum für den Arbeitnehmer maßgebende regelmäßige Arbeitszeit

Vereinbarung: 40 Std.-Woche

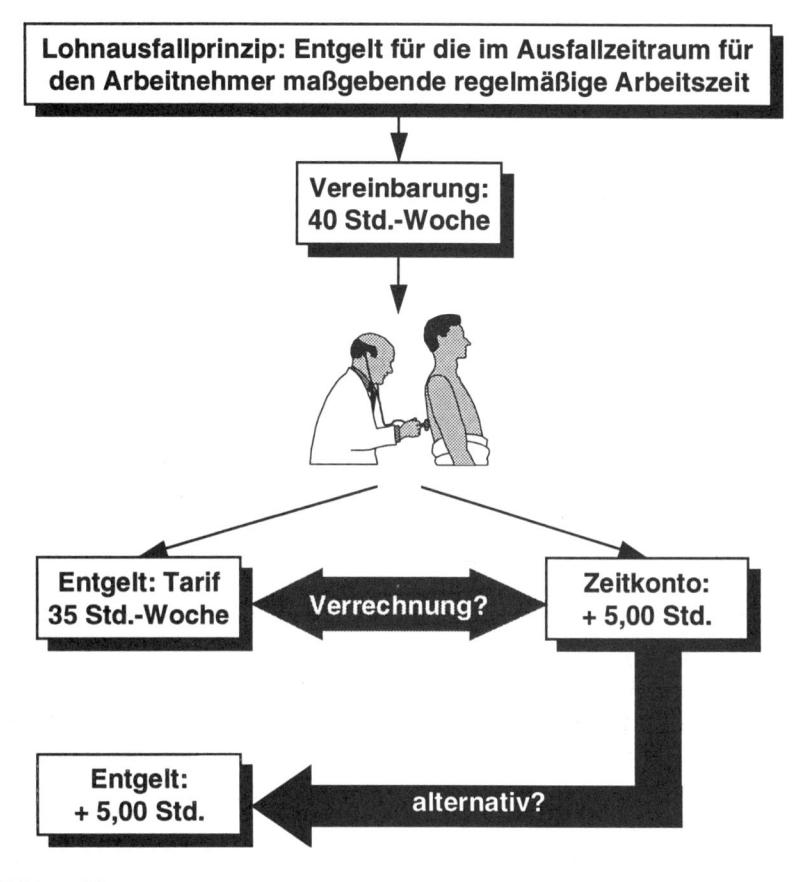

Entgelt: Tarif 35 Std.-Woche ←→ **Verrechnung?** ←→ **Zeitkonto: + 5,00 Std.**

Entgelt: + 5,00 Std. ← **alternativ?**

Abbildung 26

Wenn ein Arbeitszeitkonto geführt wird, sollte die alternative Auszahlung des Differenzbetrages eigentlich keine Rolle spielen.

Bei dieser zweiten Verrechnungsart wird es häufig erforderlich sein, daß ein Jahresurlaubskonto in Stunden geführt werden muß. Damit kann ein Ausgleich für unterschiedlich lange oder kurze Arbeitstage = Urlaubstage geschaffen werden.

6.6 Praktische Umsetzung: Genehmigungsverfahren für Mehrarbeit und Freizeitausgleich

Genehmigungsverfahren für Mehrarbeit und Freizeitausgleich

Ablauforganisation Mehrarbeit:
Anordnung?
Berücksichtigung der Mitarbeiterwünsche?
Flexibilisierung?
Zuschläge bei kurzfristiger Änderung?
Genehmigung per Beleg?
Genehmigung per System (Workflow)?
Genehmigung durch Betriebsrat?
Wahlmöglichkeit des Mitarbeiters:
   Freizeit oder Bezahlung?
Tagesberechtigung Mehrarbeit?

Ablauforganisation Freizeitausgleich:
Anordnung? (Zeiträume beachten!)
Zeitsouveränität des Mitarbeiters?
Genehmigung per Kopfnicken?
Mitarbeiter selbst durch Tastendruck?
Genehmigung per Beleg?
Kontrolle maximaler Ansparbeträge?

Abbildung 27

Eine gute Organisation berücksichtigt auch die Einbindung eines Zeitwirtschaftssystems und die Erfordernisse, die solch ein System mit sich bringt. Mehrarbeit durch Flexibilisierungsmaßnahmen oder durch angeordnete Überstunden muß dem System für die betreffenden Mitarbeiter bekannt sein, sonst ist eine exakte Zeitbewertung nicht möglich. Selbstverständlich kann durch nachträgliche Korrektur oder Eingabe der Genehmigung die richtige Berechnung erfolgen. Aber jeder zusätzliche manuelle Eingriff verursacht Zeitaufwendungen und ist fehleranfällig und daher wenn eben möglich zu vermeiden.

Welche Möglichkeiten können angewandt werden, um dem Zeitwirtschaftssystem die erforderlichen Verrechnungsmodalitäten mitzuteilen?

Genehmigung per Beleg
Die althergebrachte und vertraute Arbeitsweise ist die Anforderung und Genehmigung von Mehrarbeit und oft auch von Freizeitaus-

gleich per Beleg. Der Meister oder Kostenstellenleiter schreibt einen Anforderungsbeleg und legt ihn der nächsthöheren Instanz zur Unterschrift und damit Genehmigung vor. Eventuell muß dann noch die Betriebsleitung und/oder die Lohnabteilung unterschreiben. In der Praxis wird häufig pro Bearbeitungsstelle eine Kopie erstellt, damit der Beleg zu Kontroll- oder Rückfragezwecken im Sachbereich verfügbar ist. Erstellte Kopien müssen auch abgelegt werden. Nachdem der Betriebsrat durch seine Unterschrift auch zugestimmt hat, wird der Beleg der Systembedienung zugestellt, die dann die notwendigen Eingaben in das System durchführt. Danach wird diese erfolgte Eingabe durch Handzeichen auf dem Beleg quittiert und der Beleg endgültig abgelegt.

Daß dieser Ablauf, auch wenn er nicht immer und überall so langwierig ist, organisatorisch äußerst umständlich und damit zeit- und kostenaufwendig ist, liegt auf der Hand. Oftmals erfolgt die Eingabe erst, wenn die Mehrarbeit schon längst geleistet wurde. Systemtechnisch ist dies heute kein großes Problem mehr, da alle modernen System rückrechenfähig sind. Für die Aktualität der Informationen ist dies jedoch nicht gerade förderlich.

Genehmigung per System
Da heute in den meisten Fällen von der Nutzung eines Client-Server-Systems ausgegangen wird, bieten sich andere Möglichkeiten an. Zunächst einmal sollte überprüft werden, ob im Sinn eines aktiven Arbeitszeitmanagements die Genehmigungshierarchie verkürzt werden kann, m.E. muß. Maximal sollte neben der anfordernden Stelle noch eine weitere Stelle und der Betriebsrat genehmigen.

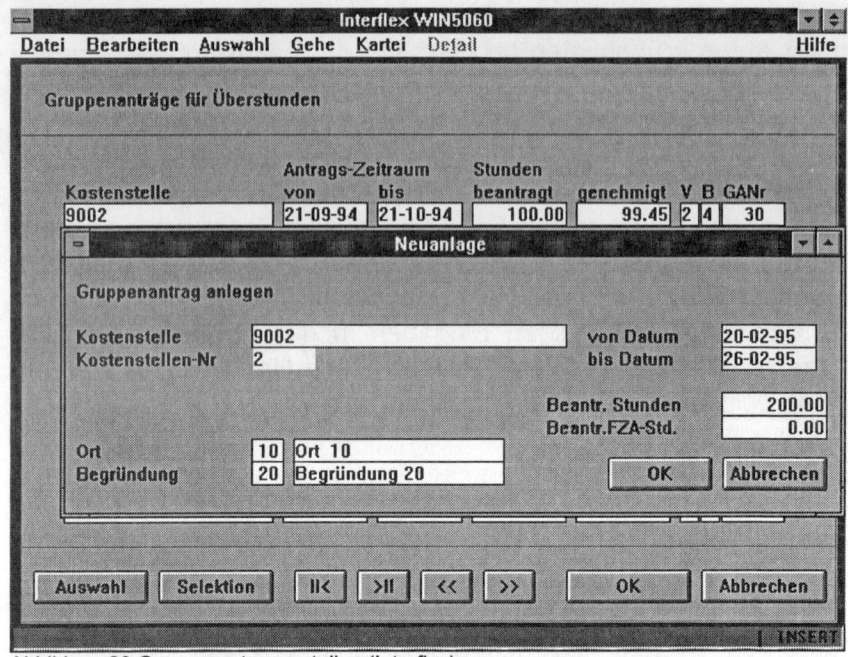

Abbildung 28 Gruppenantrag erstellen (Interflex)

Abbildung 29 Gruppenantrag genehmigen (Interflex)

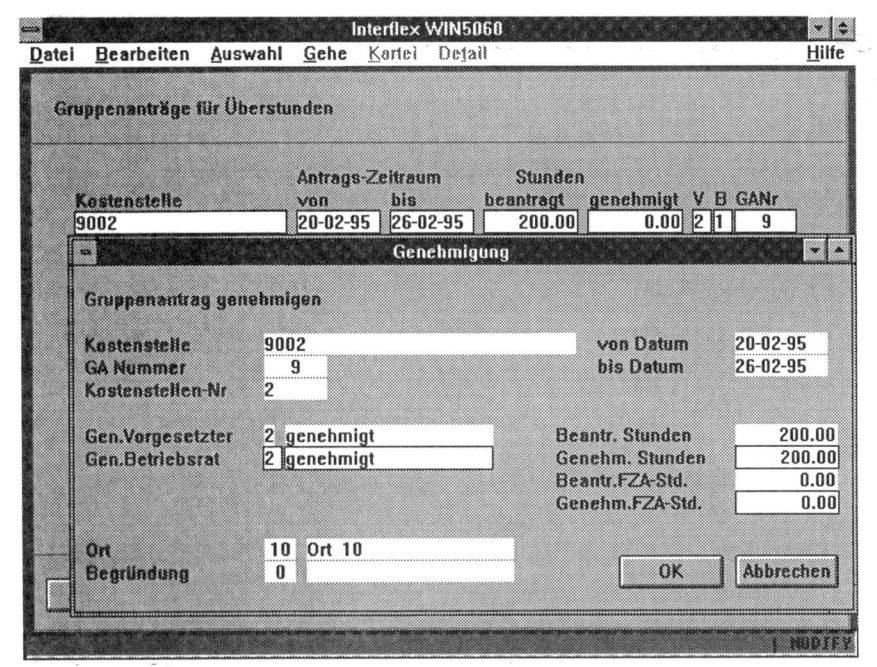

Abbildung 30 Gruppenantrag genehmigen Betriebsrat (Interflex)

Im vorstehenden Beispiel wird die Genehmigung über das Zeitwirtschaftssystem selbst durchgeführt, d.h. eine Genehmigung per „Mausklick". Es können sowohl Anträge für einzelne Mitarbeiter als auch für Gruppen gestellt werden, wie das dargestellte Beispiel in der Abbildung 28 zeigt. Der Zeitraum ist frei definierbar. Bei Gruppenanträgen ist es wichtig, daß die genehmigte Anzahl der Überstunden oder auch des Freizeitausgleichs entweder vom System automatisch gleichmäßig auf alle Mitarbeiter der Gruppe oder durch manuelle Eingabe verteilt werden. Dabei wird die Eingabe durch die Anzeige der jeweils noch verfügbaren Reststunden unterstützt.

Der „Beleg" wird auf den Client des Vorgesetzten zur Genehmigung geschickt, wobei jeder Vorgesetzte durch entsprechende Paßwortsteuerung nur seine Mitarbeiter sehen kann. Dauer und Wert der Zeitarten (Mehrarbeit oder Freizeitausgleich) können vom Vorgesetzten verändert werden. (Abbildung 29) Der Betriebsrat genehmigt ebenfalls per Mausklick (Abbildung 30) und hat auch die Möglichkeit der Änderung der beantragten Werte. Durch die Genehmigung sind auch die systemtechnisch erforderlichen Parameter automatisch gesetzt.

Diese Vorgehensweise erfordert allerdings den Zugriff auf das Zeitwirtschaftssystem, wobei die Frage der Berechtigungen geklärt werden muß. Eine umfangreiche Paßwortstruktur zur Steuerung der Zugriffsberechtigungen muß zur Verfügung stehen.

Eine andere Möglichkeit stellt die Verbindung mit einem Bürokommunikations- oder Workflowsystem, z.B. Lotus Notes, dar. Hier benötigen die genehmigenden Personen keinen Zugriff auf das Zeitwirtschaftssystem, weil das Genehmigungsformular als echter elektronischer Beleg über das LAN zur Bearbeitung verschickt wird und nach erfolgter Bearbeitung wiederum an das Zeitwirtschaftssystem zurückgesendet wird. Dort werden die Daten sofort übernommen und stehen zur Verrechnung der erfaßten Zeitarten bereit. Der Vorteil liegt im klar abgegrenzten Datenformat, Zugriffe müssen nicht evtl. kompliziert innerhalb der Betriebsvereinbarung geregelt werden. Diese Möglichkeiten werden jedoch in einem eigenen Kapitel einschließlich der Anbindung an Internet und Intranet abgehandelt.

Wahlmöglichkeit der Mitarbeiters: Freizeit oder Bezahlung
Wenn der Mitarbeiter selbst jeweils die Wahl zwischen Freizeitausgleich oder Bezahlung (Grundvergütung und Zuschlag) bei angeordneten Überstunden treffen soll, stellt dies ein System vor ein weiteres Problem, das organisatorisch gelöst werden muß. Wenn die Wahl schon bei der Beantragung der Mehrarbeit getroffen werden kann, meist durch Vereinbarung zwischen Betriebsrat und Arbeitgeber, so kann durch die Eingabe eines Kennzeichens für Freizeit Grundvergütung und Bezahlung Zuschlag oder Bezahlung Grundvergütung und Zuschlag die erforderliche exakte Verrechnung der Istzeiten vorgewählt werden. Ist dies nicht der Fall und jeder Mitarbeiter soll jeden einzelnen Fall selbst wählen, so empfiehlt sich die Eingabe eines Kennzeichens durch einen Tastendruck am Erfassungsgerät mit der Gehen-Buchung. Die häufigste Verrechnungsart wird systemtechnisch vorgegeben und benötigt daher keine Eingabe. Entscheidet der Mitarbeiter anders, so übersteuert der Tastendruck die systemtechnische Vorgabe für diesen Einzelfall.

Tagesberechtigung Mehrarbeit
Es gibt betriebliche Abläufe innerhalb der Mehrarbeitsgenehmigung, die zwar eine Genehmigung von Datum bis Datum als grundsätzliche Berechtigung kennen, aber erst an dem betreffenden Tag entschieden wird, ob tatsächlich die angefallenen Mehrarbeit als Überstunde separat verrechnet werden soll. Diese Tagesberechtigung würde wiederum einen manuellen Eingriff seitens der Systembedienung in das Zeitwirtschaftssystem erfordern, wenn man nicht die gleiche Möglichkeit wie vorher beschrieben nutzen kann. Ein Tastendruck mit der Gehen-Buchung teilt dem System diese Tagesberechtigung mit, die allerdings nur wirksam wird, wenn die zeitlich richtige Berechtigung vorliegt.

Ablauf Freizeitausgleich
Bei der Ablauforganisation für den Freizeitausgleich sollte die Zeitsouveränität des Mitarbeiters möglichst beachtet werden. Die weiter oben beschriebene Belegflut könnte auch durch die Form der Genehmigung durch „Kopfnicken" eingedämmt werden. Es ist selbstverständlich, daß Freizeitausgleich auf betrieblicher Ebene abgestimmt sein muß. Je mehr der einzelne Mitarbeiter in das Arbeitszeitmanagement eingebunden wird, je mehr wird er die Machbarkeit des Freizeitausgleichs selbst klären können, so daß die Genehmigung durch „Kopfnicken" dann auch mehr als Kenntnisnahme zu werten ist. Allerdings muß auch das Zeitwirtschaftssystem wiederum vom geplanten Freizeitausgleich wissen, um die Verrechnung entsprechend den festgelegten Regeln durchführen zu können.

Zeitwirtschaftssysteme bieten hierzu bereits seit geraumer Zeit recht gute Lösungen über die Erfassungsgeräte an, wie bereits vorher an einigen Funktionen beschrieben. Wenn zusätzlich zur Gehen-Buchung eine dazu bestimmte Funktionstaste gedrückt wird, weiß das System vom geplanten Freizeitausgleich. Dies kann innerhalb des Tages bei vorzeitig beendeter Schicht erfolgen, dann wird der Freizeitausgleich vom Buchungszeitpunkt bis zum festgelegten Schichtende, also der heute gültigen Sollzeit, gewertet. Wenn die Buchung nach Schichtende vorgenommen wird, gilt der Fehlgrund Freizeitausgleich für die nächste Schicht bzw. so lange, bis wieder eine Kommen-Buchung erfolgt. Durch diese Vorgehensweise werden Belege vermieden und die Verrechnungen und Informationen im System sind jederzeit aktuell.

Auch andere kurzfristige Abwesenheiten könne auf die gleiche Art und Weise vom Mitarbeiter selbst direkt am Erfassungsgerät vorgenommen werden. (Abbildung 31)

Die oftmals geäußerten Bedenken, daß die Mitarbeiter ja dann manipulieren könnten und eine Kontrolle nicht mehr möglich ist, können heute einfach nicht mehr akzeptiert werden. Einmal sind Kontrollmöglichkeiten durch z.B. einen wochenweisen Ausdruck nur der Fehlgrundbuchungen am Erfassungsgerät trotzdem möglich, zum andern wollen wir den mündigen unternehmerisch denkenden Mitarbeiter als praktischen und aktiven Arbeitszeitmanager.

Fehlgrund- und Kennzeicheneingabe durch den Mitarbeiter

Beispiele

F 1   Freizeitausgleich

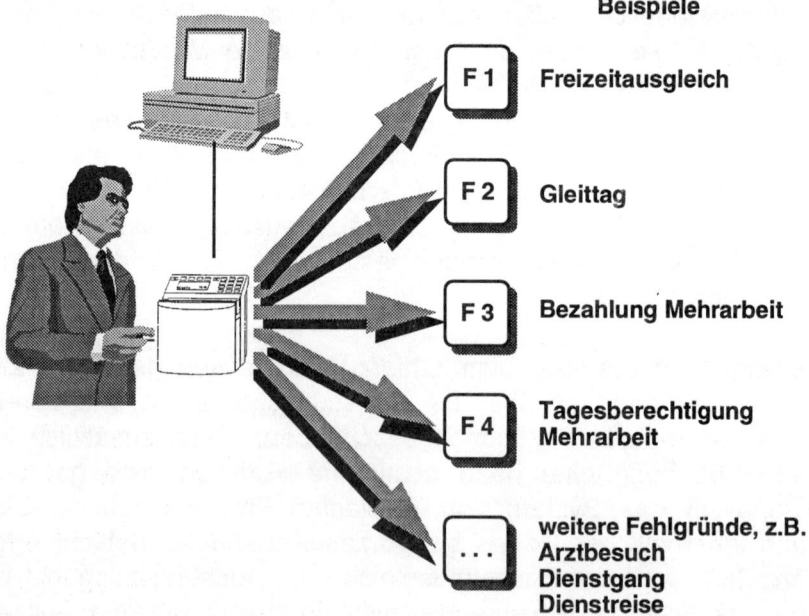

F 2   Gleittag

F 3   Bezahlung Mehrarbeit

F 4   Tagesberechtigung Mehrarbeit

...   weitere Fehlgründe, z.B. Arztbesuch Dienstgang Dienstreise

Abbildung 31

Dann muß der Gestaltungsspielraum des Mitarbeiters im Sinne der Zeitsouveränität aber auch vergrößert werden und Kontrollmechanismen einer zu entwickelnden und zu fördernden Vertrauenskultur weichen.

6.6.1 Die Möglichkeiten der Steuerung von Freizeitausgleich

Die Steuerung des Freizeitausgleichs und damit die Verrechnung kann unter systemtechnischen Aspekten gesehen in drei Ebenen ablaufen. Diese Ebenen unterscheiden sich durch den damit verbundenen Automatisierungsgrad bzw. der verbleibenden manuellen Bearbeitung.

Möglichkeiten der Steuerung des Freizeitausgleichs

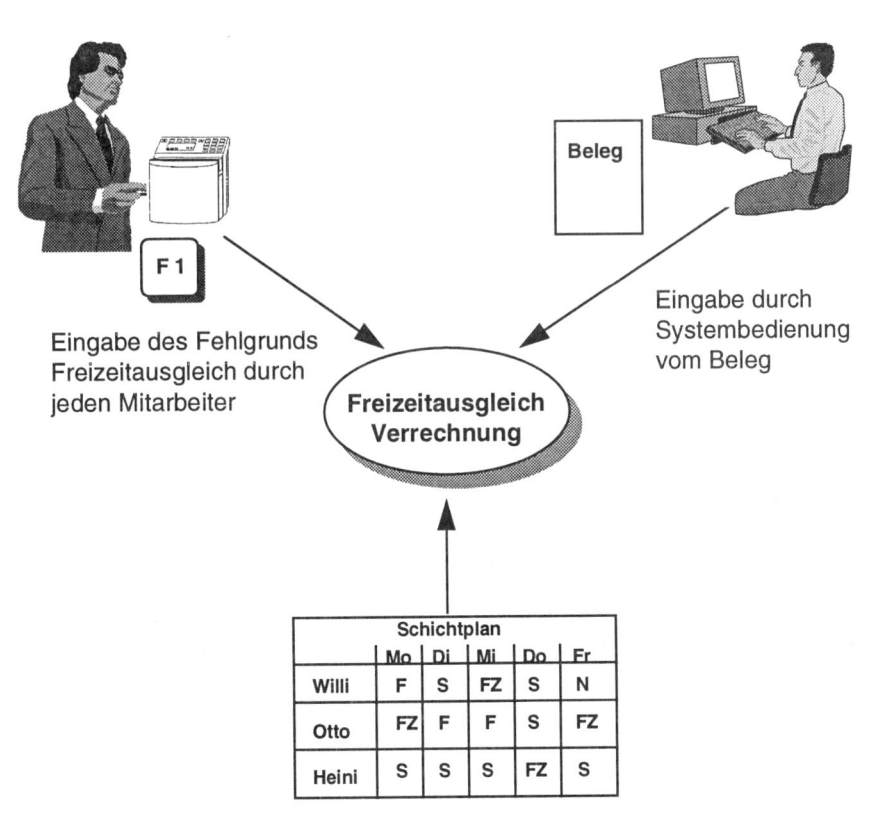

Eingabe des Fehlgrunds Freizeitausgleich durch jeden Mitarbeiter

Eingabe durch Systembedienung vom Beleg

Beleg

F 1

Freizeitausgleich Verrechnung

	Schichtplan				
	Mo	Di	Mi	Do	Fr
Willi	F	S	FZ	S	N
Otto	FZ	F	F	S	FZ
Heini	S	S	S	FZ	S

Automatische Einplanung von Freischichten durch Personaleinsatzplanung mit Überwachung von Fristen und Zeiträumen

Abbildung 32

Innerhalb des Systems der Personaleinsatzeinplanung können die aufgelaufenen Freizeitausgleichsstunden in die entsprechende Anzahl von Freischichten umgewandelt werden. Die Einplanung kann automatisiert werden, wobei maximale Fristen und Zeiträume berücksichtigt werden. Genauer wird auf diese Möglichkeit im entsprechenden Kapitel bei der Beschreibung der Leistungsmerkmale der Personaleinsatzplanung eingegangen.

6.7 Musteraufbau Arbeitszeitkonto

Wie bereits dargestellt, müssen sich die Inhalte des Arbeitszeitkontos an den betrieblichen Erfordernissen und Gegebenheiten orientieren. Nachfolgend ist ein Musteraufbau mit unterschiedlichen Zeitarten beschrieben. Zur Vereinfachung werden nur die Mehrarbeitsbeträge angegeben, auf die eigentliche Sollzeit, tariflich oder lt. Schichtplan wurde verzichtet, um den Aufbau des Kontos transparenter zu machen.

Muster Arbeitszeitkonto

Dat.	Mehr-Zeit	Flexi-Saldo	Über 25%	Samst 25%	Sonntg 25%	Frist Zusch	Ges. Saldo	FZA
Dat.	2,00	2,00					2,00	
Dat.	1,50	1,50					3,50	
Dat.	1,00		1,25				4,75	
Dat.	4,00				6,00		10,75	
Dat.	2,00	2,00					12,75	
Dat.	3,00						16,50	
Dat.	8,00					0,80	17,30	
Dat.	-7,00						**10,30**	7,00

alternativ: Entlastung nach Prioritäten (Beispiel)

Dat.	8,00					0,80	17,30	
Dat.	-7,00			2,75	0,00		10,30	7,00
		5,50	1,25	2,75	0,00	0,80	10,30	7,00

Abbildung 33

Dat.
Datum der Anfalls der Mehrarbeit

Mehr-Zeit
geleistete Mehrarbeit über die Sollzeit hinaus

Flexi-Saldo
Mehrarbeit im Sinne der Flexibilisierung, d.h. keine angeordnete Mehrarbeit mit Zuschlag, sondern normale Arbeitszeit bei ungleichmäßiger Verteilung der tariflichen Arbeitszeit

Über 25%
angeordnete Mehrarbeit als Überstunden mit Zeitzuschlag von 25%

Samst 25%
Samstagsarbeit mit 25% Zeitzuschlag, wenn der Samstag nicht als Regelarbeitstag in die Flexibilisierungsmaßnahme einbezogen werden kann

Sonntg 50%
Sonntagsarbeit mit 50% Zeitzuschlag

Frist.Zusch
Fristenzuschlag für Unterschreitung der Ankündigungsfrist bei Schichtwechsel. Die 8,00 unter Mehr-Zeit sind keine Mehrarbeit, sondern die geplante Schichtzeit.

Ges. Saldo
Gesamtinhalt des Arbeitszeitkontos, bestehend aus positiven und negativen Einträgen

FZA
Freizeitausgleich

Ob der Freizeitausgleich aus dem Gesamtsaldo abgezogen werden kann, oder ob eine prioritätengesteuerte Verrechnung durchgeführt werden muß, richtet sich nach tariflichen bzw. betrieblichen Regeln. Wenn eine Zeitraumüberwachung für eine Mehrarbeitsart für eine bestimmte Zeit, in der sie noch Normalzeit ohne Zuschlag ist, erfolgen muß, wird diese Alternative evtl. erforderlich, z.B. Tarif Chemie.

7 Zeitraumüberwachung von Arbeitszeitkonten

Zeiträume, in denen die Arbeitszeitkonten ausgeglichen sein sollen, d.h. dem tariflichen Durchschnitt entsprechen müssen, bedürfen der Überwachung, um rechtzeitig Erkenntnisse über Annäherung an die maximalen Grenzwerte zu erhalten. Dies gilt allerdings auch für permanente Arbeitszeitkonten, die nicht auf das Jahr angelegt sind.

7.1 Ampelkonten

Beim Ampelkonto wird von einem „Grünwert" ausgegangen, der in der Verantwortung des einzelnen Mitarbeiters liegt. Der „Gelbwert" erfordert ein Zusammenwirken zwischen Mitarbeiter und Vorgesetztem, um in den grünen Bereich zurückzukommen. Der „Rotwert" bedingt zwangsweise Maßnahmen durch den Vorgesetzten.

Funktion des Ampelkontos

Beispiele

rot → über +/- 50 Stunden = zwangsweise Maßnahmen

gelb → über +/- 40 Stunden Mitarbeiter und Vorgesetzter beraten Maßnahmen

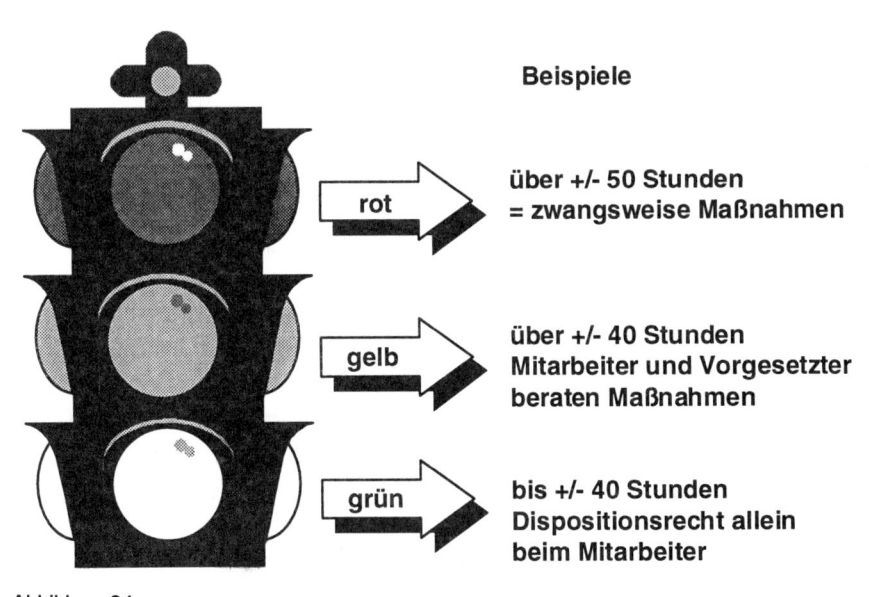

grün → bis +/- 40 Stunden Dispositionsrecht allein beim Mitarbeiter

Abbildung 34

7.2 Jahresarbeitszeitkonto

Bei einem auf Jahresarbeitszeit angelegten Arbeitszeitkonto sollte die Überprüfung permanent durch sog. Meilensteine erfolgen.

Arbeitszeitkonto und Zeitraumüberwachung durch Meilensteinprüfung

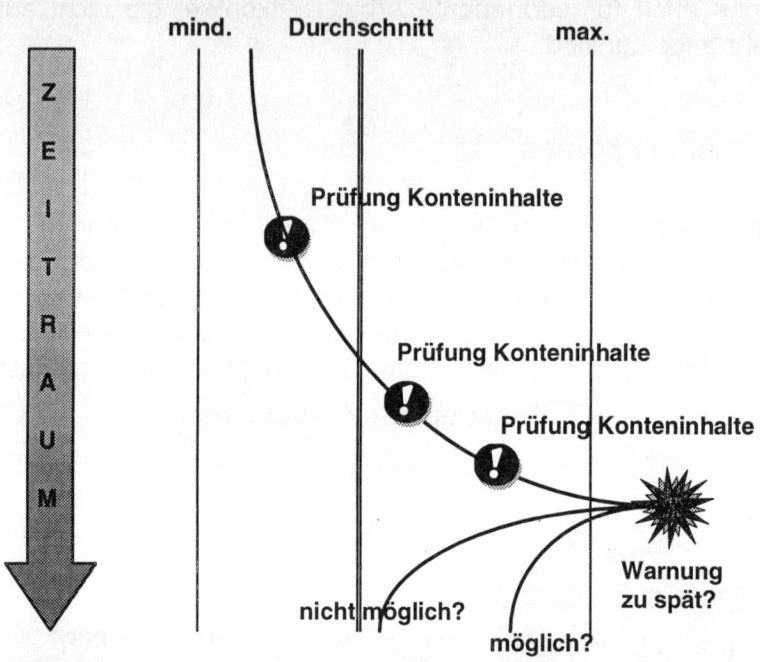

Ende Ausgleichszeitraum
Abbildung 35

Systemtechnisch werden maximale Konteninhalte definiert, die vom Zeitwirtschaftssystem durch eine Automatikfunktion jeden Tag überprüft werden. Ist der maximale Kontenstand erreicht, erfolgt eine Auslistung. Dabei ist es betrieblich gesehen zunächst beinahe unerheblich, ob einige wenige Mitarbeiter über der Meilensteingrenze liegen, wenn die Gruppen- oder Abteilungsinhalte dem Soll entsprechen. Die Prüfung muß unter dem Gesichtspunkt der Möglichkeit der Rückführung von positiven Inhalten stehen. In der Praxis erfolgt oft genug heute keine permanente Überprüfung, so daß kurz vor Jahresende erst recht keine Möglichkeit des Ausgleichs mehr besteht. Häufig müssen dann die über dem tariflichen Durchschnitt liegenden Arbeitszeiten als Überstunden mit Zuschlag bezahlt werden.

Die Arbeitszeitflexibilisierung hat in diesem Fall keinerlei Nutzen gebracht, außer einem „Zinsvorteil" durch die verspätete Zahlung. Im Prinzip hätte man gleich Überstunden vereinbaren können. Die optimierte Anpassung an den Arbeitsanfall wird rückwirkend zunichte gemacht.

Leider bieten heute noch viele Anbieter von Zeitwirtschaftssystemen solche Möglichkeiten, die technisch ohne großen Aufwand durchaus zu realisieren sind, nicht standardmäßig an, so daß der Anwender gefordert ist, entsprechende Leistungsmerkmale zu verlangen.

7.3 Automatische Zeitraumüberwachung

Daß diese Zeitraumüberwachung auch zeitraubend ist, ist unbestritten. Daher sollte man auch mögliche Automatismen untersuchen. Eine auch heute schon verfügbare Möglichkeit geht davon aus, daß der Jahreszeitraum nicht dem Kalenderjahr gleichzusetzen ist, sondern einem 12-Monats-Zeitraum.

Wenn innerhalb dieses Zeitraumes das persönliche Arbeitszeitkonto des Mitarbeiters die „0"-Grenze erreicht bzw. durchschreitet, so ist der Ausgleich herbeigeführt. Mit anderen Worten: es geht eigentlich nicht darum, daß am Ende des Ausgleichszeitraums der Ausgleich herbeigeführt wird, sondern umgekehrt bei jedem Erreichen des Arbeitszeitkontos durch den Inhalt „0" = tariflicher Durchschnitt gilt der Ausgleich als vollzogen und der Zeitraum wird als erfüllt abgeschlossen. Gleichzeitig wird ein neuer Zeitraum automatisch vom System gestartet, der wieder so lange Bestand hat, bis die tägliche Überprüfung „0" ergibt. Dies kann auch für einen Stundenbereich von z.B. +/- 30 Stunden gelten als beispielsweise grüner Bereich des Ampelkontos.

Diese Arbeitsweise hat den Vorteil, daß eine manuelle Überprüfung nicht mehr stattfinden muß. Die vorher beschriebene Meilensteinüberprüfung kann mit dieser Automatik verbunden werden. Sollten einige Mitarbeiter innerhalb von 12 Monaten nicht „0" oder den grünen Bereich erreichen, so ist die Information durch die dann durchgeführte automatische Meilensteinprüfung schon erfolgt, und es können die erforderlichen Maßnahmen eingeleitet werden.

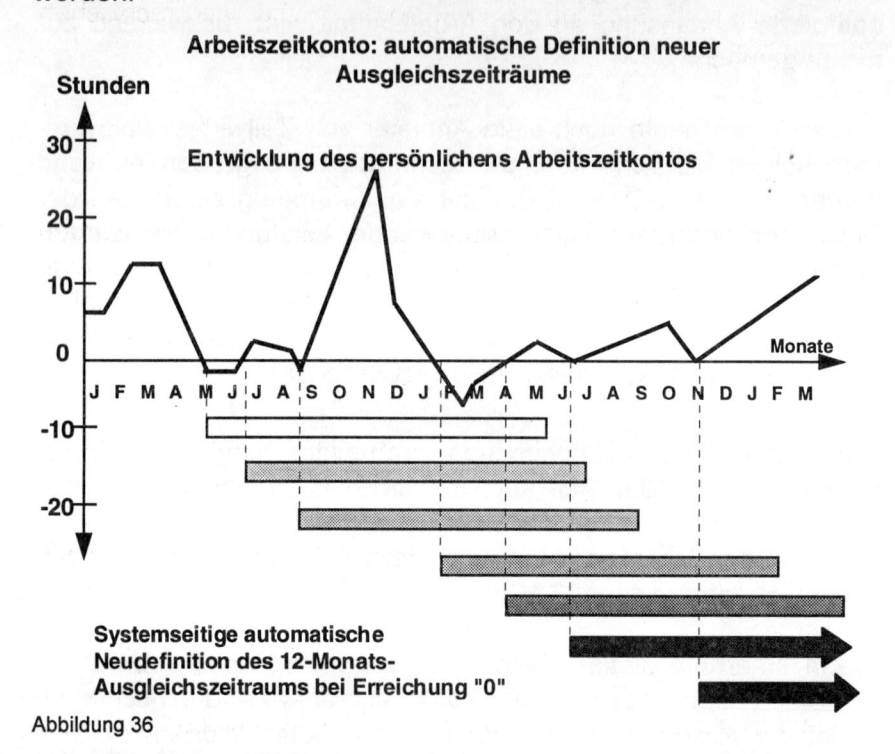

Arbeitszeitkonto: automatische Definition neuer Ausgleichszeiträume

Entwicklung des persönlichens Arbeitszeitkontos

Systemseitige automatische Neudefinition des 12-Monats-Ausgleichszeitraums bei Erreichung "0"

Abbildung 36

Automatische Überwachungsprogramme können natürlich nicht verhindern, daß ein Ausgleich nicht möglich ist. Aber man kann rechtzeitig erfahren, daß Probleme auftreten werden, wenn nicht im Sinne eines aktiven und praxisorientierten Arbeitszeitmanagements gehandelt wird.

Die Aussage, „Probleme werden am besten dadurch gelöst, daß man sie erst gar nicht entstehen läßt", gewinnt hier an Bedeutung.

8 Spezielle tarifliche Anforderungen an das Arbeitszeitkonto

Nachfolgend werden einige Tarifverträge mit Blick auf die Gestaltung und Führung von Arbeitszeitkonten mit Zeitwirtschaftssystemen untersucht, wie bereits im Kapitel 3 über die rechtlichen Rahmenbedingungen angekündigt.

8.1 Tarifvertrag Chemie

Die Regelungen des Tarifvertrages Chemie vom 1.5.96 wurden bereits im Kapitel 3.1.9 aufgeführt. Mit diesen Regeln wurde eine neue Dimension in der Arbeitszeitwirtschaft geschaffen, nämlich die Überwachung von variablen Zeiträumen und sich daraus ergebende Veränderungen in der Zeitartenbewertung.

Die Problematik der Zeiträume wird erst richtig klar, wenn man die Erläuterungen zum Vertragstext liest:

- Es handelt sich **nicht** um einen Kalendermonat, sondern um eine tatsächliche rollierende Monatsfrist lt. BGB § 187 Abs. 1 und § 188 Abs. 2, also z.B. vom 4.April bis zum 4. Mai.

- Beim Freizeitausgleich sind die betrieblichen und persönlichen Belange des Arbeitnehmers möglichst zu berücksichtigen. Entscheidend nach dem Wortlaut des Tarifvertrages ist, daß der Freizeitausgleich bei vernünftiger Betrachtungsweise in dem Monatszeitraum tatsächlich genommen werden kann. Einzelne Abwesenheitstage, insbesondere solche, die vom Arbeitgeber veranlaßt worden sind, z.B. kurze Dienstreisen, hindern den Freizeitausgleich nicht. Etwas anderes gilt dann, wenn der Freizeitausgleich bereits festgelegt war, durch die Abwesenheit des Arbeitnehmers jedoch nicht am festgelegten Zeitpunkt gewährt werden kann und er deshalb nicht mehr innerhalb eines Monats möglich ist.

- Kann der Freizeitausgleich wegen Krankheit, Urlaub, Dienstreise oder ähnlichen Gründen nicht innerhalb eines Monats erfolgen, ist er spätestens in dem darauffolgenden Monat vorzunehmen. Diese Monatsfrist berechnet sich ab dem Zeitpunkt der Beendigung der Abwesenheit. Bei mehreren Abwesenheiten beginnt die Monatsfrist zu laufen, wenn die letzte Abwesenheit beendet ist.

- Zeitausgleich kann, wenn Mehrarbeit voraussehbar ist, auch vor Anordnung der Mehrarbeit erfolgen.

- Bei Mehrarbeitsstunden an Sonn- oder Feiertagen ist der Zuschlag durch den Sonn- oder Feiertagszuschlag bereits abgegolten. Somit ist in diesen Fällen beim Zeitausgleich die tatsächlich geleistete Mehrarbeit stets zuschlagsfrei auszugleichen und zwar auch dann, wenn der Ausgleich außerhalb der vorgenannten Zeiträume erfolgt, also immer im Verhältnis 1:1.

- Ausnahme aus betrieblichen Gründen sind mit Bezahlung möglich.

Vom Zeitwirtschaftssystem sind also pro Mitarbeiter folgende Zeiträume zu berücksichtigen:

Chemieindustrie: Ausgleichsfristen für Freizeitausgleich
Beispiel 1

1 Std. Mehrarbeit
4.4.   4.5.   4.6.   4.7.   4.8.

| | Ausgleich durch Freizeitausgleich zuschlagsfrei | Ausgleich + 25 % Zeitzuschlag = 1,25 Stunden | | spätester Ausgleich, wenn vorher nicht möglich = 1,25 Std. |

Ausgleich auch im Vorgriff möglich

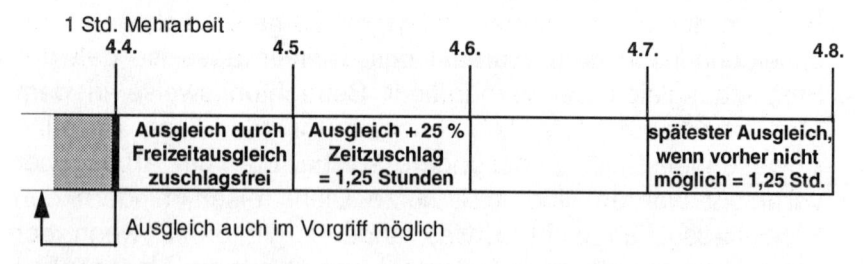

Abbildung 37

Grundsätzlich muß davon ausgegangen werden, daß jeder Mitarbeiter an jedem Tag Mehrarbeit leisten kann, so daß für jedes Datum separat die Ausgleichsfristen berechnet werden müssen. Das Zeitwirtschaftssystem muß also zu jedem Ereignis zusätzlich das Entstehungsdatum speichern. Als Information für den Mitarbeiter muß jederzeit erkennbar sein, wann der Anspruch entstanden ist und wie er sich momentan darstellt. Wenn die Monatsfrist verstrichen ist, sollte der dann entstehende Zeitzuschlag von 25% automatisch berechnet und zugeschlagen werden. Ebenso sind die weiteren Verlängerungsfristen bis zum spätesten Ausgleich systemtechnisch zu setzen und mittels Hinweisen zu überwachen.

Durch die Verlängerung der zuschlagsfreien Ausgleichsfrist durch Abwesenheiten verschieben sich alle nachfolgenden Fristen entsprechend, so daß nicht mehr vom Datum der ursprünglich geleisteten Mehrarbeit auszugehen ist.

**Chemieindustrie: Ausgleichsfristen für Freizeitausgleich
Beispiel 2**

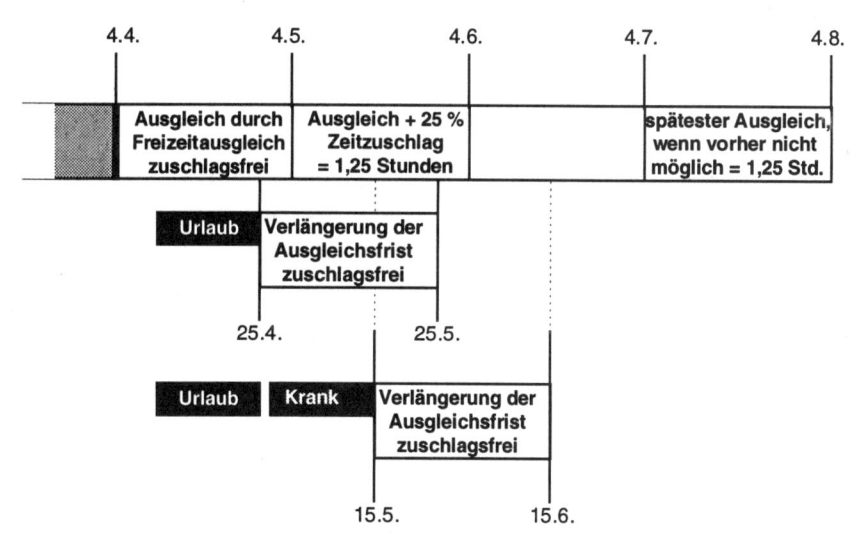

Abbildung 38

Die Zeitdauer der einzelnen Abwesenheitstage, die für die Fristverlängerung unmaßgeblich sind, z.B. Dienstreisen, ist nicht definiert und sollte auf betrieblicher Ebene festgelegt werden. Nur dann ist eine automatische Berechnung der Ausgleichsfristen möglich. Des weiteren sollte man sich Gedanken über die Art der Fehlgründe machen, die eine Fristverlängerung erfordern. Im Tarifvertrag heißt es „wegen Krankheit, Urlaub, Dienstreise oder ähnlichen Gründen". Im Sinne einer automatisierten Abrechnung gibt es keine ähnliche Gründe, sondern muß eine genaue Definition erfolgen. Wenn allerdings Krankheit und Dienstreise nicht nur als Aufzählung sondern als gleichartig zu bewerten verstanden werden, dann kann die logische Konsequenz nur heißen: alle Fehlgründe verlängern die Ausgleichsfrist. Krankheit und Dienstreise sind die beiden unterschiedlichsten Fehlgründe überhaupt in der gesamten Bandbreite: bei Krankheit steht der Mitarbeiter dem Unternehmen effektiv nicht zur Verfügung, erhält jedoch das definierte Entgelt, während Dienstreise keine eigentliche Abwesenheit ist, sondern Arbeitszeit, nur an einem anderen Ort.

Nicht in dieser Form wesentlich für das Arbeitszeitkonto ist die Sonn- und Feiertagsarbeit. Diese Zuschläge werden nicht in Zeit umgewandelt, sondern als Lohnart verrechnet und ausbezahlt. Lediglich die Grundvergütung wird in das Arbeitszeitkonto übernommen. Da diese Zeitarten nicht dem Zeitzuschlag und auch nicht der strengen Zeitüberwachung unterliegen, müssen sie völlig getrennt im Arbeitszeitkonto ausgewiesen werden.

Eine weitere Problematik bei der Berechnung des verfügbaren Freizeitanspruchs soll nicht verschwiegen werden. Der erwirkte Freizeitanspruch durch Mehrarbeit und der genommene Freizeitausgleich sind nicht deckungsgleich, d.h. wenn ein Mitarbeiter 1 Tag Freizeitausgleich nimmt, kann und wird dies aus mehreren Tagen Mehrarbeit herrühren. Es ist sicherlich sinnvoll, die ältesten Ansprüche in der Reihenfolge der Entstehung zu löschen, das können aber sowohl zuschlagsfreie und zuschlagspflichtige Ansprüche sein. Aus Unternehmenssicht ist es unter Kostenaspekten allerdings relevant, zunächst die noch nicht mit einem Zeitzuschlag versehenen Stunden auszugleichen, weil die Stunden mit Zeitzuschlag ja keine weitere Höherbewertung mehr erfahren. Eine innerbetriebliche Regelung muß diese Problematik lösen. Der Restwertberechnung kommt hier eine wichtige Rolle zu. Auch die Möglichkeit der rückwirkenden Korrektur muß berücksichtigt werden.

Bei der Umsetzung der geforderten tariflichen bzw. betrieblichen Anforderungen, speziell im Beispiel Chemie, müssen die Priorität-

ten geklärt werden. Was soll das Arbeitszeitkonto in erster Linie erfüllen:
- Genaue Abrechnung der Freizeitansprüche innerhalb der Ausgleichszeiträume?
- Jederzeitige Information der Mitarbeiter über den mehr oder weniger aktuellen Stand?
- Berücksichtigung der planerischen Komponente in Richtung Personaleinsatz und Kostenreduzierung?

Die Unterschiede liegen im Berechnungsansatz. Bei der Abrechnung kann man auf tägliche Aktualisierung und neue Berechnung der Zeiträume verzichten und ermittelt einmal pro Monat die Inhalte. Bei der Mitarbeiterinformation muß unterschieden werden nach generellen Freizeitansprüchen oder aktueller Bewertung mit eventuellem Zeitzuschlag wegen Fristablauf. Wenn auf Bereichs-, Abteilungs- oder Kostenstellenebene jederzeit die Information vorhanden sein soll, wieviel Freizeitanspruch von welchem Mitarbeiter ob mit oder ohne Zeitzuschlag vorhanden ist, um rechtzeitig die erforderlichen Freizeitausgleichsstunden einzuplanen, dann muß eine tägliche neue Berechnung der Ausgleichszeiträume und der Freizeitsalden erfolgen. Unter dem Aspekt des praktischen und aktiven Arbeitszeitmanagment bleibt im Prinzip gar keine andere Wahl.

Eine tägliche Informationsliste könnte z.B. so aussehen:

Name: Willi   Kostenstelle 4712   Datum 30.6.

Datum Anfall	Std. Mehr-arbeit	Frist FZA bis	Verl. bis	Fehl grd.	akt.. Wert Std.	FZA gepl. am	FZA gepl. Std.	FZA am	FZA gen.
1.4.	1,50	1.5.						3.4.	1,50
4.4.	1,00	4.5.	25.5. 15.6.	UR KR	1,25				
20.5.	2,00	20.6.			2,50				
2.6.	2,50	2.7.			2,50				
10.6.						12.6.	3,00		
30.6.	Summe				6,25		3,00		
Dispositive Summe			6,25 minus 3,00 = 3,25						

Nach der Auflistung aller Mitarbeiter der Abteilung oder Kostenstelle sollte die Summe des aktuellen Freizeitanspruchs aller Mitarbeiter ermittelt werden. Dabei muß allerdings noch der bereits geplante Freizeitausgleich Berücksichtigung finden, um zu einem tatsächlichen disponiblen Wert pro Mitarbeiter zu kommen. Für die Personaleinsatzplanung insgesamt sowie als Auslastungsindikator für Kostenstellen, Abteilungen und Betriebsbereiche empfiehlt sich die Addition der Summen.

Die Umsetzung des genauen Wortlauts des Tarifs wird sicherlich nicht nur softwaretechnische Probleme innerhalb der Zeitwirtschaftssysteme, sondern auch organisatorische Schwierigkeiten mit sich bringen. Der manuelle Aufwand ist auch bei weitgehender automatischer Berechnung und Überwachung nicht zu unterschätzen. Deshalb muß einfach die Frage gestellt werden, ob die wesentlich einfachere Berechnung nach tatsächlichen Kalendermonaten nicht ebenfalls dem Sinn des Tarifvertrages entspricht. Wenn als Ausgleichszeitraum das Ende des auf die Mehrarbeit folgenden Monats angenommen wird, hat der Mitarbeiter allerdings max. einen Monat länger auf den tariflichen Zeitzuschlag von 25 % zu warten, wenn der Zeitausgleich vorher nicht erfolgen konnte. Ob dies tatsächlich als Schlechterstellung gegenüber dem Sinn des Tarifvertrages zu werten ist, sollte auf betrieblicher Ebene geklärt werden.

Für das Unternehmen ergeben sich durch diese Regelungen Vorteile durch Anpassen an betriebliche Erfordernisse ohne Zeitzuschläge innerhalb eines definierten Ausgleichszeitraumes und damit Kostenreduktion. Der Mitarbeiter erhält größere Zeitsouveränität und mehr Freiräume. Bei der Definition von Arbeitszeitkontenmodellen sollten daher die zwei Hauptrichtungen, nämlich die unternehmensseitige und die mitarbeiterseitige Blickrichtung beachtet werden. Hier muß eine Ausgewogenheit herbeigeführt werden, die die Zielrichtung des Arbeitszeitkontos für beide Seiten attraktiv macht.

8.2 Tarifvertrag Stahlindustrie

Die Texte des Tarifvertrages wurden bereits unter 4.1.1 besprochen. Die Problematik liegt im Detail in einer 3-Stufen-Regelung für Mehrarbeit bezüglich der Auswahl von Freizeitanspruch oder Bezahlung:

- 1. bis 8. Stunde   Wahlmöglichkeit des Mitarbeiters
- 9. bis 16. Stunde   Vereinbarung zwischen Unternehmen und Betriebsrat
- ab der 17. Stunde Abgeltung in Freizeit zwingend

Zuschläge sollen ausgezahlt werden, sofern nicht der Mitarbeiter einen Ausgleich durch Freizeit wünscht.

Die Grenzen dieser Stufen sind in der Praxis sicherlich nicht genau einzuhalten. Wie soll verfahren werden, wenn der Mitarbeiter bereits 7 Stunden Mehrarbeit geleistet und sich für alle geleisteten Stunden für Bezahlung entschieden hat, und nun werden weitere Mehrarbeitsstunden angeordnet, jedoch durch Vereinbarung mit Freizeitausgleich? Muß 1 Stunde abgesplittet werden zur Erzeugung der Lohnart, und die restlichen 2 Stunden gehen in das Arbeitszeitkonto? Dieselbe Problematik ist bei der Grenze ab der 17. Stunde zu verzeichnen. Wenn dazwischen noch unterschiedliche Wünsche des Mitarbeiters in Richtung Freizeitausgleich des Zuschlags liegen, wird die Bewertung der Zeitarten erst recht unübersichtlich und schwierig.

Was also ist zu tun, um den Verwaltungsaufwand erträglich zu halten bzw. eine größtmögliche Automatisierung durch ein Zeitwirtschaftssystem zu erreichen? Folgende Alternativen bieten sich an:

1. Man sollte versuchen, im organisatorischen Vorfeld die Wahlmöglichkeiten zumindest für einen bestimmten Zeitraum anzugleichen, so daß das System mit gleichen Parametern arbeiten kann. Diese Gleichstellung muß sich jedoch nicht auf den gan-

zen Betrieb beziehen, sondern kann auch auf Gruppen angewendet werden, um die Flexibilität zu erhalten.

2. Der Mitarbeiter wählt selbst mit der Gehen-Buchung durch Tastendruck am Erfassungsgerät. Durch Betriebsvereinbarung werden die Grenzwerte etwas fließend gestaltet, so daß eine Aufteilung geleisteter Mehrarbeit entfällt.

3. Wenn der Tarifvertrag in der bestehenden Form umgesetzt werden soll, müssen die entsprechenden Parameter und Rechenregeln systemseitig zur Verfügung stehen.

Der Arbeitgeberverband Stahl e.V. hat in seinem Rundschreiben vom 23.3.96 zu diesem Vertrag bemerkt, daß Mehrarbeit zukünftig verstärkt durch Freizeit ausgeglichen werden soll und daß sich beide Tarifparteien des experimentellen Charakters der Vereinbarung bewußt sind. Insofern sollten betriebliche Regelungen zur Vereinfachung beitragen können.

Für die zusätzliche Vergütung von 1/4-Stunde bis zu 1 Stunde bei Absenkung der betrieblichen Wochenarbeitszeit über 33 auf 30 Stunden der unteren Lohn- und Gehaltsgrupen sollten im Zeitwirtschaftssystem freie Datenfelder in den Stammsätzen vorhanden sein, die mit diesen Kennzeichen und Werten gefüllt werden. Eine Rechenregel bei Verwendung entsprechender Arbeitszeitmodelle greift auf diese Felder zu und bewertet im Sinne des Tarifvertrages.

8.3 Tarifvertrag Privates Bankgewerbe

Das Private Bankgewerbe (vergl. 3.1.10) hat einen 4-Wochen-Rhythmus definiert, in dem nach der Leistungswoche angeordnete Mehrarbeit zuschlagsfrei ausgeglichen werden kann. Alternativ kann wie bei der Chemie auch die Vorwoche herangezogen werden. Der Unterschied zur Chemie besteht in dem festgelegten Wochenzeitraum und nicht von Datum bis Datum. Die Frist beginnt mit der 1. Folgewoche nach der „Anfallwoche", in der die Mehrarbeit angefallen ist.

Privates Bankgewerbe: Ausgleichsfristen für Mehrarbeit

| Vorwoche | Überstunden-Woche | 1. Folge-Woche | 2. Folge-Woche | 3. Folge-Woche | 4. Folge-Woche | echte Mehrarbeit 25%/50% |

Mehrarbeit

alternativer Ausgleichszeitraum 1:1

nach Fristüberschreitung 25% Zeitzuschlag

geleistete Mehrarbeit in 1 Woche > 8 Stunden
= 50% Zeitzuschlag bei Fristüberschreitung

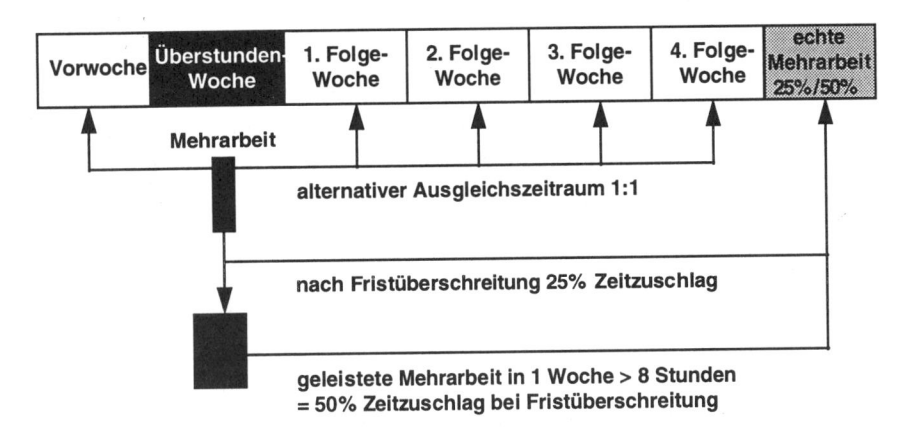

Abbildung 39

Zuschläge werden erst nach Fristüberschreitung fällig, und zwar grundsätzlich als Freizeitausgleich. Eine Vergütung kann nur in Ausnahmefällen (persönliche bzw. betriebliche Belange) erfolgen. Eine Besonderheit ist die von einem Zeitwirtschaftssystem durchzuführende Mengenüberwachung: werden in einer Woche mehr als 8 Stunden Mehrarbeit geleistet, so werden für die Stunden, die die 8-Stunden-Grenze überschreiten, 50% Zeitzuschlag fällig. Ebenfalls als Zeitzuschlag wird der 25%ige Nachtzuschlag, sowie Samstags- (50%) und Sonn- und Feiertagszuschlag (100%) gewertet.

Ein Zeitwirtschaftssystem sollte entweder am Wochenende für die Folgewoche oder direkt am Wochenbeginn für die laufende Woche eine Information über die vorhandenen Mehrarbeitsstunden mit Fristablauf erzeugen. Diese Auswertung kann einen ähnlichen Aufbau wie im Chemiebereich (vergl. 8.1) besitzen, lediglich der Stichtag „Wochenende mit Fristablauf" muß jederzeit erkennbar sein.

9 Informationen zum Arbeitszeitmanagement

Wie bereits mehrfach dargestellt, werden im persönlichen Arbeitszeitkonto alle erforderlichen Zeitarten getrennt erfaßt, bewertet und gespeichert. Wenn diese Daten nun vorhanden sind, sollten sie auch zu entsprechenden Auswertungen in Richtung Auslastung der einzelnen Unternehmensbereiche genutzt werden.

9.1 Das Arbeitszeitkonto als Auslastungsindikator

Die kleinste und im Sinne eines praktischen Arbeitszeitmanagements auch wichtigste Einheit ist die Kostenstelle, der Meisterbereich oder die Abteilung, je nach Art des Unternehmens. Kumulierte Werte aus den Arbeitszeitkonten geben Aufschluß über die tatsächlich vorhandene Arbeitsbelastung in Stunden. Dabei sollten wichtige Zeiteinheiten berücksichtigt werden, z.B. Monate oder Quartale. Der Vergleich zu Vorjahren kann nützliche Informationen über die Entwicklung und Trends innerhalb des Unternehmens liefern.

Eine weitere Verdichtung der Konteninhalte auf größere Betriebsbereiche, z.B. Hauptkostenstellen, Hauptabteilungen oder gar Werke schafft die Möglichkeit, Vergleiche innerhalb des gesamten Unternehmens anzustellen. Die Ressource Arbeitszeit wird dadurch in ihrer Nutzung transparenter. Folgende Fragen können leichter einer Klärung zugeführt werden:

- In welchen Bereichen wird eine höhere Arbeitszeitkapazität benötigt?
- Ist diese höhere Kapazität sporadisch oder permanent erforderlich?
- Sind Regeln für die sporadische Überlastung erkennbar, z.B. saisonal bedingt?
- Sind angeordnete Überstunden mit dem entsprechenden Zuschlag (Zeit oder Geld) kostenmäßig noch vertretbar?
- Aus welchen Bereichen kann Kapazität sprich Mitarbeiter entliehen werden?

- Was kann bei langfristigem, jedoch zeitlich absehbarem Kapazitätsmangel Abhilfe schaffen, z.B. Zeitarbeiter, befristete Einstellungen, Fremdvergabe von Aufträgen etc.?
- Welche Möglichkeiten können bei einem stärkeren Trend zur negativen Auslastung genutzt werden, z.B. Gespräche mit dem Betriebsrat über Absenkung des Arbeitszeitkorridors, d.h. Verkürzung der Wochenarbeitszeit, Beantragung von Kurzarbeit etc.?

Das Arbeitszeitkonto als Auslastungsindikator

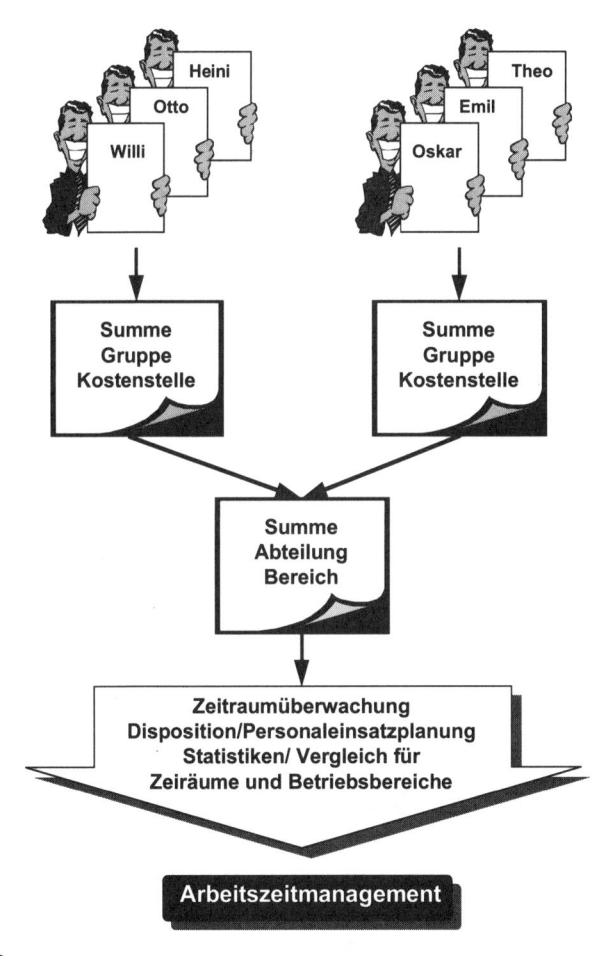

Abbildung 40

Heutige Zeitwirtschaftssysteme sind in der Lage, die Daten entsprechend gut aufbereitet, auch in grafischer Darstellung, zu liefern, so daß auch durch eine integrierte Personaleinsatzplanung aktives Arbeitszeitmanagement betrieben werden kann.

Arbeitszeitmanagement-Information:
Vergleich Arbeitszeitkonten pro Kostenstelle Monat/Quartal

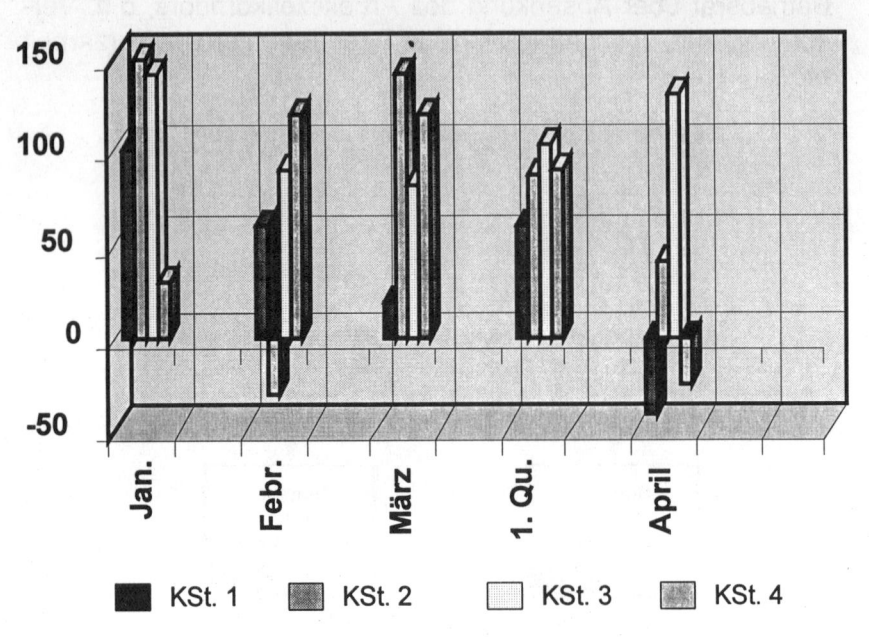

Abbildung 41

Das vorstehende Beispiel zeigt eine Gegenüberstellung von vier Kostenstellen über vier Monate (1-4) und eine Quartalssumme. Jahresstatistiken mit Vorjahresvergleichen lassen saisonale Schwankungen erkennen und geben Aufschluß über die tatsächliche Auslastung einzelner Betriebsbereiche.

Als Medium zur Erstellung solcher Statistiken, speziell bei grafischer Darstellung, wird immer öfter Excel genutzt. Windowsbasierende Zeitwirtschaftssysteme verfügen häufig über standardisierte Schnittstellen, so daß die komplette Excel-Funktionalität zur Verfügung steht. Dadurch können zusätzliche Aufwendungen für Listenerstellung innerhalb des Zeitwirtschaftssystems entfallen.

9.2 Informationen als Steuerungsinstrument

Der Arbeitszeitmanager vor Ort benötigt zur Steuerung seines Zeitbudgets entsprechende Informationen über den aktuellen Stand des Zeitverbrauchs als Soll-Ist-Vergleich. Dazu können Auswertungen aus den Arbeitszeitkonten, in nachfolgendem Beispiel als Ampelkonten geführt, dienen.

Saldenliste: Auswertung Ampelkonto (Beispiel)

Abteilung: YXZ   September 1999

Pers. Nr.	Name	Ampel Saldo	Freizeit -	Über- std.	Über kum.	Rest- url.	Rest- ur.VJ	Zeiten außer R.	Zeiten >10 Std
02702	Aargau, Armin	2.00	0.00	4.00	12.00	3.00	4.00	1.20	0.50
02195	Alber, Fritz	-5.06	0.00	5.00	10.00	2.00	2.00	0.80	3.25
02778	Bader, Irma	7.27	5.52	8.50	5.50	11.00	0.00	0.00	0.00
02726	Bauer, Maria	10.30	4.30	11.00	11.00	7.00	0.00	2.00	0.00
02799	Lecher, Ilse	-2.09	0.00	0.00	3.50	3.00	6.00	10.00	1.45
02795	Zierbaum, Gabi	3.00	2.00	2.00	5.00	0.00	5.00	2.00	8.25
Summe:		15.42	11.82	30.50	47.00	26.00	17.00	26.00	13.45

Anzahl Mitarbeiter im grünen Bereich: 5
durchschnittlicher Saldo   + 15,50
Anzahl Mitarbeiter im gelben Bereich: 3
durchschnittlicher Saldo   + 36,25
Anzahl Mitarbeiter im roten Bereich: 2
durchschnittlicher Saldo   + 50,10
durchschnittl.Saldo aller Mitarbeiter + 28,65

} Auswertung für beliebig auszuwählenden Personalbereich (Abtlg., Hauptabtlg., Kst.)

Abbildung 42

Der für die Steuerung wichtige Teil stellt die Auswertung nach Anzahl der Mitarbeiter in den einzelnen Ampelbereichen dar, wobei in die Werte hier nicht übereinstimmen, weil der obige Ausdruck der einzelnen Mitarbeiter aus Platzgründen nur einen Auszug darstellt. Wenn z.B. der grüne Bereich bis 30 Stunden geht, sind 15,50 Stunden durchaus vertretbar. Liegt die Grenze des grünen Bereiches allerdings bei 20 oder gar 16 Stunden, so hat der steuernde Einfluß bisher kaum stattgefunden. Wir haben dann wieder den sattsam bekannten Gleitzeiteffekt. Die Steuerung muß darauf achten, daß der Minusinhalt der Arbeitszeitkonten entsprechend der festgelegten Grenzwerte stärker als bisher üblich berücksichtigt wird.

Weitere Auswertungen als Hilfe zur Kapazitätsplanung können z.B. wie folgt aussehen:

Abteilungsstatistik

	Monat	Monat Vorjahr	Quartal	Quartal Vorjahr	Jahr	Vorjahr
Sollstd.	1000					
Iststd.	800					
% Soll	80					
Überstd.	100					
% Soll	10					
FZA	50					
% Soll	5					
Fehlstd.	200					
% Soll	20					
Krank	40					
% Soll	4					

Abbildung 43

Wichtig als Vergleich ist immer der Prozentsatz von den Sollstunden. FZA ist der Freizeitanspruch, der sich je nach betrieblichen Regeln aus der geleisteten Mehrarbeit ergibt.

Zur Erleichterung des Arbeitszeitmanagements können auch Informationen über aktuelle An- und Abwesenheiten beitragen, wobei die Abwesenheitsinformationen auch den Grund und die bisher bekannte Dauer (Datum) der Abwesenheit beinhalten sollte.

10 Altersteilzeit

Die allgemeinen gesetzlichen Regelungen der Altersteilzeit sollen an dieser Stelle nicht weiter besprochen werden, sondern nur die Auswirkungen auf Zeitwirtschaft und Arbeitszeitmanagement. Altersteilzeit ist möglich, wenn die Reduzierung der Arbeitszeit auf die hälftige, tarifliche, wöchentliche Arbeitszeit vorgenommen wird. Dabei müssen mindestens 15 Stunden pro Woche freigemacht werden. (vergl. Datakontext Verlag: Lohn + Gehalt 7/99 Seite 21ff, Neue Regelungen im Bereich der Altersteilzeit von Bernhard Nimscholz)

Man kann die Altersteilzeit organisatorisch wie folgt betrachten:

Altersteilzeit und Arbeitszeitmanagement

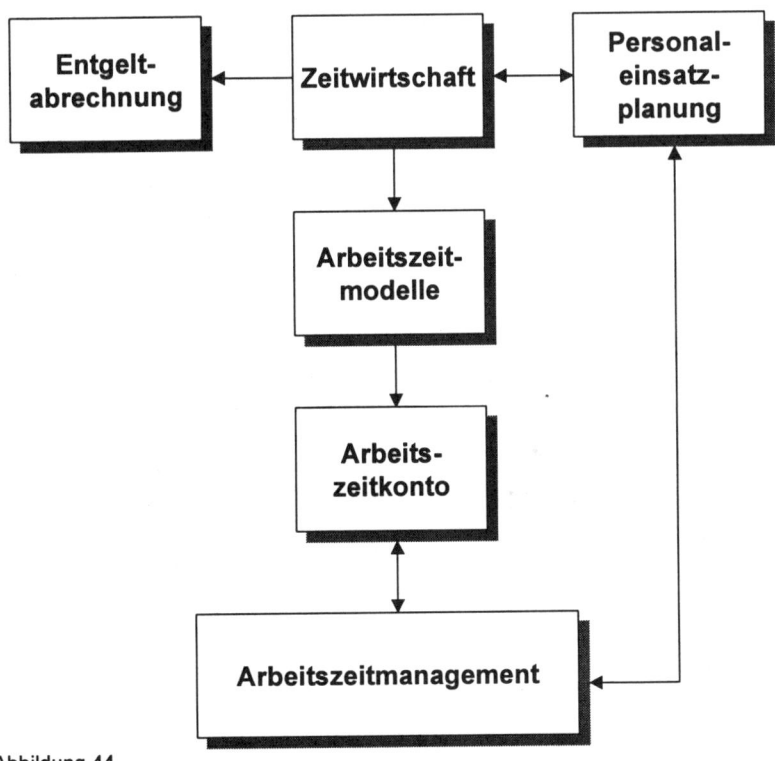

Abbildung 44

Die Inhalte der Entgeltabrechnung sind gesetzlich geregelt und werden von der Zeitwirtschaft nur unwesentlich beeinflußt. So ist z.B. die Mehrarbeit zu berücksichtigen, wenn sie unterhalb der Geringfügigkeitsgrenze liegt; nach der neuen Weisung auch dann, wenn sie nicht in Freizeit ausgeglichen wird.

Die Zeitwirtschaft selbst regelt die Anwesenheiten im Altersteilzeitbereich durch entsprechend parametrierte Arbeitszeitmodelle und die Führung von Arbeitszeitkonten. Wenn die Arbeitszeit auf die Hälfte reduziert wird, ergibt sich folgende Verbuchung der Anwesenheiten:

Rechenregel bei hälftiger Beschäftigung

```
┌─────────────────┐        ┌─────────────────┐
│  Wochen-        │        │  Gleiche        │
│  arbeitszeit    │───────▶│  Wochen-        │
│  19 Stunden     │        │  arbeitszeit    │
└────────┬────────┘        └─────────────────┘
         │
         ▼
┌─────────────────┐        ┌─────────────────┐
│ Arbeitszeitmodell│       │ Altersteilzeit- │
│ Tagesprogramme  │        │     konto       │
└────────┬────────┘        └─────────────────┘
         │
         ▼
┌─────────────────┐
│  Eventuelle     │
│  Mehrarbeit     │
└────────┬────────┘
         │
         ▼
┌─────────────────┐
│ Arbeitszeitkonto│
└─────────────────┘
```

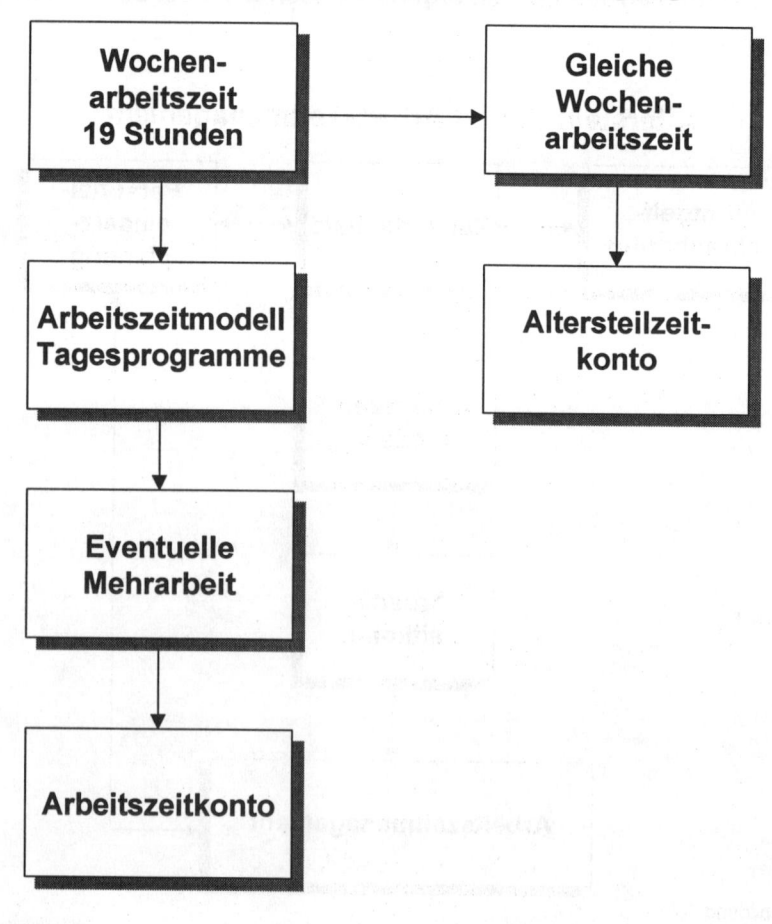

Abbildung 45

Bei dem selben Beispiel von 38 Wochenstunden können im sogenannten "Blockmodell" die Altersteilzeit-Arbeitnehmer ihre Arbeitszeit in der ersten Hälfte des Altersteilzeit-Arbeitsverhältnisses leisten. Sie arbeiten dann beispielsweise 2 ½ Jahre ab dem 55. Lebensjahr voll, um mit 57 ½ für weitere 2 ½ Jahre freigestellt zu werden. Die Verrechnung sieht dann folgendermaßen aus:

Rechenregel bei voller Beschäftigung

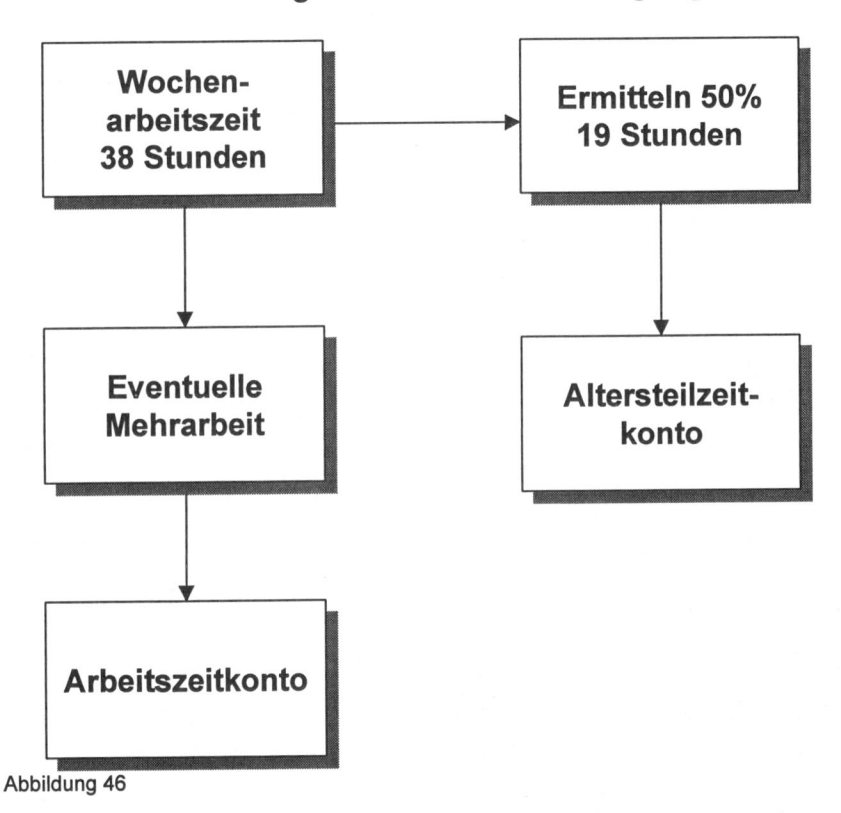

```
┌─────────────────┐         ┌─────────────────┐
│ Wochen-         │────────▶│ Ermitteln 50%   │
│ arbeitszeit     │         │ 19 Stunden      │
│ 38 Stunden      │         │                 │
└────────┬────────┘         └────────┬────────┘
         │                           │
         ▼                           ▼
┌─────────────────┐         ┌─────────────────┐
│ Eventuelle      │         │ Altersteilzeit- │
│ Mehrarbeit      │         │ konto           │
└────────┬────────┘         └─────────────────┘
         │
         ▼
┌─────────────────┐
│ Arbeitszeitkonto│
└─────────────────┘
```

Abbildung 46

Für das Arbeitszeitmanagement werden innerhalb der Zeitwirtschaft die Mitarbeiter der Alterteilzeit sichtbar gemacht. Wie weit sie flexibel einsetzbar sind, hängt weitgehend von den getroffenen betrieblichen Regelungen ab. Die Inhalte der Arbeitszeitkonten werden deshalb gesondert bewertet und betrachtet werden müssen.

11 Vertrauensarbeitszeit

Seit etwa 1997 taucht der Begriff „Vertrauensarbeitszeit" in der betrieblichen Arbeitszeitgestaltung immer häufiger auf. Nachfolgend wird versucht, eine Darstellung der unterschiedlichen Betrachtungsweise und der kontroversen Meinungen in Theorie und Praxis zu geben. Dabei wird dem Sinn dieses Buches entsprechend besonderes Augenmerk auf die praktischen Möglichkeiten der Zeitwirtschaft und des Arbeitszeitmanagements gerichtet. Innerhalb einer Vertrauensarbeitszeit wird auch oftmals gefordert, auf die Führung Arbeitszeitkonten zu verzichten. Dieses Thema ist jedoch so umfangreich, daß ein gesondertes Kapitel sich damit und mit den kontroversen Meinungen auseinandersetzt.

11.1 Definition

Eine einheitliche allgemein gültige Definition des Begriffs Vertrauensarbeitszeit ist nicht auszumachen. Daher an dieser Stelle einige Zitate:

„Vertrauensarbeitszeit bedeutet Verzicht des Arbeitgebers auf die Kontrolle von Arbeits- und Anwesenheitszeit der Arbeitnehmer – nicht mehr und nicht weniger!" (Erfolgsfaktoren der Vertrauensarbeitszeit, von Dr. Andreas Hoff und Michael Weidinger, www.arbeitszeitberatung.de

„Wird auf Zeiterfassung verzichtet, spricht man häufig von Vertrauensarbeitszeit." (Arbeitszeitkonten – Grundlagen und Gestaltungsempfehlungen, von Dr. Andreas Hoff, aus Das flexible Unternehmen, Gabler-Verlag, Kapitel 04.08. , siehe auch www.arbeitszeitberatung.de/html/publikationen.htm)

„Bei flexibler Arbeitszeitgestaltung wird in aller Regel mit Zeitkonten gearbeitet, auf denen die Abweichungen von der Vertragsarbeitszeit saldiert werden. Gleichzeitig nimmt jedoch die Zahl der Firmen zu, die ganz auf Zeiterfassung und Zeitkontenführung verzichten. Als Sammelbegriff für diese Arbeitszeitsysteme scheint sich Vertrauensarbeitszeit zu etablieren. (Flexibel ohne Zeiterfassung – was dafür spricht – und was dabei zu beachten ist, von Dr. Andreas Hoff, Personalwirtschaft Sonderheft 10/98)

Erläuternd sei hinzu gefügt, daß der Begriff Zeiterfassung in diesem Zusammenhang immer als elektronische oder technische Zeiterfassung gemeint ist, manuelle Aufzeichnungen sind ausdrücklich ausgenommen. Die „elektronische" Zeiterfassung wird gleichbedeutend mit Kontrollfunktion interpretiert.

„Das System der Vertrauensgleitzeit gibt es ebensowenig wie die Gleitzeit schlechthin. Idealtypisch zeichnet sich Vertrauensgleitzeit dadurch aus, daß auf Zeiterfassung und Kontenführung mit anschließender Auswertung völlig verzichtet wird. Allerdings besteht zu konventionellen Gleitzeitsystemen ein fließender Übergang. Generell gilt: je geringer die Dimensionen Zeiterfassung bzw. Kontenführung/-auswertung sind, um so eher kann von Vertrauensgleitzeit gesprochen werden. Vertrauensgleitzeit ist dabei allerdings weniger eine Frage des reinen Ausmaßes von Zeiterfassung und Kontenführung/-auswertung und vor allem nicht gleichbedeutend mit der Abschaffung der Zeiterfassung. Im Vordergrund steht vielmehr die Frage, was aus der Zeiterfassung gemacht wird, sowie eine geänderte Arbeitszeitkultur und – führung." (Vertrauensgleitzeit – Wie sie bei der Siemens AG gehandhabt wird, von Klaus Peter Fröhlich, AuA Arbeit und Arbeitsrecht 4/99)

Der letzte Satz des vorstehenden Zitats zeigt das Wesentliche auf: was aus der Zeiterfassung (und damit Zeitwirtschaft und Arbeitszeitmanagement) gemacht wird. Die Definition kann also nicht heißen: grundsätzlich Verzicht auf eine computergesteuerte Zeiterfassung, um das Kontrollinstrument abzuschaffen. Hier wird Ursache und Wirkung verwechselt. Ein wie auch immer geartetes System kontrolliert nicht, sondern liefert höchstens Daten, mit denen der Mensch kontrollieren kann. Und hier benötigen wir die geänderte Arbeitszeitkultur, d.h. den Wertewandel in den Unternehmen.

11.2 Probleme der Vertrauensarbeitszeit

Kann die Vertrauensarbeitszeit wirklich ohne jegliche Erfassung auskommen? Macht der Trend in Richtung Ergebnisorientierung eine minutengenaue Erfassung der Arbeitszeiten überflüssig oder ist die Erfassung sogar schädlich für ein Ergebnis? Welche Informationen stehen für das Arbeitszeitmanagement zur Verfügung? Welche Rolle spielt das Arbeitszeitkonto? Wie kann Zeitwirtschaft als Basis der Entgeltabrechnung zukünftig wirtschaftlich betrieben werden? Und welche rechtliche Rahmenbedingungen sind zu beachten? Es wird nachfolgend versucht, diese Fragen unter praktischen Gesichtspunkten zu beantworten.

11.2.1 Zeiterfassungsmöglichkeiten

Schauen wir uns zunächst die praktizierten Zeiterfassungsmöglichkeiten an:

Manuelle Erfassung	Handaufschreibung durch jeden Mitarbeiter selbst oder Führen von An- und Abwesenheitslisten durch Abteilungssekretariate. Mögliche Zeiterfassungsarten: positiv mit echten Anwesenheiten durch Kommt/Geht oder Stunden und Minuten, negativ mit Aufschreiben der Abweichungen vom Soll und der Abwesenheiten.
Negativerfassung per System	Das Soll lt. Schicht- oder Dienstplan wird automatisch als tatsächliches Ist gewertet. Alle Abweichungen von Mehr – oder Minderarbeiten und Abwesenheiten sowie daraus resultierende Lohnarten werden durch Berechtigte oder die Mitarbeiter selbst eingegeben.

Positiverfassung per System	Stempeluhren oder computergesteuerte („elektronische") Systeme. Erfassung Kommt/Geht als Buchung von jedem Mitarbeiter mit nachfolgender (automatischer) Bewertung aufgrund vorgegebener Arbeitszeitmodelle und Erzeugen der benötigten Lohnarten. (Zeitwirtschaft)
Keinerlei Erfassung	Entweder starre feste Arbeitszeiten oder bei flexiblen Arbeitszeiten reine Vertrauensarbeitszeit, d.h. die Mitarbeiter sind selbst für die Einhaltung ihrer tariflichen oder vertraglichen Arbeitszeiten zuständig.

Bei der letzten Möglichkeit sind mehrere Probleme zu beachten:
- findet tatsächlich keine Zeiterfassung statt?
- Sind die rechtlichen Rahmenbedingungen eigentlich so, daß ohne Dokumentation auszukommen ist, und
- In welcher Form finden dann die tariflichen Zuschläge in der Entgeltabrechnung Berücksichtigung?

11.2.2 Rechtliche Rahmenbedingungen

An dieser Stelle wird des besseren Verständnisses wegen nochmals auf das Arbeitszeitgesetz und kurz auf das sog. Flexigesetz eingegangen. Genauere Rahmenbedingungen wurden in dem entsprechenden Kapital 3 besprochen.

11.2.2.1 Arbeitszeitgesetz

Es gibt eine Aufzeichnungspflicht nach § 16 Abs. 2 Arbeitszeitgesetz (ArbZG): Der Arbeitgeber ist verpflichtet, die über die werktägliche Arbeitszeit des § 3 Satz 1 (8 Stunden) hinausgehende Arbeitszeit der Arbeitnehmer aufzuzeichnen. Die Aufzeichnungen sind mindestens 2 Jahre aufzubewahren.

Welche Auswirkungen dieser § 16 in der Praxis hat, geht aus der folgenden Aufstellung von 4 Kommentaren zu diesem Gesetzestext hervor:

Zunächst Kommentare zur Art der Aufzeichnungspflicht:

Peter Roggendorf: Arbeitszeitgesetz, Erläuterte Textausgabe mit Einführung und amtlicher Begründung sowie ergänzenden Rechtsvorschriften, 1. Auflage 1994
Der Arbeitgeber hat nach dieser Vorschrift jede Arbeitszeit aufzuzeichnen, die über 8 Std. täglich hinausgeht. Dies gilt sowohl für die werktägliche Arbeitszeit ... als auch für die sonntägliche Arbeitszeit, da nach §11 Abs. 2 die Vorschriften über die werktägliche Arbeitszeit entsprechende Anwendung finden und kein sachlicher Grund ersichtlich ist, warum die Arbeitszeit an Werktagen, nicht aber die an Sonntagen aufgezeichnet werden muß. Dabei muß der Arbeitgeber nicht bei jedem einzelnen Arbeitnehmer ermitteln, in welcher Höhe die 8-Stunden-Grenze überschritten, d.h. Mehrarbeit geleistet wird. Ausreichend ist vielmehr, wenn die Gesamtzeit (z.B. Montag, den 30.5.: 9 Stunden und 15 Minuten) aufgezeichnet wird.

Peter Dobberahn: Das neue Arbeitszeitrechtsgesetz, 1994
...Da es der Gesetzesbegründung widersprechen würde, nach der unnötiger administrativer Aufwand vermieden werden soll, muß eine Aufzeichnung der Gesamttagesarbeitszeit ausreichen. Anderenfalls müßte der Arbeitgeber zunächst bei jedem einzelnen Arbeitnehmer ermitteln, in welcher Höhe die Gesamttagesarbeitszeit den 8-Stunden-Rahmen ... überschreitet.
Der Arbeitszeitnachweis kann zum einen durch Stundenzettel erbracht werden. Die Kontrolle der Arbeitszeit und die Einhaltung der Schutzbestimmungen können aber auch dadurch gewährleistet werden, daß die von den einzelnen Arbeitnehmern geleistete Arbeitszeit durch Stempeluhrkarten, in Lohnlisten oder Karteien festgehalten werden. *Anderenfalls wären Gleitzeitmodelle gar nicht mehr durchführbar.* Nicht ausreichen dürfte hingegen eine Aufzeichnung, die lediglich die monatlichen Überstunden also den Monatssaldo enthält.

Dr. Johannes Zmarzlik, Rudolf Anzinger: Kommentar zum Arbeitszeitgesetz, 1995
Zulässig sind auch andere Formen der Negativerfassung, bei der nur die Abweichung der Arbeitszeit vom Arbeits- bzw. Schichtplan erfaßt werden. Ist die Betriebszeit mit der Arbeitszeit aller oder bestimmter Gruppen von Arbeitnehmern identisch, so genügt es, wenn diese Zeit erfaßt wird.
Nicht ausreichend als Arbeitszeitnachweise sind Aufzeichnungen mit Hilfe eines sog. Zeitsummenzählers, in denen die Arbeitszeiten aufaddiert werden, wenn sich daraus nicht die täglich geleistete Arbeitszeit ermitteln läßt.

Kommentare zur Aufzeichnung auch des erforderlichen Ausgleichs:

Ministerium für Arbeit, Gesundheit und Sozialordnung Baden-Württemberg, 1995
Eine bestimmte Form ist für die Arbeitszeitnachweise nicht vorgeschrieben. Aus ihnen muß sich lediglich die Überschreitung der 8-Stunden-Grenze und der entsprechende Ausgleich ergeben. Geeignet sind daher Stundenzettel, Stempeluhrkarten, Lohnlisten oder andere Arbeitszeitkarten... Eigenaufschriebe der Beschäftigten sowie die Delegation der Aufzeichnungspflicht auf die Beschäftigten sind möglich. ...Nicht ausreichend sind dagegen Aufzeichnungen, die lediglich die wöchentliche oder monatliche Gesamtarbeitszeit oder die wöchentlichen oder monatlichen Überstunden, d.h. den Wochen- bzw. Monatssaldo, enthalten.

Peter Roggendorf:
Da die Aufzeichnung die Überwachung des Gesetzes durch die Aufsichtsbehörde ermöglichen soll, ist nicht nur die Überschreitung der 8-Stunden-Grenze aufzuzeichnen, sondern ebenfalls der nach §§ 3,6, Absatz 2 und § 11 Abs. 2 erforderliche Ausgleich der Mehrarbeit durch Verkürzung der Arbeitszeit an anderen Tagen innerhalb des einschlägigen Ausgleichszeitraums. Arbeitet beispielsweise ein Nachtarbeitnehmer an einem Werktag 9 Stunden, muß sich aus den Aufzeichnungen ergeben, an welchem Werktag des den Arbeitstag mit 9 Stunden einschließenden Kalendermonats bzw. der folgenden 4 Wochen der Arbeitnehmer 7 Stunden oder weniger gearbeitet hat.

Gesetzliche Wochenfeiertage, Urlaubstag, Krankheitstage sowie Tage sonstiger Arbeitsbefreiung kommen allerdings als Ausgleichstage nicht in Betracht...Der Ausgleichszeitraum wird dadurch nicht verlängert.

Peter Dobberahn:
Fraglich ist, ob bei der Berechnung des Ausgleichszeitraums Krankheits- und Urlaubstage zu berücksichtigen sind oder ein Ausgleich im Sinne des § 3 Satz 1 ArbZG nur zu Zeiten erfolgen kann, an denen der Arbeitnehmer seine Leistung erbringt. ...Nach § 1 gewährleistet das Gesetz den Gesundheitsschutz der Arbeitnehmer bei der Arbeitszeitgestaltung....Da die Zwecksetzung des Urlaubs in der Erholung des Arbeitnehmers besteht, kann daraus gefolgert werden, daß Urlaubstage in den Ausgleichszeitraum einzuberechnen sind. Bei Krankheitstagen kann im Grundsatz nichts anderes gelten. Krankheitszeiten dienen zwar nicht unmittelbar der Erholung, sondern der Genesung des Arbeitnehmers. Dennoch ist der Gesundheitsschutz gewährleistet, da die Arbeitsfähigkeit erst wieder eintritt, wenn der Arbeitnehmer vollständig genesen ist. Berücksichtigt man darüber hinaus den Gesetzeszweck, die Rahmenbedingungen für flexible Arbeitszeiten zu verbessern (§ 1 Nr.1 ArbZG), sollte man einen Ausgleich durch Urlaubs – und Krankheitstage zulassen. Erst dies schafft für die Betriebe ausreichenden Spielraum für anpassungsfähige Arbeitszeiten. So können Urlaubstage zu auftragsschwachen Zeiten genommen werden, damit die Arbeitskraft zur Bewältigung von Auftragsspitzen voll zur Verfügung steht.
Festzuhalten bleibt somit, daß Arbeitszeiten, die über den 8-Stunden-Rahmen hinausgehen, auch durch Urlaubs- und Krankheitstage ausgeglichen werden können.

Dr. Johannes Zmarzlik, Rudolf Anzinger:
Urlaubstage, Krankheitstage, Tage sonstiger Arbeitsbefreiung sind bei der Ausgleichsregelung ... als Tage mit einer Regelarbeitszeit von 8 Stunden zu berücksichtigen. Sie kommen als Ausgleichstage nicht in Betracht.

Kommentare zur Übertragung der Verantwortung auf den Arbeitnehmer:

Peter Roggendorf:
Bedenken bestehen wegen der beliebigen Manipulierbarkeit auch dann, wenn die Arbeitnehmer die Eintragungen unkontrolliert selbst vornehmen können. Da es sich um eine Verpflichtung des Arbeitgebers handelt, hat er zumindest Stichproben vorzunehmen. Ergeben sich Anhaltspunkte für einen Mißbrauch, muß er diesen Nachgehen und ggf. einschreiten.

Peter Dobberahn:
Um unnötigen bürokratischen Aufwand zu vermeiden, besteht daher grundsätzlich die Möglichkeit, daß der Arbeitgeber im Innenverhältnis die Arbeitnehmer verpflichtet, die geleisteten Arbeitszeiten selbst zu notieren...Da der Arbeitgeber die Letztverantwortung – auch im Hinblick auf eine Ordnungswidrigkeit nach § 22 Abs. 1 Nr. 9 ArbZG – trägt, sollte er durch Stichproben sicherstellen, daß die nötigen Aufzeichnungen ordnungsgemäß geführt werden.

Dr. Johannes Zmarzlik, Rudolf Anzinger:
Für die Erfüllung der Verpflichtung aus § 16 Abs. 2 ist gegenüber der Aufsichtsbehörde – wie stets – der Arbeitgeber verantwortlich. Ihm obliegt die Realisierung dieser Verpflichtung. Dies schließt jedoch nicht aus, daß der Arbeitgeber die Führung der Arbeitszeitnachweise den Arbeitnehmern überträgt, sofern er, bzw. die von ihm bestellten verantwortlichen Personen durch gelegentliche, stichprobenartigen Kontrollen die Einhaltung der Verpflichtung sicherstellen.

Interessant sind nicht nur die teilweisen widersprüchlichen Auslegungen, sondern auch die Einhelligkeit in der Beurteilung, daß die Aufzeichnung der Gesamtzeit und nicht die Höhe des Überschreitens der 8-Stunden-Grenze des einzelnen Mitarbeiters ausreichend ist. Es muß jedoch immer ermittelt werden, welche Mitarbeiter mehr als 8 Stunden anwesend waren. Bei starren Schichtsystemen dürfte dies keine große Probleme bereiten. Bei flexiblen und variablen Arbeitszeiten kann es täglich jeder Mitarbeiter sein.

Es geht aber nicht nur um die Aufzeichnungspflicht der Zeiten > 8 Stunden, sondern auch um den Zeitausgleich durch Verkürzung der Arbeitszeit an anderen Tagen. Damit gewinnt dieser § 16 aber eine ganz neue Dimension in der organisatorischen Umsetzung. Ist die Überwachung des zulässigen Ausgleichszeitraums bei wirklichen flexiblen Arbeitszeiten mit manueller Arbeitsweise überhaupt noch möglich bzw. wirtschaftlich vertretbar? Falls man Dobberahn folgt, müßten auch die Urlaubs- und Krankheitstage in diesem Zeitraum als Ausgleich herangezogen werden, was jedoch von den beiden anderen Kommentatoren grundsätzlich anders beurteilt wird.

Die Übertragung der Verantwortung der Einhaltung der Vorschriften des Arbeitszeitgesetzes und der Aufzeichnungspflicht an die MitarbeiterInnen befreit letzlich den Arbeitgeber als Letztverantwortlichen nicht von seiner Sorgfaltspflicht. Darüber hinaus müssen die Vorschriften des neuen Flexigesetzes berücksichtigt werden.

11.2.2.2 Flexigesetz

Das am 1.1.98 in Kraft getretene Gesetz zur sozialrechtlichen Absicherung flexibler Arbeitszeitregelungen, kurz Flexigesetz genannt, stellt eindeutige Anforderungen an Dokumentationspflicht von flexiblen Arbeitszeiten und daraus resultierenden Wertguthaben. Wolfgang Bergmann schrieb in der CoPers 5/99 über den Begriff Wertguthaben: „Unter Wertguthaben werden alle Ansprüche der Arbeitnehmer verstanden, die nicht mit der Entgeltabrechnung des Leistungsmonats ausbezahlt werden, sondern dazu dienen, eine bezahlte Freistellung zu finanzieren. Hierbei ist es gleichgültig, ob die Ansparung von Wertguthaben langfristig oder nur kurzfristig (Ausgleichszeitraum jedoch größer als 1 Monat) angelegt ist. Das bedeutet, daß hierunter sowohl Zeitguthaben aus Gleitzeitvereinbarungen oder Überstunden, die in Freizeit ausgeglichen werden, als auch Lebensarbeitszeitmodelle fallen...Jedes erarbeitete Wertguthaben muß pro Arbeitnehmer im Monat der Erarbeitung als Zugang und im Monat der Freistellung als Abgang dokumentiert werden, und zwar getrennt nach Ausgleichszeiträumen, Bewertung der Wertguthaben und nach Einheit (Zeit und/oder Geld). Weiterhin muß eine Trennung in der Aufzeichnung bei Wertguthaben vorgenommen werden, deren Ausgleichszeiträume bis zu 12 Monaten und denen, deren Ausgleichszeiträume größer als 12 Monate betragen."

Unter diesen Aspekten ist auch innerhalb einer Vertrauensarbeitszeit die Führung eines Arbeitszeitkontos mit detaillierten Zu- und Abgängen gesetzliche Pflicht. Allerdings reicht auch eine manuelle Aufzeichnung, aber auch das ist schließlich ein Arbeitszeitkonto. Bei häufiger Mehrarbeit und dem dazugehörigen Freizeitausgleich im Rahmen der Flexibilisierungsmöglichkeiten ist ein maschinell geführtes Arbeitszeitkonto geradezu prädestiniert, diese gesetzlichen Bestimmungen zu erfüllen. Es gilt, die Verhältnismäßigkeit der Mittel abzuklären.

11.3 Effektive Vertrauensarbeitszeit

Eine effektive und ergebnisorientierte Vertrauensarbeitszeit bedarf eigentlich anderer gesetzlicher und tariflicher Rahmenbedingungen, als wir sie z.Zt. vorfinden. Folgende Kriterien müßten nicht nur in der Theorie, sondern praktisch erfüllt werden, damit tatsächlich auf eine Zeiterfassung als Basis der Zeitwirtschaft und damit der Entgeltabrechnung verzichtet werden könnte:

Arbeitszeitmodelle	Möglichkeiten täglich 0:00 bis 24:00 Uhr, wöchentlich Montag bis Sonntag (evtl. bis Samstag)
Zu leistende Arbeitszeit	Nach Bedarf Nach Anforderung
Leistung/Ergebnis	Festlegen der Leistungsprofile Messung des Ergebnisses Bewertung des Ergebnisses
Entlohnung	Pauschal nach Vertrag Flexibel nach Leistung keine Zeitzuschläge mehr

Unsere derzeitigen Tarifregelungen sehen häufig eine Wochenarbeitszeit mit einer Zuschlagspflicht bei Überschreiten dieser Wochenarbeitszeit vor. Dabei ist es unerheblich, ob der Zuschlag in Geld oder Zeit vergütet wird. Weitere Zuschläge gelten für Nacht, Samstags-, Sonn- und Feiertagsarbeit oder auch Bereitschaftsdienste.

11.4 Aufgaben und Probleme der Zeitwirtschaft

Solange diese Regeln grundsätzlich gelten, werden wir mit der Zeitwirtschaft und damit der Erfassung der An-/Abwesenheiten leben müssen. Die Aufgabe der Zeitwirtschaft besteht darin, die benötigten unterschiedlichen Zeitarten zu erzeugen. Aufgrund eines Soll-Ist-Vergleichs werden Zeitarten bewertet für

- Normalzeiten
- Mehrarbeit
- Minderarbeit (Freizeitausgleich oder Freischichten)
- Zuschläge
- Fehlzeiten

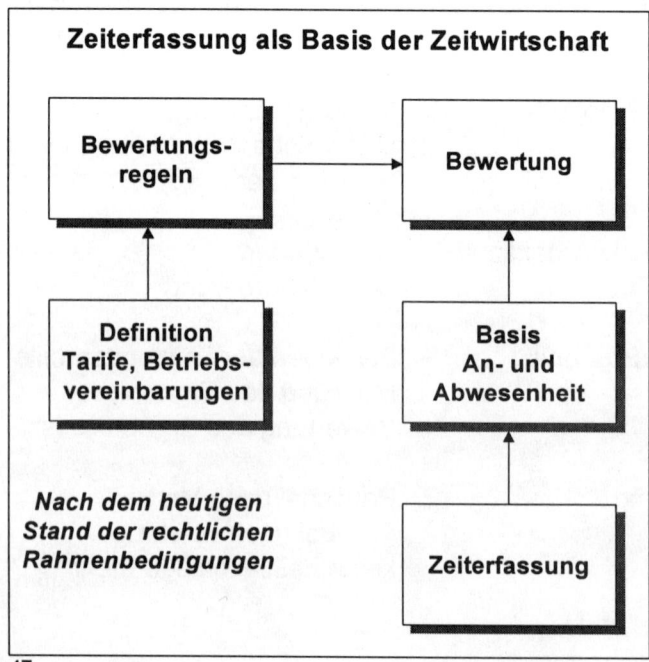

Abbildung 47

Aus der vostehenden Abbildung geht deutlich hervor, daß die Basis für die Zeitwirtschaft jedoch immer die unterschiedlichen An- und Abwesenheitsarten sind, die später zu Lohnarten werden. Diese müssen, in welcher Form auch immer, erfaßt werden. Sogenannte „Zeiterfassungsfreie Arbeitszeitsysteme" gibt es also nicht. Was mit diesem Begriff gemeint ist, ist die computergesteuerte „elektronische" Zeiterfassung. Aber auch mit dem Begriff Zeiterfassung muß vorsichtig umgegangen werden, denn nach wie vor steht Zeiterfassung für viele als Synonym für den ganzen Bereich der Zeitwirtschaft. Und Zeitwirtschaft ist nach dem heutigen Stand der rechtlichen Rahmenbedingungen unverzichtbar.

Vor welchen zu klärenden grundsätzlichen Problemen steht die Zeitwirtschaft?

Zeitwirtschaftsprobleme

Tarife
Gesetze
Manuell???

Bewertungsregeln
Lohnarten

Arbeitszeitkonten
Ampelkonten
Manuell???

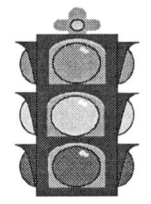

Arbeitszeitkorridor
Saldengrenzen
Jahresarbeitszeiten

Ausgleichs-
zeiträume
Manuell???

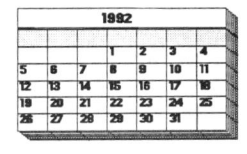

Max. Überträge
Freizeitausgleich
oder Lohnart

Entgelt-
abrechnung
Manuelle Eingabe?

Lohnarten
Bewertung von
Langzeitkonten

Abbildung 48

Eine manuelle Zeitwirtschaft würde einen Rückfall in die Zeit der Buchhaltungsjournale darstellen und ist kaum vorstellbar. Eine manuelle Erfassung der Lohnarten für das Entgeltabrechnungssystem wäre ebenfalls notwendig. Wir wären wieder beim „Ablochen". Die Frage kann also nur heißen, in welcher Form müssen zukünftig Zeiterfassung und Zeitwirtschaft erfolgen?

11.4.1 Probleme der manuellen Zeiterfassung

Wie bereits festgestellt wurde, findet immer eine Zeiterfassung statt. Bei der Einführung der Vertrauensarbeitszeit soll häufig auf computergesteuerte Zeiterfassung verzichtet werden, also muß eine teilweise manuelle Erfassung stattfinden. Dabei sind folgende Fragen und organisatorische Probleme zu bedenken:

- Welche Belege werden benötigt?
- Wer füllt wann die Belege aus?
- Wer muß/darf sie genehmigen?
- Wer führt das Zeitkonto?
- Wie häufig werden Gespräche über Zeitkonteninhalte (z.B. Ampelkonto) geführt?
- Welche Abteilungen erstellen wie oft separat welche Auswertungen?
- Welche Excel-Programme (als Ersatz) werden dezentral gefahren?
- Wie werden Zeitarten als notwendige Lohnarten erfaßt?
- Welche Kosten entstehen durch die weitgehend manuelle Bearbeitung?
- Wie und in welcher Form können die Aufgaben eines Arbeitszeitmanagements durchgeführt werden?

Diese Fragen sollten genau untersucht und beantwortet werden. Erst dann kann entschieden werden, in welcher Form zukünftig die Zeiterfassung ablaufen soll.

11.5 Kernsätze für und wider die Zeiterfassung

Michael Weidinger von Dr. Hoff, Weidinger und Partner hat folgende Kernsätze gegen die Zeiterfassung formuliert (Seminar Zeiterfassungsfreie Arbeitszeitsysteme 18.2.98 Bad Homburg):

- Zeiterfassung mißt Zeitverbrauch, die maschinelle Zeiterfassung erzeugt die Illusion, daß Zeit = Leistung ist.
- Wenn wir schon nicht wissen, was unsere Mitarbeiter tun, wollen wir jedoch wenigstens wissen, wie lange.
- Zeiterfassung ist eine betriebliche Sozialleistung.

Sicherlich steckt eine gehörige Portion Wahrheit aufgrund aktueller Betrachtungsweise in diesen Sätzen, aber einzig deshalb, weil wir zum Teil mit der Zeit als nicht multiplizierbare Ressource nicht richtig umgehen. Es geht zukünftig nicht um den Zeitverbrauch, sondern um den optimalen Zeitgebrauch. Außerdem darf nicht vergessen werden, daß in vielen Entlohnungssystemen die gebrauchte Zeit eine wesentliche Rolle spielt als

- Lohnfaktor
- Prämie
- Leistungsgrad.

Man muß also die Merksätze für die Zeitwirtschaft incl. der Zeiterfassung folgendermaßen formulieren:

- Nicht die Zeiterfassung und die Zeitwirtschaft sind die Hindernisse auf dem Weg zu einem funktionalen Arbeitszeitmanagement, sondern die selbst aufgestellten unflexiblen Regeln.
- Jedes Zeiterfassungs- und Zeitwirtschaftssystem ist auch als organisatorisches System nur so gut, wie die darin abgebildeten Regeln.

Wenn Unternehmen aussagen, „das Zeiterfassungssystem hat sich bei uns nicht bewährt, wir haben zu viel manuellen Aufwand", dann liegt das grundsätzlich nicht am System, sondern am betrieblichen Regelwerk, das im System auf Wunsch des Unternehmens hinterlegt ist. Solche schwer zu automatisierende Regeln können z.B. sein:

- permanente Wahlmöglichkeit des Mitarbeiter für Überstundenabbau in Freizeit oder als Auszahlung
- langwierige Genehmigungsverfahren mit hohem Belegfluß
- unterschiedliche Pausenregelungen
- Gutschriften für Arztbesuche nur nach Vorlage einer Bescheinigung
- komplexe Dienstreiseregelungen mit unterschiedlichen Zeitgutschriften

Alte Gleitzeitregeln mit Anwesenheitspflicht durch Kernzeiten, unabhängig vom Kapazitätsbedarf, mit max. 1 Gleittag pro Monat und dann auch nur, wenn der Gleitzeitsaldo positiv ist, sind kontraproduktiv und flexifeindlich. Solche Regeln animieren auch zur Kontrolle.
Bei manueller Arbeitsweise im Rahmen einer Vertrauensarbeitszeit ohne maschineller Zeiterfassung sind die Aufwendungen zur Abbildung und Verwaltung dieser Regeln nicht geringer, werden aber nicht einem „System" zugeschrieben und deshalb anders betrachtet und bewertet.

11.6 Beispiele aus der Praxis

Mittlerweile gibt es positive und leider auch negative Beispiele aus der Praxis. Die angesprochenen Unternehmen sind nicht als repräsentativer Querschnitt zu gewichten, sondern stellen lediglich eine Auswahl an bekannten Veröffentlichungen dar.

11.6.1 Betriebsvereinbarungen zur Vertrauensarbeitszeit

Daß die Vertrauensarbeitszeit auch nicht ohne Zeiterfassung auskommt, soll die nachstehende Zusammenstellung von teilweise gekürzten Auszügen aus Betriebsvereinbarungen verdeutlichen.

Beispiel 1
Zigarettenindustrie Rahmenbetriebsvereinbarung

Grundsätze
Jeder Mitarbeiter arbeitet unter Berücksichtigung der betrieblichen Belange wie er möchte in der Zeitspanne von 6.00 bis 20.00 Uhr. Vorgesetzte und Mitarbeiter sind dafür verantwortlich, daß keine Zeitsalden entstehen, die nicht mehr ab- bzw. aufgebaut werden können.

Regeln lt. Betriebsvereinbarung
Die tägliche Arbeitszeitspanne umfaßt den Zeitraum zwischen 6.00 und 20.00 Uhr, darf aber 13 Stunden (inkl. Pausen) nicht überschreiten. (1) Die tägliche Sollarbeitszeit beträgt ein Fünftel der tariflichen bzw. der einzelvertraglich vereinbarten Wochenarbeitszeit. Die Dauer der täglich unbezahlten Pausen wird auf Betriebsebene geregelt. Die Arbeit kann zusätzlich unterbrochen werden. Diese Arbeitsunterbrechung unterliegt der Zeitregistratur. (2)
Zeitguthaben (3) werden unter Berücksichtigung betrieblicher und persönlicher Belange nach vorheriger Abstimmung in Freizeit ausgeglichen. Die Zeitsalden werden von den Vorgesetzten sowie den Mitarbeitern beobachtet...(4)
Jede angeordnete Arbeit nach Ableistung der täglichen Sollarbeitszeit oder außerhalb der Arbeitszeitspanne sowie an arbeitsfreien Werktagen, Sonn- und Feiertagen ist Mehrarbeit. (5)

Dazu stellen sich folgende Fragen:
(1) Welche Probleme ergeben sich mit dem Arbeitszeitgesetz?
(2) Wer registriert (erfaßt) in welcher Form?
(3) Wird ein Arbeitszeitkonto und in welcher Form geführt?
(4) Aufgrund welcher wie erfaßten Daten wird „beobachtet"?
(5) Mehrarbeit als Lohnart oder Freizeitanspruch mit Zeitzuschlag im Arbeitszeitkonto?

Beispiel 2
Pharmazeutische Industrie

Tarifliche Wochenarbeitszeit 37,5 Stunden, betriebliche Wochenarbeitszeit 40 Stunden. (1)

Differenz tariflich/betrieblich = Zeitausgleichsanspruch auf 9 freie Tage/Jahr, die zum Teil für Brückentage verplant werden können, sowie 1 Stunde pro Woche Zeitausgleich. (2)
in der Produktion: Freitagsverkürzung
in der Verwaltung: Frühschluß an beliebigem Arbeitstag der Woche nach vorheriger Absprache mit dem Vorgesetzten. Bei Krankheit, Urlaub, Dienstreise etc. Nachgewährung in der hierauf folgenden Woche, sonst Verfall. (3)
Keine Zeiterfassung. In der Produktion: Festhalten von Abweichungen von der täglichen Arbeitszeit auf Arbeitseinsatzbögen. (4)

(1) Wie erfolgt die Bewertung bei Abwesenheit? Wird ein Zeitausgleichskonto geführt?
(2) Wie wird die Anzahl von 9 freien Tagen überwacht?
(3) Wer kontrolliert und überwacht wie diese Regel?
(4) Manuelle Zeiterfassung

Beispiel 3
Stadtverwaltung

Grundsätze
Beitrag zur Förderung der Vertrauenskultur
Grundsätzlich eigenverantwortliche Steuerung der Vertragsarbeitszeiten im Team entsprechend den jeweiligen Anforderungen unter Beachtung von Gesetz und Tarifvertrag; in diesem Rahmen selbstverständlich Berücksichtigung persönlicher Belange.
Verzicht auf eine arbeitgeberseitige Kontrolle der Einhaltung der Vertragsarbeitszeit.
Regeln
Arbeitszeitrahmen Montag – Freitag 7.00 bis 19.00 Uhr. Arbeitszeit außerhalb dieses Rahmens nur nach Abstimmung mit der Führungskraft. Nacht-, Samstags-, Sonntags- und Feiertags-Zuschläge werden der Personalabrechnung gemeldet und vergütet. (1)
Reicht das vertragliche Gesamtarbeitszeitvolumen im Team unter Berücksichtigung des planmäßigen Zeitausgleichs auf Sicht nicht aus, zeigen dies die Mitarbeiter/innen der Führungskraft an; (2) diese ist dann für ihre Entlastung verantwortlich, insbesondere durch Reduzierung des Arbeitsumfanges bzw. vereinbart mit (einem Teil) von ihnen →

Mehrarbeit/Überstunden: Ausschließlich vorab zwischen Führungskraft und Mitarbeiter/in zu vereinbarende, von Amtsleitung und Personalrat zu genehmigende und über die Vertragsarbeitszeit hinaus zu leistende Arbeitszeit, die über die Führungskraft an die Personalabrechnung gemeldet und vergütet wird. (3)

(1) Manuelle Zeiterfassung
(2) Hier entsteht ein Problem des Nachweises
(3) Manuelle Zeiterfassung

**Beispiel 4
Elektrokonzern**

Grundsätze
Im Vordergrund steht eine weitgehend selbständige, eigenverantwortliche Aufgabenerledigung mit eigener Gestaltungskompetenz im Team und innerhalb der Prozeßkette, also unternehmerisches Handeln.
Regeln
Kein Arbeitszeitrahmen, alle Werktage stehen zur Verfügung. Sonn- und Feiertage bleiben frei, wenn nicht zwingende betriebliche Gründe ihren Einsatz unbedingt erfordern. (1)
Auf die Führung von Arbeitszeitkonten, Zeitauswertungen und den Ausdruck von Arbeitszeitnachweisen wird generell verzichtet. Für die Einhaltung des Arbeitszeitgesetzes sind Sie selbst verantwortlich. (2)
Arbeitszeitbeginn und –ende sind wie bisher durch eine arbeitsplatznahe Ziehung am SIPORT-Gerät zu dokumentieren. (3) Die Ursachen für Arbeitstage ohne Zeitbuchung sind direkt in den ZI-NA-Dialog einzugeben, um eine ordnungsgemäße Abrechnung sicherzustellen. (4)
Tarifangestellte haben bei Nachtarbeit Anspruch auf den Zuschlag, Abrechnung per Meldeliste. (5) Mehrarbeit ist im ÜT-Kreis mit dem Gehalt abgegolten; im Tarifkreis wird sie in der Regel, soweit sie vom Vorgesetzten angeordnet und genehmigt wurde, durch eine Sonderzahlung pauschal abgegolten. (6)

(1) Dies ist ein Schritt in die richtige Richtung.
(2) Wieviel Mitarbeiter führen eine eigene Dokumentation?
(3) Wegen Arbeitszeitgesetz § 16 Abs. 2

(4) Manuelle Erfassung der Abwesenheitsgründe
(5) Manuelle Zeiterfassung
(6) Die Sonderzahlung ist sicherlich abhängig von der Anzahl der geleisteten Mehrarbeitsstunden, daher müssen sie erfaßt werden.

Die Beispiele aus diesen Betriebsvereinbarungen zeigen deutlich, daß eine Zeiterfassung immer stattfindet, ja immer stattfinden muß. In dem Beispiel des Elektrokonzerns werden die vorhandenen Erfassungsgeräte lediglich wegen § 16 ArbZG genutzt. Wenn die Mitarbeiter also sowieso schon buchen, dann könnten diese Buchungen auch zur automatischen Bewertung führen. Bei der Vertrauensarbeitszeit liegen die Prämissen in der Flexibilität des Arbeitszeitmodells und in eine stärkere Gewichtung des Ergebnisses und nicht in der nicht vorhandenen elektronischen Zeiterfassung. Aus diesen Beispielen geht auch hervor, daß die Zeiterfassung immer als Kontrollinstrument verstanden wird. Dies ist jedoch der falsche Ansatz. Zeiterfassung ist nicht = Zeitkontrolle, sondern muß als Basis der Zeitwirtschaft und somit auch als Vorstufe zum aktiven Arbeitszeitmanagement verstanden werden.

Unter Kostengesichtspunkten wäre es sicherlich interessant, die Aufwendungen der manuellen Zeiterfassung bis hin zur Eingabe in die Entgeltabrechnung zu bewerten und den Kosten einer maschinellen Zeiterfassung und Zeitwirtschaft gegenüber zu stellen.

11.6.2 Anwendungsbeispiele

Stechuhr ade! Die Vertrauensarbeitszeit
Als eines der ersten Unternehmen in Deutschland praktiziert die Duisburger Sachtleben-Chemie die "Vertrauensarbeitszeit": Das heißt: Niemand kontrolliert mehr wer, wann wie lange arbeitet. Die Vorgabe lautet lediglich: die Arbeit muß gemacht werden. Geschäftsführung und Betriebsrat haben sich in einer Betriebsvereinbarung darauf geeinigt, daß Mitarbeiterinnen und Mitarbeiter ihre Wunscharbeitszeiten selbst organisieren. Das bedeutet: Weniger Verwaltung und mehr Flexibilität für die Firma und mehr Freiheiten für die Beschäftigten. Egal ob im Labor, im Büro oder - künftig auch - in der Produktion. Die Angestellten organisieren ihre Arbeit

selbst: So sitzen im Vertrieb zum Beispiel schon morgens früh Leute, die die Anrufe aus Asien entgegennehmen. Andere sorgen am Abend dafür, daß die Kunden aus Amerika nicht beim Anrufbeantworter landen.

Für die Geschäftsführung ist entscheidend, was jemand leistet und nicht, wie lange er im Unternehmen anwesend ist. Und der Betriebsrat beobachtet, daß ganz nebenbei die Qualifikation der Beteiligten zunimmt, weil sich viele gegenseitig auf unterschiedlichen Arbeitsplätzen vertreten. Außerdem haben die Beschäftigten mehr Verantwortung für die Firma übernommen. "Blaumacher", die das System ausnutzen, gebe es kaum. Das reguliere sich fast von selbst, hat man die Erfahrung gemacht. Denn das Prinzip der Vertrauensarbeit setzt auch auf Kooperation und Teamarbeit. Wer das Gefühl hat, daß er zuviel arbeitet, kann seine Arbeitszeit freiwillig protokollieren und darauf pochen, daß sich etwas ändert. Für solche Auseinandersetzungen gibt es eine Clearing -Stelle. Sie ist je zur Hälfte mit Arbeitnehmer- und Arbeitgebervertretern besetzt, wurde bislang aber noch nie gebraucht.

Die Erfahrungen, die das Unternehmen gemacht hat, sind so positiv, daß die Vertrauensarbeitszeit künftig auch in der Produktion, wo bislang im Drei-Schicht-System rund um die Uhr gearbeitet wurde, eingeführt werden soll. Die einzige Voraussetzung : Jeder Arbeitsplatz muß ständig besetzt sein. Personalleiterin Elke Delfs und Betriebsratsvorsitzender Dieter Rehbein sind von der Vertrauensarbeitszeit überzeugt und wollen bei anderen Firmen dafür werben.
Quelle: www.wdr.de/radio/jobs/archiv/1998/chef_999.html

Bayer Faser GmbH: Neues Arbeitszeitmodell hat sich bewährt
Die Zeiten der Stechuhr sind abgelaufen
Bei der Bayer Faser GmbH in Dormagen haben Heinz-Willi Wolff und sein Team ein Zeichen gesetzt: Der Leiter der Materialwirtschaft und die 25köpfige Mannschaft waren Pilotbereich für das Projekt "Flexible Vertrauens-Arbeitszeit". Mit Erfolg: Seit Ende 1998 praktizieren alle rund 360 Tarif-Mitarbeiter in der Tagschicht der Bayer-Beteiligungsgesellschaft dieses Modell. Für sie sind die Zeiten der Stechuhr abgelaufen.

Der Titel macht deutlich, worauf es ankommt: Die Unternehmensleitung der Bayer Faser GmbH setzt hinsichtlich des verantwortlichen Umgangs mit der Arbeitszeit volles Vertrauen in die Mitarbeiterinnen und Mitarbeiter. Die täglichen Aufgaben werden selbstverantwortlich in der Regel zwischen sieben und acht Stunden ("Unschärfebereich") ohne jedwede Zeiterfassung erledigt; nur die davon abweichenden ganzen oder halben Stunden werden von den Mitarbeitern selbst erfaßt. Folgerichtig sind die maschinelle Zeiterfassung und -kontrolle Vergangenheit: Heute bestimmen die Tarif-Mitarbeiter weitgehend selbst, zu welchen Zeiten sie ihre Arbeitsleistung in den Dienst des Unternehmens stellen.

Die Vorteile für die Mitarbeiter liegen auf der Hand: In Absprache mit den Kollegen im Team, das gemeinschaftlich für die sorgfältige und termingerechte Abwicklung von Aufträgen verantwortlich zeichnet, können sie ihre Anwesenheit in einem vorgesehenen Zeitrahmen (montags bis freitags zwischen 6 und 22 Uhr) selbst bestimmen. Dabei haben die Interessen des Unternehmens und seiner Kunden natürlich Priorität. Über Zeitguthaben oder -schulden führt der Mitarbeiter in einem sogenannten Zeitbericht selbst Buch. Personalchef Manfred Bäcker und der Vorsitzende des Betriebsrats, Kaspar Dick, sind sich einig: "Das Modell ist fortschrittlich und zukunftsorientiert, optimiert die Leistung und erhöht Effektivität und Produktivität."

Nicht nur Heinz-Willi Wolff hat die Erfahrung gemacht, daß "das Vertrauen honoriert wird und sich das Modell auch positiv auf Teamgeist und Betriebsklima auswirkt". Entsprechend ist die Resonanz: Einer Umfrage zufolge wird das Arbeitszeitmodell von nahezu allen Beteiligten begrüßt. Und: Ob Elternsprechtag oder Zahnarztbesuch, Behördengang oder persönliche Besorgung — aufbauend auf der Gleitzeit hat die Vertrauens-Arbeitszeit außerdem den Vorteil, daß sich auch die Freizeit besser planen läßt. Projektleiter Uwe Keil nennt einen weiteren positiven Aspekt: "Durch den Wegfall von Rechnerzeiten und die Einsparung von Manpower entsteht dem Unternehmen pro Jahr ein Kostenvorteil in sechsstelliger Höhe.
Quelle: www.baynews.bayer.de/BayNews.nst/ID/NT0000375E

Arbeiten ohne Ende
Die Stechuhr ist abgeschafft!
Ein Traum? Bei IBM ist er wahrgeworden.
Doch glücklicher sind die Angestellten darum keineswegs
VON CHRISTINE HOLCH

Ein neuer Trend in Großunternehmen: Die Angestellten dürfen so viel oder wenig arbeiten, wie sie wollen. Einzige Bedingung: Sie müssen bestimmte Ziele erreichen. Und darum arbeiten die Leute länger als je zuvor. Eva Voss* darf so viel oder wenig arbeiten, wie sie will. Sie kann zwischendurch auch Tennis spielen oder shoppen gehen. Keiner bei IBM fragt sie nach den Stunden. Wenn sie nur zum Quartalsende "mile stones" erreicht hat, eine bestimmte Zahl von Vertragsabschlüssen - sie verkauft Software an große Firmen. "Ich steuere mich selbst", sagt die Informatikerin. Und, geht das gut? "Ich arbeite zu viel: mehr als ich möchte, mehr als meine Kraftreserven hergeben." Vorgestern zwölf Stunden, gestern 16, zehn immer. Wenn sie spätabends von Kunden kommt, hängt sie ihren Laptop noch mal an die Steckdose und beantwortet E-Mails. Die Folgen bekam die 39-Jährige jüngst zu spüren: Ohrenpfeifen, Tinnitus. Sie klagt nicht, schließlich verdient sie 8000 Mark brutto, der Job macht ihr Spaß, sie sei geradezu "erfolgssüchtig". Aber manchmal wünscht sie sich jemanden, der sie bremst.

Merkwürdige Dinge geschehen derzeit mit den rund 12000 Mitarbeitern der IBM Informationssysteme GmbH: Anfang 1999 schaffte die Geschäftsführung die Stempeluhren ab. Womöglich das Ende einer Epoche. Seit es den modernen Kapitalismus gibt, klagen die Beschäftigten über das "Diktat der Stechuhr", die ihnen unerbittlich den Teil ihrer Lebenszeit abfordert, der dem Unternehmen gehört. Und dieses Kontrollinstrument gibt die IBM-Geschäftsführung nun aus der Hand?" Die Zeitkontrolle passt nicht mehr in die moderne Arbeitswelt", sagt Eckart Reimers, Leiter der Personalpolitik bei der IBM Deutschland. Wenn ein Mitarbeiter, dank der neuen technischen Möglichkeiten, mal von zu Hause, mal vom Hotel aus arbeitet, dann wieder ins Büro kommt an seinen "share desk", den er mit anderen teilt - wie will man das kontrollieren? Vertrauen statt Kontrolle - Vertrauensarbeitszeit "Aber es kommt uns ohnehin nicht auf das Absitzen der Arbeitszeit an, sondern auf die Ergebnisse", erklärt Reimers. "Deswegen legen wir keinen Wert mehr auf Ort und Zeit der Arbeit. Wir geben den Mitarbeitern mehr Selbstverantwortung. Wir ersetzen Kontrolle durch Vertrauen." Vertrauensarbeitszeit heißt die neue Maxime - bei IBM, Siemens, Philips ...

"Vertrauen!" Wilfried Glißmann, Betriebsratsvorsitzender bei IBM in Düsseldorf, ist ein ruhiger Mensch. Aber wenn er das Wort Vertrauen nur hört! "Die vertrauen nicht der Belegschaft, sondern dem Druck, den sie durch ihre neuen Managementtechniken erzeugen." Und die funktionieren offenbar so gut, dass die Beschäftigten ihre Arbeit ganz von selbst verlängern.

Der Trick dabei sei die "indirekte Steuerung", sagen die Betriebsräte. Kein Chef gibt den Angestellten vor, welche Kunden sie auf welche Weise werben oder wie viel Serviceverträge sie pro Tag anfertigen sollen. Vorgegeben wird den Teams aber eine Gewinnquote. Wird die nicht erreicht, drohen Abmahnung, Geldentzug, Deinvestition, schließlich Stillegung. Auf diese Weise wird jeder Mitarbeiter direkt dem Marktdruck ausgesetzt. In Wirklichkeit aber, sagen die Gewerkschafter, gehe der Druck vor allem von den Aktionären aus. Kapitalanlagegesellschaften und Pensionsfonds wollten heute ein Maximum aus den Unternehmen rausholen und jeden Bereich, der gerade nicht ganz so rentabel ist, sofort aufgeben. Die Aktionärswünsche würden als quasi naturgegebener Marktdruck "inszeniert". Ganz selbständig dürfen dann die Beschäftigten auf die Aufgaben reagieren, die ihnen der Markt zu stellen scheint. Und sie tun das ungeachtet des Zeitaufwandes. So wie Clemens Weber*. Der 37-Jährige berät europaweit Firmen bei der Einführung eines bestimmten EDV-Systems von IBM. Diese Internationalität sei "schon interessant", sagt er, "aber die Firma schafft es irgendwie immer, dass man sich erheblich unter Druck setzt. Irgendwie tue ich nie genug."

»Meine Ideen werden umgesetzt - toll!« Jeder IBM- Mitarbeiter muss sich zu Jahresbeginn mit Unterschrift zu bestimmten, von oben vorgegebenen Zielen verpflichten, den "personal commitments". Die seien in den vergangenen Jahren erheblich verschärft worden, sagen die Angestellten. Clemens Weber soll dieses Jahr zehn Verträge von neuen Kunden hereinholen - "absolut unrealistisch". Also beklagte er sich bei seinem Chef. Der aber hat von seinem Vorgesetzten ebenfalls Zielvorgaben bekommen. "Und die", sagt Weber gequält, "hat er mir auch gezeigt. Da stand unverblümt drin, er solle die Leistungsstarken, die High Performer, in seiner Abteilung fördern und die Low Performer raus drücken."

Dass er so viel oder wenig arbeiten darf, wie er will, davon hat Webernichts. "Den Freiheitsgrad nutzt man nicht - ich nehme vielleicht zweimal im Jahr einen Nachmittag frei, wenn die Kinder Geburtstag haben. "So ernüchtert redet er heute. Aber als IBM 1992 seine Offensive zu mehr Selbständigkeit startete, die jetzt gipfelt in der Arbeitszeitfreigabe, fühlten sich die Beschäftigten mitgerissen, und viele sind es auch heute noch. Welche Macht auf einmal! "Meine Ideen werden umgesetzt! Im Marktsegment tut sich was! Toll!" Eine starke Dynamik habe sich im Unternehmen entwickelt, berichtet Betriebsrat Glißmann. "Manche fühlen sich high, wie jemand, der sich gerade selbständig gemacht hat."

Auch Benedikt Madee*, 49, hat sich anfangs, wie er es nennt, "blenden lassen" von der neuen Verantwortungsfülle. "Ich kam mir vor wie ein kleiner Unternehmer. Dabei kann ich nur das entscheiden, wozu ich autorisiert bin, zum Beispiel, ob ein Kunde, der den Service kündigt, eine Gutschrift bekommt oder nicht. Und man kann mich übergehen und direkt zum Chef. Das ist doch nur eine Alibi-Verantwortung."Dafür und für seine 5700 Mark brutto wühlt er "wie ein Hamster". Tage von 6.30 bis 19 Uhr sind keine Seltenheit. Sie waren mal doppelt so viel Leute in der Abteilung. Überstunden kann er sich aber nicht vergüten lassen, denn nach dem neuen Tarifvertrag, den IBM mit der DAG ausgehandelt hat, gilt Mehrarbeit zwischen 6 und 20 Uhr per Definition nicht als Überstunde. Natürlich darf er die Mehrstunden abbummeln. Nur wann?

Vor einem Jahr hatte Madee einen "leichten Herzkasper". Jetzt überlegt er zu kündigen. Er brauche keine Ruhe bei der Arbeit, aber er brauche abends, wenn er nach Hause geht, die Zufriedenheit, seine Arbeit geschafft zu haben. Sie sei aber nicht mehr zu schaffen. "Das ist, wie wenn einer zu weit aufs Meer schwimmt, den Rückweg nicht mehr findet, kein Land sieht."
Anfangs glaubte Benedikt Madee, es liege an ihm, dass er den Schreibtisch nicht mehr leer kriegt. Er werde alt. Dann beobach-

tete er Jüngere und sah: "Viele nehmen heimlich Arbeit mit nach Hause."

Plötzlich wird deutlich, dass die verhasste Stechuhr auch Vorteile hatte. Wenn die Beschäftigten abends ihre Karte reinschoben, wussten sie: Jetzt endet die Macht der Firma, und das Privatleben beginnt. Die Stechuhr schützte vor Überbeanspruchung. Man konnte nachweisen, dass man genug getan hat.

Wer aber hindert die IBM-Angestellten daran, nach acht Stunden den Krempel einfach liegen zu lassen? Niemand. Sie selbst sehen sich als Unternehmer im Dienst eines Unternehmens. Wenn der Betriebsrat einschreitet, um sie vor Überarbeitung zu schützen, empfinden das viele als Störung ihrer eigenen Interessen.

Eine paradoxe Situation. So verzwickt, dass die Betriebsräte am Standort Düsseldorf zwei Philosophen zur Klärung hinzuzogen. Einer von ihnen ist Klaus Peters aus Mönchengladbach. "Es ist, als wenn die zwei Willen, die im Kommandosystem säuberlich auf zwei verschiedene Personen verteilt waren: hier der Arbeitnehmer, der eigentlich nach Hause gehen will, dort der Chef, der ihn gegen seinen Willen festhalten will - als wenn diese beiden Willen jetzt in ein und derselben Person gleichzeitig vorhanden sind", sagt Peters. "Der Wille fängt an zu schielen." »Mich regiert die blanke Angst«

Mit diesem doppelten Willen kamen bei IBM immer weniger zurecht. Immer öfter schlichen sich höhere Angestellte ins Betriebsratsbüro. Hinter erschlossenen Türen erzählten sie von ihrer Panik, das Tempo, das sie eingeschlagen hatten, nicht mehr lange durchhalten zu können. Das waren keineswegs nur über 50-Jährige - die gibt es bei IBM seit der Rationalisierung kaum noch - sondern höchst erfolgreiche 30- bis 40-Jährige.

Im November schließlich riefen die IBM-Betriebsräte einen "Monat der Besinnung" aus. Thema: "Angst und Arbeit ohne Ende". Zuvor stellten sie den Erfahrungsbericht einer Projektleiterin ins interne Netz. Der 35-Jährigen ist eine schon fast gescheiterte Firmenkooperation anvertraut worden, die rettet sie, mit viel Mehrarbeit. Ende gut, alles gut? Ihre Bilanz: "Im Gegenteil steigt der Druck noch dadurch, dass ich inzwischen (notgedrungen) so viele Dinge vernachlässigt habe, dass ich Angst haben muss, die Kontrolle über meine Projekte zu verlieren. Mich regiert blanke Angst. Sollte es mir irgendwie gelingen, meine Arbeitszeit zu begrenzen und meine Projekte etwas langsamer abzuwickeln, hätte ich nicht viel gewonnen. Ich müsste den Druck, mein Projekt endlich zu beenden, nur noch länger ertragen. Und die Belohnung für ein beendetes Projekt ist ein neues Projekt." Das Schweigen war gebrochen. In einer schlaflosen Nacht berichtete ein Angestellter per E-Mail von seinem gescheiterten Versuch, Arbeit zu reduzieren. Er und seine Teamkollegen hatten sich gegen die "Maßlosigkeit der Zielvorgabe" wehren wollen. Von oben aber hieß es nur: "Untersucht die Schwachstellen in eurem Team und stellt sie ab. Macht, was ihr wollt, aber schafft die Zielvorgaben. Sonst wird der Job verlagert."

Und was passierte? "Einige versuchen jetzt, durch Selbstpublicity und Abwertung der Teamkollegen für sich bessere Überlebenschancen herauszuarbeiten. Einige entwickeln geradezu einen Stolz darauf, dass sie bis an/über die Grenzen der Gesundheitsschädigung arbeiten. So wird im Lauf der Zeit ein Arbeitslevel erreicht, der jeden, der nach vernünftigem Maß zu arbeiten versucht, zum Außenseiter und Versager stempelt." Weg von der »Anwesenheitskultur« All diese Angestellten verdienen gut, aber nicht übertariflich. Sie fallen also alle unter den Tarifvertrag mit seiner Arbeitszeitvereinbarung von 38 Stunden. Doch diese Vereinbarung hat offenbar nichts mehr zu bedeuten, wie Alexandra Wagner vom Institut für Arbeit und Technik in Gelsenkirchen den IBM-Betriebsräten berichtete: Während bei deutschen Angestellten mit hoch qualifizierten Tätigkeiten die tarifliche Arbeitszeit von 40,2 Stunden (1984) auf 37,1 Stunden (1997) sank, lag die tatsächliche Arbeitszeit darüber, stieg sogar noch, von 45,1 auf 46,2 Stunden. Außerdem enthalten immer mehr Arbeitsverträge gar keine Arbeitszeitvereinbarung mehr." Dass die Arbeitgeber die Zeitkontrolle abschaffen, das wird der zukünftige Standard sein in Deutschland", sagt Lars Herrmann, Arbeitszeitberater bei der Berliner Unternehmensberatungsfirma Dr. Hoff, Weidinger und Partner. Die kleinliche Zeiterfassung stamme aus dem Frühkapitalismus, doch von der Struktur her seien die hoch qualifizierten Angestellten heute Mitunternehmer. Die Vertrauensarbeitszeit sei also nur konsequent. Man müsse ganz weg von der "Anwesenheitskultur", denn von bloßer Anwesenheit lasse sich nicht auf Leistung schließen. Arbeiten also die Angestellten, die über Arbeit ohne Ende klagen, einfach nicht effizient genug? "Selbst wenn Sie doppelt so viele Leute hätten in einem Betrieb, würden die immer sagen: ‚Wir sind zu wenig.' Das hat auch was mit Eitelkeit zu tun", sagt Herrmann. IBM-Betriebsrat Glißmann kennt diese Vorwürfe: "Klar, wenn einer lang arbeitet, sieht es so aus, als habe er die Sache nicht im Griff - schließlich kann er sich seine Zeit ja selbst einteilen. Aber die Strukturen sind genau so angelegt, dass die Arbeit nicht zu schaffen ist."

IBM - die Ausbeuterfirma? Personalmanager Reimers nennt die Aktion gegen "Arbeit ohne Ende" ein "Hobby der Betriebsräte". So ganz kann er das Problem nicht sehen. "Wir wollen nicht, dass die Mitarbeiter ohne Ende arbeiten. Die Ziele sind natürlich herausfordernd, aber", fügt er etwas ratlos hinzu, "wir bieten keinerlei finanziellen Anreiz mehr, Überstunden zu machen." Die Mitarbeiter müssten ihre Mehrarbeit eben ausgleichen. Dass Freizeitausgleich fast unmöglich ist, weil sich dann die Arbeit noch mehr staut - was soll er dazu sagen? "Die Mitarbeiter müssen sich selbst um ihre Freizeit kümmern."

Weil das aber offenbar nicht funktioniert, führt der Dauerstress zu einer minderen Arbeitsqualität, zu "quick and dirty", wie es ein Mitarbeiter nennt. Damit steigt die Angst zu versagen. Ein Teufelskreis, den jetzt in den USA einige Unternehmen zu durchbrechen versuchen. Sie erkannten, dass überarbeitete Mitarbeiter auf lange Sicht weniger Leistung bringen, als wenn sie nur 35 Stunden arbeiten und erfülltes Privatleben genießen. Die Teilnehmer eines Pilotprojektes bei Hewlett-Packard müssen jetzt auf den monatlichen Meetings nicht nur drei berufliche, sondern auch drei persönliche Monatsziele nennen. Wer es dann noch schafft, den Freitagnachmittag mit der Familie zu verbringen und Handy und Laptop in der Firma zu lassen, bekommt ein Extralob vom Chef.
*Namen geändert
Quelle: www.sonntagsblatt.de/artikel/1999/29/29-s5.htm

Abhängige Selbstständige
Flexible Arbeitszeiten: Vertrauensarbeitszeit setzt Mitarbeiter unter Druck
VDI nachrichten, 3.12.1999 von DAGMAR SOBULL
Der Verzicht auf die Zeiterfassung bringt den Mitarbeitern zwar mehr Freiräume, aber auch mehr Druck. Gleichzeitig verlieren Betriebsräte an Einfluss, weil mit der Stempeluhr auch ein Instrument zum Schutz der Arbeitnehmer vor Überarbeitung verschwindet. Mit der tariflich vorgesehenen Arbeitszeit kommt bei Lotus Development in München kaum einer der rund 500 Mitarbeiter aus. "Das Geschäft ist so spannend und unsere Mitarbeiter sind so engagiert, dass manche nicht einmal ihren regulären Urlaub in Anspruch nehmen", berichtet Klaus Billig, Human Ressource Director Central Europe bei Lotus Development in München. "Es macht einfach unheimlich Spaß, am Ball zu bleiben und schon in jungen Jahren viel Verantwortung zu übernehmen."

Zeiterfassungssysteme gibt es in dem Softwareunternehmen schon lange nicht mehr: "Der Job muss gemacht werden. Wann und wie, das machen Mitarbeiter und Manager unter sich aus", erläutert Billig das Prinzip der Vertrauensarbeitszeit. Bei Microsoft in Unterschleißheim sind festgelegte Arbeitszeiten oder gar Anwesenheitskontrollen ebenfalls verpönt: "Unsere Mitarbeiter können je nach Arbeitsanfall kommen und gehen wann sie wollen", erklärt Pressereferentin Petra Trautwein. "Wenn es sein muss, arbeiten wir hier tagelang durch, um ein wichtiges Projekt termingerecht abzuschließen. Dafür darf man auch mal einen Tag außer der Reihe zu Hause bleiben, wenn weniger los ist. Das muss schon deshalb sein, um ab und zu den Kühlschrank wieder aufzufüllen."

Diese Fachbeiträge belegen anschaulich, wie unterschiedlich Vertrauensarbeitszeit gehandhabt werden kann. Die reine (überzogene) Ergebnisorientierung unter dem Deckmantel der Vertrauensarbeitszeit führt letztlich genau zum Gegenteil der erwarteten positiven Aspekte, wie nachfolgend nochmals anschaulich belegt wird.

11.7 Problemkreis Zielvereinbarungen

In dem selben Artikel der VDI-Nachrichten vom 3.12.99 wird auch über das vorher schon dargestellte Beispiel IBM berichtet. Nachdem hier jedoch mehr auf die Zielvereinbarungen und deren Probleme eingegangen wird, erscheint es sinnvoll, diesen Beitrag trotz einiger Wiederholungen zum Zweck der besseren Meinungsbildung beim Leser abzudrucken.

Zielvereinbarungen ersetzen Stundenkontingente
Flexible Arbeitszeitregelungen auf Vertrauensbasis setzen sich in der Computer- und Softwareindustrie immer mehr durch. Dort sind die Anforderungen an die Leistungsfähigkeit der Mitarbeiter besonders hoch und die technischen Voraussetzungen für die Vernetzung der Arbeitsplätze vielfach schon vorhanden. So schaffte IBM Deutschland im Januar 1999 die Stempeluhren endgültig ab. "Wir vertrauen voll auf die individuelle Leistungsfähigkeit unserer Mitarbeiter", erläutert Personalchef Klaus Kuhnle. Starre Arbeitszeitregelungen seien völlig fehl am Platze in global agierenden Dienstleistungsunternehmen, wo vor allem Kundennähe gefragt sei. Die Mitarbeiter wüssten zudem selbst am besten, zu welcher Tageszeit ihre individuelle Leistungsfähigkeit am größten sei, so Kuhnle: "Dieses Potenzial wollen wir nutzen." Leistungsbewertung und Bezahlung richte sich bei IBM folgerichtig nicht mehr nach abgeleisteten Stundenkontingenten, sondern ausschließlich nach Zielvereinbarungen, die einmal pro Jahr zwischen Mitarbeitern und Vorgesetzten ausgehandelt werden.

Doch gerade diese Verknüpfung von unternehmerischen Zielen mit der eigenverantwortlichen Arbeitszeitgestaltung sehen Gewerkschaften und Betriebsräte mit Sorge. Zwar sei die Abschaffung der Zeiterfassung ein tatsächlicher Gewinn an Freiheit für die Beschäftigten. Gleichzeitig stünden die Mitarbeiter aber mehr unter Druck als je zuvor, meint Wilfried Glißmann, Betriebsratsvorsitzender bei IBM in Düsseldorf. Die indirekte Steuerung der Arbeitsprozesse über rein ökonomische Zielvorgaben setze die Mitarbeiter unmittelbar dem Druck des Marktes aus. Motto: "Tut was ihr wollt, aber ihr müsst profitabel sein." Mit den neuen Managementformen würden Beschäftigte zu "unselbständigen Selbständigen", in denen das Unternehmerinteresse gegen die eigene Person kämpfe, so Glißmann. Damit sei ein Mechanismus der Maßlosigkeit in Gang gesetzt, dem sich die Betroffenen kaum entziehen könnten: "Die Maßlosigkeit der Profit-Erwartung der externen Shareholder des Konzerns setzt sich um in die Maßlosigkeit der Zielsetzung innerhalb des Unternehmens bis hin zur Maßlosigkeit der Anforderungen an die Beschäftigten, die häufig von einem schlechten Gewissen geplagt werden, irgendwie doch nicht genug zu tun." Vor allem bei qualifizierten Tätigkeiten gehe die Schere zwischen tariflichen und tatsächlichen Arbeitszeiten immer weiter auseinander, beobachtet Klaus Pickshaus, Gesundheitsexperte der IG-Medien in Stuttgart.

"Die Beschäftigten erfahren diese neuen Formen als Paradoxon: Die neue, begrüßte Selbständigkeit in der Arbeit hat zugleich zerstörerische Folgen für die eigene Gesundheit und Lebensentfaltung." Dazu zählen für den Gesundheitsexperten ständige Überarbeitung und Erschöpfung bis zum Ausgebranntsein, psychosomatische Erkrankungen oder auch Hörstürze und Tinnitus-Erkrankungen. Tatsächlich tun sich die "unselbständigen Selbständigen" offenbar schwer, pünktlich Feierabend zu machen oder gar freie Tage in Anspruch zu nehmen. Mitarbeiter bei IBM berichten, sie hätten ein schlechtes Gewissen gegenüber den Kollegen im Team, bei denen die unerledigte Arbeit lande. Oder sie befürchten, der Vorgesetzte könnte den Eindruck gewinnen, sie seien nicht ausgelastet, und schließlich die Zielvorgaben erhöhen.

Mit der Stempeluhr, die früher die Grenze zwischen Arbeitszeit und Freizeit markierte, hätten die Arbeitgeber nicht nur ein traditionelles Kontrollinstrument abgeschafft, sondern auch eine "Bremse für die Gewinnmaximierung". Davon ist der Philosoph Klaus Peters überzeugt, der die Verhandlungen um die Einführung der Vertrauensarbeitszeit bei IBM beratend begleitet hat. Denn solange übermäßige Arbeitszeiten erfasst und damit nachweislich gegen Arbeitsschutzgesetze verstoßen wurde, konnten Betriebsräte einschreiten. Überstunden musste der Arbeitgeber vom Betriebsrat genehmigen lassen.

Die neuen Managementtechniken und indirekten Steuerungsformen zielten hingegen darauf ab, dass der Arbeitnehmer die Arbeitszeit nicht mehr auf Anordnung eines Chefs überschreite, sondern aus eigenem Antrieb, erläutert Peters: "Die Ziele der Unternehmensführung setzen sich durch in Gestalt des eigenen Willens des einzelnen Arbeitnehmers." Insofern habe die Unternehmensleitung mit der Stempeluhr auch ein bedeutendes Instrument in der Hand der Betriebsräte abgeschafft - "ein Element der politischen Mitbestimmung, ein Mittel zur Verhinderung unbezahlter Arbeitszeit und gesundheitsschädigender Überarbeitung". Mitarbeiter bei IBM fühlten sich inzwischen sogar bevormundet, wenn Betriebsräte zur Mäßigung in puncto Arbeitszeit mahnten, berichtet Glißmann. Die Arbeitnehmervertreter erschienen in den Augen der Beschäftigten plötzlich als Störenfriede, die die neu gewonnene Selbständigkeit behindern wollten.

Die emotionale Identifizierung des Beschäftigten mit seiner Arbeit könne sogar Hoch- und Glücksgefühle auslösen, die mit der Rauschwirkung von Alkohol vergleichbar seien, meint der Philosoph. "Sie gründen im Erlebnis der eigenen Selbständigkeit, der eigenen Entscheidungsbefugnis, der eigenen Verantwortlichkeit. In der Hochphase fühlt sich der indirekt gesteuerte wie ein selbständiger Unternehmer. Doch spätestens wenn Kraft und Gesundheit nachlassen, oft aber auch schon früher, wenn karrieristische Blütenträume zerplatzen, kommt das böse Erwachen", warnt der Philosoph. "Der indirekt Gesteuerte fängt an, an den neuen Managementformen zu leiden. Er merkt, dass sie ihn mit maßlosen Leistungsansprüchen konfrontieren, dass er in einen Kampf geworfen wird, den er nicht gewinnen kann, und vor allem: dass seine Arbeit kein Ende nimmt."

Beim Studium dieser Fachbeiträge muß man den Eindruck gewinnen, daß die Einführung einer Vertrauensarbeitszeit nicht dadurch gelingt, daß die elektronische Zeiterfassung abgeschafft wird, sondern daß damit die eigentlichen Probleme erst beginnen. Sie liegen im menschlichen persönlichen Bereich sowohl der Vorgesetzten (Arbeitszeitmanagement), als auch der Mitarbeiter in ihrer Selbststeuerung (persönliches Arbeitszeitmanagement).

Die Aufgabe von beiden, Unternehmensleitung und Mitarbeitern, wird es sein, bei der notwendigen Hinwendung zur Ergebnisorientierung das richtige Augenmaß zu bewahren. Das Messen der geforderten Leistung und die Bewertung der Leistung kann nicht absolut erfolgen, sondern muß in vernünftigen Relationen zur Leistungsmöglichkeit der gesamten Abteilung, Kostenstelle oder Gruppe betrachtet werden. Die Hinwendung zu mehr Ergebnissen muß nicht zwangsläufig die Zeitorientierung ganz ersetzen. Durch die Einschränkungen, die die rechtlichen Rahmenbedingungen auferlegen, wird immer ein Kompromiß notwendig sein. Eine Aufgabe des Arbeitszeitmanagements ist es, diesen Kompromiß tragfähig zu gestalten.

Eine Aufgabe des Arbeitszeitmanagements

Zeitorientierung

Ergebnis-/Leistungsorientierung

Messen und Bewerten

Pragmatischer tragfähiger Kompromiß unter Berücksichtigung der rechtlichen Rahmenbedingungen

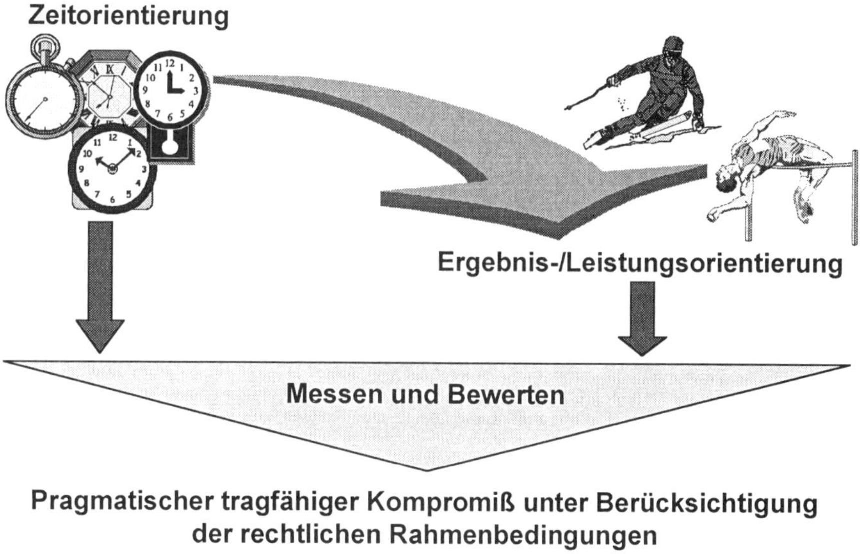

Abbildung 49

11.8 Mitarbeiterstruktur

Sicherlich ist es richtig, daß der Anteil der qualifizierten und mündigen unternehmerisch handelnden Mitarbeiter zunehmen muß und wird. Dies ist sehr stark auch branchen- und unternehmensabhängig. So wird die Mitarbeiterstruktur z.B. eines Fertigungsbetriebes nach wie vor eine Pyramide sein. Rein aufgaben- und ergebnisorientiert wird auf lange Sicht der zwar wachsende aber immer noch kleinere Teil der Mitarbeiter arbeiten. Die Bewertung von geleisteter Arbeitszeit wird für den ganz überwiegenden Teil der Mitarbeiter die Basis der Entgeltabrechnung bleiben. Zusätzliche Produktivitäts- und/oder Anwesenheitsprämien verbreitern die Bewertung und erfordern ebenfalls eine differenzierte Erfassung der Zeitarten.

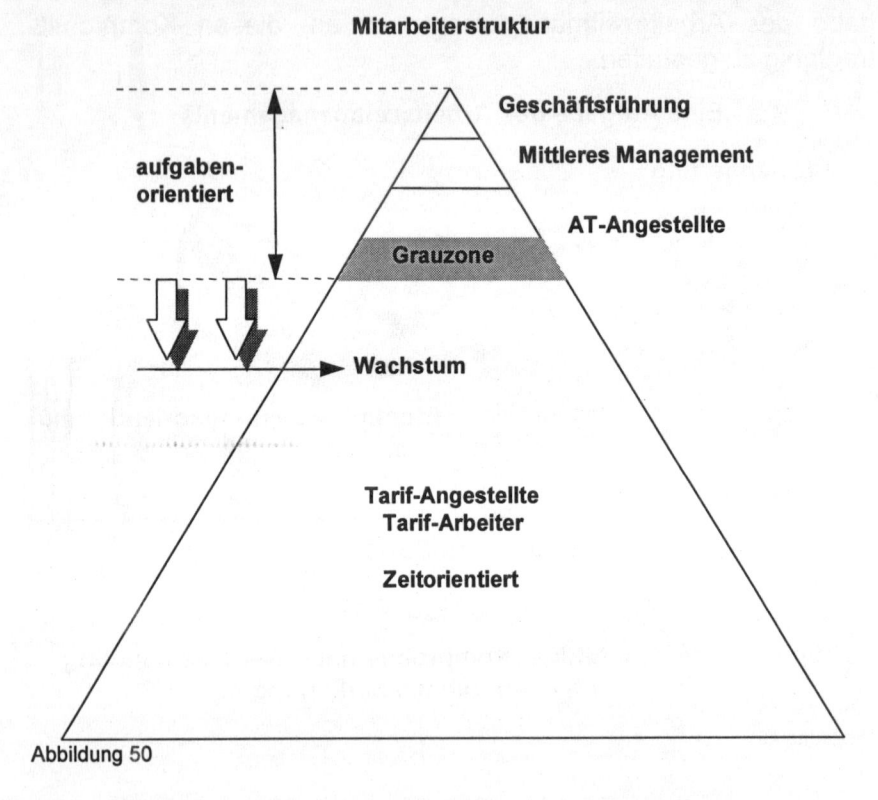

Abbildung 50

11.9 Wertewandel zum Arbeitszeitmanagement

Um zumindest teilweise von der Zeit- zur Aufgaben- und Ergebnisorientierung zu gelangen, ist es zunächst erforderlich, daß in den Unternehmen ein Wertewandel stattfindet. Einige der wesentlichen Werte sind in der folgenden Abbildung dargestellt:

Erforderlicher Wertewandel in den Unternehmen

Macht → Kommunikation

Unternehmenstradition → Unternehmenskultur

Hierarchie → Prozeßorganisation

Zentralismus → Dezentralismus

Fremdkontrolle → Selbstkontrolle

Einzelleistung → Gruppenleistung

Mengenleistung → Qualitätsleistung

Mißtrauen → Vertrauen

Anpassung → Kreativität

Spezialisierung → Flexibilität

Erziehung → Motivation

Arbeitszeitorientierung → Aufgabenorientierung

Abbildung 51

Je mehr eine Verlagerung von der Arbeitszeitorientierung hin zu Aufgabe und Ergebnis erfolgt, um so mehr wird sich die Positionierung der Zeitwirtschaft ändern müssen. Dies ist jedoch nicht nur ein Generationsproblem. Im Rahmen einer umfassenden betrieblichen Informationspolitik ist es erforderlich, den Mitarbeitern die Notwendigkeit der Zeiterfassung und -bewertung als Teil der Zeitwirtschaft und damit als Grundlage des Arbeitszeitmanagements zu erläutern. Dies steht einer wie auch immer gearteten Vertrauensarbeitszeit nicht im Wege.

Im Editorial des Sonderheftes 10/97 der Personalwirtschaft schreibt Reiner Straub: „Die neuen Arbeitszeitmodelle basieren alle auf einer Vertrauenskultur. Dennoch haben die in diesem Heft vorgestellten Unternehmen an der computerunterstützten Zeiterfasung festgehalten, nicht um die Mitarbeiter zu kontrollieren, sondern um die Verwaltung der flexiblen Arbeitszeiten zu vereinfachen. Zeiterfassung ist in diesem Sinne Teil einer Vertrauenskultur." Bleibt nur noch hinzuzufügen, daß Vertrauenskultur erst richtig verstanden wird, wenn jeder einzelne Mitarbeiter nicht nur mit seiner Ressource Arbeitszeit Teil des Zeitmanagements ist, sondern sein eigener Zeitmanager in Sinne der persönlichen und der Unternehmensziele.

11.10 Betriebliches und persönliches Arbeitszeitmanagement als Basis zur Vertrauensarbeitszeit

Brigitte Seidler, Unternehmensberaterin für Personalentwicklung, schrieb zum Thema Dienstleistungen in der Tageszeitung Rheinpfalz am 24.10.98:
„Wo Verbindlichkeit und Verantwortung fehlen, werden sie gerne durch Regelungswut kompensiert. Wenn einem Mitarbeiter selbst die Kaffeepause minutiös vorgeschrieben wird, dann wird er sich minutiös daran halten, und er wird sie nicht verschieben, nur weil ein Kunde gerade Beratung wünscht. Überall da. wo akribisch kontrolliert wird, daß auch ja niemand eine Minute zu wenig arbeitet, da arbeitet auch niemand eine Minute zuviel."

Der Weg zum persönlichen Arbeitszeitmanagement erfordert eine neue Unternehmenskultur:

Weg von   Vielen Hierarchiestufen und starren Arbeitszeitregeln, diese fördern
- Minutendenken
- Zeitverbrauchsdenken

Hin zu   Mehr Eigenverantwortung und Flexibilität, diese fördern
- Verantwortungsbewußtsein
- Leistungs- und Ergebnisorientierung
- Zeitgebrauchsdenken

Außerdem gilt es, den Begriff der Zeitsouveränität neu zu definieren, und zwar im Kopf der Mitarbeiter. Lt. Duden heißt souverän: unumschränkt, selbständig, überlegen.

Zeitsouveränität ist nicht	• Nur weitgehend selbständiger Umgang mit dem Freizeitausgleich
Zeitsouveränität ist	• Selbständiger, überlegter und überlegener Umgang mit der Ressource Arbeitszeit innerhalb des betrieblichen Umfeldes • Erweiterung der Eigenverantwortung • Vorstufe zur Vertrauensarbeitszeit

Eigenverantwortung heißt in diesem Fall aber auch Verantwortung für sich selbst, d.h. Überwachung seiner eigenen Leistungsfähigkeit, um sie auf Dauer zu erhalten.

Ohne die Daten aus der Zeitwirtschaft, speziell den Auswertungen aus den Arbeitszeitkonten, ist ein aktives und steuerndes Arbeitszeitmanagement nicht möglich, sondern kommt einem Wahrsagen gleich. Dabei ist es nicht unbedingt erforderlich, daß minutengenau die Kommt- und Geht-Zeitpunkte erfaßt werden. Negativerfassungen über den Mitarbeiter-PC mit komfortablen Vorgaben sind durchaus organisatorisch gute Möglichkeiten, über die später noch berichtet wird.

Der richtige Weg kann also eine Vertrauensarbeitszeit mit Zeiterfassung, Zeitwirtschaft und Zeitmanagement, jedoch ohne Zeitkontrolle sein.

Abbildung 52: Arbeitszeitmanagement? Arbeitszeitmanagement!

11.11 Die Zukunft des sozialen Arbeitszeitmanagements

Die Vertrauensarbeitszeit wird also durchaus kontrovers gesehen, gerade auch von vielen Betriebs- oder Personalräten, wie aus den vorherigen Beispielen schon zu entnehmen war. Am 24.9.99 erschien in der Tageszeitung Rheinpfalz ein Bericht über eine Podiumsdiskussion in Ludwigshafen über Erfahrungen mit neuen Arbeitszeitmodellen mit dem Titel: „BASF-Betriebsrat will sich nicht von der Stechuhr trennen." Zitat: „Ist der handschriftliche Stundenzettel des Mitarbeiters am Ende vertrauenswürdiger als der Computerausdruck aus der Stechuhr? Fast hätte sich gestern die von der Virtuellen Bloch-Akademie vorbereitete Podiumsdiskussion ... an dieser Frage festgebissen. Dafür sorgten jedenfalls zwei Mitglieder des BASF-Betriebsrates, die einer Stundenaufschreibung in eigener Verantwortung, wie sie vom Vertreter der Deutschen Bank beschrieben wurde, äußerst kritisch beurteilten."

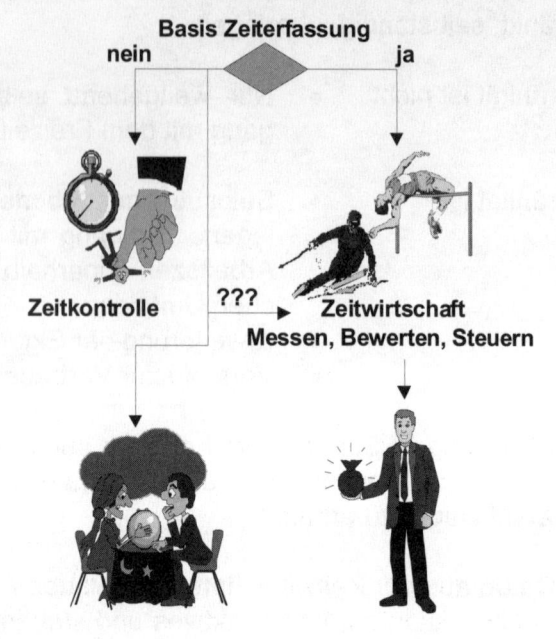

Unter www.igmetall.de ist ein Beitrag von der FAG Kugelfischer zu lesen mit dem Titel: Vertrauen ist gut, Stechuhr besser. Darin wird das Vorhaben des Vorstandes beschrieben, auf die elektronische Zeiterfassung zu verzichten und eine Vertrauensarbeitszeit einzuführen. Die Betriebsräte sind jedoch dagegen. Zitat: „Für Klaus Ernst, IG Metall-Bevollmächtigter in Schweinfurt, ist der FAG-Plan „die höchste Form der Selbstausbeutung und legalisierte Schwarzarbeit. Solche Dinge darf es in unserer Verwaltungsstelle nicht geben." Denn hinter dem Plan verberge sich eine aufgabenorientierte Arbeitszeit, kurz AOZ. Statt der Arbeitszeit wie bisher soll allein das Arbeitsergebnis entlohnt werden.

Norbert Lenhard, Leiter des IG Metall-Vertrauenskörpers bei der FAG, ergänzt: „Dieser Plan würde alle bisherigen Regelungen auf den Kopf stellen." Würde die Zeiterfassung abgeschafft, gäbe es keine präzise Dokumentation und keinen belegbaren Nachweis der geleisteten Arbeit mehr. Weil nur noch die Aufgabe zählt, verstärkt sich der Druck auf die Beschäftigten, länger zu arbeiten – ohne entsprechendes Entgelt. „Eine Kontrolle durch den Betriebsrat wäre – wenn nicht ganz unmöglich – auf jeden Fall nur noch sehr beschränkt und extrem aufwendig," erklärt Klaus Weingart, der Betriebsratsvorsitzende. „Die AOZ gehört in den Reißwolf".

Auf zwei Betriebsversammlungen im Juli informierten Betriebsrat und IG Metall die Beschäftigten über den Plan des Vorstandes. Eindeutiger Auftrag der Belegschaft an den Betriebsrat: Nicht mit uns. Es gibt keine Verhandlungen über die Einführung der AOZ. Zumal sie nach Auffassung der Gewerkschaft dem Tarifvertrag widerspricht." Ende des Zitats.

Am Schluß des Kapitels über die Vertrauensarbeitszeit stehen daher einige Bemerkungen über eine Art „soziales Arbeitszeitmanagement".

Es muß eine Balance herbeigeführt werden zwischen den sachlichen Erfordernissen und den persönlichen menschlichen Bedürfnissen. Der ohne Zweifel richtige Weg zu mehr Ergebnis und weniger Anwesenheit muß vorsichtig und mit Akzeptanz von allen Beteiligen beschritten werden. Dabei kann die Betrachtung der Ressource Arbeitszeit nicht völlig außer acht gelassen werden.

Beide Dimensionen, Leistung und Zeit, sind voneinander abhängig und müssen in einem vernünftigen akzeptierten Verhältnis zueinander stehen.

Die These des Sozialen Arbeitszeitmanagements

Sachlich

Synchronisation von Angebot und Nachfrage
Anpassung an schwankenden Arbeitsanfall
Funktions - und Servicezeiten
(Selbst)Steuerung in der Gruppe
praktisches Arbeitszeitmanagement

+

Persönlich

Mehr Ergebnisorientierung
Abbau der „Anwesenheitskultur"
Vertrauensarbeitszeit (Gestaltung)
Kein Aufbau Eigendruck (Workaholic)
Kein Mobbing
Positive Selbststeuerung
persönliches Arbeitszeitmanagement

=

Soziales Arbeitszeitmanagement
Ausgewogenheit

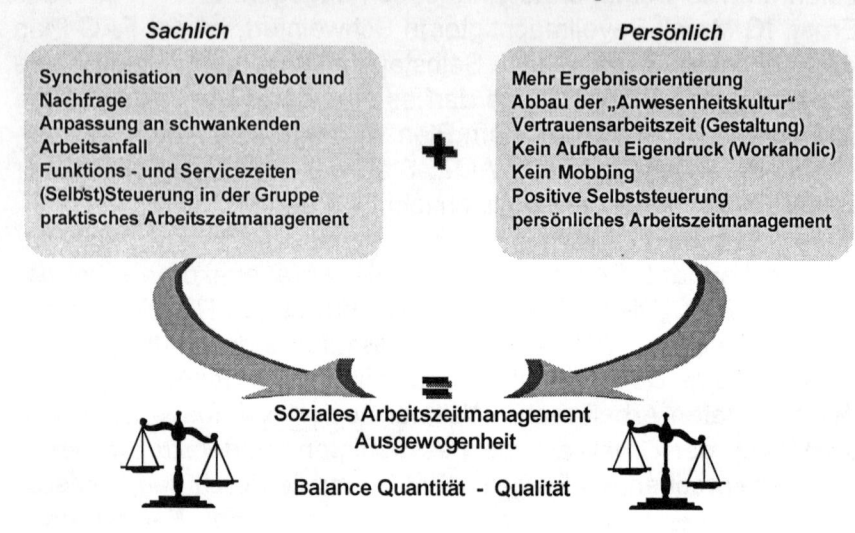

Balance Quantität - Qualität

Abbildung 53

12 Arbeitszeitkonten – Grundlagen und Gestaltungen im Spiegel kontroverser Meinungen

Die freiwillige oder zwangsweise Einführung von Arbeitszeitkonten tauchen in den Tarifen immer mehr auf. Andererseits gibt es mittlerweile Meinungen, die nicht nur den weitgehenden Verzicht auf eine Kommt-Geht-Zeiterfassung, sondern auch auf das Führen von Arbeitszeitkonten fordern. (siehe Kapitel über Vertrauensarbeitszeit) Welche Meinung ist aber richtig, und welcher Weg führt zum Ziel, nämlich mehr Flexibilität und mehr Eigenverantwortung mit insgesamt niedrigen Kosten? Das nachfolgende Kapitel versucht, die unterschiedlichen Meinungen und Betrachtungsweisen zum Thema Arbeitszeitkonten aufzulisten und zu kommentieren.

12.1 Politische Absichtserklärung der ÖTV

Die ÖTV hat unter der Rubrik ÖTV-Kernthemen eine „Politische Absichtserklärung zur Arbeitszeit" veröffentlicht (www.oetv.de/kt_u_tari_c.htm), in der es u.a. heißt: „Arbeitgeber und Gewerkschaften stimmen überein, daß flexible Formen der Arbeitszeitgestaltung notwendig sind, um den veränderten Anforderungen der Bürgerinnen und Bürger an Verwaltungen und Betriebe sowie den Organisationsbedürfnissen der Verwaltungen und der Betriebe Rechnung zu tragen und zugleich den Arbeitnehmerinnen und Arbeitnehmern mehr Zeitsouveräniät zu ermöglichen. Die Tarifverhandlungen werden unter Berücksichtigung folgender Punkte fortgesetzt:

1. Arbeitszeitkonto
Zur Flexibilisierung der Arbeitszeit kann in einer Verwaltung oder in einem Betrieb durch Vereinbarung ein Arbeitszeitkonto eingerichtet werden. Auf Wunsch der Arbeitnehmerinnen und Arbeitnehmer können folgende Zeiten auf das Arbeitszeitkonto gebucht werden:
Überstunden
- in Zeit umgerechnete (faktorisierte) Zeitzuschläge
- in Zeit umgerechnete Vergütung für Bereitschaftsdienst und

- in Zeit umgerechnete Vergütung für Rufbereitschaft zuzüglich der Arbeitsleistung

Auf dem Arbeitszeitkonto darf höchstens eine Zeitschuld von vierzig Stunden geführt werden. Das höchstzulässige Zeitguthaben beträgt achtzig Stunden; in der Vereinbarung kann eine andere Höchstgrenze festgelegt werden, die sechshundert Stunden nicht überschreiten darf.

Der Abbau von Zeitguthaben richtet sich nach den Wünschen der Arbeitnehmerinnen und Arbeitnehmer. Sie haben hierbei die dienstlichen oder betrieblichen Belange zu berücksichtigen. Der Antrag kann nur abgelehnt werden, wenn dringende dienstliche oder betriebliche Gründe entgegenstehen. Bei einem kurzfristigen Widerruf eines bereits genehmigten Zeitausgleichs werden dem Konto zehn Prozent des widerrufenen Zeitausgleichs gutgeschrieben. In der Vereinbarung kann auch ein höherer Wert vorgesehen werden...

2. Arbeitszeitkorridor

Durch Vereinbarung kann in einer Verwaltung oder in einem Betrieb ein zuschlagsfreier Arbeitszeitkorridor von bis zu 45 Stunden wöchentlich eingerichtet werden, wenn ein Arbeitszeitkonto gleichzeitig vereinbart wird oder vorhanden ist...Arbeitsstunden, die über 45 Stunden wöchentlich hinausgehen, sind Überstunden. In Bereichen, für die ein Arbeitszeitkorridor vereinbart ist, darf eine Höchstarbeitszeit von 48 Stunden im Durchschnitt von drei Wochen nicht überschritten werden." (Ende des Zitats)

Die Kannbestimmung und der Wunsch des ersten Absatzes Arbeitszeitkonten wird also durch den zweiten Absatz über den Arbeitszeitkorridor in eine Mußbestimmung umgewandelt, weil ansonsten ein zuschlagsfreier Flexibilisierungsrahmen nicht möglich ist. Die Einhaltung dieser Regeln dürfte bei einer entsprechenden Anzahl von MitarbeiterInnen ohne eine systemgesteuerte Zeitkontenführung und –überwachung der Grenzbereiche kaum wirtschaftlich vertretbar sein.

Bericht der ÖTV über die Tarifrunde Öffentlicher Dienst West und Ost am 5. Mai 1999

Arbeitgeber: Kostenlose Mehrarbeit und keine Zeitsouveränität!
In der Tarifrunde 1999 haben die Arbeitgeber von Bund, Ländern und Gemeinden die Flexibilisierung der Arbeitszeit gefordert. Im Ergebnis wurde eine Absichtserklärung zur Einführung von Arbeitszeitkonten und eines Arbeitszeitkorridors abgegeben, die in den weiteren Verhandlungen zur Gestaltung der Arbeitszeit zu berücksichtigen ist. in den Tarifverhandlungen zur Arbeitszeitgestaltung am 4. und 5. Mai 1999 in Bonn war trotz der gemeinsamen Erklärung eine Annäherung in den Auffassungen nicht feststellbar. Die Arbeitgeber wollen zuschlagsfreie Mehrarbeit jederzeit anordnen können. Dazu verlangen sie die Einführung einer zuschlagsfreien Rahmenarbeitszeit. Sie wollen die Arbeitnehmerinnen und Arbeitnehmer einsetzen, wenn Arbeit anfällt und sie in Freizeit schicken, wenn wenig Arbeit vorhanden ist. Diese ausschließlich am Arbeitsanfall orientierte Arbeitszeit mit kostenloser Mehrarbeit hat die Gewerkschaft ÖTV zurückgewiesen. Eine weitere Flexibilisierung der Arbeitszeit wird es nur geben, wenn mehr Zeitsouveränität zugestanden wird. Gleichzeitig müssen Überstunden eingeschränkt werden, z. B. durch eine Höchstarbeitszeit, um Arbeitsplätze zu sichern und neue Arbeitsplätze zu schaffen.

Aus den bisherigen Tarifverhandlungen ergibt sich folgender Sachstand:
Auf Wunsch Arbeitszeitkonto ermöglichen
Die Rahmenbedingungen für ein Arbeitszeitkonto sind tarifvertraglich auszugestalten. Sie sollen aber nicht automatisch für die Verwaltungen und Betriebe gelten. Die Einrichtung des Arbeitszeitkontos wird erst durch eine besondere Vereinbarung für eine Verwaltung oder einen Betrieb oder für Teile vorgesehen. Die Forderung der Gewerkschaft ÖTV, dies durch örtlichen Tarifvertrag vorzunehmen, lehnen die Arbeitgeber ab.
Die Arbeitnehmerin bzw. der Arbeitnehmer bestimmt, ob ein Arbeitszeitkonto eingerichtet wird. Es können Überstunden, Zeitzuschläge, Vergütungen für Bereitschaftsdienst und Rufbereitschaft im Verhältnis 1 : 1 in Zeit umgerechnet und dem Arbeitszeitkonto gutgeschrieben werden. Was im einzelnen davon auf das Konto gebucht oder in Geld ausgezahlt wird, bestimmt jeder bzw. jede

einzelne selbst. Es muß jedoch eine Festlegung für einen bestimmten Zeitraum erfolgen.
Auf dem Arbeitszeitkonto wird ein Zeitguthaben angesammelt, das normalerweise auch in Geld ausgezahlt wird. Dadurch können Einkommensverluste entstehen. Die Beschäftigten müssen deshalb darüber bestimmen, welche Vergütungen und Zeitzuschläge in Geld oder durch Freizeit beansprucht werden. Über die Guthaben verfügen die Beschäftigten. Ein Zugriffsrecht des Arbeitgebers darauf lehnt die Gewerkschaft ÖTV ab...

Flexible Arbeitszeit durch Arbeitszeitkorridor - nur bei Zeitsouveränität
...Die Arbeitgeber wollen im Rahmen des Arbeitszeitkorridors Mehrarbeit anordnen. Die Gewerkschaft ÖTV will mit dem Arbeitszeitkorridor mehr Zeitsouveränität schaffen. Im Rahmen des Korridors entscheiden die Beschäftigten selbst über die Dauer ihrer Arbeitszeit. Sie orientieren sich dabei an den anfallenden Arbeiten und ihrer fristgemäßen Erledigung. Nach den tarifvertraglichen Regelungen muß die regelmäßige Arbeitszeit geleistet werden. Mit dem Arbeitszeitkorridor wird das Anordnen von Überstunden vermeidbar. Er soll allerdings die angeordnete Überstunde nicht ersetzen, sondern eine flexible Arbeitszeitgestaltung für die Beschäftigten ermöglichen.
Für Wechselschicht- und Schichtarbeit ist der Arbeitszeitkorridor nach Auffassung der Gewerkschaft ÖTV nicht geeignet, um zu flexibleren Arbeitszeiten zu kommen. Die Arbeitgeber wollen den Arbeitszeitkorridor auch für Wechselschicht- und Schichtarbeit einführen. Diese Flexibilisierung in den Bereichen des öffentlichen Dienstes, in denen wirtschaftliche Konkurrenz zu privaten Arbeitgebern besteht, sei unumgänglich. Dies gelte insbesondere für die Entsorgung und den Nahverkehr.
In den weiteren Verhandlungen soll geprüft werden, wie die Arbeitszeit bei Wechselschicht- und Schichtarbeit flexibler gestaltet und mehr Zeitsouveränität geschaffen werden kann. Für die Gewerkschaft ÖTV ist klar: Nicht dienstplanmäßige Arbeitsstunden müssen Überstunden bleiben.

Kostenlose Mehrarbeit durch Rahmenarbeitszeit
Die Arbeitgeber fordern eine Rahmenarbeitszeit. In dieser Zeitspanne sollen keine Überstundenzuschläge anfallen. Sie wollen in dieser Zeit Mehrarbeit anordnen können, ohne Zuschläge zahlen zu müssen. Die angeordnete Mehrarbeit soll innerhalb eines Jahres auf Anordnung des Arbeitgebers ausgeglichen werden.
Mit der Rahmenarbeitszeit wird eine kapazitätsorientierte variable Arbeitszeit ermöglicht. Die Beschäftigten sollen immer dann zur Arbeit antreten, wenn der Arbeitgeber dies verlangt. Sie sollen Freizeit in Anspruch nehmen, wenn der Arbeitgeber dies für sinnvoll hält. Eine kapazitätsorientierte Arbeitszeit wird die Gewerkschaft ÖTV nicht vereinbaren! (Ende des Zitats)

Beim Studium dieser Argumente sollte man meinen, daß die Tarifparteien beide das Gleiche wollen:
- ÖTV: die Beschäftigten entscheiden über ihre Arbeitszeit selbst und orientieren sich an den anfallenden Arbeiten und ihrer fristgemäßer Erledigung
- Arbeitgeber: wollen eine kapazitätsorientierte variable Arbeitszeit

Hier geht es lediglich um Modalitäten, die aber das Führen von Arbeitszeitkonten, über die grundsätzlich Einigkeit besteht, in der technischen Verwaltung beeinflussen kann. Bleibt im Sinne des Arbeitszeitmanagements zu hoffen, daß einfache Regeln gefunden werden!

12.2 Belohnen Zeitkonten den Arbeitszeitverbrauch?

Eine völlig andere Meinung vertritt Dr. Andreas Hoff in der Personalwirtschaft Sonderheft 10/98 (Flexibel ohne Zeiterfassung: was dafür spricht – und was dabei zu beachten ist): ..."Erstens behindern persönliche Zeitkonten den produktiven Einsatz der Arbeitszeit. Das wiederum liegt zum einen daran, daß durch sie Arbeitszeitverbrauch über das vertragliche Maß hinaus tendenziell immer belohnt wird: Schließlich entstehen dadurch Freizeit- und ggf. auch materielle Ansprüche. Darüber hinaus werden Zeitguthaben nicht unbedingt in Schwachlastzeiten abgebaut bzw. in solchen Zeiten in´s Minus geführt."

Das liest sich auf den ersten Blick vernünftig und ist auch in der Praxis tatsächlich häufig so. Nur, das Wort „tendenziell" entlarvt in dieser Hinsicht die Schwächen der Führungskräfte genauso, wenn Zeitguthaben in Schwachlastzeiten nicht abgebaut werden. Hier muß m.E. der Hebel viel stärker angesetzt werden, um die Vorgesetzten zu Arbeitszeitmanagern und damit zu wirklichen Führungskräften zu machen. Dies wiederum setzt objektive Informationen voraus, wie sie ein organisatorisch gut aufgebautes und systemtechnisch verwaltetes und weitgehend automatisch geführtes Arbeitszeitkonto liefern kann.

12.3 Wer hat den Vorteil von Arbeitszeitkonten?

Dieses Führungskräfte- und Abspracheproblem ist auch aus den Aussagen von Mitarbeitern zu entnehmen aus: Arbeitszeitkonten – wer hat den Vorteil? METALL befragte Mitglieder aus vier Betrieben in der Rhein-Main-Region zum kontroversen Thema. (www.igmetall.de/streitfrage)

- „Ich finde unser Freischichtmodell prima, weil ich fast den halben Sommer frei hatte. Jetzt sammle ich wieder."
- „Problem ist, daß zuviel angehäuft wird. Betriebsbedingt geht's oft nicht mit dem Freinehmen. Ich bin für mehr Absprache, damit man davon auch mehr Gebrauch machen kann."
- „In dem Moment, wo ich was abfeiere, bleibt die Arbeit liegen. Es fehlen die Leute. Und ich muß die Arbeit dann irgendwann wieder aufholen."
- „Ich sehe in unserer Zeitregelung mehr Vorteile für mich als für die Geschäftsleitung. Weil ich meine Arbeitsstunden dadurch steuern und meine Mehrstunden auch als Urlaub nutzen kann."

Diese Auswahl aus vielen Anworten zeigt eindeutig, daß der Umgang mit der Flexibilität noch längst nicht so ist, wie er sein sollte. Flexibilität allein schafft auch nicht grundsätzlich mehr Kapazität, sondern nutzt die vorhandenen Kapazitäten besser aus. Jäger- und Sammlermentalitäten nach der veralteten Gleitzeitphilosophie müssen einem ressourcenorientierten Arbeitszeitmanagement weichen.

12.4 Grundlagen und Gestaltungsempfehlungen von Arbeitszeitkonten

In der Loseblatt-Sammlung „Das Flexible Unternehmen" vom Gabler-Verlag veröffentlicht Dr. Andreas Hoff unter Punkt 04.08: Arbeitszeitkonten – Grundlagen und Gestaltungsempfehlungen. (auch: www.arbeitszeitberatung.de/html/publikationen.htm) Es werden nachfolgend daraus einige Passagen zitieren und kommentieren, um zu eigener Meinungsbildung und eventueller Umsetzung im eigenen Unternehmen anzuregen.

Unter dem Kapitel „Was ist ein Arbeitszeitkonto?" wird definiert: „Ein Arbeitszeitkonto ist ein Mitarbeiter-Konto, auf dem Abweichungen der tatsächlichen Arbeitszeit von der Vertragsarbeitszeit festgehalten werden. ... Die Einrichtung von Arbeitszeitkonten setzt drei Dinge voraus:
- Eine von der tatsächlichen Arbeitszeit unabhängige Vergütung ...
- Eine „Normalverteilung" der Vertragsarbeitszeit auf die einzelnen Arbeitstage ...
- Ein Festhalten der täglichen Arbeitszeit...

Diese Definition ist m.E. zwar grundsätzlich richtig, aber nicht weitreichend genug. In Sinne der Tarifverträge und wohl auch des Arbeitszeitgesetzes muß das Arbeitszeitkonto als Dokument gesehen werden, das den gesetzlichen Aufbewahrungspflichten unterliegt. In diesem Sinne müssen nicht nur die Abweichungen als Zeitsaldo aufgenommen werden, sondern auch die Tatbestände, die zu diesen Abweichungen geführt haben. Man denke nur an nachträgliche Korrekturen und Veränderungen. Außerdem muß für alle Beteiligten nachvollziehbar sein, wie dieser Saldo entstanden ist. Der Kontoauszug einer Bank enthält auch nicht nur den neuen Saldo, sondern die Bewegungen mit Erläuterungen, die zu diesem Saldo geführt haben, wie die folgende Abbildung zeigt.

Arbeitszeitkonto: Arten der Kontenführung

~~Girokonto DM
1.3. Saldo + 500
5.3. Saldo + 600
8.3. Saldo - 150
9.3. Saldo + 200~~   Bankkonto

~~Zeitgirokonto Std.
1.3. Saldo + 10
5.3. Saldo + 13
8.3. Saldo - 1
9.3. Saldo + 1~~   Arbeitszeitkonto

Girokonto mit Bewegungen
1.3.   + 500
5.3. Überw. +100   + 600
8.3. Barabh. - 500
     Versich.- 250   - 150
9.3. Überw. +350   +200

Arbeitszeitkonto
1.3.   + 10
5.3. 2 Std. Sa. +50%
     = + 3 Std.   + 13
8.3. 2 Tage FZA = -14   - 1
9.3. Mehrarbeit 2 Std. +   1

Zeitarten = Lohnarten
Zeit = Geld

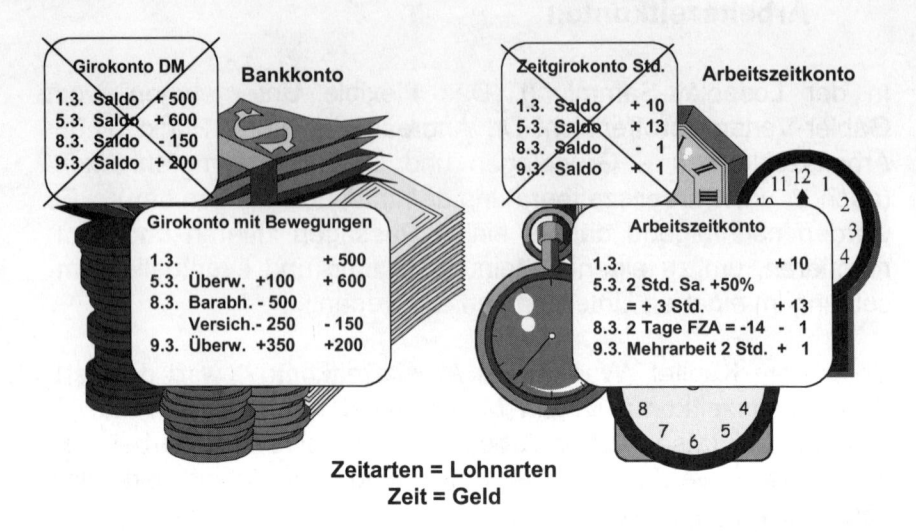

Abbildung 54

Als Beispiel sei nur der Chemietarif angeführt, der eine angeordnete Mehrarbeit bis zu einem Monat als Grundvergütung = 100% bewertet und erst nach dieser Zeit, wenn ein Ausgleich nicht stattgefunden hat, den Zeitzuschlag von 25% berücksichtigt. Samstags- oder Sonntagsstunden, die nach einem evtl. Ausgleichszeitraum zu auszubezahlenden Lohnarten werden, evtl. auch nur die Zuschläge, müssen ebenfalls revisionssicher dokumentiert werden.

Dr. Hoff: „Da es für die Zeitkontenführung nicht auf die Lage der Arbeitszeit ankommt, sondern lediglich auf deren Dauer, ist auch ein Übergang von der Erfassung der Kommt-, Geht- und Pausenzeiten auf eine rein mengenmäßige Aufschreibung (Stundenzettel) möglich...". Dem kann man so nicht zustimmen, da es sehr wohl auf die Lage der Arbeitszeit und den daraus resultierenden Zeitzuschlägen für z.B. samstags, sonntags, feiertags, Rufbereitschaft und Bereitschaftsdienste ankommt, wie die nachfolgende Abbildung zeigt. Natürlich kann ein Zeitkonto manuell geführt werden, es muß nur diese Möglichkeiten berücksichtigen, in der Praxis meist mit einem Excel-Programm.

Arbeitszeitkonto: Lage und Dauer der Arbeitszeit

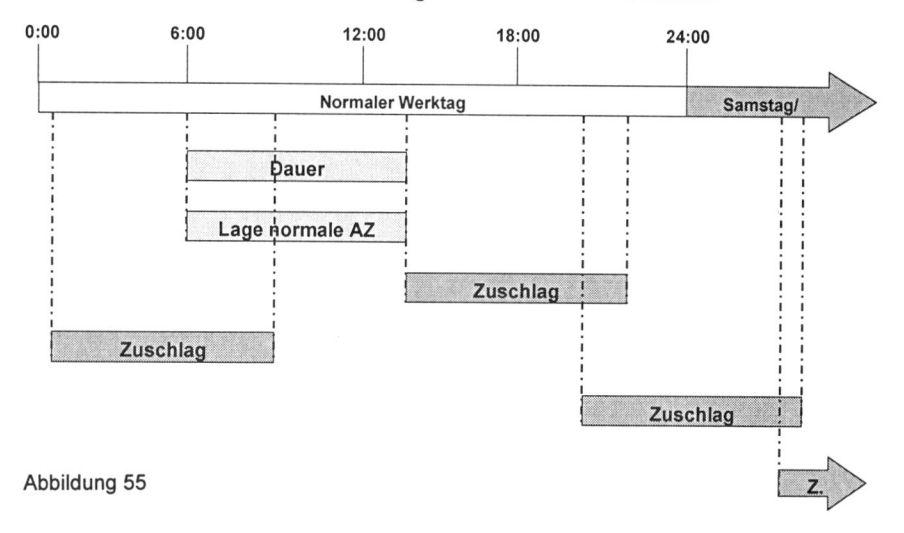

Abbildung 55

12.5 Warum werden Arbeitszeitkonten geführt?

Weiteres Zitat Dr. Hoff zum Thema: Warum werden Arbeitszeitkonten geführt?
„Arbeitszeitkonten werden geführt, damit
- der Arbeitgeber einen belegbaren Ausgleichsanspruch hat, wenn die tatsächliche Arbeitszeit unter der Vertragsarbeitszeit liegt, und
- die Mitarbeiter/innen einen belegbaren Ausgleichsanspruch haben, wenn die tatsächliche Arbeitszeit über der Vertragsarbeitszeit liegt.

Je weiter von der Vertragsarbeitszeit abgewichen werden kann, desto höher ist folglich der Druck auf die Einrichtung von Arbeitszeitkonten – und umgekehrt: Sind nur geringfügige und /oder kurzzeitige Abweichungen der tatsächlichen von der Vertrags- oder Planarbeitszeit zu erwarten, kann in einem Klima gegenseitigen Vertrauens – in dem der Arbeitgeber sich darauf verläßt, daß seine Mitarbeiter ihren vertraglichen Pflichten nachkommen, und die Mitarbeiter/innen sich darauf verlassen, daß über diese Verpflichtung hinaus geleistete Arbeitszeit kompensiert wird – sogar ganz auf die Einrichtung von Arbeitszeitkonten (und damit auf Zeiterfassung) verzichtet werden. .. Dies kann bei Bedarf aber durchaus mit Arbeitszeitkonten langfristiger Ausrichtung verbunden werden – wenn man etwa den Mitarbeitern die Option eines „Sabbaticals" und eines vorgezogenen Ruhestandseintritts bieten will und/oder längerzyklische Auftragsschwankungen besser bewältigen möchte."

Der belegbare Ausgleichsanspruch spricht dafür, daß das Arbeitszeitkonto als Dokument wie zuvor beschrieben geführt wird. Wenn man auf das Arbeitszeitkonto als Kurzzeitkonto verzichtet, aber ein Langzeitkonto führen möchte, wie entstehen dann die Werte im Langzeitkonto? 40 Stunden z.B. entstehen nicht auf einmal, sondern resultieren aus einer Summe von kleineren Beträgen. D.h., es ist eigentlich unerheblich, ob die relevanten Zeitarten in einem Kurzzeit- oder Langzeitkonto übernommen werden, es ist nur die Frage des Abrechnungszeitpunktes des Kontos interessant. Wenn es nicht Tarifverträge geben würde, die auf einer Abrechnung bestehen, könnte ein einziges Konto generell als Langzeitkonto geführt werden, der Abrechnungszeitraum ist das Ausscheiden des Mitarbeiters.

12.6 Wann abrechnen?

Auch Dr. Hoff schreibt unter „Zu keinem Zeitpunkt abrechnen": „Da auch Kurzzeitkonten zu aufgabengerechtem Arbeiten anregen sollten, muß ich dringend vor Vorschriften warnen, die unabhängig davon auf ein bestimmtes Maß an Zeitverbrauch hinwirken. Dies ist jedoch bei der Abrechnung von Zeitkonten notwendig der Fall, die ja notwendig zu einem bestimmten Zeitpunkt erfolgen muß und zum Ziel hat, das Kurzzeitkonto schlagartig von „zu hohen" Überhängen zu befreien."

Zu hohe Überhänge sollten erst gar nicht auftreten. Auch dies ist aber ein Problem des Arbeitszeitmanagements und damit der Führungskräfte, verbunden mit der vielfach nicht vorhandenen oder nicht ausreichenden Information über die Inhalte der Zeitkonten. Mit einem entsprechenden Arbeitszeitmanagementsystem haben wir heute die Möglichkeit, die Inhalte der Zeitkonten unter Berücksichtigung der geplanten Arbeitszeiten (Schichten) und Fehlzeiten (z.B. Freizeitausgleich) auf ein beliebiges Datum in die Zukunft hochzurechnen. Dabei müssen die dem Unternehmen angepaßten Zeiteinheiten berücksichtigt werden, die je nach Planungsvorlauf recht unterschiedlich sein können Ein rechtzeitiges Gegensteuern ist also bei effektiver Nutzung dieser Informationen in den meisten Fällen möglich.

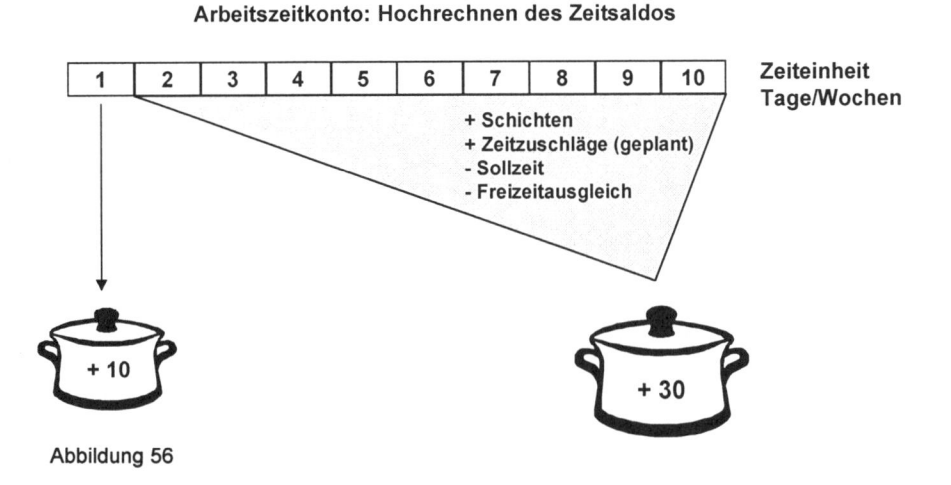

Arbeitszeitkonto: Hochrechnen des Zeitsaldos

| 1 | 2 | 3 | 4 | 5 | 6 | 7 | 8 | 9 | 10 | Zeiteinheit Tage/Wochen |

+ Schichten
+ Zeitzuschläge (geplant)
- Sollzeit
- Freizeitausgleich

+ 10

+ 30

Abbildung 56

In der Praxis siehe eine solche Information auf der Basis eines Personaleinsatzplanungsmoduls wie in der Maske auf der nächsten Seite aus:

In diesem Beispiel wurden sowohl die geplanten Schichten als auch die Fehlzeiten für z.B. die Hochrechnung des Resturlaubs in einer Maske berücksichtigt.

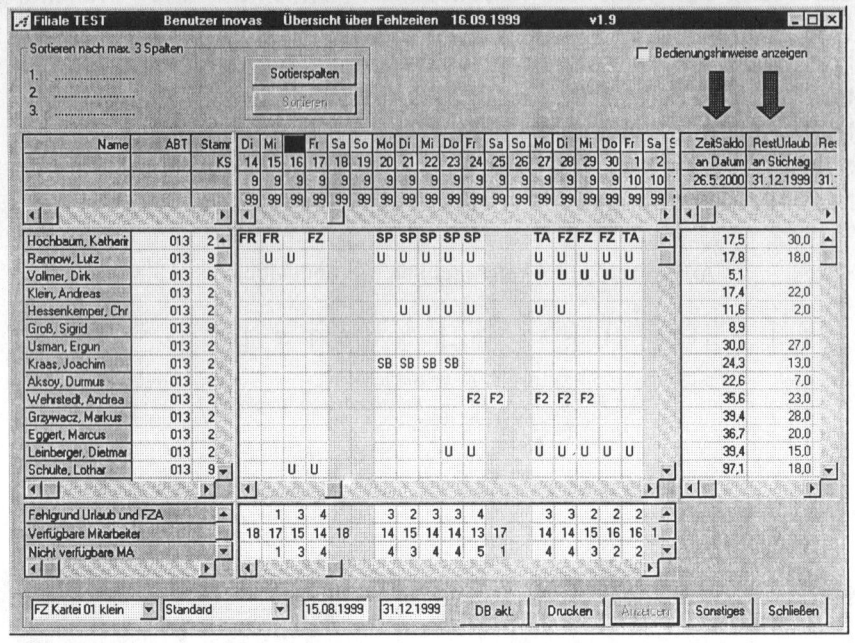

Abbildung 57

Weiter beschreibt Dr. Hoff durchaus richtig die heute vielfach noch geübte Praxis: „Schon ein Blick auf die herkömmliche Gleitzeit zeigt, welche Probleme bei der Abrechnung von Kurzzeitkonten auftreten können. In diesen Systemen ist es üblich, daß am Monatsende über einen zulässigen Abweichungskorridor (meist bis ca. plus/minus 15 Stunden) hinaus geleistete Arbeitszeit gekappt, und weniger geleistete Stunden als unbezahlte Abwesenheit behandelt werden. Das Signal an die Mitarbeiter/innen ist klar: „Leistet Eure Arbeitszeit ohne Rücksicht darauf, ob gerade viel oder wenig zu tun ist! Bleibt am 31. zu Hause, auch wenn es im Betrieb „brennt", um Euer Zeitguthaben zu retten! Zieht die Arbeit in die Länge, wenn einmal nicht so viel zu tun ist – es kostet sonst Euer Geld!" Daß mit solchen Regeln aufgabenorientiertes Handeln behindert und die Produktivität beeinträchtigt wird, steht außer Frage. Gute Führungskräfte erkennen dies – und ignorieren solche Regeln oder unterlaufen sie gemeinsam mit ihren Mitarbeitern, was oft erst das für flexible Arbeitszeitsysteme nötige Klima des Geben und Nehmen erzeugt und insoweit nicht allzu kritisch gesehen werden sollte. Allerdings führt dies dann wieder zu Neidgefühlen in der Nachbarabteilung mit dem nicht so flexiblen Vorgesetzten..."

Diesen Ausführungen muß uneingeschränkt zugestimmt werden. Es sind immer die aufgestellten Regeln, die ein System gut oder schlecht aussehen lassen. Die Schlußfolgerung zu ziehen, daß das Arbeitszeitkonto, speziell das Kurzzeitkonto verzichtbar ist und letztlich nur noch ein „Auslaufmodell" darstellt (Dr. Hoff im Fazit des angesprochenen Beitrags) heißt m.E. die Symptome zu ändern, ohne den Ursachen auf den Grund zu gehen. Falsche Regeln würden auch den Versuch der Vertrauensarbeitszeit ohne Zeiterfassung und ohne Arbeitszeitkonto scheitern lassen. (Vergl. Lohn + Gehalt 7/98 Bernhard Adamski: Brauchen wir noch Zeiterfassungs- und Zeitwirtschaftssysteme? und CoPers 2/99 Bernhard Adamski: Arbeitszeitmanagement als strategisches Unternehmensziel).

12.7 Rollierender Ausgleichszeitraum

Der Abschluß von Zeitkonten muß aber nicht unbedingt zu einem Stichtag geschehen, sondern kann rollierend erfolgen. Auch dies beschreibt Dr. Hoff unter „Der rollierende Ausgleichszeitraum". Diese Möglichkeit wurde bereits in Lohn + Gehalt 7/97 auf der Seite 34 in dem Beitrag „Bernhard Adamski: Arbeitszeitkonto und computergesteuerte Zeitwirtschaft – eine Zwangsehe?" und in der ersten Auflage dieses Buches 1998 auf Seite 91 dargestellt und mittlerweile auch mehrfach in der Praxis umgesetzt. Dieser rollierende Ausgleich bei Erreichen der Nullinie kann eigentlich nur automatisch über ein Zeitwirtschaftssystem erfolgen in Verbindung mit einer ebenfalls automatischen „Meilensteininformation" bei Erreichen bzw. Überschreiten eines festgelegten Grenzwertes. (Vergl. Kapitel 7 über Ausgleichszeitraum)

12.8 Steuerung von Arbeitszeitkonten

„Steuerung der Kurzzeitkonten ist Führungsaufgabe", schreibt Dr. Hoff, und weiter: „ ...Hier liegt in der heutigen Kurzzeitkonten-

Praxis der wohl größte Schwachpunkt, weil die von der Führungskraft zu leistende Verzahnung mit arbeitsorganisatorischen und personellen Maßnahmen, insbesondere
- die fortlaufende Überprüfung der Arbeitsprozesse,
- die Forderung und Förderung gerade der schwächeren Mitarbeiter,
- die Umsetzung gerade von Leistungsträgern aus schwach ausgelasteten in gut beschäftigte Bereiche und
- der Einsatz zusätzlichen Personals,

nicht ausreichend funktioniert. Vielmehr werden Kurzzeitkonten allzu häufig – bewußt oder unbewußt – zur Verschleppung solcher Maßnahmen genutzt..."

Hier ist die Frage zu stellen: warum funktioniert die Verzahnung nicht? Wenn die Qualifikation der Führungskraft nicht ausreicht, muß sie in Richtung Arbeitszeitmanagement geschult oder ersetzt werden. Häufig genug fehlt es jedoch an der Unterstützung der Führungskraft durch notwendige Informationen. Hier kann das Arbeitszeitkonto als Auslastungsindikator wertvolle Informationen über den Stand in den einzelnen Betriebsbereichen liefern. (Vergl. Kapitel über Arbeitszeitmanagement-Informationen)

Dr. Hoff: „Dies ist um so bedauerlicher, als in der Verknüpfung mit arbeitsorganisatorischen und personellen Maßnahmen nicht nur ein hohes Rationalisierungspotential steckt. Sondern in zeitkontengestützten flexiblen Arbeitszeitsystemen dürfte auch das wichtigste Konsenspotential im Verhältnis zwischen Geschäftsführung und Betriebs- oder Personalrat liegen..."

Diese absolut richtige Betrachtungsweise wird etwas später wieder relativiert mit der Aussage, „daß mit Kurzzeitkonten der Verbrauch von Arbeitszeit grundsätzlich immer belohnt wird." Diese Aussage kann so nicht stehen bleiben. Wie bereits mehrfach angeklungen, kommt es nachhaltig auf die Gestaltung der Regeln und auf das Verständnis für ein effektives Arbeitszeitmanagement bei Führungskräften und MitarbeiterInnen im Rahmen eines persönlichen Arbeitszeitmanagements an. Die Notwendigkeit der Information wird auch von Dr. Hoff nicht bestritten: „Ganz unabhängig vom Aufbau des Kurzzeitkontos erfordert seine Steuerung die regelmäßige Bereitstellung von Zeitsalden-Informationen an die hierfür zuständigen Instanzen." Zeitsalden sind jedoch immer nur Basisinformationen, die von einem sinnvoll gestalteten System wesentlich erweitert werden können. So sind z.B. wichtige Informationen bei Einsatz eines Ampelkontos die Anzahl der jeweiligen Mitarbeiter und der Durchschnittsbetrag in den einzelnen Ampelphasen. (Vergl. Kapitel 9 über Arbeitszeitmanagement-Informationen)

12.9 Kurzzeitkonto ein Auslaufmodell?

Dr. Hoff empfiehlt ein Zeitbudget-Konto, in dem die Vorzeichen vertauscht sind: Überschreitung der Vertragsarbeitszeit wird negativ und Unterschreitung positiv gewertet. Dies soll zur „Nicht-Arbeit zur rechten Zeit anregen". Dies könnte ein Weg sein, MitarbeiterInnen von der „Sammler-Mentalität" zu befreien, es ist jedoch davon auszugehen, daß die MitarbeiterInnen den Vorzeichenwechsel relativ schnell erfassen und auslegen werden. Eine Steuerung als Aufgabe des Arbeitszeitmanagements ist auch hierbei unerläßlich.

Im Fazit heißt es: „Beim Kurzzeitkonto handelt es sich meines Erachtens letztlich um ein Auslaufmodell, weil auch die Tarifmitarbeiter/innen, für die die Einhaltung der Arbeitszeit von Belang ist, hierfür in flexiblen Arbeits(zeit)systemen zunehmend verantwortlich gemacht werden können und müssen. Gleichzeitig werden durch den Verzicht auf die Einrichtung von Kurzzeitkonten nach meiner Erfahrung die Effektivität der Arbeit und das ständige Gespräch mit der Führungskraft über die Arbeitsprozesse sowie den Ergebnisbeitrag der einzelnen Mitarbeiter/innen gefördert. Nichtsdestoweniger wird in den meisten Betrieben wohl noch auf längere Sicht – jedenfalls für einen großen Teil der Mitarbeiter/innen – mit Zeiterfassung und Kurzzeitkonten gearbeitet werden müssen: weil der „Lackmustest" eines avisierten Abschieds von der Arbeitszeit(erfassung) in aller Regel zeigt, daß die betriebliche Vertrauenskultur noch nicht auf einem Stand ist, der ein solches System trägt..."

Wenn sich, wie weiter oben aufgeführt, in „zeitkontengestützten flexiblen Arbeitszeitsystemen das wichtigste Konsenspotential im Verhältnis zwischen Geschäftsführung und Betriebs- oder Personalrat" liegt, kann ein Arbeitszeitkonto kein Auslaufmodell sein. Über die Regeln, die zur Gestaltung dieses Kontos führen, muß man sich allerdings schon Gedanken machen. Ein Teil der Regeln ist jedoch eindeutig durch Tarife fixiert und muß beachtet werden, so lange diese Tarifregelungen Gültigkeit haben.

12.10 Aufzeichnungspflichten lt. Flexigesetz

Auf das Flexigesetz wurde bereits mehrfach eingegangen, so daß sich hier eine Wiederholung erübrigt. Nur zur Erinnerung: das Gesetz schreibt die Aufzeichnung der Zu- und Abgänge von Wertguthaben in Zeit oder Geld vor.

12.11 Urteile zur flexiblen Arbeitszeit und Überstunden

Am 20.8.98 entschied das Arbeitsgericht Flensburg (AZ 2 Ca451/98), daß der Arbeitgeber für angesparte Plusstunden, die nicht abgefeiert werden konnten, den tariflichen Zuschlag von 20% zu zahlen habe. Der Arbeitgeber hatte die Stunden mit dem normalen Stundensatz bezahlt. Die 12-Monatsfrist war jedoch noch nicht abgelaufen. In der Betriebsvereinbarung war geregelt worden, daß die wöchentliche Arbeitszeit von 35 Stunden ohne Mehrarbeitszuschlag erhöht werden kann, wenn im 12-Monatszeitraum der tarifliche Durchschnitt nicht überschritten wird. Zuschlagspflichtige Überstunden beginnen erst bei mehr als 45 Wochenstunden. Diese waren im vorliegenden Fall jedoch nicht erreicht worden.

Dieses Urteil wurde durch das Landesarbeitsgericht Schleswig-Holstein am 3.6.99 (AZ Sa 586/98) aufgehoben. Die Richter: „Nach alledem handelt es sich bei den nach der Betriebsvereinbarung auf einem Arbeitszeitkonto angesammelten Plusstunden so lange nicht um Mehrarbeit, sondern lediglich um im Rahmen flexibler Arbeitszeit angesammelte Guthabenstunden, wie der Ausgleich in Freizeit zur Erreichung der durchschnittlichen regelmäßigen wöchentlichen Arbeitszeit im Zeitraum von 12 Monaten noch möglich ist. Jede am Ende des 12-Monats-Zeitraums noch auf dem Arbeitszeitkonto verbleibende Plusstunde stellt hingegen zuschlagspflichtige Mehrarbeit i.S. d. MTV dar und wäre von der Beklagten auch entsprechend mit 20% Zuschlag zu vergüten."

Durch dieses Urteil gewinnt die systemtechnische Überwachung in Zeitwirtschaftssystemen eine völlig neue Dimension. Es müssen Funktionen geschaffen werden, z.B. der rollierende Ausgleich bei Erreichen der Nullinie, die dies ermöglichen.

12.12 Tarifliche Regeln zu Arbeitszeitkonten (WSI)

Die Hans-Böckler-Stiftung dokumentiert „Tarifliche Regeln zu Arbeitszeitkonten"
(www.boeckler.de/wsi/tarchiv/regelungen/konten/):

„(1) Bei den derzeit bestehenden Typen von Arbeitszeitkonten dominieren eindeutig jene, die auf die flexible Verarbeitung von kurz- und mittelfristigen Änderungen der Markt- und Produktionsbedingungen reagieren...

(2) Bei der Ausgestaltung der Arbeitszeitkonten selbst liegt (aus der Perspektive der Beschäftigten gesehen) nahezu überall eine Art „Sparbuch-Konzept" zugrunde: Es wird davon ausgegangen, daß die Beschäftigten Guthaben ansammeln, die im Laufe der Zeit in Freizeit entnommen werden. Eine systematische und gleichgewichtige Nutzung der Überziehungsmöglichkeiten des Kontos ist meist nicht vorgesehen. Viele Abkommen sehen nicht zuletzt deshalb hierzu auch gar keine Regelungen vor.

(3) Was die Möglichkeit der Kontoführung anbetrifft, gibt es unterschiedliche Varianten der Ausgestaltung: ein Teil der Regelungen zielt auf eine möglichst enge Begrenzung des Spielraums bei der Bildung von Zeitguthaben und –schulden, um auf diese Weise auch die Flexi-Zumutungen an die Beschäftigten einzugrenzen. Ein anderer Teil läßt von vornherein relativ große Zeitguthaben zu, teils weil die branchenspezifischen Gegebenheiten (z.B. starke

Saisonschwankungen) dies nahelegen, teils weil damit auch ein größerer Grad an potentieller Zeitsouveränität für die Beschäftigten ermöglicht werden soll.

(4) Die tarifvertragliche Operationalisierung der zeitdispositiven Spielräume der Beschäftigten kennt ebenfalls kein einheitliches Muster. Zwar gehen in allen Vereinbarungen die betrieblichen Interessen im Ernstfall vor, aber die Art und Weise des Interessenausgleichs fällt doch sehr unterschiedlich aus. Die Spannweite reicht vom allgemeinen Bekenntnis zur Arbeitszeitsouveränität über den konkreten betrieblichen Begründungszwang bis zur Sanktionierung von Fehlverhalten des Betriebes durch Aufstockung des Zeitguthabens der Beschäftigten."

Das sich aus diesen vier Punkten ergebende Fazit wird wie folgt dargestellt: „Über die betriebliche Umsetzung der hier ausgewerteten tariflichen Regelungen ist bislang nur wenig bekannt. Die insgesamt vorliegenden Erfahrungen mit Arbeitszeitkonten geben jedoch Hinweise auf Regelungsdefizite bzw. weiteren Regelungsbedarf. Ungeklärt ist vielfach das Verhältnis von Gleitzeit, Mehrarbeit und ungleichmäßiger Arbeitszeitverteilung. Das langsame Verschwinden von (bezahlter) Mehrarbeit hat seine Ursache im Wechselspiel dieser Stellgröße. Offenkundig ergeben sich weitere (Regelungs-)Probleme aus dem Spannungsverhältnis von Arbeitszeitflexibilisierung, Leistungsabforderung und Personalbemessung. Dies gilt insbesondere für sog. selbststeuernde Arbeitsgruppen, die auch die arbeitszeitbezogenen Aspekte in eigener Verantwortung regeln (sollen). Überhaupt stellt sich die Frage, wie der Schutz vor Überforderung durch Flexibilisierung gewährleistet und die individuellen Einflußmöglichkeiten auf die Arbeitszeitgestaltung sowie die positive Nutzung von Arbeitszeitkonten verbessert werden können. Diesem Problemkomplex kommt in dem Maße größere Bedeutung zu, wie die arbeitszeitpolitische Feinsteuerung auf betrieblicher Ebene nicht mehr abschließend zwischen betrieblicher Interessenvertretung und Personal-/Geschäftsleitung, sondern zunehmend auf Abteilungs- und Gruppenebene bzw. zwischen einzelnen Beschäftigten und Vorgesetzten geregelt wird."
(Ende des Zitats)

Hier sind zwei Problemkreise angesprochen, die durch das betriebliche Arbeitszeitmanagement gelöst werden müssen: die Überforderung durch Flexibilisierung und die arbeitszeitpolitische Feinsteuerung. Die Steuerung und Verwaltung bzw. Abrechnung kann durch richtig gestaltete Arbeitszeitkonten und Personaleinsatzplanung wesentlich vereinfacht werden, wenn die betrieblichen Regeln unterstützen und nicht hindern bzw. verhindern.

12.13 Arbeitszeitkonten und Überstundenabbau

Die Hans Böckler Stiftung veröffentlichte im Internet in ihrer Online-Bibliothek einen Artikel von Steffen Lehndorff und Bernd Mansel mit dem Titel: Bedingungen für beschäftigungswirksamen Überstundenabbau, Einige betriebliche Erfahrungen", aus dem einige Passagen zum Thema Arbeitszeitkonten entnommen sind:

Die Verknüpfung von Überstundenabbau und Produktivitätssteigerung trägt einen Namen: Arbeitszeitkonten. Neue Arbeitszeitsysteme, die mit Arbeitszeitkonten operieren, sind heute das wichtigste Mittel, um (bezahlte!) Überstunden zu reduzieren. Grundsätzlich ist deshalb davon auszugehen, daß eine neue Arbeitszeitorganisation, mit deren Hilfe Überstunden abgebaut werden, sowohl einen Produktivitätseffekt als auch einen Beschäftigungseffekt hat. Es ist sogar zu vermuten, daß die Rationalisierungswirkung einer neuen Arbeitszeitorganisation kurzfristig eintritt, während sich ihre Beschäftigungswirkung, die auf der Umverteilung eines Teils der bislang geleisteten Mehrarbeit auf mehr Köpfe beruht, erst unter bestimmten Bedingungen einstellen wird. ...

Der Übergang zu neuen Arbeitszeitmodellen und die Schwierigkeit, Beschäftigungseffekte zu messen
In den von uns besuchten Betrieben ging der Abbau von Überstunden mit einem vollständigen Umbau der betrieblichen Arbeitszeitorganisation einher. Dabei kann zwischen zwei Grundtypen der Neuorganisation der Arbeitszeit unterschieden werden:

In den Betrieben mit teil- oder vollkontinuierlichem Schichtbetrieb wurde die Überstundendynamik durch die Schaffung einer zusätzlichen (vierten bzw. fünften) Schichtgruppe durchbrochen. Die alten Schichtsysteme hatten eine strukturelle personelle Unterbesetzung provoziert, da die regelmäßige Arbeitszeit laut wöchentlichem Schichtplan die vertragliche Arbeitszeit überschritten hat. Die neuen Schichtsysteme sind dagegen so konstruiert, daß die Beschäftigten im Rahmen ihres regelmäßigen Schichtzyklus zunächst weniger Stunden arbeiten, als es der Tarifvertrag vorsieht. Die vertragliche Arbeitszeit erreichen sie erst durch sogenannte "Einbringschichten", die bei bestimmten Anlässen (Samstagsarbeit bei starker Nachfrage, Absentismus u.a.) geleistet werden. Aus der eingesparten Mehrarbeit entsteht zusätzlicher Personalbedarf.

Der zweite Grundtyp neuer Arbeitszeitorganisation (der selbstverständlich mit dem soeben beschriebenen verbunden werden kann) ist die Einführung einer flexiblen Jahresarbeitszeit. Das Steuerungsinstrument, das in diesen Fällen üblicherweise eingesetzt wird, sind individuelle Arbeitszeitkonten. Diese Praxis, die auch als "Variabilisierung" der Arbeitszeit bezeichnet wird, gehört zu den wichtigsten gegenwärtig stattfindenden Veränderungen der Arbeitszeitrealität in Deutschland (Bosch 1996). Von der Systematik her handelt es sich dabei grundsätzlich um nichts anderes als um (in der Regel zuschlagfreie) Überstunden mit Zeitausgleich innerhalb eines definierten Zeitraums. (In vielen flexiblen Arbeitszeitregelungen sind unabhängig davon bestimmte Arbeitszeiten weiterhin als Mehrarbeit definiert, zum Beispiel Arbeit außerhalb des vereinbarten Rahmens der Regelarbeitszeit, vor allem an Samstagen, Sonn- und Feiertagen.) Der potentielle Beschäftigungseffekt entsteht dann aus der Reduzierung der effektiv geleisteten Arbeitszeit.

Die Grenze dieses Beschäftigungseffekts liegt dort, wo sich in der Umsetzung des Arbeitszeitkonten-Modells bisher geleistete Überstunden im Nachhinein als tatsächliche Flexibilitätspuffer erweisen. Dies wurde oben als ein Prozeß des praktischen Austestens bezeichnet, in dem sich herausstellt, in welchem Umfang sich bisher geleistete Mehrarbeit als strukturell bedingt (vor allem durch zu knappe Personalbemessung) und daher als permanent herausschält. Komplementär dazu kann formuliert werden: Arbeitszeitguthaben, die eine vorgesehene maximale Höhe (von z.B. plus/minus 50 Stunden) nicht überschreiten und innerhalb eines definierten Zeitraums (z.B. einem Jahr) immer wieder auf Null reduziert werden können, repräsentieren jenen Teil der Überstunden, der zuvor als Flexibilitätspuffer diente. ...

Arbeitszeitkonten und das Problem der Personalbemessung
Ein Grundproblem von Arbeitszeitkonten-Modellen besteht darin, daß Überstunden prinzipiell zu Plusstunden deklariert und dadurch gewissermaßen wegdefiniert werden können, ohne die effektive Arbeitszeit verkürzen zu müssen. Für die praktische Beschäftigungswirksamkeit derartiger Modelle kommt es deshalb darauf an, welche Regularien vorgesehen sind, die die Einhaltung der vertraglichen Arbeitszeit sichern. Diese Verfahrensregelungen sind von großer Bedeutung für die Frage, ob das Niveau der effektiv geleisteten Arbeitsstunden tatsächlich gesenkt wird, oder ob lediglich mit Hilfe einer Umdefinition von Überstunden in nicht abbaubare "Zeitguthaben" ein (nicht unbedingt beabsichtigter) Etikettenschwindel vorgenommen wird. ...

Technisch gesehen ist dabei die Personalbemessung die Schlüsselfrage. Wenn sie dem Arbeitsvolumen nicht adäquat ist, das innerhalb eines bestimmten Zeitraums durchschnittlich benötigt wird, führt dies zu regelmäßig anfallenden Überstunden. Eine Neuorganisation der Arbeitszeit macht dies transparent. Die Konsequenz muß dann lauten, die unrealistische Personalbemessung zu korrigieren. In Betrieben oder Arbeitsbereichen, in denen der erforderliche Personalaufwand vergleichsweise einfach zu quantifizieren ist (z.B. bei Fließbandproduktion), ist dies wesentlich unproblematischer als z.B. in Tätigkeitsbereichen, in denen Arbeitsaufgaben per Zielvereinbarung festgelegt werden. Unabhängig von derartigen Unterschieden ist in der Praxis die Korrektur der Personalbemessung in allen Fällen Gegenstand und Resultat eines betrieblichen Verhandlungsprozesses. Derartige Verhandlungen können begünstigt werden, wenn sie in den Betriebsvereinbarungen über neue Arbeitszeitsysteme für den Fall des "Überlaufens" von Arbeitszeitkonten ausdrücklich vorgesehen sind. (Ende des Zitats)

Im ersten Heft 1/99 der neuen Zeitschrift „HR Services" Vom Datakontext Verlag, Frechen, findet sich unter der Überschrift „Arbeitszeitkonto – Arbeitszeitflexibilisierung" eine kleine Notiz: „In

Deutschland haben 85 Prozent der Beschäftigten eine flexible Arbeitszeit. Sie arbeiten im Schichtsystem, an Wochenenden, leisten Überstunden oder haben eine Teilzeitstelle. Das belegt eine Untersuchung des Kölner Instituts zur Erforschung sozialer Chancen (iso). Vor zehn Jahren hatte der Anteil derjenigen, die nicht der tariflichen Regelarbeitszeit unterworfen waren, noch bei 76 Prozent gelegen. Laut der iso-Untersuchung haben bereits 37 Prozent der abhängig Beschäftigten ein Arbeitszeitkonto. Ein hoher Anteil entfällt auf die Großindustrie, den Verkehrsbereich und den öffentlichen Dienst. Auch in Inanspruchnahme von Teilzeitarbeit hat sich seit 1989 von 15 auf 20 Prozent erhöht. Ein weiteres Ergebnis: 15 Prozent der Beschäftigten arbeiten sonntags."

Fazit

Das Arbeitszeitkonto ist kein Auslaufmodell, sondern richtig im Sinne von Arbeitszeitmanagement angewendet ein unverzichtbares betriebliches Steuerungsinstrument. Wir müssen lernen, das Arbeitzeitkonto nicht als bloße Erweiterung der alten Gleitzeitphilosophie zu betrachten. Funktions- oder Servicezeiten sind angesagt, d.h. individuelle Arbeitszeitmodelle für die unterschiedlichen Bereiche eines Unternehmens. Das Arbeitszeitkonto in seiner Ausprägung muß dieser Individualität Rechnung tragen. Moderne Arbeitszeitmanagementsysteme können dabei helfen, ohne daß sie zum Kontrollinstrument hochstilisiert werden. Selbst wenn Kommt-Geht-Zeitpunkte erfaßt werden, müssen sie nicht automatisch als Kontrollinstrument angesehen werden, sondern als Mittel zur Berechnung des Arbeitszeitkontos. Aber auch die Negativerfassung, d.h. die Erfassung der Abweichungen mit einer gewissen gewollten Unschärfe kann durchaus sinnvoll sein.

Das Arbeitszeitkonto schlechthin gibt es nicht. Jeder Betrieb ist aufgefordert, innerhalb seiner Möglichkeiten und der vorhandenen Unternehmenskultur die optimale Gestaltung anzustreben.

13 Grundlagen der Personaleinsatzplanung

Im Prinzip ist die Personaleinsatzplanung und -steuerung eine ganz einfache Angelegenheit: es ist dafür zu sorgen, daß die richtige Person zur richtigen Zeit am richtigen Ort verfügbar ist.

Die Grundlagen der Personaleinsatzplanung

Arbeitszeit 1 | Arbeitszeit 2 | Arbeitszeit 3

Die richtige Person zur richtigen Zeit am richtigen Ort

Abbildung 58

Solche Anforderungen an die Arbeitsplanung waren bisher hauptsächlich im Dienstleistungssektor anzutreffen, z.B. Krankenhäuser, Kaufhäuser, Flughäfen und Flugdienste, Wachdienste, also überall dort, wo eine flexible Personalplanung auf unterschiedliche Arbeitszeiten, verlängerte Dienst- und Öffnungszeiten und daraus resultierenden Schicht- und Bereitschaftsdienst reagieren muß. Zukünftig wird im Sinne eines erforderlichen aktiven Arbeitszeitmanagements Personaleinsatzplanung in allen Branchen mehr oder weniger ausgeprägt notwendig sein.

Flexibel sein heißt, auf die momentane Situation sofort angemessen zu reagieren und die richtigen Maßnahmen zu ergreifen. Ist die „Flexible Masse" relativ klein, d.h. im persönlichen Bereich angesiedelt, fallen die erforderlichen Entscheidungen auch relativ leicht und schnell. Wie sieht es allerdings bei einer großen Masse, sprich Mitarbeiter oder Belegschaft, aus? Kann hier auch sofort reagiert werden oder muß die Flexibilität doch von einer entsprechenden Planung unterstützt werden?

Die Problematik beginnt dort, wo kurzfristige Entscheidungen über die Anpassung von Arbeitszeiten für andere gefällt werden müssen, für größere Gruppen von Mitarbeitern, die vielleicht schon persönliche Dispositionen aufgrund des bekannten Schichtplans getroffen haben. Aber genau diese Anpassung an den schwankenden Arbeitsanfall ist ja der Sinn der Flexibilisierung der Arbeitszeit.

Die Personaleinsatzplanung und -steuerung ist das Mittel, um die Flexibilisierung der Arbeitszeit tatsächlich effektiv durchführen zu können. Ausgehend von einer langfristigen Schichtplanung müssen die sich ändernden am jeweiligen Bedarf orientierten Arbeitszeiten kurzfristig eingearbeitet werden. Bei dieser Aufgabe gilt es, folgende Schwierigkeiten unter einen Hut zu bringen:

- Zeitrahmen der erforderlichen Reaktion, d.h. wie schnell muß mit Änderungen des Schichtplans auf den Arbeitsanfall reagiert werden.

- Geltende Flexibilisierungs- bzw. Mehr-/Minderarbeitsrichtlinien, d.h. Arbeitszeitkorridor von z.B. 30 bis max. 45 Wochenstunden.

- Verfügbarkeit der Mitarbeiter, d.h. geplante und ungeplante Fehlzeiten, Qualifikationen und Zeitkonteninhalte.

- Arbeitsplätze, d.h. evtl. Soll-, Mindest- oder Maximalbesetzung.

Diese Aufgaben sind ab einer bestimmten Mitarbeiteranzahl und Komplexität der Arbeitszeitmodelle nicht mehr manuell zu lösen.

Die Unterstützung durch ein Personaleinsatzplanungssystem wird zwangsläufig.

Die grundsätzlichen Parameter der Personaleinsatzplanung als Planungskomponenten können wie folgt definiert werden:

Personaleinsatzplanung: Grundparameter

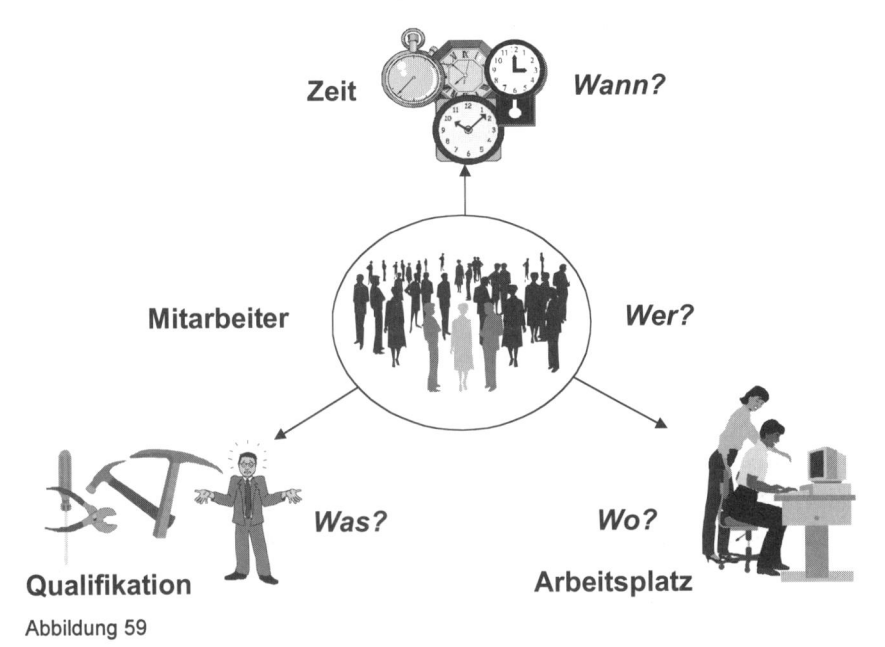

Zeit — Wann?
Mitarbeiter — Wer?
Was? — Qualifikation
Wo? — Arbeitsplatz

Abbildung 59

Grundsätzlich wird zunächst eine langfristige am Bedarf orientierte Personalplanung erforderlich sein, bevor eine qualitative und den betrieblichen und persönlichen Anforderungen entsprechende Zuordnung der Mitarbeiter zu den Aufgaben erfolgen kann. Dr. Hans-Christian Vatteroth schreibt in seinem Buch "PPS und computergestützte Personalarbeit" über Personaleinsatzplanung und -steuerung: „Erst im Rahmen der kurzfristigen Personaleinsatzplanung erfolgt statt der personalbezogenen eine personenbezogene Zuordnung, die dann sowohl räumliche als auch insbesondere zeitliche Aspekte berücksichtigt. Weitere im Rahmen der Personaleinsatzplanung zu erstellende Pläne sind deshalb vor allem Urlaubs- und Vertretungspläne sowie Schichtpläne in Unternehmen mit Mehrschichtbetrieb.

Als Hauptaufgabe der operativen Personaleinsatzplanung ist allerdings die personenbezogene Zuweisung der Mitarbeiter zu spezifischen Arbeitsaufgaben in Form von einzelnen Aufträgen anzusehen. Während sowohl die rein quantitativ als auch die qualitativ ausgerichteten Zuordnungen der mittel- bis langfristigen Personaleinsatzplanung einen starren Charakter aufweisen, besitzt die kurzfristige Personaleinsatzplanung zudem ein starkes dynamisches Element. Plötzlich auftretenden Störgrößen, die nicht nur zu Veränderungen bei der Kapazitätsnachfrage - z.B. durch Eilaufträge -, sondern gerade auch zu Schwankungen im Kapazitätsangebot - z.B. durch Krankheit - führen, erzwingen äußerst kurzfristige Veränderungen im Personaleinsatz."

13.1 Fehlzeiten als betriebliche Probleme

Pötzlich auftretenden Störgrößen sind in den Betrieben meistens nicht planbare Fehlzeiten von Mitarbeitern, d.h. in der Praxis Krankheit und Unfälle. Diese sind umso kritischer, wenn sie mit geplanten Abwesenheiten, wie z.B. Urlaub, von anderen Mitarbeitern zusammentreffen. Hier müssen Kapazitäten „geschaffen" werden unter Ausnutzung aller tariflichen und betrieblichen Regeln und Vereinbarungen. Arbeitszeitkonten und flexible Arbeitszeitregelungen sind unverzichtbare Voraussetzungen, wenn nicht das veraltete starre Schema „bezahlte Überstunden" immer noch betriebliche Priorität genießen soll. Die nachfolgende Abbildung zeigt deutlich die Probleme der Betriebe mit Fehlzeiten auf einer Bewertungsskala auf.

Alle aufgeführten Punkte erfordern letztlich ein aktives Arbeitszeitmanagement, um Abhilfe zu schaffen, um Produktionsausfälle zu vermeiden. Computergestütze Vorschläge, die die bestehenden Regeln beachten, können den Personaleinsatz optimieren. Dabei wären mit einem „Was-Wäre-Wenn-Szenario" wichtige Alternativen auch unter Kostengesichtspunkten zu berücksichtigen. Selbstverständlich kann ein Personaleinsatzplanungssystem keine Kapazitäten neu erschaffen, aber oftmals rechtzeitig genug neue

Planungsvarianten eröffnen. Der Effekt ist jedoch immer abhängig von der Flexibilität des betrieblichen Arbeitszeitrahmens.

Fehlzeiten von Mitarbeitern: Die Probleme der Betriebe

Beurteilung auf einer Skala von 1 = sehr geringe Bedeutung
bis 4 = sehr große Bedeutung

- 1,7 Zuschüsse für Kuren und Heilverfahren
- 2,0 Kosten als Folge von Unterauslastung
- 2,1 Umsetzungs- und Einarbeitungskosten
- 2,1 Beschäftigung zusätzlicher Arbeitskräfte
- 2,2 Produktionsausfälle
- 2,4 Motivation der Vertretenden
- 2,5 Termin- und Lieferschwierigkeiten
- 2,6 Vertretungsregelungen
- 2,7 Zusätzliche Überstunden
- 3,1 Kosten der Lohnfortzahlung

Quelle: IW/Globus Stand 1996

Arbeitszeitmanagement Personaleinsatzplanung

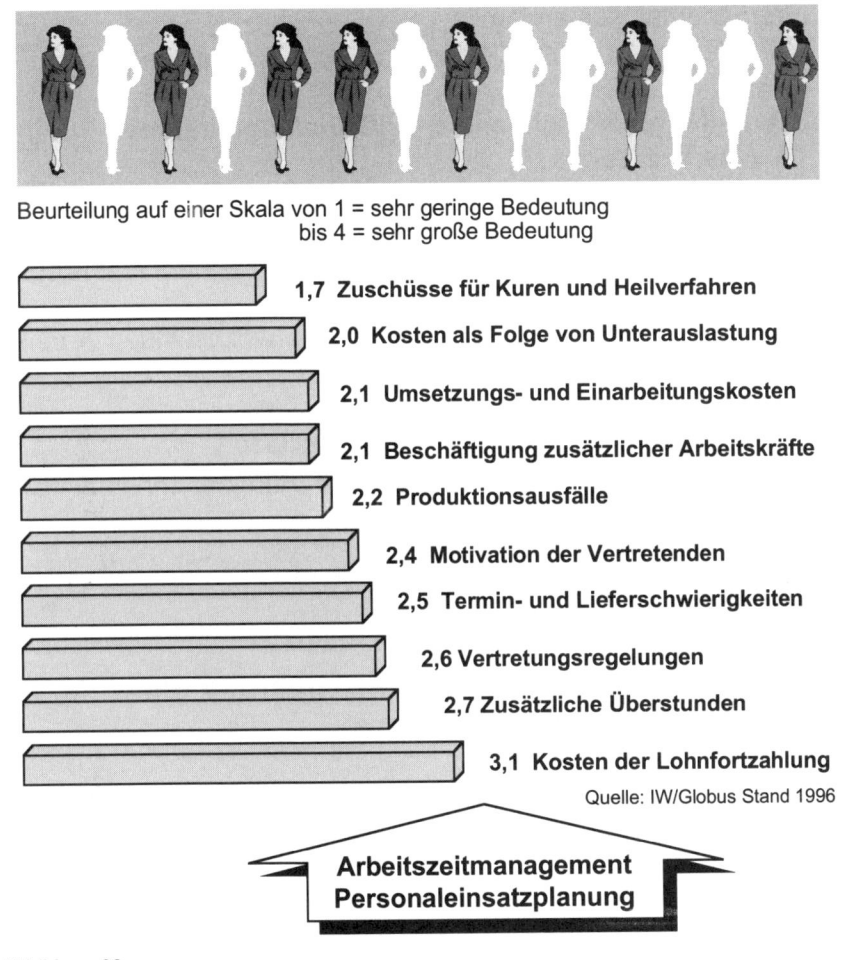

Abbildung 60

13.2 Die Erfordernisse für eine Personaleinsatzplanung

Zusammengefaßt können folgende Erfordernisse für den Einsatz einer Personaleinsatzplanung dargestellt werden:

Veränderte Rahmenbedingungen
- Flexible Arbeitszeiten
- Flexible Schalter- und Ladenöffnungszeiten
- Größere Bereitschaft zur Dienstleistung
- Verändertes Kundenverhalten
- Permanenter Kostendruck
- Führung von Arbeitszeitkonten mit Mehr- und Minderarbeit

Nutzung der gesetzlichen und tariflichen Spielräume
- Jahresarbeitszeiten
- Arbeitszeitkonten als Langzeitkonten
- Arbeitszeitkonten als Kurzzeitkonten (1 oder 2 Jahre)
- Mehrarbeit ohne Zuschlag bei Ausgleich innerhalb festgelegter Zeiträume
- Beachtung von Ankündigungsfristen bei wechselnden Arbeitszeiten

Optimierte Nutzung der Ressource Arbeitszeit
- Synchronisation von Bedarf und verfügbarer (angebotener) Arbeitszeit
- Erkennung von Zeit- und Leistungsreserven
- Kostenreduzierung

13.3 Praktische Gründe für die Einführung eines Personaleinsatzplanungssystems

In der täglichen Praxis der Schicht- oder Dienstplanung kommen immer wieder die gleichen Probleme auf, die wie folgt aufgelistet werden können:

- Stärkere Schwankungen im Arbeitsanfall durch vermehrte Just-in-time-Fertigung vorhanden
- Optimale Anpassung von flexiblen Arbeitszeiten ist manuell häufig nicht möglich
- Manuelle Erstellung und Pflege von Schicht- und Dienstplänen ist zu komplex und zu zeitaufwendig
- Viele kurzfristige Änderungen durch unplanbare Mitarbeiterausfälle

- Unübersichtliche Pläne nach erfolgter manueller Änderung
- Bei Ausfall des Planers ist häufig kein gleichwertiger Ersatz verfügbar
- Erreichung von sozialer Gerechtigkeit bei ungeliebten Arbeitszeiten kaum möglich
- Gleichmäßige Verteilung des Belastungsgrades der Mitarbeiter schwierig
- Berücksichtigung der Inhalte des Arbeitszeitkontos bei manueller Arbeitsweise nur mit großem Zeitaufwand möglich
- Berücksichtigung von Mitarbeiterwünschen häufig kaum möglich

Überwacht und weitgehend automatisiert werden können folgende Aufgaben:
- Einhaltung der rechtlichen und betrieblichen Vorschriften, z.B. maximale tägliche Arbeitszeit, Mindestruhepause zwischen zwei Schichten
- Einlösung der Mitbestimmungsrechte bei Dienst- oder Schichtplanänderungen, z.B. Genehmigung von Mehr- oder Minderarbeit, Beachtung von Ankündigungsfristen
- Erfassung und Abrechnung von entgeltabrechnungsrelevanten Daten, z.B. Zuschläge, Freischichten

13.4 Struktureller Aufbau der Personaleinsatzplanung

Die Personaleinsatzplanung, meist kurz PEP genannt, ist eine Komponente eines integrierten Ressourcenplanungssystems. Dabei ist es eigentlich unerheblich, ob die Komponenten Kapazität und Personal auf einem System als Module ablaufen oder durch Schnittstellen verbundene unterschiedliche Systeme sind. In letzterem Fall kommt es nur darauf an, wie zeitnah die Datenübergabe der Schnittstelle funktioniert, damit die erforderliche Aktualität gewährleistet bleibt.

Ablaufschema Personaleinsatzplanung bei Arbeitszeitflexibilisierung

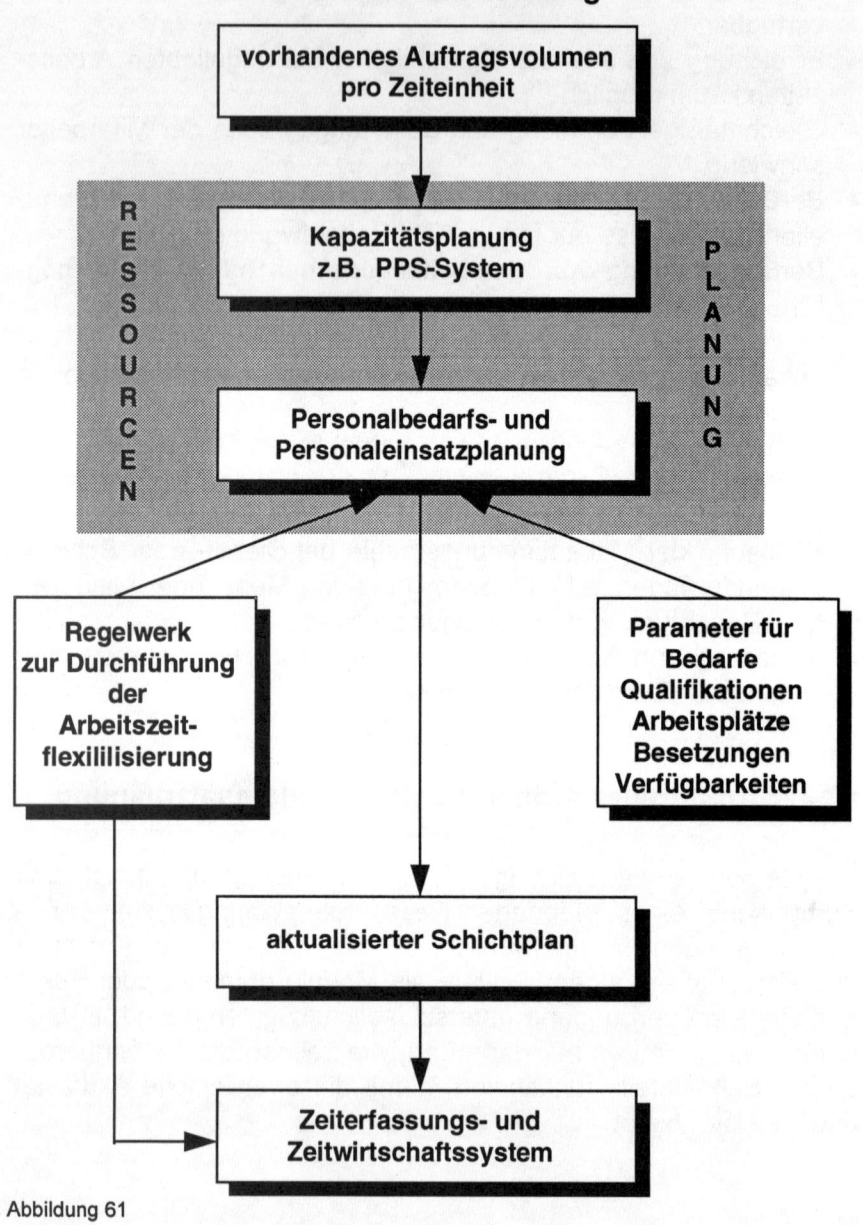

Abbildung 61

Kurzfristige Reaktionen auf geänderte Bedarfe werden im Rahmen der Regeln der Arbeitszeitflexibilisierung vorgenommen. Mit Hilfe der benötigten frei einstellbaren Parameter ist das Personaleinsatzplanungssystem in der Lage, einen aktualisierten Schicht- oder Dienstplan zu erstellen, der die neuen erforderlichen Kapazitäten berücksichtigt. Dieser neue Schichtplan muß dem Zeitwirtschaftssystem umgehend bekannt gemacht werden, damit die erfaßten Daten der richtigen geänderten Bewertung aufgrund neuer Schichten, angeordneter Mehrarbeit oder Freizeitausgleich unterliegen. Über die Schnittstelle zwischen Zeitwirtschaft und Personaleinsatzplanung wird in einem eigenen Kapitel später noch einiges zu sagen sein.

Nun sind die Abgrenzungen zwischen Zeitwirtschaft und Personaleinsatzplanung naturgemäß nicht immer so klar und eindeutig zu bestimmen. Dies liegt einmal an den am Markt befindlichen Systemen und deren unterschiedlichen Vorgaben während der Entwicklung der Software, zum anderen auch daran, daß die Personaleinsatzplanung ein wesentlicher Bestandteil der integrierten Zeitwirtschaft geworden ist.

Die Planungskomponente innerhalb der PEP beruht zu einem hohen Faktor auf den Inhalten des Arbeitszeitkontos. Dieses innerhalb der Zeitwirtschaft geführte Konto muß also jederzeit bei Planungs- und Optimierungsläufen verfügbar sein. Je nach Art der Anwendung ergibt sich also die Notwendigkeit, tatsächlich mit integrierter Zeitwirtschaft einschließlich Personaleinsatzplanung zu arbeiten oder ein PEP-System einzusetzen, das neben der planerischen Komponente auch die Zeitbewertungskomponente führt. Dabei ist darauf zu achten, inwieweit die Zeitbewertung den tatsächlichen betrieblichen Erfordernissen entspricht:
- Können die Inhalte der Arbeitszeitkonten wie gewünscht frei definiert werden?
- Sind die Rechenregeln zur richtigen Bewertung der geleisteten Arbeitszeiten umfassend genug?
- Müssen eventuell die Arbeitszeitkonten doppelt geführt werden, weil die Funktionalität des PEP-Systems nicht ausreicht, mit allen daraus resultierenden Problemen?
- Können alle benötigten Lohnarten zur Entgeltabrechnung erzeugt werden?
- Wie hoch ist die zusätzliche manuelle Bearbeitung, um alle Daten exakt zu erfassen und zu bewerten?

Möglicher struktureller Aufbau der Personaleinsatzplanung

Personaleinsatzplanung

├── **Planungskomponente** ⟷ **Zeitbewertung und Arbeitszeitkonten**

Dienstplanung periodisch
- Dienstplan
- Schichtplan
- Soll-Ist-Plan
- Inhalt AZ-Kto.
- Regelprüfung (AZG, betriebl. Regelungen)

Arbeitsplatzplanung
- Sollbesetzung
- Mindestbes.
- Qualifikation
- Tätigkeitsmerkmale

Arbeitszeitkonten
- Inhalt frei definierbar
- Arbeitszeitmodelle
- Regelprüfung (tariflich und betrieblich)

Zeit- und Lohnarten
- lt. Tarif
- lt. Betriebsvereinbarung
- Schnittstelle Entgeltabrechnung

→ eigene Zeitbewertungskomponente oder Schnittstelle zu separatem Zeitwirtschaftssystem

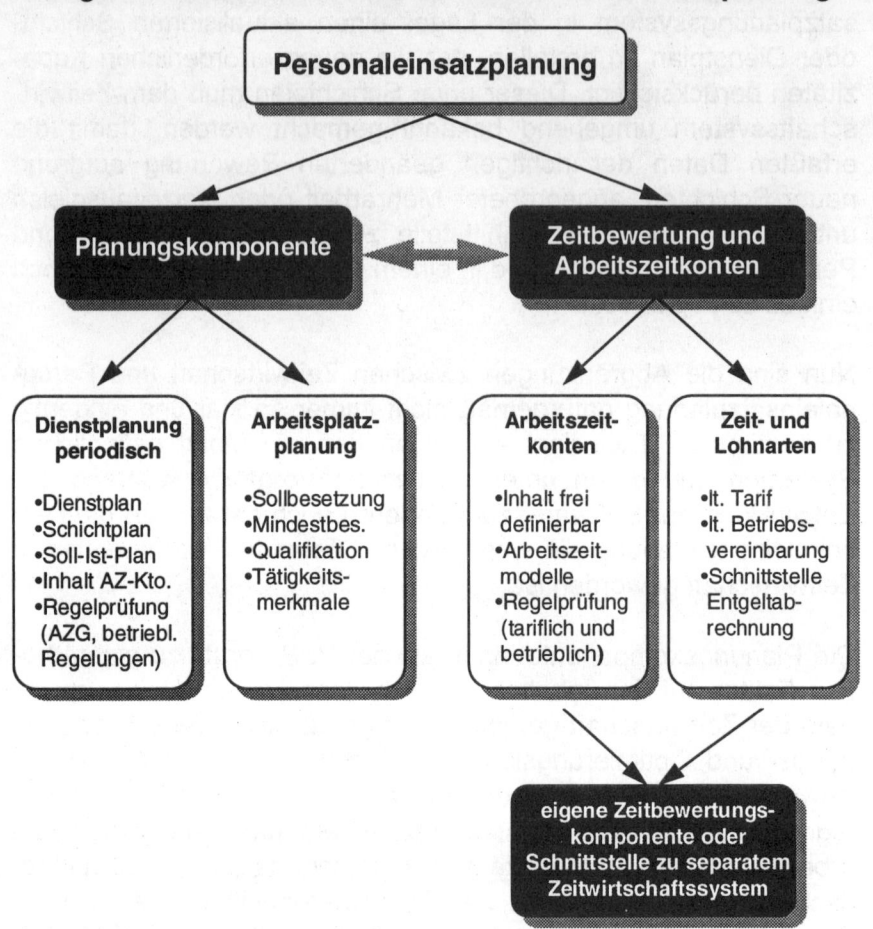

Abbildung 62

In jedem Fall, ob ein eigener Zeitwirtschaftsteil vorhanden ist oder eine Schnittstelle besteht, muß die Personaleinsatzplanung organisatorisch als integrierte Zeitwirtschaftskomponente betrachtet und behandelt werden. Dabei spielt in diesem Kreislauf ein bisher kaum erwähnter Bestandteil der Personaleinsatzplanung eine gewichtige Rolle, nämlich die Personalbedarfsplanung. Erst aufgrund des anonymen Personalbedarfs ist die Personaleinsatzplanung in der Lage, einen optimierten Schichtplan zu erstellen. In vielen Fällen sind heutige Programme zur Personaleinsatzplanung mit einem Modul Personalbedarfsplanung ausgestattet. Der Regelkreis aller Module zur integrierten Zeitwirtschaft, besser gesagt, zum integrierten Zeitmanagement, stellt sich also wie folgt dar:

Personaleinsatzplanung als integrierte Zeitwirtschaftskomponente

vorliegende
Aufträge
Kundenfrequenz
Umsatz etc.

Qualifikation
Inhalte der Arbeitszeitkonten
Ausgewogenheit
soziale Gerechtigkeit

Personalbedarf

Personalbedarfs-planung

anonym

Personaleinsatz-planung

Soll-Ist-Vergleich

Arbeitszeit-modelle

Personal-einsatzplan personifiziert

Tarifverträge
Betriebsvereinbarungen
Verträge
Arbeitszeitmodelle
Flexibilisierungsmaßnahmen
Fehlzeiten

Zeiterfassung und -bewertung

Zeiterfassung tatsächliches Ist

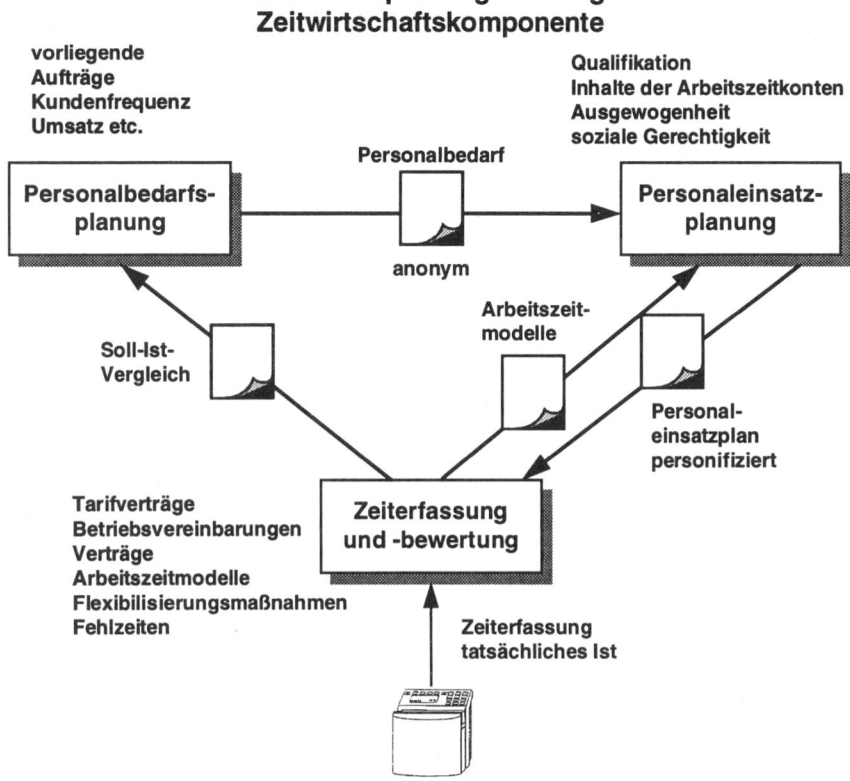

Abbildung 63

Die Personalbedarfsplanung ermittelt aufgrund betrieblicher Kennzahlen den Personalbedarf als benötigte Kapazität pro Zeitraum. Dabei zählen alle durchzuführenden Aufgaben, die je nach Branche und Unternehmen äußerst unterschiedlich sein können. Zusätzlich ist der Zeitraum des Bedarfs zu berücksichtigen, z.B. Hauptsaison, Wochenende, Ultimo etc. Die Personaleinsatzplanung erfüllt diesen anonymen Personalbedarf mit ausgesuchten Personen und erstellt den Schicht- oder Dienstplan. Parameter müssen berücksichtigt werden, die die betrieblichen Gegebenheiten und Aufgaben unterstützen, z.B. Qualifikationen, Ausgewogenheit der Dienstplangestaltung bei ungeliebten Zeiten und Diensten im Sinne einer sozialen Gerechtigkeit. Besondere Bedeutung muß der Gewichtung der Inhalte des Arbeitszeitkontos beigemessen werden. Vorzugsweise sind die Mitarbeiter beispielsweise zu Mehrarbeiten heranzuziehen, deren Arbeitszeitkonto einen Minussaldo aufweist oder ausgeglichen ist. Im umgekehrten Falle sollten bei der Einplanung von Freischichten Mitarbeiter mit hohem positivem Saldo berücksichtigt werden. Dadurch kann bereits bei der Gestaltung des Schicht- oder Dienstplans die Zeitraumüberwachung bei flexiblen Arbeitszeiten im Sinne eines praxisorientierten Arbeitszeitmanagements erleichtert werden. Bei allen diesen Parametern muß auch eine gewisse Priorität berücksichtigt werden. So wird z.B. die Qualifikation meist eine höhere Priorität aufweisen als der Zeitsaldo, und dieser wiederum höher zu bewerten sein als die Parameter der sozialen Gerechtigkeit bzw. der Mitarbeiterwünsche.

Die Zeiterfassung- und -bewertung erhält die geänderten Schichtpläne, so daß bei der richtigen Berechnung der An- und Abwesenheitszeiten auch die zu diesem Zeitpunkt geplanten Daten als Grundlage herangezogen werden. Umgekehrt benötigt die Personaleinsatzplanung auch die festgelegten Regeln für Arbeitszeitflexibilisierung und für das Führen der Arbeitszeitkonten und die Ankündigungsfristen für Schichtänderungen, Mehrarbeit und Freizeitausgleich.

Der Regelkreis ist natürlich erst vollzogen, wenn der Personalbedarf laufend aktualisiert wird. Dazu dienen die Istdaten der Erfassung als Soll-Ist-Vergleich. Sich ändernde betriebliche Gegebenheiten durch organisatorische Veränderungen, neue fertigungstechnische Abläufe und Prozesse müssen Berücksichtigung finden.

13.5 Mögliche Planungszeiträume

Ein Personaleinsatzplanungssystem muß die Möglichkeit bieten, auf das einzelne Unternehmen zugeschnittene Zeiträume als Planungshorizont einzurichten und zu betrachten. Je nach Branche kann eine Grobplanung als Monatsschichtplan ausreichend sein, oder aber es ist unerläßlich, eine stundenweise Planung für den einzelnen Tag zu erstellen. Dazwischen liegen alle möglichen Spielarten, die in einem Unternehmen aber auch gemischt in unterschiedlichen Betriebsbereichen auftreten können.

Planungshorizont und Einflußgrößen

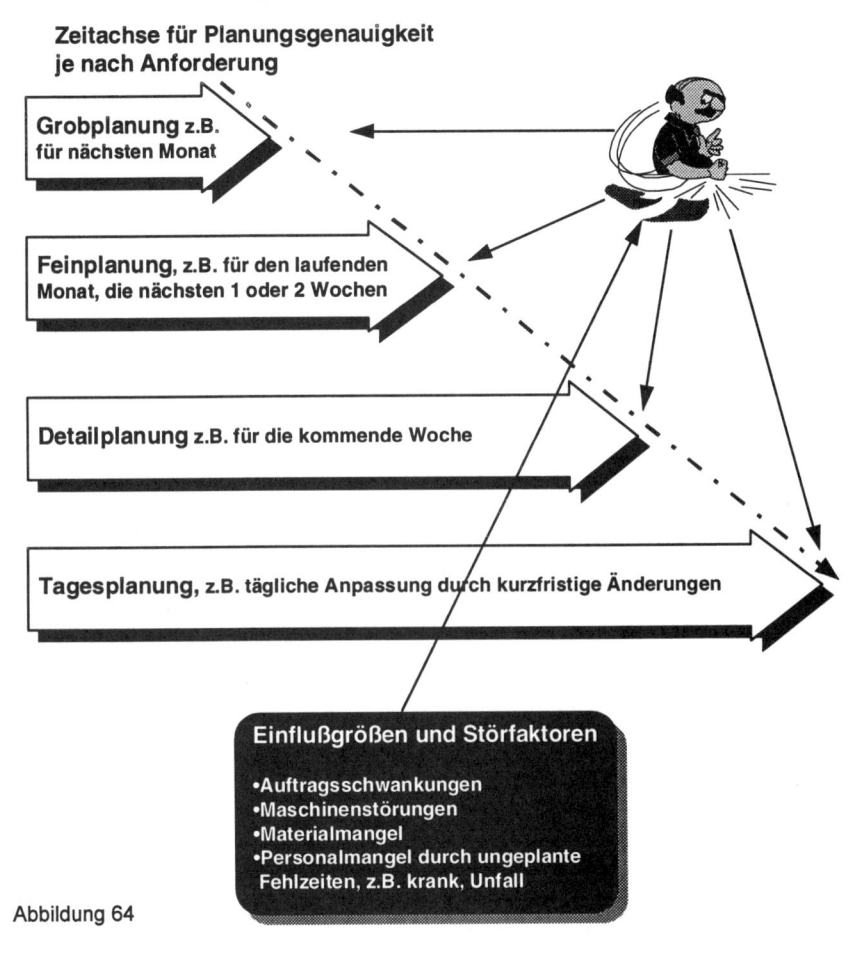

Zeitachse für Planungsgenauigkeit je nach Anforderung

Grobplanung z.B. für nächsten Monat

Feinplanung, z.B. für den laufenden Monat, die nächsten 1 oder 2 Wochen

Detailplanung z.B. für die kommende Woche

Tagesplanung, z.B. tägliche Anpassung durch kurzfristige Änderungen

Einflußgrößen und Störfaktoren
- Auftragsschwankungen
- Maschinenstörungen
- Materialmangel
- Personalmangel durch ungeplante Fehlzeiten, z.B. krank, Unfall

Abbildung 64

Zusätzlich gibt es Störfaktoren, die Einfluß auf den geplanten Ablauf nehmen, Einflüsse technischer und personeller Art. Oftmals ist es möglich, technische Störungen durch personellen Einsatz auszugleichen. Der umgekehrte Weg steht meist nicht zur Verfügung, weil Reserven nicht verfügbar sind. Also liegen die größeren Probleme in der personellen Bereitstellung, im Arbeitszeitmanagement. Ein Grund mehr, ein leistungsfähiges Personaleinsatzplanungssystem zu nutzen.

14 Personalbedarfsplanung

Nachfolgend wird etwas detaillierter auf die Personalbedarfsplanung als Voraussetzung der Personaleinsatzplanung eingegangen. Wie im Bereich der PEP insgesamt sind auch hierbei sehr stark branchen- und betriebsspezifische Eigenheiten zu berücksichtigen.

14.1 Parameter der Personalbedarfsplanung

Folgende Parameterblöcke mit den beispielhaft aufgeführten Inhalten sind je nach Detaillierungsgrad erforderlich:

Arbeitszeiten
- Schichten oder Dienste
- Flexible Arbeitszeiten lt. Arbeitszeitkorridor
- Freie Zeiteinteilung, z.B. Zeitraster in Stunden

Besetzungsstärken der Arbeitsplätze
- Mindestbesetzung
- Sollbesetzung (optimal)
- Maximalbesetzung

Besetzungszeiten der Arbeitsplätze
- Einschichtbetrieb
- Mehrschichtbetrieb
- 0:00 bis 24:00 Uhr
- Montag bis Freitag
- Samstag bis 14:00 Uhr
- Vollkontinuierlicher Betrieb

Qualifikationen des Personals
- Mitarbeiterbezogene Fähigkeiten, z.B. Führerschein Klasse 2, Refa-Schein oder spanische Sprachkenntnisse.

Unter Qualifikationen werden Fähigkeiten hinterlegt, die den Mitarbeiter für bestimmte Funktionen und Arbeitsplätze qualifizieren.

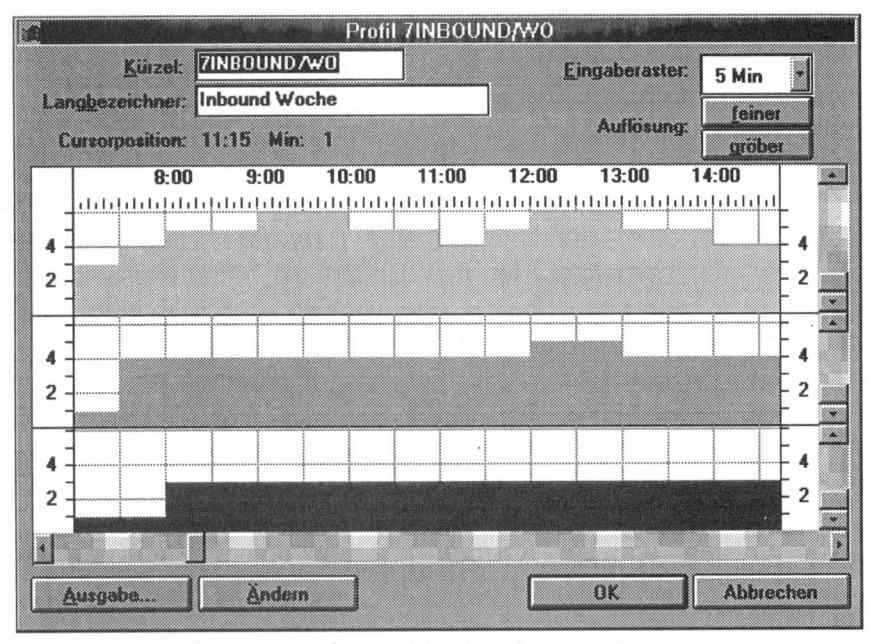

Abbildung 65 Besetzungsstärken für eine Arbeitsplatzfunktion (ASTRUM)

Dies können Prüfungen, Ausbildungsnachweise oder sonstige in der Praxis erworbene Fähigkeiten sein.

Benötigte Funktionen
- Tätigkeiten, die bestimmte Qualifikationen erfordern, z.B. LKW-Fahrer, Zeitaufnahme oder Übersetzer.

Funktionen hängen unmittelbar mit den Qualifikationen zusammen. Es sind Tätigkeiten, zu deren Ausübung bestimmte Qualifikationen erforderlich sind. Es ist deshalb sinnvoll, beide Bereiche getrennt zu betrachten, weil ein Mitarbeiter mit der Qualifikation Führerschein Klasse 2 auch eine andere Tätigkeit z.B. einen Gabelstapler fahren kann, andererseits aber für das Fahren eines LKWs unbedingt der Führerschein Klasse 2 erforderlich ist.

Bedarfsstufen
- gering
- normal
- hoch
- frei definierbare Stufen

Ausgehend von normal kann an Tagen oder anderen Zeiträumen mit geringerem oder höherem Arbeitsaufkommen der Bedarf entsprechend verringert oder erhöht werden. Zusätzliche frei definierbare Stufen gestatten jegliche Anpassung z.B. in Prozent vom Normalbedarf.

Als Beispiel einer dreidimensionalen Bedarfsplanung kann der Einzelhandel herhalten, der den Bedarf an Mitarbeitern je Tagesart und Zeitraster erstellt. Dabei werden auch Mitarbeiter „geteilt", d.h. ein Mitarbeiter kann zwei Tätigkeiten parallel durchführen. Als Paradebeispiel gilt hier die nebeneinander liegende Wurst- und Käsetheke.

3 - D - Bedarfsplanung

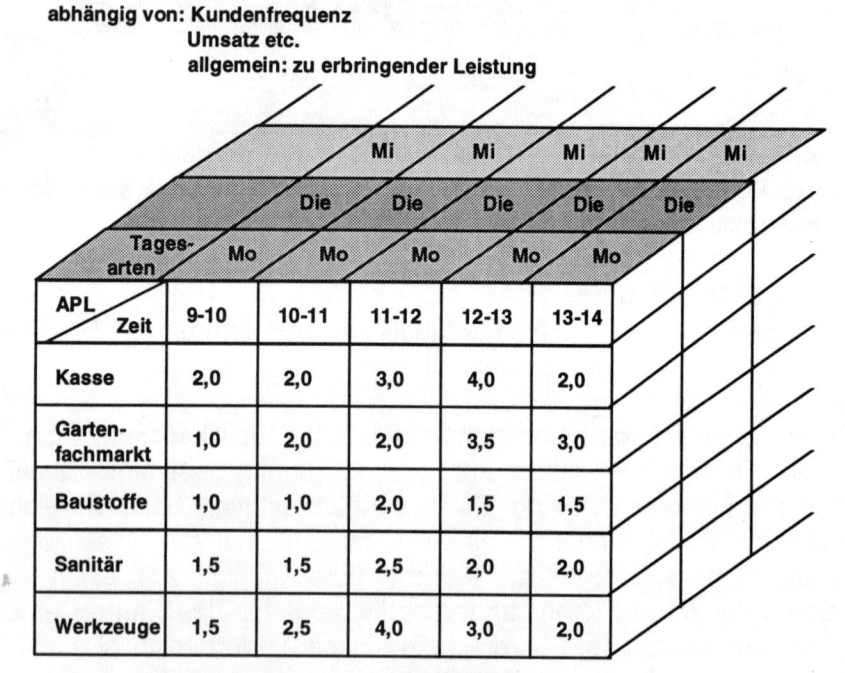

abhängig von: Kundenfrequenz
Umsatz etc.
allgemein: zu erbringender Leistung

APL \ Zeit	9-10	10-11	11-12	12-13	13-14
Kasse	2,0	2,0	3,0	4,0	2,0
Gartenfachmarkt	1,0	2,0	2,0	3,5	3,0
Baustoffe	1,0	1,0	2,0	1,5	1,5
Sanitär	1,5	1,5	2,5	2,0	2,0
Werkzeuge	1,5	2,5	4,0	3,0	2,0

Bedarf an Mitarbeitern je Zeitraster

Zeitraster = Stunden, Schichten, Tage, Wochen
abhängig von der wann benötigten Leistung
abhängig von der Möglichkeit der Flexibilisierung

Abbildung 66

14.2 Auswirkungen der Personalbedarfsplanung

Die Personalbedarfsplanung ist ein wesentliches Instrument zur Kostensenkung, weil sie erreichen soll, daß die Synchronisation von Angebot und Nachfrage im Bereich der Arbeitszeit optimiert wird. Dies ist das ursächliche Anliegen jeglicher Einführung von flexiblen Arbeitszeiten. Bereits im Kapitel 1 dieses Buches beschäftigen sich die Abbildungen 1 und 2 mit diesem Thema. Es sollte spätestens jetzt klar sein, daß die Einführung flexibler Arbeitszeiten eine umfassende organisatorische Vorbereitung erfordert, die sämtliche Facetten der integrierten Zeitwirtschaft und des Arbeitszeitmanagements beinhalten muß. Je gründlicher die Vorarbeit ausfällt, desto produktiver wird später der Erfolg der flexiblen Arbeitszeit sein. Es wird sich im Laufe des Projekts vielleicht herausstellen, daß eine Reihe von hier dargestellten Leistungsmerkmalen nicht vonnöten sind. Dies kann jedoch erst festgestellt werden, wenn sie auf die betrieblichen Anforderungen hin untersucht worden sind. Dabei sollte man immer auch an zukünftige neue Anforderungen und Veränderungen denken und diese so weit wie möglich mit einplanen.

Personalbedarfsplanung als Instrument der Kostensenkung

ohne Bedarfsplanung

zuviel verfügbare Mitarbeiter
zuwenig Kunden/Aufgaben/Aufträge

zuviel Kunden/Aufgaben/Aufträge
zuwenig verfügbare Mitarbeiter

mit Bedarfsplanung

optimaler Personaleinsatz

Abbildung 67

15 Schnittstelle Zeitwirtschaft / Personaleinsatzplanung

Die schon mehrfach angesprochene Bedeutung der Aktualität einer Schnittstelle zwischen Personaleinsatzplanung und Zeitwirtschaft soll in diesem Kapitel verdeutlicht werden. Sicherlich ist der sinnvolle Weg bei einem kompletten Neubeginn des Projektes Arbeitszeitmanagement, wenn beide Programme als Module integriert auf einer gemeinsamen Datenbasis ablaufen. Nun sind jedoch vielfach bereits Zeitwirtschaftssysteme im Einsatz, die nicht über das Modul Personaleinsatzplanung verfügen, die aber auch nicht unbedingt ersetzt werden sollen. In diesem Fall ist die Problematik der Schnittstellen genau zu untersuchen.

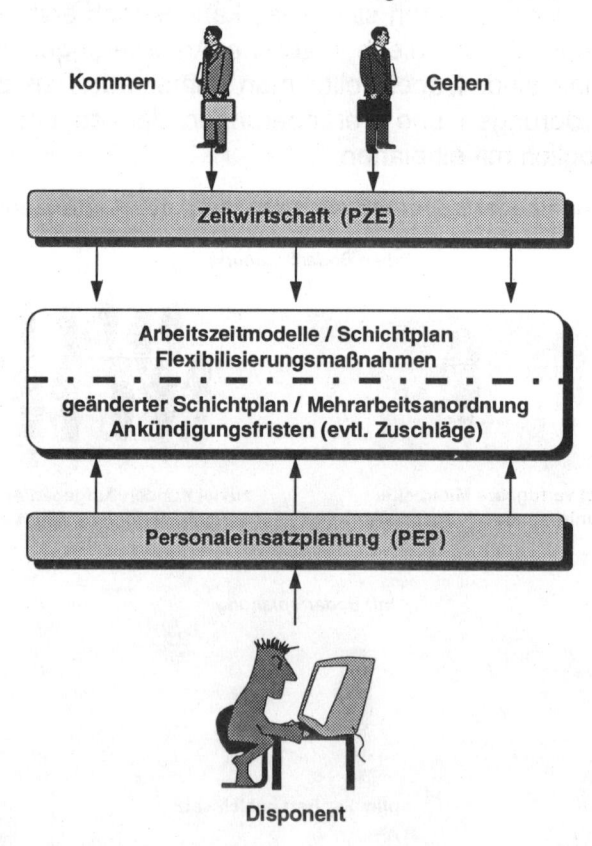

Abbildung 68

15.1 Schichtplangestaltung

In der Praxis geschieht es oft, daß Flexibilisierungsmaßnahmen ausgelöst werden, die dem Zeitwirtschaftssystem zur exakten Bewertung der Arbeitszeiten bekannt sein müssen. Dies können sowohl neue Arbeitszeitmodelle bei grundlegenden Veränderungen als auch nur neue Schichtrhythmen und Schichtpläne sein. Beide Systeme benötigen sowohl die grundlegenden als auch die planerischen Veränderungen, um ihren Aufgaben gerecht zu werden.

15.2 Arbeitszeitkonto

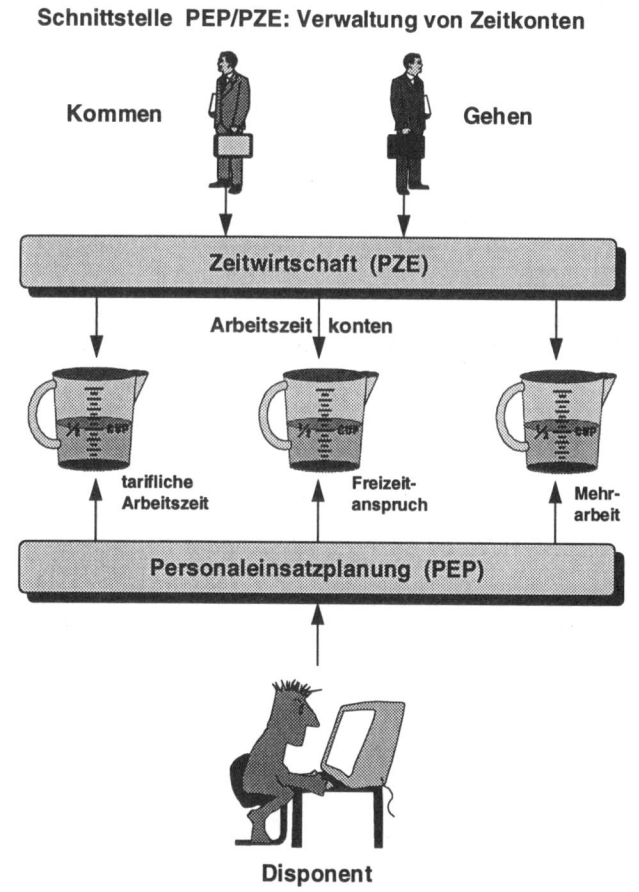

Schnittstelle PEP/PZE: Verwaltung von Zeitkonten

Kommen — Gehen

Zeitwirtschaft (PZE)

Arbeitszeitkonten

tarifliche Arbeitszeit — Freizeitanspruch — Mehrarbeit

Personaleinsatzplanung (PEP)

Disponent

Abbildung 69

Das Arbeitszeitkonto mit seinen diversen Inhalten in Einzelzeitarten wird innerhalb der Zeitwirtschaft geführt. Zur optimalen Einsatzplanung speziell bei flexiblen Arbeitszeiten benötigt die PEP diese Konten als wesentliche Voraussetzung zur Erstellung eines angepaßten Schichtplans. Arbeitszeitkorridor, maximale Arbeitszeiten, Mehrarbeit, Freizeitausgleich und Freischichten sind wichtige Parameter, die innerhalb der Personaleinsatzplanung zur Optimierungsaufgaben benötigt werden.

15.3 Fehlzeiten

Schnittstelle PEP/PZE: Fehlzeitverwaltung

Zeitwirtschaft (PZE)

Eintrag in Fehlzeitkartei und Fehlzeitbewertung

Eintrag in Schichtplan / Hilfe bei Planung und Verfügbarkeit

Personaleinsatzplanung (PEP)

Disponent

Abbildung 70

Ungeplante Fehlzeiten treten plötzlich und ohne Vorankündigung auf und erfordern meist eine schnelle Reaktion. Diese werden sinnvoll innnerhalb der Personaleinsatzplanung erfaßt und gleichzeitig im geänderten Schicht- oder Dienstplan berücksichtigt. Allerdings sollten sie auch sofort ohne zusätzliche Erfassung automatisch in die Fehlzeitkartei der Zeitwirtschaft eingetragen werden und die entsprechenden Verrechnungen im Arbeitszeitkonto und als Lohnarten auslösen. Planbare Fehlzeiten, wie z.B. Urlaub, werden meist in der Fehlzeitkartei der Zeitwirtschaft in voraus erfaßt und müssen auch im Schichtplan der PEP für die zu planende Periode erkennbar sein. Im nachfolgenden Beispiel ist auch in der Fehlzeitenplantafel die geplante Schicht als grafische Andeutung zu erkennen.

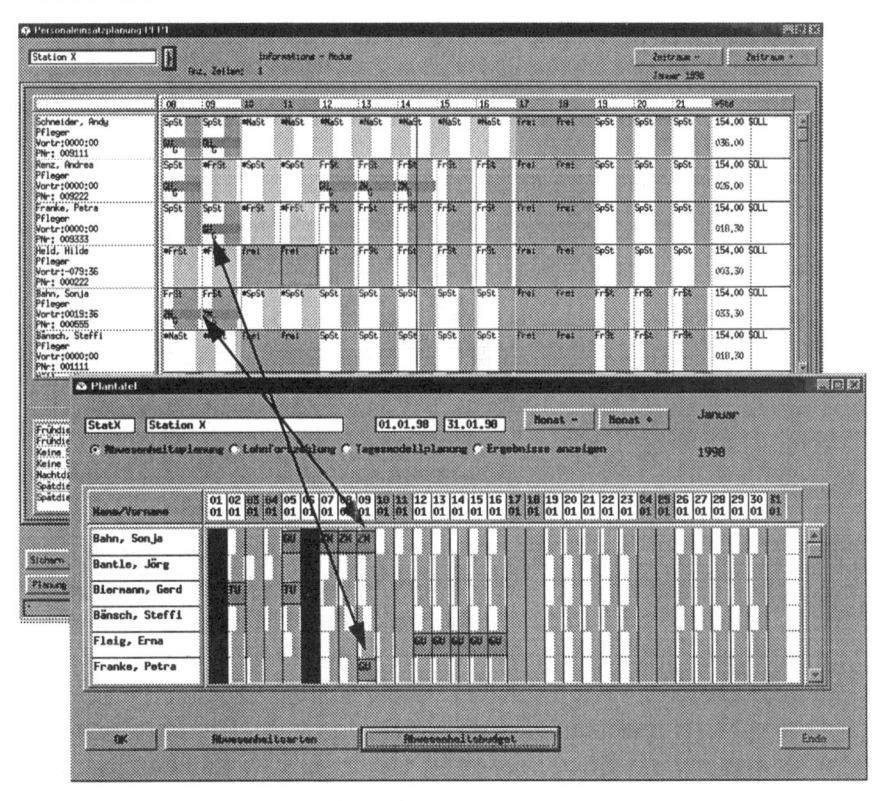

Abbildung 71 Schichtplan und Fehlzeitplantafel (ADICOM)

15.4 Verfahrens- und Rechenregeln

Schnittstelle PEP/PZE: Verfahrens- und Rechenregeln

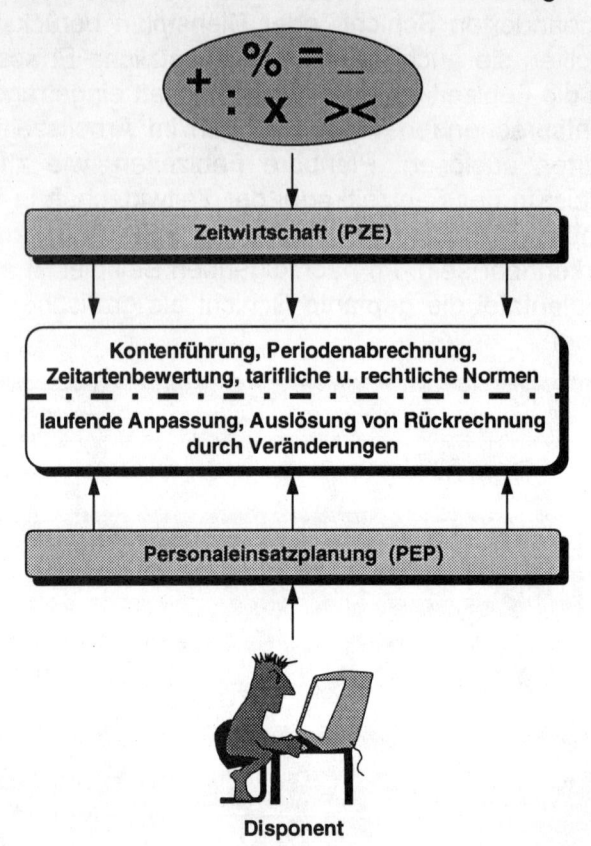

Abbildung 72

Aber auch im Bereich des Regelwerkes sind Überschneidungen möglich. Veränderungen, die rückwirkend bereits abgerechnete Daten betreffen, z.B. Genehmigung von Mehrarbeit, Wiederbewertung gekappter Beträge etc., verändern auch den in der Personaleinsatzplanung geführten evtl. Soll-Ist-Vergleich. Darüber hinaus führen grundsätzliche Änderungen im Parameterbereich der Zeitwirtschaft zu veränderten Bedingungen bei der Planung, z.B. bei Ankündigungsfristen, bei Erweiterung des Arbeitszeitkorridors oder bei Vor- oder Nachholzeiten.

Grundsätzlich ist bei getrennten Systemen mit einer Schnittstelle organisatorisch zu klären, welches das führende System ist. Es wird sich nicht immer vermeiden lassen, gewisse Daten redundant zu führen und auch zu pflegen. Der Aufwand muß jedoch in einem vertretbaren Rahmen liegen.

Ein weiteres Problem der Schnittstelle soll nicht verschwiegen werden: Veränderungen des einen oder anderen Programmes durch neue Versions- oder Releasestände. Diese können bei Veränderungen der Datenstrukturen das Schnittstellenprogramm erheblich beeinflussen, so daß es unter Umständen neu geschrieben werden muß.

Alle diese Punkte sollten zusammengetragen, untersucht und gewichtet werden, bevor eine Entscheidung getroffen wird, die lange Zeit Bestand haben soll.

16 Wesentliche Leistungsmerkmale der Personaleinsatzplanung

Selbstverständlich ist es nicht Sinn dieses Buches, alle Leistungsmerkmale aufzuzählen. Beispielhaft sind nachfolgend jedoch einige wesentliche Leistungsmerkmale beschrieben, die sich an den heute am Markt befindlichen Systemen orientieren. Dabei werden die Belange des aktiven praxisorientierten Arbeitszeitmanagements vorrangig berücksichtigt.

Die komplexen Zusammenhänge innerhalb der Personaleinsatzplanung , speziell für die Monatsplanung, verdeutlicht das folgende Schaubild, wobei nach zwingenden und zweckmäßigen Abhängigkeiten unterschieden wird.

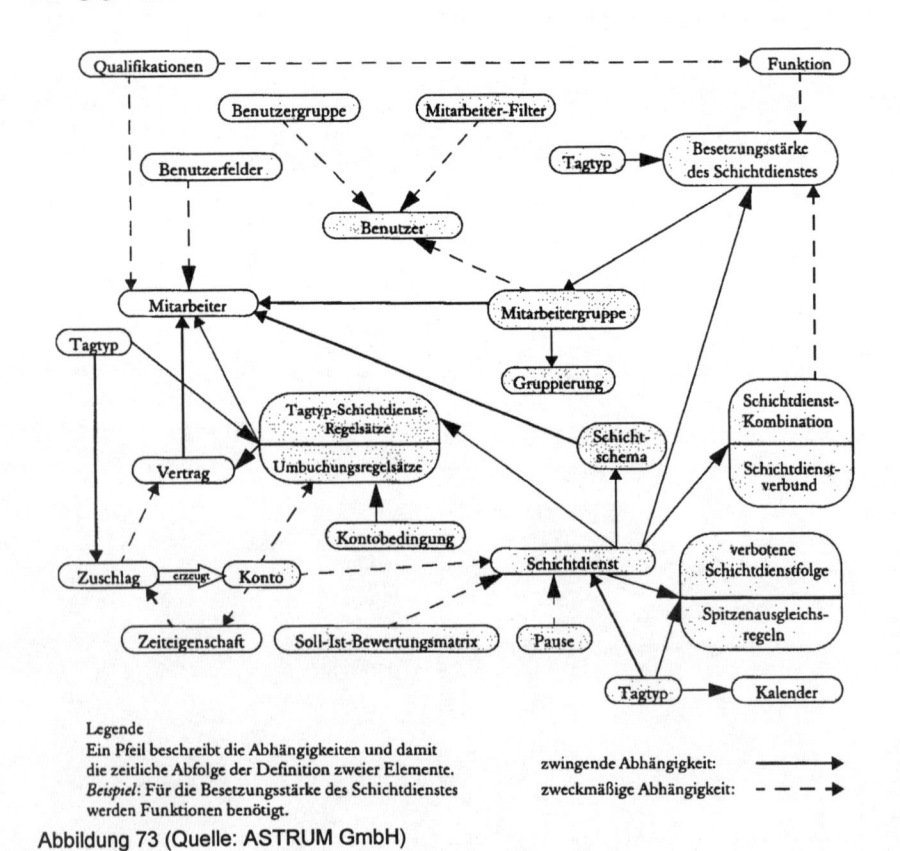

Legende
Ein Pfeil beschreibt die Abhängigkeiten und damit die zeitliche Abfolge der Definition zweier Elemente.
Beispiel: Für die Besetzungsstärke des Schichtdienstes werden Funktionen benötigt.

zwingende Abhängigkeit: ⎯⎯⎯➤
zweckmäßige Abhängigkeit: ‐ ‐ ‐ ➤

Abbildung 73 (Quelle: ASTRUM GmbH)

16.1 Mitarbeiterspezifische Daten

In diesem häufig auch als Vertragsdaten bezeichneten Programmteil werden für jeden Mitarbeiter die planungs- und abrechnungstechnischen Daten hinterlegt, die im abrechnungstechnischen Teil reine Zeitwirtschaftsdaten sind, des besseren Verständnisses wegen hier aber wie in einem integrierten System aufgeführt sind.

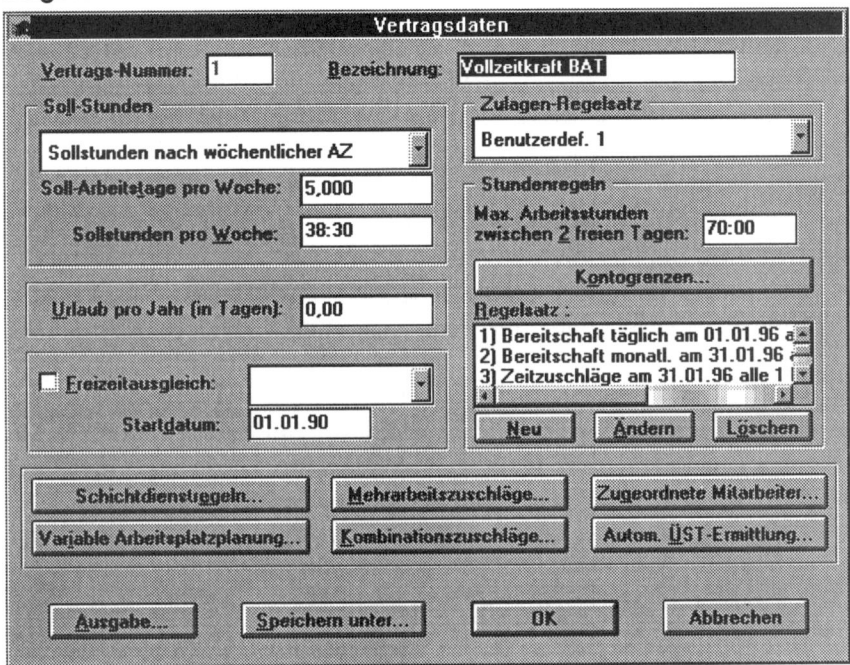

Abbildung 74 Vertragsdaten (ASTRUM)

Darunter fallen im wesentlichen folgende Punkte:

Art der Sollstundenbestimmung
- aus dem Schichtdienst hergeleitete tägliche Sollstunden, die je nach Flexibilisierung der Arbeitszeit mehr oder weniger stark schwanken können
- Sollstunden nach wöchentlicher Arbeitszeit
- monatliche Sollstunden

Jahresurlaubsanspruch
- Vorgabe in Tagen und/oder Stunden
- automatische Vorgabe am Jahresanfang

Freizeitausgleichsbewertung
- Festlegung des Zeitraums der Ermittlung von Freizeitausgleich
- Festlegung des Zeitraums der Gewährung von Freizeitausgleich

Zulagenbewertung
- Regel für die Gewährung von Schicht- und Wechselschichtzulagen (z.B. regelmäßige und unregelmäßige Nachtschicht)

Stundenregeln
- Kontrolle für die Monatsplanung
- Warnung bei Regelverletzung
- z.B. maximale Arbeitszeit zwischen zwei freien Tagen oder Mindestruhezeit zwischen zwei Schichten

Kontogrenzen
- Kontostand prüfen, z.B. maximale Anzahl von Plus- oder Minusstunden
- Planungssaldo prüfen, z.B. maximale Arbeitszeit im Monat
- Tagessaldo prüfen, z.B. maximale oder minimale tägliche Arbeitszeit
- Weitere Beispiele: Prüfung auf Vorgabeanzahl von Nachstunden, Nachtschichten, Mehrarbeitsstunden, Sonntagsschichten etc.

Parameter für variable Arbeitsplatzplanung
- maximale und minimale tägliche Arbeitszeit
- maximale Abweichung der Wochenarbeitszeit nach oben oder unten (Arbeitszeitkorridor)
- Saldo Ober- oder Untergrenze am Ende des Planungszeitraums
- Anzahl Arbeitseinsätze pro Woche
- Anrechnung von Feiertagen als Arbeitstage
- geringfügig beschäftigt

Zuordnung von Zuschlägen
- Arten der Überstundenermittlung, täglich, wöchentlich, monatlich
- Festlegung von Grenzwerten

16.2 Qualifikationen, Funktionen und Prioritäten

Qualifikationen dienen dazu, die Mitarbeiter für bestimmte Tätigkeiten und Funktionen zu berechtigen (vergl. 11.2). Beispiel: Qualifikation Führerschein Klasse 2, Funktion LKW-Fahrer. Einem Mitarbeiter müssen auch mehrere Qualifikationen bzw. mehrere Funktionen zugeordnet werden können.

Da aber die Mitarbeiter nicht für alle Tätigkeiten und Funktionen gleich gut geeignet sind, müssen zusätzlich Prioritäten vergeben werden. Sie geben an, mit welchem Vorrang Mitarbeiter in die unterschiedlichen Arbeitsplatzfunktionen eingeplant werden sollen. Prioritäten werden mit Zahlen von 0 bis n, meist 100, vergeben. Wenn bei der automatischen Einplanung mehrere Mitarbeiter verfügbar sind, werden die Mitarbeiter mit der höchsten Priorität zuerst berücksichtigt.

Prioritäten sollten aber auch für die einzelnen Parameterblöcke untereinander zur Verfügung stehen, da ja nicht nur die reine Qualifikation ausschlaggebend ist, sondern z.B. auch die Inhalte des Arbeitszeitkontos oder die Wünsche des Mitarbeiters.

16.3 Soll-Ist-Planung

Diese zweistufige Planung wird benötigt, wenn der Sollplan nach der Genehmigung nicht mehr geändert wird. Alle erforderlichen Änderungen werden im Ist-Plan durchgeführt. Sollpläne werden vielfach aus abrechnungstechnischen Gründen verwendet. Für die Bewertung von Zuschlägen oder Fehlzeiten kann somit entschieden werden, welcher Plan herangezogen werden soll, der Soll-Plan, der Ist-Plan oder die für den Mitarbeiter günstigste Möglichkeit. Ebenfalls kann festgelegt werden, ob bei der automatischen

Überstundenermittlung die Abweichungen vom Sollplan mit berücksichtigt werden müssen.

Zeitablauf einer Soll-/Ist-Planung

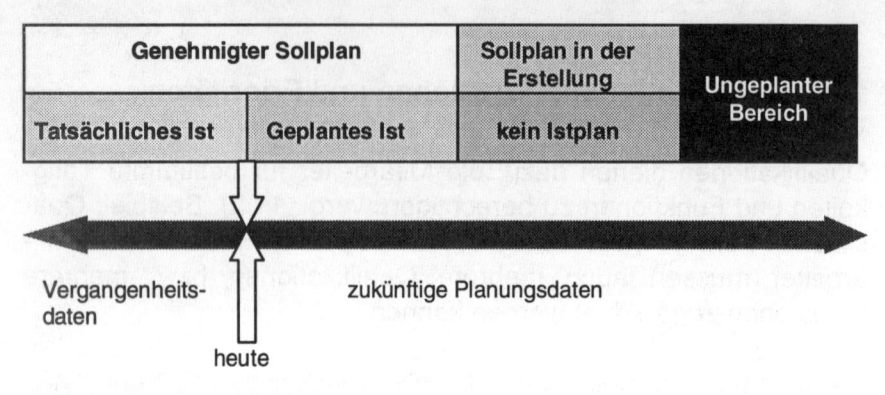

Genehmigter Sollplan		Sollplan in der Erstellung	Ungeplanter Bereich
Tatsächliches Ist	Geplantes Ist	kein Istplan	

Vergangenheitsdaten — heute — zukünftige Planungsdaten

Abbildung 75 (Quelle ASTRUM GmbH)

16.4 Zeitraumüberwachung durch Personaleinsatzplanung

Wie bereits beschrieben, ist die Zeitraumüberwachung des Arbeitszeitkontos von starker Bedeutung. Mit den zusätzlichden Mitteln der Personaleinsatzplanung können nicht nur die Inhalte der Konten, sondern auch die dazugehörigen Fristen überprüft und bei der Einplanung berücksichtigt werden (Abbildung nächste Seite).

16.5 Berücksichtigung von Freizeitausgleich

Bei flexiblen Arbeitszeiten wird die Steuerung des Freizeitausgleichs eine hohe Priorität genießen. Eine weitgehend automatische Steuerung bei der Ermittlung des Freizeitanspruchs und bei der Einplanung des Freizeitausgleichs ist eine wesentliche Erleichterung des Arbeitszeitmanagements.

Für die automatische Ermittlung von Freizeitausgleich müssen einige Kriterien festgelegt werden. Zunächst muß der Zeitraum definiert werden, in dem der Freizeitausgleich erworben werden kann und der Zeitraum, in dem er gewährt werden muß, weil ansonsten eine Umwandlung in eine Lohnart und damit Bezahlung fällig wird. Dazu können feste Zeitpunkte, z.B. Ultimo und damit der Monatszeitraum oder variable Zeiträume mit Beginn und Ende parametriert werden. Die Zeiträume für Ermittlung und Gewährung können direkt aufeinanderfolgen, so daß unmittelbar nach dem Erwerb von Freizeitanspruch die Ausgleichsfrist beginnt. (Abbildung nächste Seite)

Arbeitszeitkonto, Zeitraumüberwachung und Überprüfung der Einsätze durch Personaleinsatzplanung

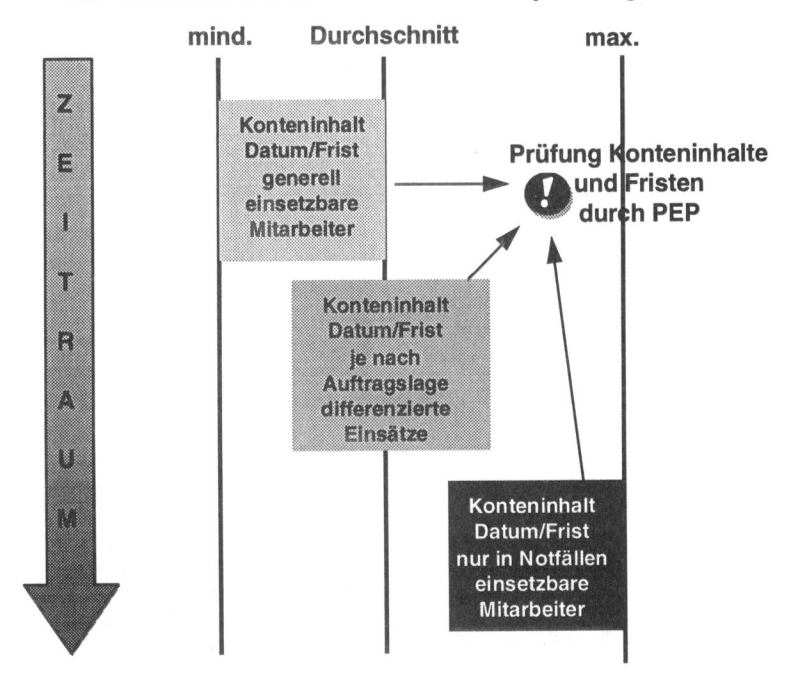

mind.　　Durchschnitt　　max.

ZEITRAUM

Konteninhalt
Datum/Frist
generell
einsetzbare
Mitarbeiter

Prüfung Konteninhalte und Fristen durch PEP

Konteninhalt
Datum/Frist
je nach
Auftragslage
differenzierte
Einsätze

Konteninhalt
Datum/Frist
nur in Notfällen
einsetzbare
Mitarbeiter

Ende Ausgleichszeitraum

Abbildung 76

Als Grundlage für die Ermittlung des Freizeitanspruchs dienen die Daten des Sollplans. Die Differenz zum Ist in Verbindung mit den Rechenregeln zur Führung des Arbeitszeitkontos ist der tatsächliche Freizeitanspruch. Die Basis für die Gewährung des Freizeitausgleichs ist grundsätzlich gleich. Es wird immer der älteste vorhandene Freizeitanspruch auf den Ausgleich verrechnet.

Automatische Steuerung des Freizeitausgleichs durch Personaleinsatzplanung

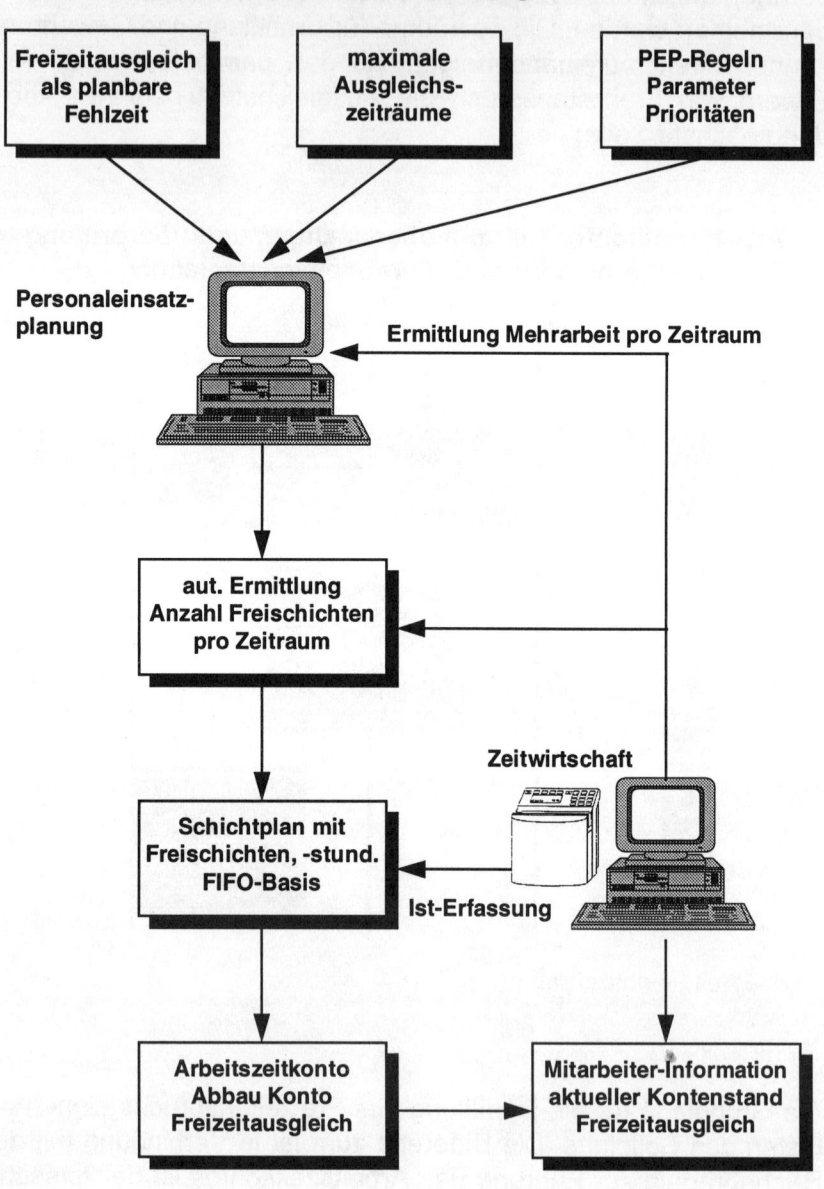

- Freizeitausgleich als planbare Fehlzeit
- maximale Ausgleichszeiträume
- PEP-Regeln Parameter Prioritäten

Personaleinsatzplanung

Ermittlung Mehrarbeit pro Zeitraum

aut. Ermittlung Anzahl Freischichten pro Zeitraum

Zeitwirtschaft

Schichtplan mit Freischichten, -stund. FIFO-Basis

Ist-Erfassung

Arbeitszeitkonto Abbau Konto Freizeitausgleich

Mitarbeiter-Information aktueller Kontenstand Freizeitausgleich

Abbildung 77

Das folgende Beispiel wurde dem Handbuch der ASTRUM GmbH entnommen.

Datum	Tagessaldo	aktueller Ermittlungszeitraum	letzter Ermittlungszeitraum
2.1.	+1,00	+1,00	
3.1.	+0,50	+1,50	
5.1	-0,50	+1,00	
8.1.	+0,75	+1,75	
12.1.	-0,25	+1,50	
15.1. Ende Erm.			+1,50
17.1.	+1,00	+1,00	+1,50
19.1.	-0,50	+1,00	+1,00
26.1.	-0,25	+1,00	+0,75
29.1.	+0,50	+1,50	+0,75
31.1.	+0,75	+2,25	+0,75
1.2. Ende Gew.			Buchung 0,75
5.2.	+0,50	2,75	
15.2. Ende Erm.	-1,00	+1,75	+1,75
22.2.	+0,25	+0,25	+1,75
28.2.	-0,50	+0,25	+1,25
1.3. Ende Gew.			Buchung 1,25
5.3.	-0,75	-0,50	
15.3. Ende Erm.		0,00	0,00

Zu diesem Beispiel wurden feste Zeitpunkte gewählt:
Ermittlung Freizeitanspruch: 15.1., 15.2., 15.3. etc.
Gewährung Freizeitausgleich: 1.2., 1.3., 1.4. etc.

Im Zeitraum vom 1.1. bis 15.1. wird der Freizeitausgleich ermittelt. Ist am 15.1. Freizeitausgleich vorhanden, muß dieser bis einschließlich 1.2. gewährt werden; was am 1.2. noch nicht gewährt wurde, wird umgebucht. Im Zeitraum vom 16.1. bis 15.2. wird wiederum der erworbene Freizeitausgleich ermittelt, und was von diesem am 1.3. nicht gewährt wurde, wird zur Auszahlung veranlaßt usw. Der zu einem bestimmten Ermittlungszeitraum gehörende Gewährungszeitraum ergibt sich aus dem nächst möglichen Zeitraum. Wäre in vorstehendem Beispiel ein Gewährungstag am

17.2. eingetragen, würde der bis zum 15.2. erworbene Freizeitausgleich, der bis zum 17.2. nicht gewährt wurde, an diesem Tag umgebucht. Der 1.3. wäre ohne Bedeutung, da vorher kein Ermittlungszeitraum mehr endet. Fallen Ermittlungs- und Gewährungstag zusammen, wird der an diesem Tag noch nicht gewährte Wert umgebucht.

Bis zum ersten Ermittlungstag, dem 15.1., wird die Mehrarbeit vom 1.1. bis zum 15.1. aufsummiert und davon die Minderarbeit dieses Zeitraums abgezogen, so daß am 15.1. 1,50 Stunden Freizeitausgleich aufgelaufen sind. Von diesem werden die fehlenden Stunden vom 19.1. und 26.1. abgezogen, da für diese Tage der jeweils älteste erworbene Freizeitausgleich hergenommen wird. So bleiben am Ende des 1.2. noch 0,75 Stunden übrig. Bis zum nächsten Ermittlungstag, dem 15.2., laufen die Stunden zwischen dem 16.1. und dem 15.2. auf, also 1,00 vom 17.1., 0,50 vom 29.1., 0,75 vom 31.1. und 0,50 vom 5.2. Davon abgezogen werden 1,00 vom 15.2., so daß am Ermittlungstag 1,75 Stunden Freizeitausgleich vorhanden sind. Von diesen werden 0,50 Stunden zum Ausgleich am 28.2. benötigt, so daß am Ende des Gewährungszeitraums am 1.3. 1,25 Stunden umgebucht werden. Am 5.3. fehlen 0,75 Stunden, an Freizeitausgleich sind aber nur 0,25 Stunden vorhanden. In diesem Falle werden auch nur 0,25 Stunden an Freizeitausgleich gewährt, der Rest bleibt als Minderarbeit (oder Freizeitausgleich) im Vorgriff übrig. Da bis zum 15.3. kein Freizeitausgleich mehr erworben wird, wird am folgenden Gewährungstag, dem 1.4., auch nichts umgebucht.

16.6 Schicht- oder Dienstplanung

Der Schichtplan wird in der Praxis oft als Monatsplan geführt und stellt eine Grobplanung dar. Er legt fest, welcher Mitarbeiter an welchen Tagen zu welchen Zeiten (Schichten, Dienste) anwesend sein soll. Der Zeitraum dieser Schichtplanung sollte variabel gestaltet werden können. Folgende Zustandskriterien für z.B. einen Monatsschichtplan sind denkbar:

Beendeter Plan
Diese Daten gehören der Vergangenheit an und sind daher auch nicht mehr änderbar. Sie können zu Vergleichen herangezogen werden und in die Zukunft kopiert werden.

Aktueller Plan
In diesem Bereich können zukünftige Schichten geplant, aktuelle Daten geändert und Vergangenheitsdaten berichtigt bzw. ergänzt werden.

Alternativplan
Für zukünftige Zeitbereiche können mehrere Alternativpläne existieren. Einer dieser Alternativpläne kann in einen gültigen aktuellen Plan umgewandelt werden.

Ungenehmigter Sollplan
Erstellung eines zukünftigen Schichtplans (vergl. 13.3)

Genehmigter Sollplan
Er dient als Basis zur Abrechnung, Änderungen werden nur noch im Istplan durchgeführt (vergl. 13.3).

Die Darstellung eines Schicht- oder Dienstplans sollte sich an den praktischen Erfordernissen orientieren, d.h., daß alle wichtigen Informationen enthalten sind. Darüber hinaus sollten Änderungen von Schichten, Genehmigungen von Mehrarbeiten oder auch die Zuweisung einer völlig neuen Schicht mit geänderten Anfangs- und Endzeiten innerhalb dieser Bildschirmmaske möglich sein.

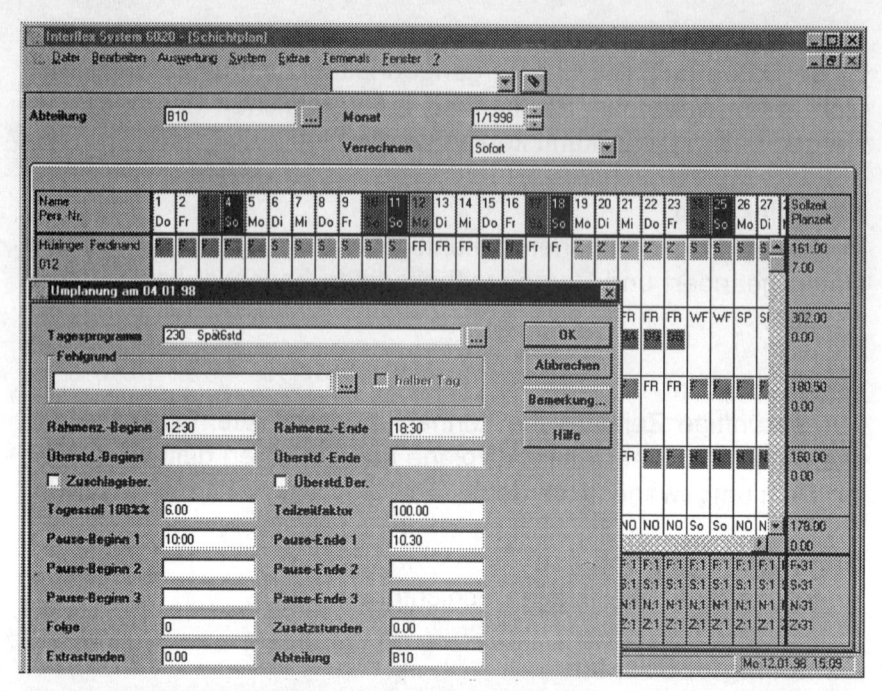

Abbildung 78 Schichtplan mit Umplanungsfenster (Interflex)

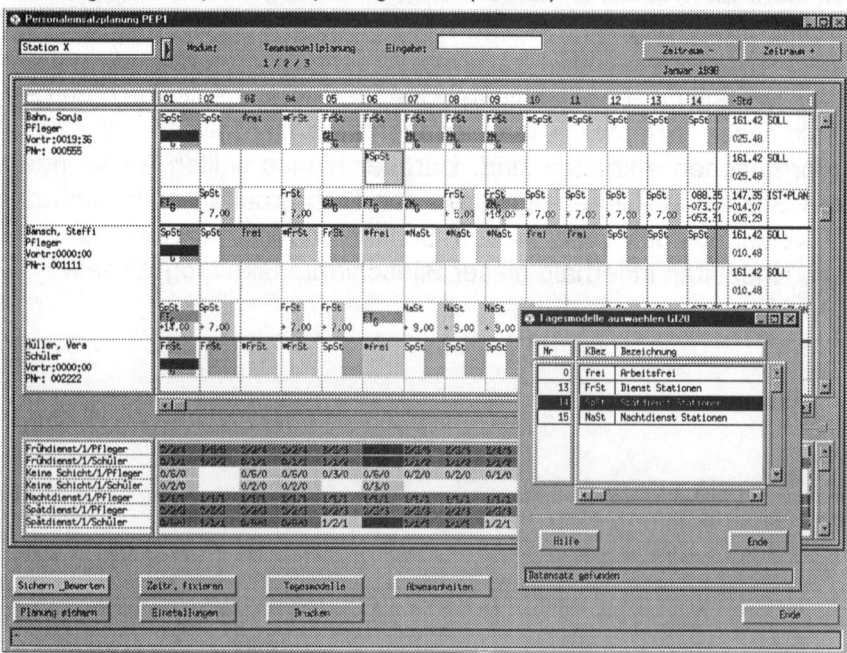

Abbildung 79 Mehrzeiliger Dienstplan mit Langfrist-, Kurzfristplanung und Ist (ADICOM)

Von größter Wichtigkeit für die optimierte Planung ist die Einbeziehung der Inhalte des Arbeitszeitkontos. Deshalb ist die Darstellung von frei wählbaren Zeitartenkonten innerhalb dieser Maske nicht nur als Komfort, sondern als zwingende Notwendigkeit zu betrachten.

Die Darstellung der Besetzungsstärke pro Schicht oder Dienst sollte in diesem Bild ebenfalls vorhanden sein. Sollbesetzung, Unter- oder Überdeckung müssen erkennbar sein und werden heute meist unterschiedlich farbig dargestellt, z.B. grün = Soll, gelb = Überdeckung und rot = Unterdeckung. Weitere spezifizierte Kennungen sind u.U. von Bedeutung, z.B., daß die Schicht zwar in der Summe der eingeplanten Mitarbeiter richtig besetzt ist, aber die benötigten Funktionen zu viel oder zu wenig vorhanden sind.

16.7 Arbeitsplatzplanung

Die Arbeitsplatzplanung ist eine Detailplanung für einen frei wählbaren Zeitraum und einem frei wählbaren Zeitraster, z.B. Tagesplanung auf Stundenbasis oder Wochenplanung auf Schichtbasis. Die Inhalte des Monatsschichtplans bilden dabei die datentechnische Grundlage. Eine weitere Grundlage für diese Planung ist der Personalbedarf dieses Arbeitsplatzes (vergl. Kapitel 11). In diesem Planungslauf werden also Mitarbeiter einzelnen Arbeitsplätzen gemäß deren Personalanforderung zugeteilt.

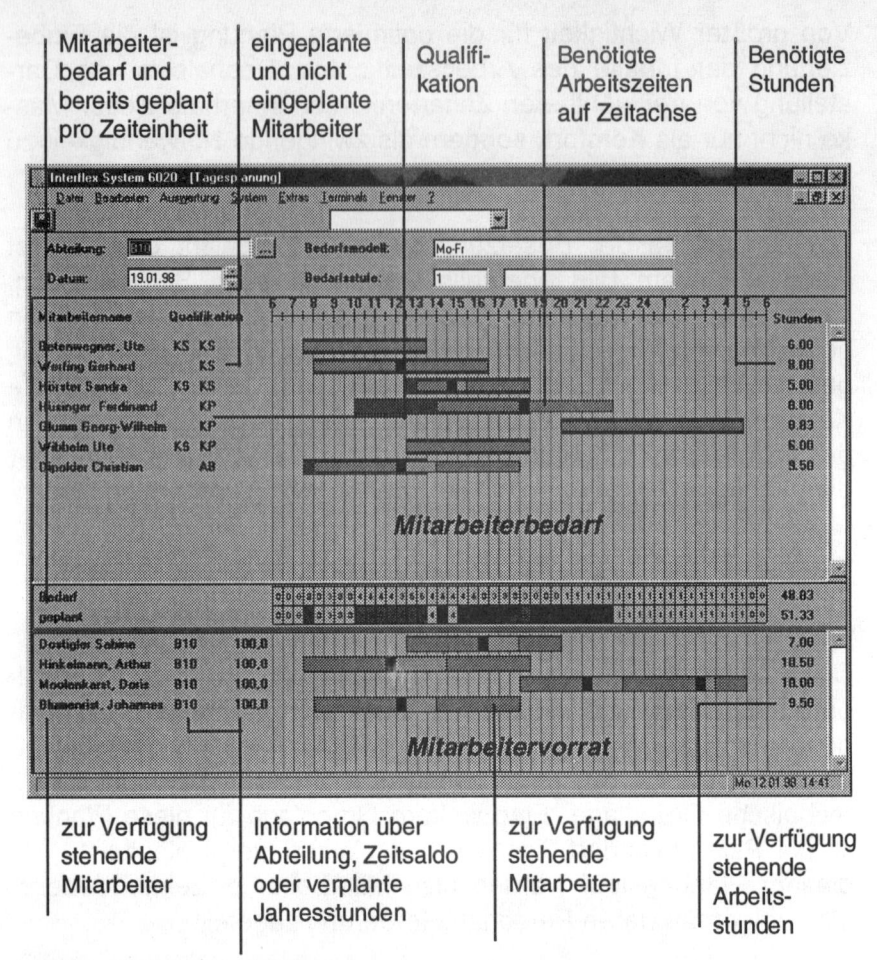

Abbildung 80 Tagesplan (Interflex)

Diese Planungsmaske beinhaltet Leitstandsfunktionalitäten und muß Fehlbesetzungen sofort auffallend sichtbar machen. Je nach Anforderung kann innerhalb der Erkennung von Fehlbesetzungen auch die Dauer und Lage der Pausen einbezogen werden. Ein anderes Fehlbesetzungsmerkmal ist z.B. die Nichtübereinstimmung zwischen eingeplanter Schicht und der Schichtdauer lt. Arbeitszeitmodell bzw. Mindestanwesenheitsdauer.

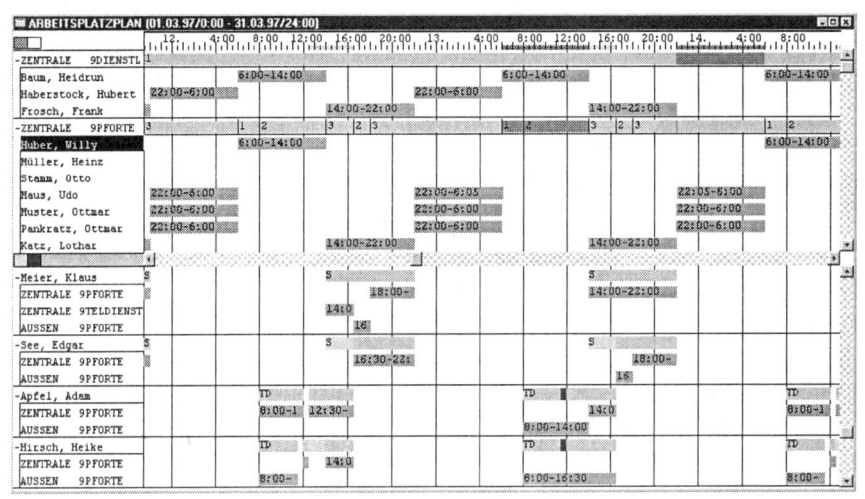

Abbildung 81 Informationen im Arbeitsplatzplan (ASTRUM)

16.8 Mitarbeiter-Pooling

Unter Mitarbeiter-Pooling wird die Möglichkeit verstanden, Mitarbeiter flexibel bei meist kurzfristigem Bedarf außerhalb des Stammarbeitsplatzes einzusetzen. In einem Pool werden diejenigen Mitarbeiter deklariert, die an andere Gruppen verliehen werden können, z.B. Springer, Aushilfskräfte, Teilzeitmitarbeiter oder externes Personal. Es können einzelne Mitarbeiter oder Mitarbeitergruppen in einem Pool zusammengefaßt werden.

Befristet eingesetzte Mitarbeiter werden im Schichtplan besonders gekennzeichnet. Sie können für die Zeit ihrer Abordnung in eine andere Gruppe nicht in der Stammgruppe eingeplant werden, sind dort jedoch speziell gekennzeichnet vorhanden.

Mitarbeiter - Pooling

◄— Bedarfsanforderungen —►

Einsatz außerhalb der eigenen Gruppe

Kennzeichnung der ausgeliehenen Mitarbeiter, in der eigenen Gruppe solange nicht planbar

diverse Qualifikationen und Tätigkeitsbereiche innerhalb des Pools

Abbildung 82

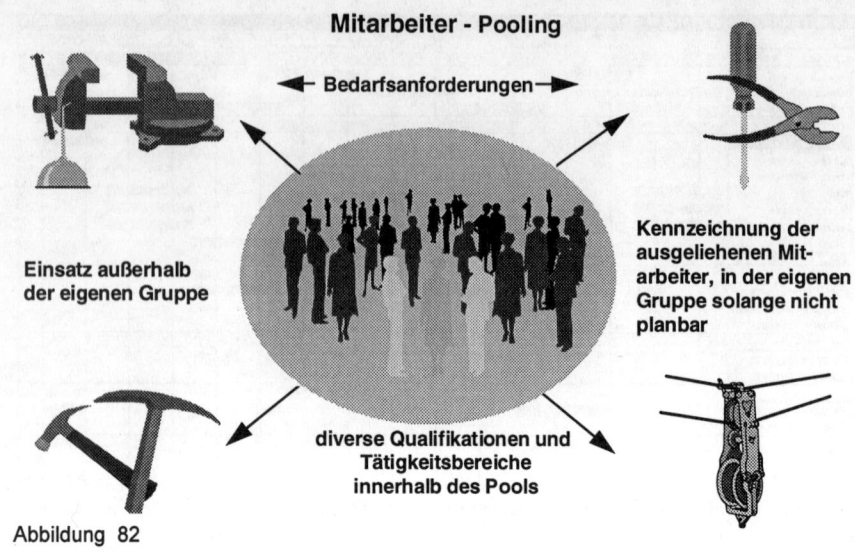

16.9 Soll-Ist-Vergleich

Um einen direkten Vergleich zwischen dem geplanten Soll und dem tatsächlichen Ist zu erhalten, besteht die Möglichkeit, den Schichtplan pro Mitarbeiter mehrzeilig zu gestalten. Die einzelnen Zeilen können dabei folgende Funktionen übernehmen:

1. Geplanter Schichtdienst als Sollplan mit Art und Dauer der Schicht sowie geplanten Abwesenheiten

2. Änderungen im Sollplan aufgrund von kurzfristigen Störeinflüssen

3. Tatsächliches Ist aufgrund der erfaßten und bewerteten Arbeitszeiten

4. Differenzen zwischen Soll und Ist sowie Veränderungen des Arbeitszeitkontos

Solche Soll-Ist-Vergleiche können dazu beitragen, zukünftig eine höhere Planungsgenauigkeit zu erreichen.

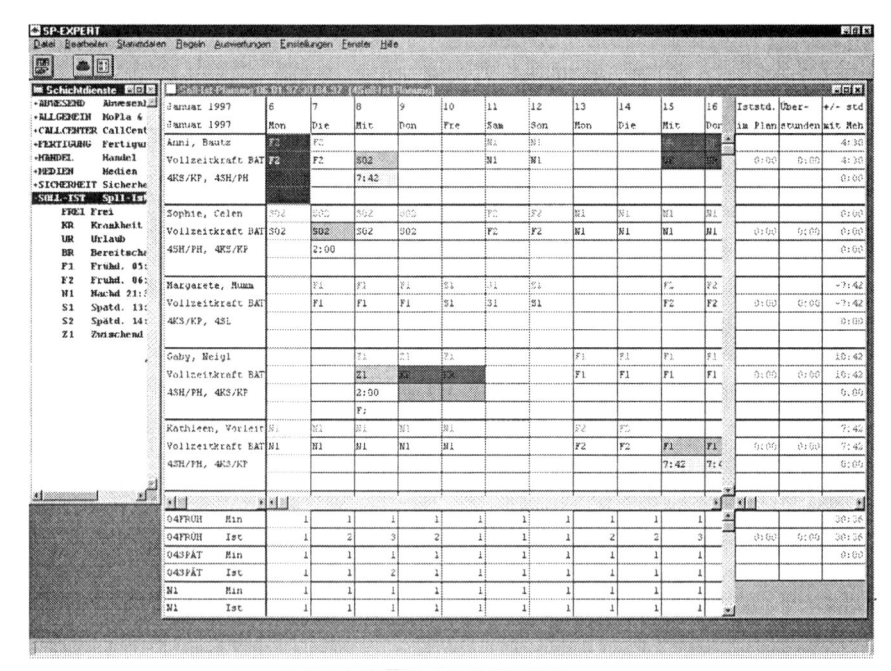

Abbildung 83 Monatsplan mit Soll-Ist-Vergleich (ASTRUM)

16.10 Erweiterte Anwendungen im PEP-Bereich: Call-Center

In den letzten Jahren steht der Servicegedanke mehr im Vordergrund der Unternehmensphilosophie als früher. Immer mehr Call-Center werden ins Leben gerufen, um dem Kunden schnellstmöglich Problemlösungen und Informationen zu liefern. Dieser sog. Service Level ist ein Bewertungskriterium für die Erreichbarkeit des Call Centers: je höher der Service Level, um so besser arbeitet das Call Center. Der Ermittlung der differenzierten Besetzungsstärken kommt damit höchste Priorität zu.

Die Basis dafür bilden die ACD-Daten (Automatic Call Distributor), die aus den Telefonanlagen eingelesen und bewertet werden. Um einen auf die unterschiedlichen Tage ausgerichteten Service Level als Soll, Minimum und Maximum zu definieren, werden z.B. folgende Daten berücksichtigt.

- Anzahl der Anrufe pro Zeiteinheit

- durchschnittliche Zeitdauer der Gespräche
- Festlegen der maximalen Wartezeit
- evtl. Prozentsatz für eine Überschreitung der maximalen Wartezeit
- Berücksichtigung von besonderen Ereignissen, z.B. spezielle Werbeaktionen, Sonderangebote etc.
- Veränderungen des Verlaufs von besonderen Ereignissen, z.B. abflachende Kurve
- saisonale oder sonstige Gewichtungen

Diese Daten können ausgewertet und auch grafisch dargestellt werden. Sie bilden die Grundlage für die Prognose, d.h. die Besetzungsstärke pro Arbeitsplatzbereich. Im Call Center sind dies meist eingehende Anrufe (Inbound) und ausgehende Anrufe (Outbound) für z.B. Nachfragen oder Akquisitionen.

Zusammen mit den vorher bereits ausführlich dargestellten Planungsfaktoren, z.B.

- Vertragsdaten
- Qualifikationen
- Arbeitszeitwünsche der Mitarbeiter
- Arbeitszeitregelungen
- Inhalte der Arbeitszeitkonten

etc.

kann dann automatisch ein optimierter auf die gewählten Zeiteinheiten abgestimmter Personaleinsatzplan erstellt werden.

In der ersten Ausgabe 1/99 der neuen Zeitschrift „HR-Sevices" vom Datakontext-Verlag, Frechen, ist ein kurzer Beitrag zu lesen mit dem Titel:

Strukturen in Call Centern zu flach?
„Über 1,2 Millionen Menschen werden im Jahr 2001 in de EU in Call Centern arbeiten. Das ergaben Untersuchungen der renommierten London Scholl of Economics. Um so brisanter ist eine neue Studie der HAY Management Consults/HAY Group. Demnach beträgt die Mitarbeiterfluktuation in Call Centern bis zu 80 Prozent im Jahr, der Krankenstand bis zu 16 Tagen im Monat. Die

Forschung belegt, daß Führungsverhalten und Unternehmensklima entscheidenden Einfluß darauf haben.

In einer groß angelegten Studie wurden 78 Organisationen mit insgesamt 128 Call Centern untersucht. Die größten beschäftigten über tausend Mitarbeiter, fast alle erfüllen Kundendienstleistungen, die Hälfte betreibt Televerkauf. Der durchschnittliche Call-Center-„Agent" ist weiblich, dreißig Jahre alt, arbeitet Vollzeit und ist seit immerhin drei Jahren im Unternehmen. Dennoch: die Mitarbeiterfluktuation beträgt im Durchschnitt über 20 Prozent, in der Spitze gar 80 Prozent im Jahr. Über die Hälfte der neuen Mitarbeiter verlassen viele Call Center bereits innerhalb des ersten Jahres. Und in jedem dritten Call Center beträgt der Krankenstand zwischen fünf und 16 Tagen im Monat."

Diese Zahlen belegen anschaulich, daß eine am (sozialen) Arbeitszeitmanagement ausgerichtete Personaleinsatzplanung, die auch die sozialen Komponenten und die Wünsche der Mitarbeiter berücksichtigt, mehr denn je erforderlich ist.

17 Checkliste Leistungsmerkmale der Personaleinsatzplanung

In der nachstehenden Checkliste sind relevante Leistungsmerkmale aufgeführt, die je nach Anforderung benötigt werden oder nicht. Die Liste kann einmal zur Abklärung der eigenen Anforderungen herangezogen werden und kann als Leitfaden und Abhakliste bei Systempräsentationen dienen. Selbstverständlich erst, wenn die Liste auf den unternehmensspezifischen Stand gebracht worden ist.

Checkliste zur Abklärung der PEP-Leistungsmerkmale und Leitfaden zur PEP-Vorführung

benötigte Leistungsmerkmale	j	n	Erfüllungsgrad
1. MA- und Arbeitsplatz-Parameter			
MA-Anschrift und Telefon dienstlich und privat			
Kennzeichen für Fahrgemeinschaften			
sind noch freie und wieviele Kennzeichnungsmöglichkeiten verfügbar?			
Selektion nach allen Kennzeichen möglich?			
MA-Qualifikation mit Priorität			
MA-Funktionen mit Priorität			
MA-Ausbildungsstand, Kriterien für Kurse, Seminare etc.			
Azubi-Kennzeichnung			
MA-Teilberechtigung für bestimmte Aufgaben (Prioritäten)			
frei definierbare MA-Gruppierung und deren Bearbeitung als Gruppe			
Abordnung von MA in eine andere Gruppe mit Datum von ... bis und Kennzeichnung als „abgeordnet", Kennzeichnung „in Stammgruppe nicht mehr planbar bis Datum",			

benötigte Leistungsmerkmale	j	n	Erfüllungs-grad
MA-Wünsche für Schichtarten (z.B. Nachtschicht oder Wochenende, auch Anzahl der freien Wochenende), unzulässige Schichten, Mehrarbeitsbereitschaft			
Gewichtung der MA-Wünsche nach relativer Bedeutung			
Mindestbesetzung Anzahl Mitarbeiter (MA) nach Qualifikation und Tätigkeit			
pro Arbeitsplatz			
pro frei definierbarer Gruppe			
pro Schicht			
pro Schicht und Datum			
pro frei wählbarer Zeiteinheit, z.B. im Stundenrhythmus			
Sollbesetzung Anzahl Mitarbeiter (MA) nach Qualifikation und Tätigkeit			
pro Arbeitsplatz			
pro frei definierbarer Gruppe, Arbeitsplatz, Schicht			
pro Schicht			
pro Schicht und Datum			
pro frei wählbarer Zeiteinheit im Stundenrhythmus			
Maximalbesetzung Anzahl Mitarbeiter (MA) nach Qualifikation und Tätigkeit			
pro Arbeitsplatz			
pro frei definierbarer Gruppe, Arbeitsplatz, Schicht			
pro Schicht			
pro Schicht und Datum			
pro frei wählbarer Zeiteinheit im Stundenrhythmus			
Übertragung des Personalbedarfs von einem Zeitraum auf einen anderen			
Zuordnungen von Parametern mit Prioritätensteuerung			
MA zu Qualifikationen			

benötigte Leistungsmerkmale	j	n	Erfüllungs-grad
MA zu Arbeitsplatz bzw. Tätigkeit oder Funktionen			
Qualifikationen zu MA			
Arbeitsplatz bzw. Tätigkeit zu MA			
Arbeitsplatz zu benötigten Qualifikationen			
Qualifikation zu Arbeitsplatz			
Berücksichtigung von Arbeitszeitkonteninhalten aus der Zeitwirtschaft z.B. Freizeitanspruch / Überstunden / Resturlaub pro Mitarbeiter als zu berücksichtigende Planungsgröße bei der Festlegung von Mehr- oder Minderarbeitarbeit			
Listmöglichkeit nach Konteninhalten aus dem Arbeitszeitkonto z.B. Freizeitanspruch/Überstunden/Resturlaub mit Sortierung der MA innerhalb der Gruppierungen von größtem bis zum kleinsten Betrag			
Automatische Einplanung von Freizeitausgleich im Schichtplan			
Automatische Überwachung der Fristen für Freizeitausgleich nach Vorgabe			
Erfassung von Prüfungsterminen (Qualifizierungen, Untersuchungen)			
Überwachung der Mindestruhezeit von 11 bzw. 10 Stunden lt. AZG			
2. Dienst- oder Schichtplan, Aufbau und Inhalte			
Möglichkeit der Übernahme des generellen Schichtplans aus der Zeitwirtschaft für x Wochen mit Darstellung und Berücksichtigung der bereits dort geplanten Abwesenheiten			

benötigte Leistungsmerkmale	j	n	Erfüllungs-grad
automatische optimierte Erstellung von mitarbeiterspezifischen Schichtplänen mit Berücksichtigung aller bekannten Ereignisse und Regeln			
Festlegung von anwenderspezifischen Regeln zur Schichtplanerstellung z.B. mit zeitraumbezogenem Wechsel der Schichtfolgen			
variable Festlegung von Anfangsdaten für Schichtfolgen (Schichtzyklen)			
einfache Bearbeitung sich wiederholender Schichtpläne, z.B. kopieren, übernehmen			
freie Definition von Schichtbeginn und -ende (Tagessprogramme)			
Verbindung zwischen Ausbilder und Azubi, Azubi erhält automatisch die Schicht des Ausbilders			
Einplanung von feststehenden Ausgleichsdiensten bzw. Freischichten			
Darstellung für einen Monat auf dem Bildschirm + Scrollfunktion			
Darstellung vergrößert für die Woche oder den Tag (Zoomfunktion)			
Darstellung grafisch mit Zoom-Funktion			
Darstellung der langfristigen Abwesenheiten (UR, KR, Kur)			
Durchführung der Änderungen, in welcher Form? wieviel Schritte? in einer Maske?			
Erkennen von Änderungen bereits gemachter Änderungen mit Datum (Änderungshistorie)			
Kennzeichnung von Überstunden (bezahlt)			
Kennzeichnung von Mehrarbeit (Freizeitanspruch)			
Darstellung von Unter- und Überdeckung pro Schicht grafisch/farblich			
Darstellung von Unter- und Überdeckung pro Schicht als Anzahl der MA innerhalb der gleichen Bildschirmmaske			

benötigte Leistungsmerkmale	j	n	Erfüllungs-grad
Einblendung von frei zu definierenden Konteninhalten pro MA aus dem Arbeitszeitkonto, z.B. Mehrarbeit, Freizeitanspruch, positive und negative Salden			
3. Aktualisierter Dienstplan nach erfolgtem automatischen Systemvorschlag (Optimierung)			
gleichmäßige Verteilung von Nachtdiensten			
umsetzen auf Schichtfolge ohne Nachtdienst bei Abwesenheit			
Reaktion auf noch vorhandener Unterbesetzung:			
Meldung mit Vorschlägen von möglichen einsetzbaren MA bis Soll			
Reaktion auf noch vorhandener Überbesetzung:			
Meldung mit Vorschlägen zum Abbau von 1. Überstunden und -			
2. Mehrarbeit (Freizeitanspruch) in dieser Reihenfolge bis Soll			
Berücksichtigung aller MA- und Arbeitsplatz-Parameter bei der automatischen Planung und Optimierung lt. Pkt. 1			
Übernahme der Vorschläge durch Bestätigung			
manuelle Änderungsmöglichkeit der Vorschläge grafisch per Maus durch anklicken und ziehen oder verschieben			
manuelle Änderungsmöglichkeiten per Eingabe			
4. Arbeitsplatzplanung			
automatische Belegung des Arbeitsplatzes nach den Parametern lt. Punkt 1			
Darstellung und Ablauf analog zu Punkt 2 und 3			

benötigte Leistungsmerkmale	j	n	Erfüllungs-grad
frei wählbare Zeiteinteilung			
Hinweise auf Fehlbelegungen			
5. Aktuelle Informationen / Schnittstelle zur Zeitwirtschaft			
aktuelle Anwesenheit lt. MA-Buchung			
aktuelle Abwesenheit lt. MA-Buchung mit Fehlgrund			
aktuelle Abwesenheit bei nicht vorhandener Buchung (Schichtbeginn+Karenzzeit)			
wie schnell stehen Änderungen aus der Zeitwirtschaft zur Verfügung?			
wann werden Schichtänderungen an die Zeitwirtschaft gemeldet?			
wann werden Überstunden-/Mehrarbeits-Berechtigungen mit Zeitpunkten an die Zeitwirtschaft gemeldet?			
wann werden Fehlzeiten/Fehlgründe an die Zeitwirtschaft gemeldet?			
welche Schnittstellen zu welchen Zeitwirtschaftssystemen stehen zur Verfügung?			
6. Auswertungen/Listen auf Bildschirm/Drucker			
Jahresdienstplan pro Mitarbeiter			
aktualisierter Monatsdienstplan pro MA			
aktualisierter Monatsdienstplan pro Kostenstelle			
aktualisierter Monatsdienstplan pro wahlfreie Gruppierung			
Tagesübersicht pro Gruppe mit Schichtkennzeichen und Vorschlag der Pausenplanung, Anzahl der geplanten MA je Schicht und Stunde mit Kennzeichnung der unbegründet fehlenden MA. Automatische Erstellung unmittelbar nach Schichtbeginn.			

benötigte Leistungsmerkmale	j	n	Erfüllungs-grad
tägliche Änderungsliste für 14 (X) Tage in die Zukunft mit Änderung von Schichten, Zeitpunkten und geplanten Mehrarbeiten und Freizeitausgleich mit Vermerk: von wem wann geändert			
Liste vonTerminen (Untersuchungen, Qualifizierungsmaßnahmen, Prüfungen etc.) mit frei wählbarem zeitlichen Vorlauf			
Suchen nach eingegebenen Kriterien/Parametern mit und- und oder-Verknüpfung			
Liste mit frei wählbaren Konteninhalten der MA, z.B. Mehrarbeit, Freizeitanspruch			
7. Bewertung der Bedienung			
Sind zusammenhängende Funktionen auf einem Bildschirm ersichtlich?			
Können diese im selben Bildschirm geändert werden?			
Können mehrere Fenster gleichzeitig geöffnet werden?			
Sind Lage und Größe der Fenster leicht veränderbar?			
Sind grafische Elemente vorhanden?			
Können Zeitpunkt- und Schichtänderungen durch Ziehen der Grafikelemente erfolgen?			
Sind farbliche Kennzeichnungen zur besseren Unterscheidung vorhanden?			
Wie sind mehrere Änderungen des selben Datums am selben Tag nachvollziehbar? (Änderungstiefe)			
Zugriffsschutz auf Maskenebene			
Zugriffsschutz auf Feldebene			

In den Spalten ja oder nein können die vorhandenen Leistungsmerkmale gekennzeichnet werden. Die Spalte Erfüllungsgrad dient zur besseren Erläuterung eines Leistungsmerkmals. Hier kann eingetragen werden, ob alle miteinander verbundenen Funktionen tatsächlich in der erwarteten Form oder abgeschwächt vorhanden sind. Zum Teil wird auch über Umwege das gewünschte Ergebnis erzielt. Erfüllungsgrad bezeichnet also letztlich die mögliche noch zu akzeptierende Lösung.

Empfehlenswert ist eine zusätzliche Spalte „Bemerkungen oder andere Lösungsansätze". Da die am Markt befindlichen Systeme sich von ihrem Lösungsansatz doch zum Teil wesentlich unterscheiden, muß entschieden werden, ob auch eine andere Problemlösung letztlich zum erwarteten Ziel führt.

18 Lösungen über Internet und Workflow

Häufig wird der hohe Aufwand der Pflege der Zeitwirtschaftssysteme beklagt. Belege ausfüllen, genehmigen und bearbeiten sowie die Eingabe der Daten in das Zeitwirtschaftssystem nehmen viel, manchmal zu viel Zeit in Anspruch. Die Erfahrung zeigt, daß vielfach falsche und nicht abgestimmte Organisationsformen die Ursache sind. Das papierlose Büro wird zwar längst gefordert, ist aber von der Realität noch ein gutes Stück entfernt. Workflow-Lösungen, speziell über Internet/Intranet bieten den Einstieg in eine weitgehend papierlose Administration und damit effizientere Zeitwirtschaft.

Je mehr die Unternehmen sich Internet- bzw. Intranet-Vernetzungen bedienen, um so mehr wird auch die Zeitwirtschaft darüber abgewickelt werden. Vorreiter sind die Branchen, die einen umfangreichen PC-Bestand ihr eigen nennen, wo praktisch jeder Mitarbeiter seinen eigenen PC hat, also in vielen Verwaltungsbereichen, Versicherungen und Banken. Damit kann auch die Erfassung der An- und Abwesenheiten und die Mitarbeiterinformation neue Wege gehen. Selbstverständlich können auch die entsprechende Anzahl von benötigten Clients installiert werden, was jedoch aus Kostengründen für die benötigten Softwarelizenzen nicht sinnvoll ist.

Innerhalb eines solchen Systems können unterschiedliche Hardwarekomponenten verbunden werden. Damit kann das System auf die differenzierten Bedürfnisse der einzelnen Betriebsbereiche eingestellt werden. So können z.B. innerhalb der Fertigung weiterhin separate Erfassungsgeräte verwendet werden, während im Verwaltungsbereich die Arbeitsplatzrechner als Erfassungs-, Genehmigungs- und Auskunftsmedium genutzt werden.

Die Kommunikationsplattform Workflow kann also Internet/Intranet heißen, aber auch z.B. Lotus Notes oder beides. Wird Lotus Notes als Kommunikationssystem im Internet oder Intranet eingesetzt, so ist diese Oberfläche für die Pflege der Zeitwirtschaft zuständig. Die Unterschiede sind in der Praxis jedoch kaum zu bemerken.

Beispiel Zeitwirtschaft über Internet/Intranet

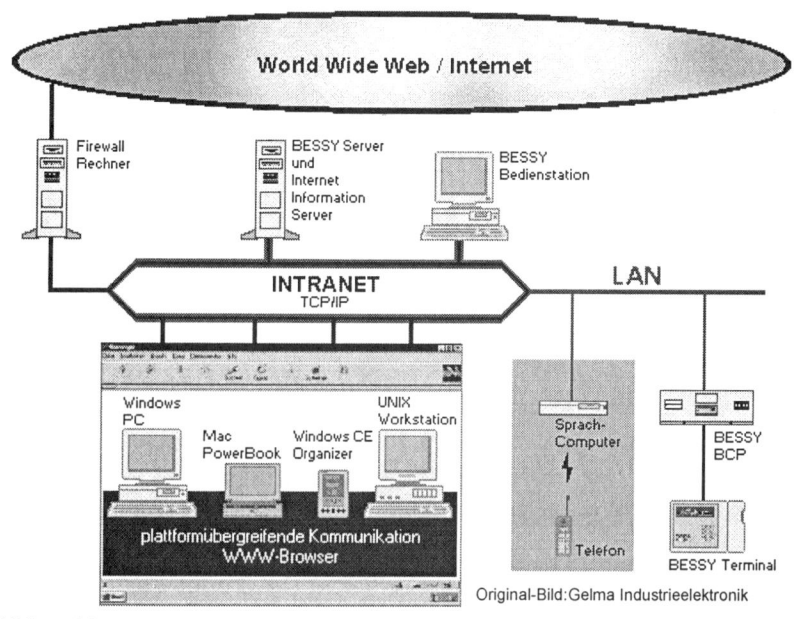

Abbildung 84

Zeitwirtschaft mit Lotus Notes - und Internet - Anbindung

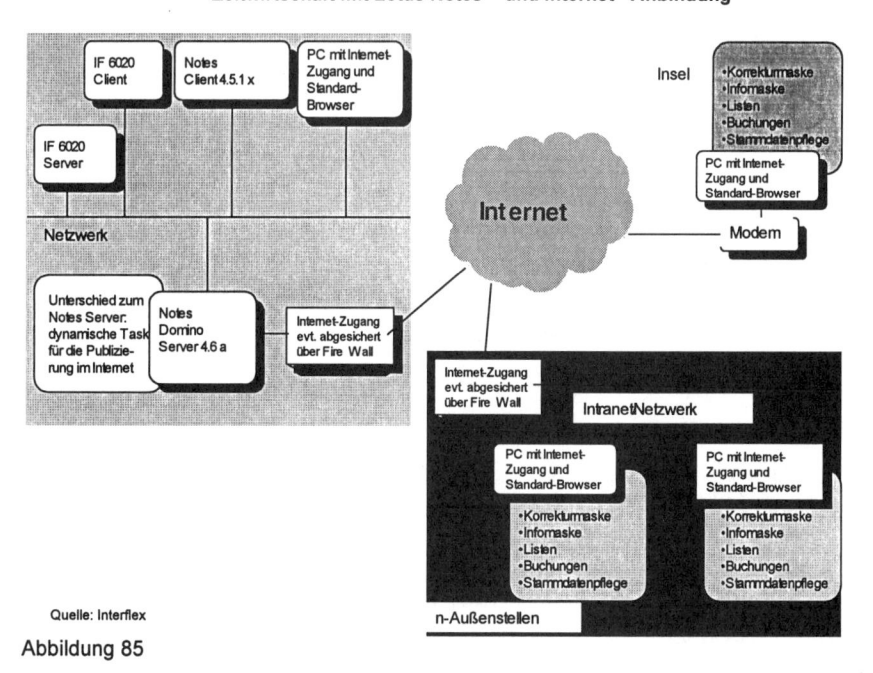

Quelle: Interflex

Abbildung 85

Die beiden vorherigen Abbildungen zeigen einmal eine reine Internet/Intranet-Lösung und zum anderen die Verbindung mit einem Workflow-System, hier als Beispiel Lotus Notes.

18.1 Erfassungsmöglichkeiten und Zeitdatenpflege

Die Bearbeitungsperipherie, also alle Clients, greifen über den Browser auf die Zeitwirtschaftsmasken zu. Die Mitarbeiter können nach wie vor über die bekannten Erfassungsterminals ihre Buchungen durchführen, müssen aber nicht. Die schon seit einiger Zeit bekannten sog. Virtuellen Erfassungsterminals können auch über Internet/Intranet bedient werden. Die Tastenfunktionen bleiben in der gewohnten Form erhalten und können durch Anklicken bedient werden, auch Touchscreens in gewerblichen Bereichen sind möglich. Ein Beispiel zeigt die nachfolgende Abbildung .

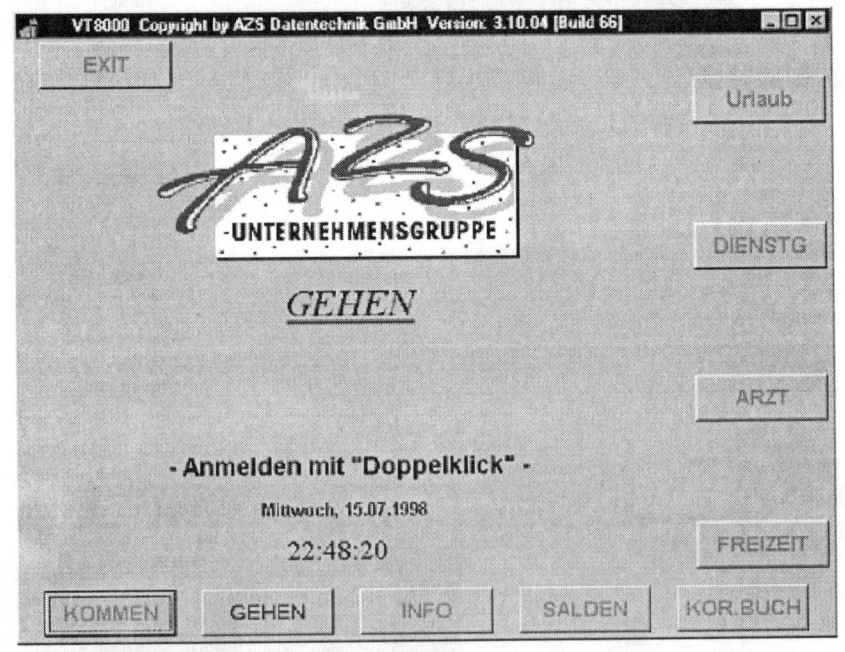

Abbildung 86

Im Rahmen einer Negativerfassung, sei es innerhalb einer Vertrauensarbeitszeit oder nicht, können die Mitarbeiter in einer speziellen Erfassungsmaske die Veränderungen gegenüber der

Sollarbeitszeit dokumentieren. Dabei obliegt es ihnen, ab welcher zeitlichen Größenordnung sie Plus oder Minus erfassen. Eine Erfassung wäre z.b. auch nicht erforderlich, wenn der Mitarbeiter den Ausgleich „im Kopf plant" und kurzfristig vornimmt, z.b. heute eine Stunde weniger, morgen dafür eine Stunde mehr.

Tagesbuchungen			Zeitraumplanung			Zeitkonten		
Tag	Datum	SollStd.	Beginn	Ende	IstStd.	Sk	Ü/S	KstStelle	Sonderzeiten
Fr	02.04.1999	8,00			8,00	Gz			
Sa	03.04.1999	0,00			0,00	Gz			
So	04.04.1999	0,00			0,00	Gz			
Mo	05.04.1999	8,00	07:00	18:15	10,25	Gz	Ü	4000	Training
Di	06.04.1999	8,00	07:00	09:00	10,75	Gz			
			09:00	14:00					Training
			14:00	18:45					
Mi	07.04.1999	8,00			0	Gz			

Abbildung 87

Im vorstehenden Beispiel werden den MitarbeiterInnen automatisch die Sollstunden vorgegeben, die als Iststunden übernommen werden, wenn keine Änderungen vorgenommen wurden. Änderungen werden mit Beginn und Ende erfaßt, damit eine automatische Zuordnung der Zeitarten zu Lohnarten erfolgen kann, z.B. für den Nacht- oder Spätschichtzuschlag, oder auch zur Unterscheidung zwischen steuerfrei und steuerpflichtig. Unter „SK" kann bei Schichtänderungen das entsprechende Kürzel gewählt werden. „Ü/S" stellen eine Differenzierung nach Überstunden oder Arbeitszeitkonto dar. Zusätzlich sind in diesem Beispiel Erfassung auf eine andere Kostenstelle und Sonderzeiten möglich. Auch die Projektzeiterfassung wäre nach folgendem Beispiel möglich.

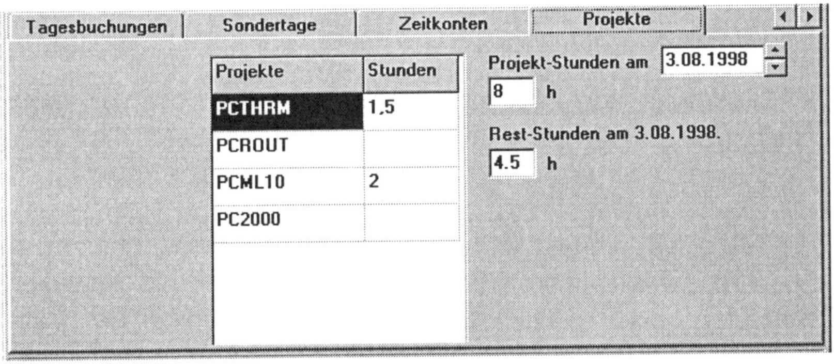

Tagesbuchungen	Sondertage	Zeitkonten	Projekte	
	Projekte	Stunden	Projekt-Stunden am	3.08.1998
			8 h	
	PCTHRM	1,5		
	PCROUT		Rest-Stunden am 3.08.1998.	
			4.5 h	
	PCML10	2		
	PC2000			

Abbildung 88

Bei der Einführung von Vertrauensarbeitszeit in Verbindung mit einer Zeitwirtschaft und der dazugehörigen Zeiterfassung wird zunehmend von einer sog. „unscharfen", d.h. nicht minutengenauen Erfassung gesprochen. Die Basis ist auch hier die Vorgabe der täglichen Sollzeit. Anders als bei dem Vorherigen Beispiel wird hier lediglich eine Zeitmenge zu- oder abgebucht. Dabei können z.B. die Zeitmengen über konfigurierbare Buttons gewählt werden.

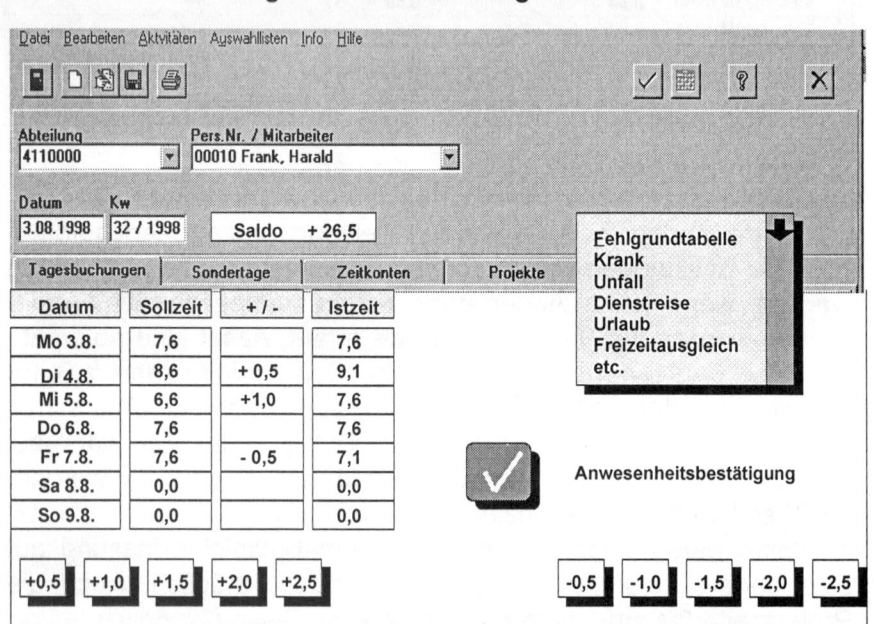

Ungenaue Zeiterfassung über PC

Abbildung 89

Diese Zeitmengenkorrektur ist natürlich nur dann sinnvoll, wenn innerhalb des Zeitrahmens nur eine Zeitart existiert, d.h. keine zusätzlichen Lohnarten für Zuschläge erfaßt werden müssen.

Da die Negativerfassung keine aktuellen An-/Abwesenheiten erzeugen kann, ist in diesem Beispiel ein Button für die Anwesenheitsbestätigung vorhanden. Mit einem Click bestätigt der Mitarbeiter seine Anwesenheit und gibt damit z.B. der Personaleinsatzplanung den wichtigen Hinweis bei kurzfristigen Umplanungserfordernissen.

Die komplette Pflege des Zeitkontos kann den Mitarbeitern überlassen werden, wenn dies wie im folgenden Beispiel dargestellt, gewünscht wird. Auch diese Vorgehensweise kann ein Schritt in Richtung zu einer stärkeren Vertrauensarbeitszeit und zu einem persönlichen Arbeitszeitmanagement sein.

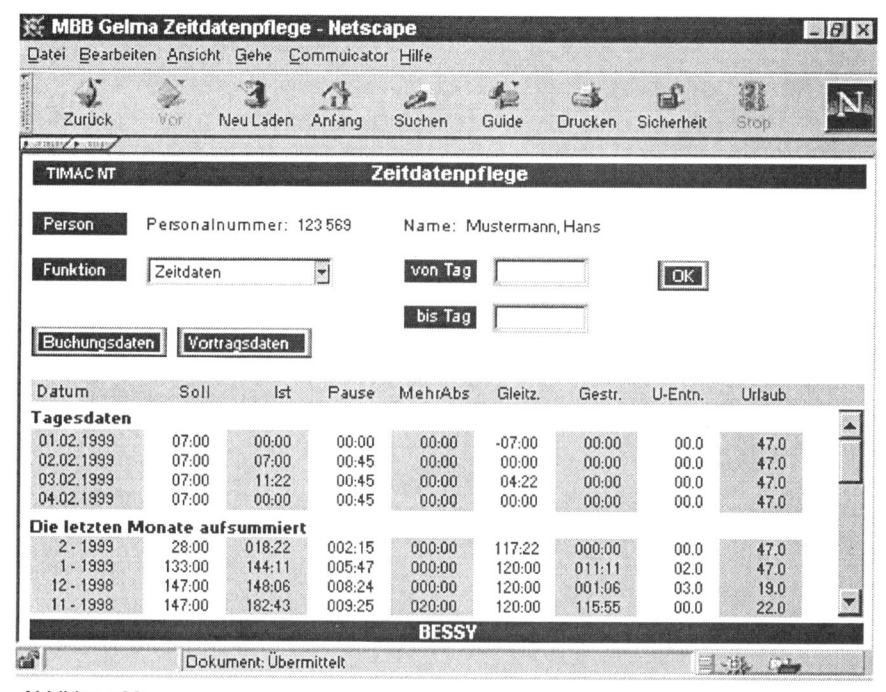

Datum	Soll	Ist	Pause	MehrAbs	Gleitz.	Gestr.	U-Entn.	Urlaub
Tagesdaten								
01.02.1999	07:00	00:00	00:00	00:00	-07:00	00:00	00.0	47.0
02.02.1999	07:00	07:00	00:45	00:00	00:00	00:00	00.0	47.0
03.02.1999	07:00	11:22	00:45	00:00	04:22	00:00	00.0	47.0
04.02.1999	07:00	00:00	00:45	00:00	00:00	00:00	00.0	47.0
Die letzten Monate aufsummiert								
2 - 1999	28:00	018:22	002:15	000:00	117:22	000:00	00.0	47.0
1 - 1999	133:00	144:11	005:47	000:00	120:00	011:11	02.0	47.0
12 - 1998	147:00	148:06	008:24	000:00	120:00	001:06	03.0	19.0
11 - 1998	147:00	182:43	009:25	020:00	120:00	115:55	00.0	22.0

Abbildung 90

18.2 Papierlose Anträge und Genehmigungen

Im Kapitel Arbeitszeitkonten wurde bereits auf die verschiedenen Möglichkeiten der Genehmigungsverfahren hingewiesen. Die heute noch vielfach geübte Praxis der Korrekturbelege und Formulare kann durch die Anwendung von Workflow schon bald der Vergangenheit angehören. Diese Lösung ist unabhängig davon, ob das Workflow-System, z.B. Lotus Notes, im Bereich Internet oder Intranet zum Einsatz kommt.

Der Mitarbeiter stellt z.B. seinen Urlaubsantrag im E-mail-System oder direkt über Internet/Intranet. Der Antrag erreicht zunächst den Arbeitsplatz des Vorgesetzten. Wenn dieser abwesend ist, kann er automatisch zum Arbeitsplatz des Stellvertreters weitergeleitet werden. Damit ist sichergestellt, daß keine unerwünschten Zeitverzögerungen bei der Bearbeitung eintreten. Nach Genehmigung wird der Urlaub in das Urlaubskonto und die Fehlzeitkartei (Jahreskalender) des Systems eingetragen. Der Mitarbeiter erhält eine positive Rückmeldung, bei Nichtgenehmigung eine negative.

Workflow Lotus Notes/Internet: Genehmigungen bearbeiten

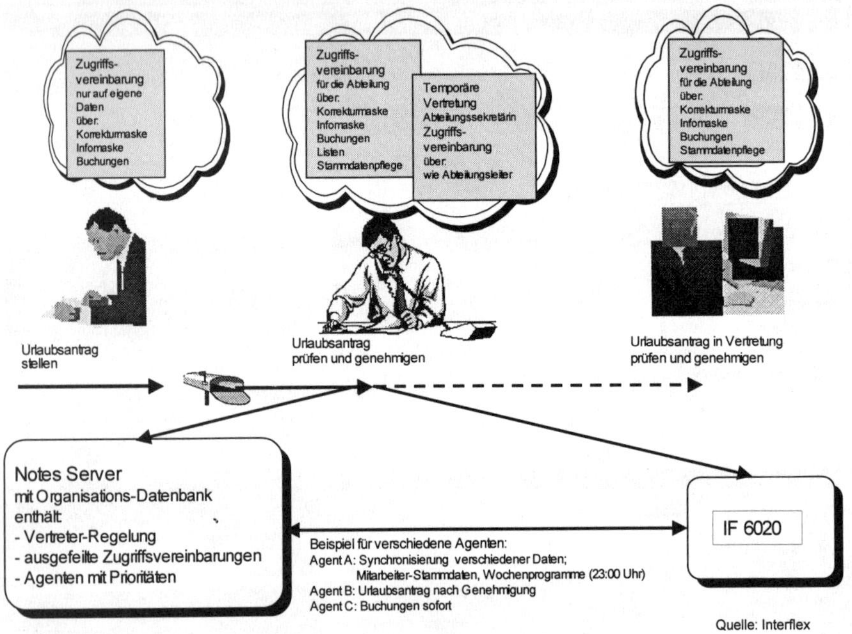

Abbildung 91

Auch die Genehmigung von Mehrarbeit, z.B. auch durch den Betriebsrat, kann über diesen Weg erfolgen. Weiter vorstellbar ist die Freigabe von dezentral vom Mitarbeiter oder in den Abteilungen erfaßten Fehlgründen, wie z.B. wegen Erkrankung Kind, Umzug, Hochzeit oder Tod naher Verwandter etc.

Zeitwirtschaft über Internet bietet Unternehmen mit vielen Niederlassungen oder den zukünftig stärker werdenden Heimarbeitern an Telearbeitsplätzen die Möglichkeit, alle erforderlichen Daten für Abrechnung und Ressourcenplanung online verfügbar zu haben.

Die Mitarbeiter selbst können jederzeit ihre Informationen über ihr Arbeitszeitkonto abrufen.

Internet-Kommunikation mit Internet Browser und TCP/IP machen die Anwendung Zeitwirtschaft plattformunabhängig. So können windowsbasierende PCs, UNIX-Workstations, angemeldete Notebooks und zukünftig Handys – gleich wo auf der Welt- in einem Netz zusammenarbeiten. Aufwendige Belegorganisationen können ersatzlos entfallen. Allerdings muß auch der Wille zur Delegation von mehr Verantwortung an jeden einzelnen Mitarbeiter vorhanden sein. Zeitsouveränität und Vertrauensarbeitszeit können in eine neue Dimension hinein wachsen.

19 Derzeitige Struktur der Personaleinsatzplanungssysteme

In der CoPers Spezial 97/98 Zeitwirtschaft/PEP wurde eine Marktübersicht „Zeitwirtschaft mit integrierter Personaleinsatzplanung" durchgeführt. Die Summary soll hier kurz wiederholt werden:

Die am Markt verfügbaren Personaleinsatzplanungs- und -steuerungs-Funktionalitäten können heute in 4 grobe Teilbereiche untergliedert werden, wobei natürlich gewisse Überlappungen gegeben sind:

Personaleinsatzplanung: vorhandene Leistungsstufen

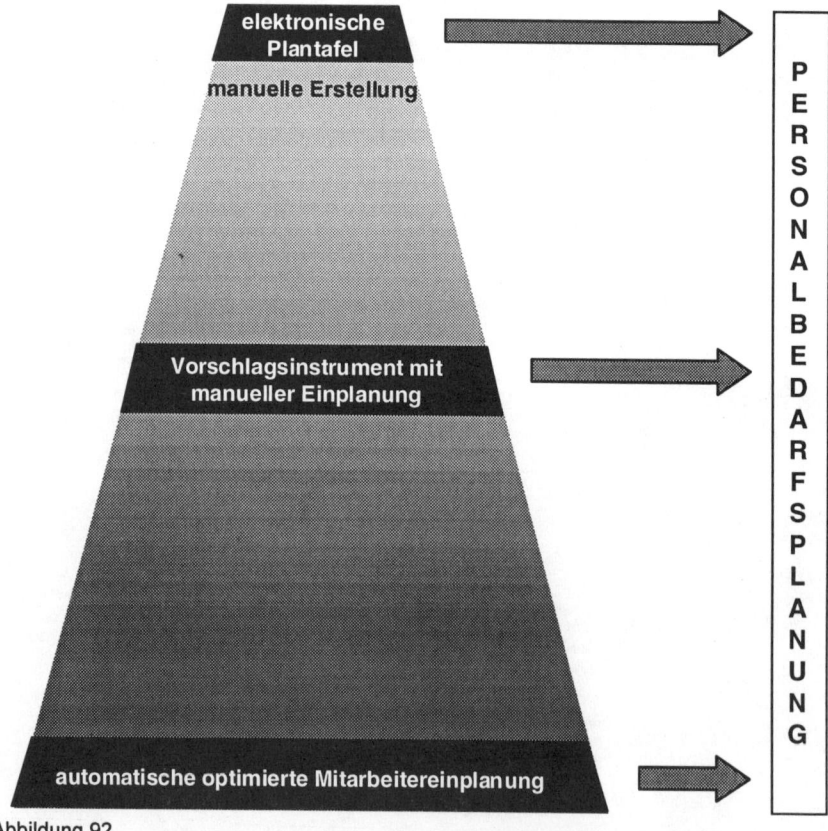

- elektronische Plantafel
- manuelle Erstellung
- Vorschlagsinstrument mit manueller Einplanung
- automatische optimierte Mitarbeitereinplanung

→ PERSONALBEDARFSPLANUNG

Abbildung 92

1. PEP-Funktionen als elektronische Plantafel
Basis ist hier die manuelle Erstellung des Dienst- oder Schichtplanes, wobei das Wissen des Planers ausschlaggebend ist. Gewisse Parameter, wie z.B. Qualifikationen der Mitarbeiter oder Sollbesetzungsstärken sind vorhanden, müssen aber durch den Disponenten ausgesucht und umgesetzt werden.

2. PEP-Funktionen als Vorschlagsinstrument
Aufgrund der festgelegten Parameter schlägt das System die in frage kommenden Mitarbeiter vor, wobei das Einplanen selbst immer noch Aufgabe des Disponenten ist. Gegenüber 1. aber eine wesentliche Erleichterung und Arbeitsersparnis.

3. PEP-Funktionen als automatische optimierte Mitarbeitereinplanung
Hier übernimmt das System weitgehend die Aufgabe des Disponenten und erstellt selbständig einen Einsatzplan unter Berücksichtigung aller Parameter und Prioritäten. Dieser Plan kann natürlich vom Disponenten übersteuert und verändert werden.

4. PEP-Funktion als Personalbedarfsplanung
Die Personalbedarfsplanung stellt eine Ergänzung zur PEP dar und kann zusätzlich zu den Funktionen nach 1 - 3 vorhanden sein. Je nach Branche und Anforderungen können die Bedarfsanforderungen unterschiedlich ausgerichtet sein.

Der nachstehende Fragebogen wurde daher nach diesen Punkten aufgebaut, so daß eine Einstufung durch die Anbieter relativ leicht möglich war.

Fragebogen Zeitwirtschaft mit integrierter Personaleinsatzplanung (PEP)

Bitte ordnen Sie die Leistung und den Umfang Ihrer Software in eine der 3 nachfolgenden Kategorien ein:

1. PEP-Funktionen nur als elektronische Plantafel mit weitgehend manueller Erstellung			
frei definierbarer Zeitraum für Schichtplan	j/n	Zeitraster in Tagen bzw. Schichten	j/n
Zeitraster frei definierbar z.B. Stunden	j/n	grafische Darstellung der Schichtbelegung	j/n
Mitarbeiter-Qualifikationen	j/n	Definition der Sollbesetzungen pro Gruppe	j/n
Anzeige von Unter- bzw. Überdeckung	j/n	Hinweis auf unerlaubte Schichtfolgen lt. AZG	j/n
Berücksichtigung Fehlzeiten aus Zeitwirtschaft	j/n	Darstellung der verfügbaren Mitarbeiter	j/n
Sofortige Übergabe der Änderungen an ZeiWi	j/n	aut. Soll-Ist-Vergleich	j/n
2. zusätzlich zu 1.: PEP als Vorschlagsinstrument zur weitgehend manuellen Einplanung			
Arbeitsplatzplanung pro Schicht	j/n	Arbeitsplatzplanung pro Stunde (Zeiteinheiten)	j/n
Besetzungsstärke min/max/Soll	j/n	Historie der Besetzungsstärken	j/n
Berücksichtigung von Zeitkonteninhalten, z.B.:	j/n	Vorschlag mit geeigneten Mitarbeitern	j/n
- Mehrarbeitskonto	j/n	bei nicht Übereinstimmung Arbeitszeitmodell:	
- Freizeitanspruch	j/n	- aut. Anpassung mit Darstellung Abweichung	j/n
- zusätzlich Überwachung Ausgleichszeitraum	j/n	- Abweisung mit Fehlerhinweis	j/n
Führen eines Mitarbeiter-Pools	j/n	aut. Soll-Ist-Vergleich	j/n
3. zusätzlich zu 1. und 2.: PEP als automatische optimierte Mitarbeitereinplanung			
aut. Planerstellung aufgrund aller Parameter	j/n	Alternativen: was-wäre-wenn?	j/n
manuelle Übersteuerung der Optimierung	j/n	2. Optimierungslauf nach Prioritätenänderung	j/n
4. zusätzlich zu 1., 2. und/oder 3.:Personalbedarfsplanung			
Bedarfsvorgabe pro Planungseinheit	j/n	Bedarf nach Besetzungszeiten	j/n
Bedarf nach Qualifikationen	j/n	Bedarf nach Bedarfsstufen	j/n

Bitte nutzen Sie die freien Spalten zu evtl. Ergänzungen. Wir möchten nochmals daraufhinweisen, den Fragenbogen nur komplett auszufüllen, wenn die Integration Zeitwirtschaft/PEP gegeben ist.

Insgesamt wurden 39 Fragebögen von 38 Firmen (MZS 2 unterschiedliche Systemausstattungen) zurückgeschickt. Die summarische Auswertung ergibt folgendes Bild:

Eingruppierung in Kategorien	Anzahl
1 Plantafel	6
2 Vorschlagsinstrument	8
3 automatische Optimierung	14
4 Personalbedarfsplanung	22
PEP in Vorbereitung	5
keine PEP	3

Da die Kombination mit der Personalbedarfsplanung nicht an die einzelnen Kategorien gebunden ist, wurden folgende Kombinationsmodelle festgestellt:

Kombinationen	Anzahl
1 und 4	3
2 und 4	5
3 und 4	14

Darüberhinaus konnten 3 Fragebögen nicht komplett in die Kategorie 1 Plantafel eingereiht werden, weil doch wesentliche Funktionen fehlen. Hier kann man allenfalls 1/2 -Stufe zubilligen. Es handelt sich wohl um Funktionen der Schichtplangestaltung aus der eigentlichen Zeiterfassung.

Nicht alle Fragebögen, die Funktionen in der Kategorie 2 als Vorschlagsinstrument angekreuzt hatten, waren auch in diese aufzunehmen. Wenn das Leistungsmerkmal „Vorschlag mit geeigneten Mitarbeitern" mit „nein" beantwortet wurde, fehlt das Hauptmerkmal dieser Gruppierung und damit ist eine Einstufung in diese nicht möglich.

Wenn man die „Versuche einer Marktübersicht" von 1995 und 1996 (vergl. CoPers aus diesen Jahren) heranzieht, ist das Ergebnis frappierend, besonders, was den automatisch optimierenden Plan betrifft. Waren es 1996 erst ganze 4 Anbieter, so sind es heute 14! Diese Steigerung läßt jedoch auch den Schluß zu, daß die potentiellen Anwender sich die automatische Optimierung sehr genau ansehen sollten, um zu erkennen, welche Funktionen da tatsächlich ablaufen.

Der Trend zur PEP ist jedoch unübersehbar vorhanden. Der Kunde und Anwender hat wie immer die Aufgabe, die von ihm benötigten Leistungsmerkmale, die in einem Fragebogen natürlich nur kurz und knapp dargestellt werden können, auf die tatsächlichen Inhalte, Funktionen und Eignung für sein Unternehmen zu überprüfen. Eine Marktübersicht kann heute mehr denn je nur ein Anhaltspunkt sein, der aber hilft, wertvolle Zeit einzusparen und ist damit auch eine Form des dringend benötigten Zeitmanagements.

20 Der Nutzen eines aktiven Arbeitszeitmanagements

Da das Arbeitszeitmanagement sich auf die Informationen der gesamten integrierten Zeitwirtschaft stützt, müssen in die Nutzenbetrachtung auch alle Bereiche einbezogen werden.

20.1 Der Nutzen der Personaleinsatzplanung aus der Sicht des Unternehmens

Bei konsequenter Anwendung der Personaleinsatzplanung kann für das Unternehmen folgender Nutzen entstehen:

- automatische Erstellung von Schicht-, Dienst- und Besetzungsplänen

- Erstellung von qualifizierten Ersatzvorschlägen

- Planung von Alternativen

- sichtbare Auswirkungen der Alternativplanung

- Sollplan und Istplan

- Darstellung der aktuellen Istsituation

- permanenter Soll-Ist-Vergleich

- optimale Umsetzung der Arbeitszeitflexibilisierung durch Flexibilität bei der Einplanung der Mitarbeiter

- Lösungsmöglichkeiten bei eventuellen Problemen mit den Arbeitszeiten (Arbeitszeitkorridor)

- variable Anpassung von Kapazitäten

- bessere Transparenz komplexer Zusammenhänge bei der Planung
- Senkung der Quote von Fehlplanungen
- zufriedene und motivierte Mitarbeiter durch objektive und sozial gerechte Einplanung
- effizientes Personalmanagement
- Kostenersparnis

20.2 Der Nutzen der Personaleinsatzplanung aus der Sicht der Mitarbeiter

Aus der Sicht der Mitarbeiter und nicht zuletzt auch des Betriebs- oder Personalrats können folgende Vorteile genannt werden:

- objektive Gleichbehandlung aller Mitarbeiter
- Berücksichtigung hoher sozialer Gerechtigkeit bei der Einplanung
- größere Zeitsouveränität
- Beeinflussung von eigenen Arbeitszeiten
- Berücksichtigung individueller Mitarbeiterwünsche
- mehr Möglichkeiten für individuelle Teilzeiten oder Mobilzeiten
- Wahlmöglichkeit zwischen unterschiedlichen Schichtmodellen
- bessere Umsetzung der Wahlmöglichkeit Freizeitausgleich oder Bezahlung bei Mehrarbeit
- automatische Berücksichtigung von eventuellen Ankündigungsfristen bei Schichtänderungen

20.3 Effektivität und Nutzungsgrad installierter Zeitwirtschaftssysteme

Ob der erwartete Nutzen tatsächlich eintrifft, ist eine Frage der gesamten Projektorganisation und des Projektablaufs. In diesem Zusammenhang ist ein Artikel aus der Computerwoche vom 25.7.97 bemerkenswert:

Es fehlt eine Vertrauens- und Konfliktkultur

Mitarbeiter bremsen bei Veränderungsprojekten

MÜNCHEN (CW) – **Deutsche Unternehmen haben laut einer Umfrage Probleme bei Projekten, die kürzere Durchlaufzeiten oder Qualitätsverbesserungen bezwecken.**

Die Befragung von 111 Unternehmen im deutschsprachigen Raum wurde vom Internationalen Institut für Lernende Organisation und Innovation (Iloi), München, in Zusammenarbeit mit der Hochschule Sankt Gallen, Schweiz, gestartet. Es zeigt sich in der Studie „Management of Change", daß vierzig Prozent der Betriebe, von denen der Großteil mehr als 500 Mitarbeiter beschäftigt, nicht einmal 60 Prozent der angestrebten Ziele erreichen. Die Ursachen dafür waren weniger im betriebswirtschaftlichen oder technischen Bereich zu suchen als vielmehr in mangelhaften Zielvereinbarungen sowie unternehmenskulturellen Problemen. Als Hemmnisse erwiesen sich die fehlende Veränderungsbereitschaft der Mitarbeiter, geringe Eigenverantwortung sowie eine unterentwickelte Vertrauens- und Konfliktkultur.

Aus der Studie geht auch hervor, daß erfolgreiche Projekte zügiger und kostengünstiger betrieben werden. Dagegen nehmen weniger erfolgreiche Projekte durchschnittlich ein Drittel mehr Zeit in Anspruch und übersteigen den angesetzten Kostenrahmen um rund 25 Prozent. Den Ergebnissen der Studie schließen sich Empfehlungen für Einsparpotentiale und effektive Zielvereinbarungen an. Die Studie zum Preis von 180 Mark kann bei Iloi unter der Telefonnummer 089/27 82 70 70 angefordert werden. ←

Der wesentliche Satz, dessen Aussage sich hundertprozentig mit den Erfahrungen des Autors deckt, besagt, daß die Ursache des Mißerfolgs in der mangelhaften Zielvereinbarung zu suchen ist.

Deshalb habe ich in dem 1996 erschienen Leitfaden zur Einführung der integrierten Zeitwirtschaft auf die Wichtigkeit einer umfangreichen und genauen Zieldefinition hingewiesen.

Aufgrund von durchgeführten Istanalysen bei einer ganzen Reihe von Unternehmen kann eine Aussage über den Nutzungsgrad installierter Systeme gemacht werden, woraus m.E. ein gewisser Trend abgeleitet werden kann.

Daß solche ältere Systeme den heutigen gestiegenen Anforderungen in Richtung Flexibilisierung der Arbeitszeit und Führen von Arbeitszeitkonten oft nicht mehr genügen, ist eine Tatsache, die nicht bestritten werden kann. Aber werden denn auch die „normalen" Grundanforderungen nach einigen Jahren noch abgedeckt? Werden die Systeme durch Releasewechsel laufend angepaßt, um den heutigen Anforderungen zumindest teilweise noch gerecht zu werden? Kümmern sich die Unternehmen um „ihre" Zeitwirtschaft? Anhand von einigen negativen Beispielen wird aufgezeigt, wie der geplante Nutzungsgrad in der Praxis später tatsächlich aussieht.

Bei Beginn eines neuen Projektes Zeitwirtschaft muß eine Istaufnahme des heutigen Ablaufs durchgeführt werden, um die eventuell vorhandenen Schwachstellen zu erkennen. Diese können sowohl im organisatorischen Ablauf, z.B. Beleggestaltung und -fluß, vorhanden als auch systemtechnisch bedingt sein. In den meisten Fällen rühren Schwachstellen jedoch eindeutig daher, daß die vorhandenen systemtechnischen Möglichkeiten auch nicht annähernd ausgeschöpft werden. Woran liegt das?

Folgende Gründe dafür waren bei den durchgeführten Istaufnahmen erkennbar:

- Die Zieldefinition des Projektes Zeitwirtschaft war zu grob oder auch nicht vorhanden. Dadurch wurden bestimmte Anforderungen in Richtung Arbeitszeitmanagement erst gar nicht gestellt.

- Die einzelnen Nutzer, z.B. die Abteilungsleitungen oder -sekretariate, wurden nicht in die Zieldefinition eingebunden und nach ihren Anforderungen befragt.

- Als Folge davon entwickelt sich im Laufe der Zeit eine eigene „Zeitwirtschaftsorganisation" um das System herum.

- Jede Abteilung findet ihre eigene selbstgestrickte Organisationsform.

- Viele heute systemtechnisch fehlende Informationen werden manuell oder mittlerweile mit Excel erstellt.

- Bei der Installation des Systems wurde zuwenig Gewicht auf die Schulung gelegt, wobei hier die grundsätzliche Systemschulung zur Durchführung der Parametrierung und nicht die Bedienschulung gemeint ist.

- Der Lieferant hat zu wenig Beratungsleistung über die vorhandenen Leistungsmerkmale geboten. Er hat das schnelle und einfache Geschäft gesucht.

- Der Lieferant hat später nicht über neue Leistungsmerkmale durch Module oder Releasewechsel informiert. (Motto: Never change a runnig system!)

- Beim Anwender ist kein Systemverantwortlicher vorhanden, der sich den Wünschen der einzelnen Nutzer widmet und diese umsetzt.

Es gibt sicherlich noch viele andere Gründe, aber diese haben sich als die wesentlichsten herauskristallisiert.

Ein weiterer Hauptpunkt ist in den nicht vorhandenen Schnittstellen zu anderen System zu finden, die zum Teil die gleichen Daten verarbeiten. Es geht nicht nur um die manuelle Erfassung der Lohnarten zur Entgeltabrechnung, sondern z.B. auch um die Urlaubsverwaltung, die in beiden System durchgeführt wird; ohne Schnittstelle eben mit redundanter Datenpflege. Oder in der Personalabteilung ist ein wie auch immer geartetes Personalverwaltungs- oder -informationssystem installiert, das auch noch die unterschiedlichsten Urlaubs- oder Fehlzeitarten führt.

Um bei der Istaufnahme die Schwachstellen im Bereich der zusätzlichen manuellen Bearbeitung und Auswertung auf Abteilungsebene zu erkennen, muß man teilweise mit sehr penetranter Fragestellung vorgehen. Beispiel:

Frage:	Welche zusätzlichen Arbeiten im Bereich der Zeitwirtschaft führen Sie manuell durch?
Antwort:	Keine.
Frage:	Führen Sie eine Fehlzeit- oder Urlaubskartei?
Antwort:	Ja, eine Urlaubskartei.
Frage.	Werden auch andere Fehlzeiten eingetragen?
Antwort:	Ja, krank.
Frage:	Kur und Unfall nicht? Unterscheiden Sie nach Kurzerkrankungen und Krank mit und ohne Lohnfortzahlung?
Antwort:	Doch, das schon.
Frage:	Führen Sie Fehlzeitstatistiken für den Abteilungsleiter?
Antwort:	Nein.
Frage:	Auch keine Krankenstatistik?
Antwort:	Doch, die schon ab und zu.
Frage:	Wie sieht diese aus? Monatlich, quartalweise, jährlich? Mit Prozent zur Sollzeit? Mit oder ohne Abteilungssumme?

Wir können hier abbrechen, ich glaube, der Leser weiß, worauf ich hinaus will. Man muß den Sachbearbeitern einfach, wie man früher sagte, „die Würmer aus der Nase ziehen." Es ist selbstverständlich keine böse Absicht, daß die Informationen so schwierig zu erhalten sind, aber die Sachbearbeiter bringen diese Tätigkeiten häufig nicht in Verbindung zum Thema Zeitwirtschaft. Außerdem werden die Arbeiten teilweise schon so lange manuell durchgeführt, daß das Erinnerungsvermögen sie nicht präsent hat.

Welche Kosten entstehen können, wenn automatisch zu erstellende Auswertungen manuell durchgeführt werden, zeigt nachstehende Tabelle. Hierbei handelt es sich um ein Verwaltungsunternehmen mit ca. 800 Mitarbeitern.

Bezeichnung	Abtlg	Man./ Excel	Zeit- raum	Zeit Std.
Iststunden (Anwesenheit)	ABC	Excel	Monat	3
Iststunden einschl. evtl. Samstage	ABC	Excel	Monat	1
Iststunden ohne evtl. Samstage	ABC	Excel	Monat	1
Fehlzeiten	ABC	Excel	Monat	5
Überstundenabrechnung	ABC	Excel	Monat	4
Berechnung Fehlzeitfaktor 1. Halbjahr	Haupt- abtlg. A	Excel	Monat	1
dto. Summenblatt letzte 3 Jahre	A	Excel	Monat	1
Gruppenstatistik	DEF	manuell	Monat	4
Iststunden DEF	DEF	manuell	Monat	2
Anwesenheitsliste (Fehlzeitkartei)	DEF	manuell	Monat	1
Überstundenstatistik	DEF	manuell	Monat	5
Iststunden	DEF	manuell	Monat	2
Iststunden einsch. volle Samstage	DEF	manuell	Monat	1
Überstundenabrechnung einschl. FZA, Barvergütung, Fahrgeldabr.	Haupt- abtlg. D	manuell	Monat	6

Als Basis dienen schon die Stunden aus der Zeitwirtschaft, sie werden jedoch manuell aus den Zeitkonten der Mitarbeiter addiert und entweder je nach Abteilung manuell in Listen zusammengestellt oder in ein Excelprogramm übernommen.

Das vorhandene System war ohne weiteres in der Lage, bei der entsprechenden Parametrierung ein Großteil dieser Auswertungen zu liefern. Es herrschte jedoch die einhellige Meinung vor: „Das System kann das nicht". Der Lieferant tat nichts dazu, diese Situation zu verbessern, sondern beließ seinen Kunden bei dem Releasestand von 1991.

In einem anderen Fall wurden folgende manuelle Tätigkeiten ermittelt:

Meisterbereiche
- Eintrag der Überstunden in Beleg "Meldung von Überstunden außerhalb der Gleitzeit-Bandbreite"
- Erfassung der Zuschläge und Zulagen
- Kostenstellenerfassung von Handwerkern als Dienstleistung
- Klärung der An-/Abwesenheiten durch „Augenschein" und Eintrag in eine Liste

Sekretariate
- Klärung der An-/Abwesenheiten
- Führen der Anwesenheitsliste
- Auswertung der Anwesenheitsliste
- Zusammenstellung Aushilfen in der Produktion monatsweise
- Zusammenstellung der Sollstunden
- Zusammenstellung und Errechnung der Lohnarten
- Monatsbericht Produktion mit Soll- und Iststunden
- Überstundenstatistik in Prozent zur Sollzeit

Bei insgesamt ca. 400 Mitarbeitern und 6 Sekretariaten sowie 10 Meisterbereichen ergaben sich manuelle Tätigkeiten pro Monat von insgesamt ca. 120 Stunden.

Zieldefinition und praktische Umsetzung

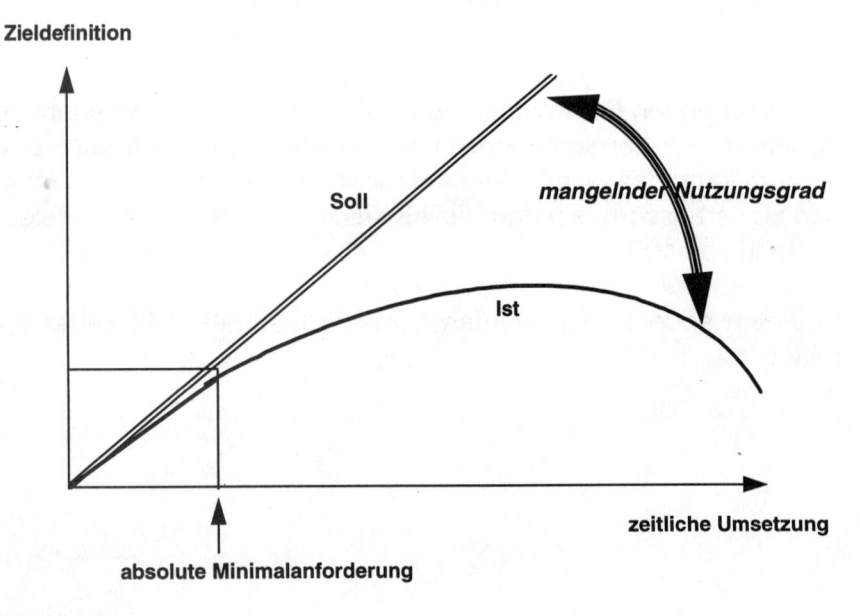

Abbildung 93

Bei einem anderen Anwender in der Metallverarbeitung mit ca. 500 Mitarbeitern wurden monatlich die Lohnarten aufgrund des Monatsspiegels des Mitarbeiters, d.h. eigentlich aufgrund der Buchungszeitpunkte, nachgerechnet und meist berichtigt. Das installierte System ist also ein „Stempelkartendrucker". Der Fehler lag in der Parametrierung der Tagesprogramme und der Mehrarbeitserkennung. Der Anwender hatte keinen Systemverantwortlichen, der die Tagesprogramme an die tatsächlichen Schichten angepaßt hat und der Lieferant, ein kleinerer Händler, hatte auch keinen Spezialisten. Also wurde jahrelang manuell gearbeitet.

In solchen oder ähnlichen Fällen kann man den Nutzungsgrad wie in der vorigen Abbildung dargestellt beschreiben: Bei der Festlegung des späteren Nutzungsgrads ist immer von der Zieldefinition auszugehen. Bei den untersuchten Betrieben lief zu Anfang bis zum Erreichen einer Minimalanforderung Soll und Ist noch ziemlich parallel. Je länger das System in Betrieb war, und mehr sich die Anforderungen änderten und erhöhten, je schlechter wird die Lösung.

Warum geht die Ist-Kurve aber nach unten? Einfach deshalb, weil die heutigen Anforderungen, also die Soll-Kurve weiter nach oben zeigt, d.h. laufend angepaßt werden muß. Wenn diese Anpassung an heutige Erfordernisse in Richtung Arbeitszeitmanagement aber nicht stattfindet, wird die Lücke zwischen Soll und Ist immer größer und damit der Nutzungsgrad immer schlechter. Die Folge ist die Unzufriedenheit aller Beteiligten und Resignation bzw. Gewöhnung an den schlechten Nutzungsgrad.

Wie kann man nun die in der folgenden Abbildung aufgeführten Fehler vermeiden, um einen akzeptablen Nutzungsgrad zu erreichen? Dazu sind hauptsächlich folgende Punkte zu beachten:

- Umfangreiche Zieldefinition unter Einbeziehung aller Beteiligten

- Rechtzeitig die Verantwortlichkeiten klären

- Sollkonzept des organisatorischen Ablaufs erarbeiten

- Detailliertes Pflichtenheft für die umzusetzenden betrieblichen Verfahrens- und Rechenregeln

- Detaillierte Beschreibung anhand von Mustern über die erwarteten Auswertungen und Zeitmanagementinformationen

Fehler während der Projekt- und Nutzungsphase

??? %
Gewöhnungseffekt an schlechten Nutzungsgrad
Beratung/Schulung zu wenig
keine permanente Anpassung
nicht angepaßte Umfeldorganisation
zu wenig Zeit des Systemverantwortlichen
Definition und Anpassung betrieblicher Rechenregeln
mangelnde Information an Betriebs-/Personalrat
Mangelnde oder nicht vorhandene Zieldefinition
Basis Sollkonzept/Pflichtenheft = 100 % des erwarteten Nutzens

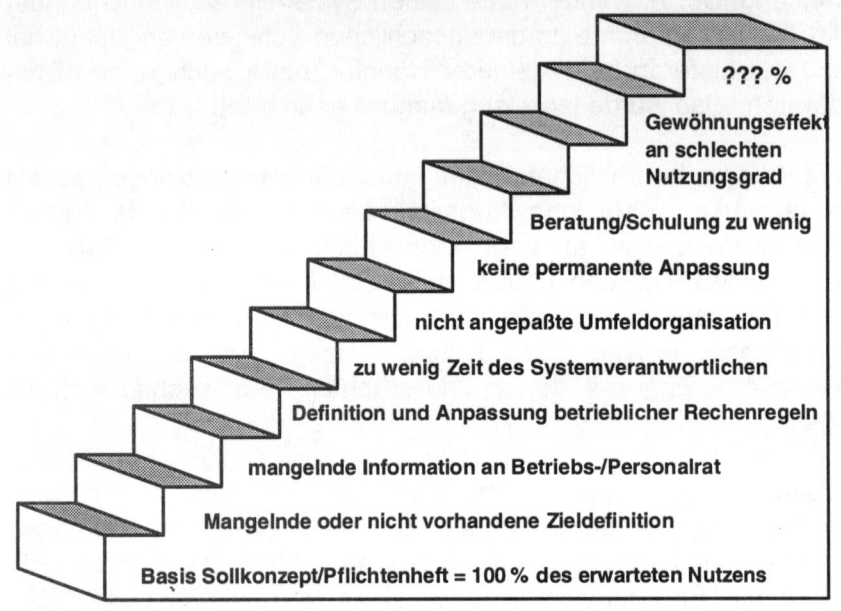

Abbildung 94

Auch ältere installierte Systeme können auf einen besseren Nutzungsgrad gehoben werden, wenn das Projekt Zeitwirtschaft neu definiert wird. Die Entscheidung, ob modernisiertes Alt- oder Neusystem kann nur sinnvoll erfolgen, wenn die Ziele des Projektes unter Einschluß aller wesentlichen Faktoren neu gewichtet werden. Und der wesentlichste Faktor heute ist die Gestaltung des zukünftigen Arbeitszeitmanagements.

21 Interessenausgleich als Aufgabe des Arbeitszeitmanagements

Innerhalb eines Unternehmens gibt es unterschiedliche Interessenlagen zwischen dem Kapital, also dem Unternehmen und seinen Mitarbeitern. Aber auch der Kunde muß mehr als heute vielfach üblich in diesen Kreis mit einbezogen werden.

PEP: Interessenausgleich als Aufgabe des Zeitmanagements

Unternehmen

- Kostensenkung
- Steigerung der Effektivität
- Ökonomische Ziele
- Gewinn

Mitarbeiter

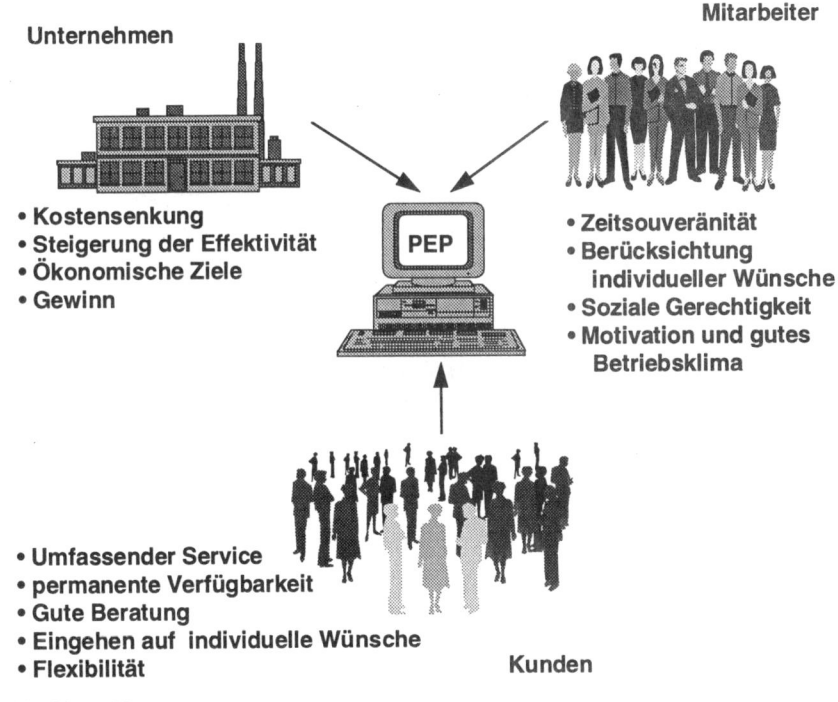

- Zeitsouveränität
- Berücksichtung individueller Wünsche
- Soziale Gerechtigkeit
- Motivation und gutes Betriebsklima

- Umfassender Service
- permanente Verfügbarkeit
- Gute Beratung
- Eingehen auf individuelle Wünsche
- Flexibilität

Kunden

Abbildung 95

Stark vereinfacht dargestellt, hat jede Gruppe total andere Interessen:

Unternehmen	wenig Kosten und viel Gewinn
Mitarbeiter	hoher Verdienst und kurze Arbeitszeit
Kunde	totaler Service ohne Kosten

Da in diesem Regelkreis jeder auf den anderen angewiesen ist, muß ein für jeden Beteiligten tragfähiger Kompromiß gefunden werden. Dieser Kompromiß ist jedoch aufgrund der Unternehmens- und Wirtschaftslage häufigen Änderungen unterworfen. Flexibilisierung der Arbeitszeiten und Arbeitszeitmanagement mit Personaleinsatzplanung sind die Mittel, diese Aufgabe immer wieder neu zu definieren und optimal innerhalb der rechtlichen Rahmenbedingungen zu lösen.

Der Kundenbereich wurde in der Vergangenheit oftmals stark vernachlässigt. Die Zeichen der Zeit sind aber erkannt und auch sowohl gesetzlich als auch tarifrechtlich umgesetzt worden, z.B. erweiterte Laden- und Schalteröffnungszeiten im Einzelhandel und bei Banken und Sparkassen.

Dies ist aber nur eine Seite zu mehr Servicefreundlichkeit. Wer kennt nicht das negative Beispiel in vielen Supermärkten: es bilden sich lange Schlangen vor den Kassen, weil von den 20 Kassenplätzen nur 3 besetzt sind. Die technische Möglichkeit zu mehr Service ist gegeben, aber der Personaleinsatz ist nicht auf den Personalbedarf abgestimmt. Der Lösungsansatz heißt Flexibilisierung und Differenzierung von Arbeits- und Pausenzeiten, eventuell geteilte Dienste, Erkennen des zeitlich differierenden Personalbedarfs und Zuverfügungstellung der Ressource Arbeitszeit zum benötigten Zeitpunkt über das Mittel der Personaleinsatzplanung.

21.1 Arbeitszeitmanagement auf allen Ebenen

Um die unterschiedlichen Interessen auszugleichen, ist ein Arbeitszeitmanagement auf allen Ebenen erforderlich.

Unternehmensleitung
- Rahmenbedingungen für Flexibilisierung und Arbeitszeitmanagement

Abteilungsleitung
- Organisatorische Durchführung der Umsetzung

Arbeitszeitmanagement auf allen Ebenen

Unternehmen — Entgelt / Leistung — **Mitarbeiter**

Unternehmen
- Anpassung an den Arbeitsanfall
- Optimale Auslastung der Betriebsmittel
- Ansprech-, Service- und Lieferzeiten
- motivierte Mitarbeiter
- Wettbewerbsfähigkeit

§§ Betriebsvereinbarung
- gesetzliche Grundlagen
- Tarifvertrag
- betriebliche Übungen
- Arbeitsverträge

Mitarbeiter
- Vergütung
- Familie
- soziales Umfeld
- Freizeit

optimale Betriebszeitgestaltung — rechtliche Normen — Zeitsouveränität

Fairer Kompromiß

Betriebszeit ↔ Arbeitszeit ↔ Freizeit

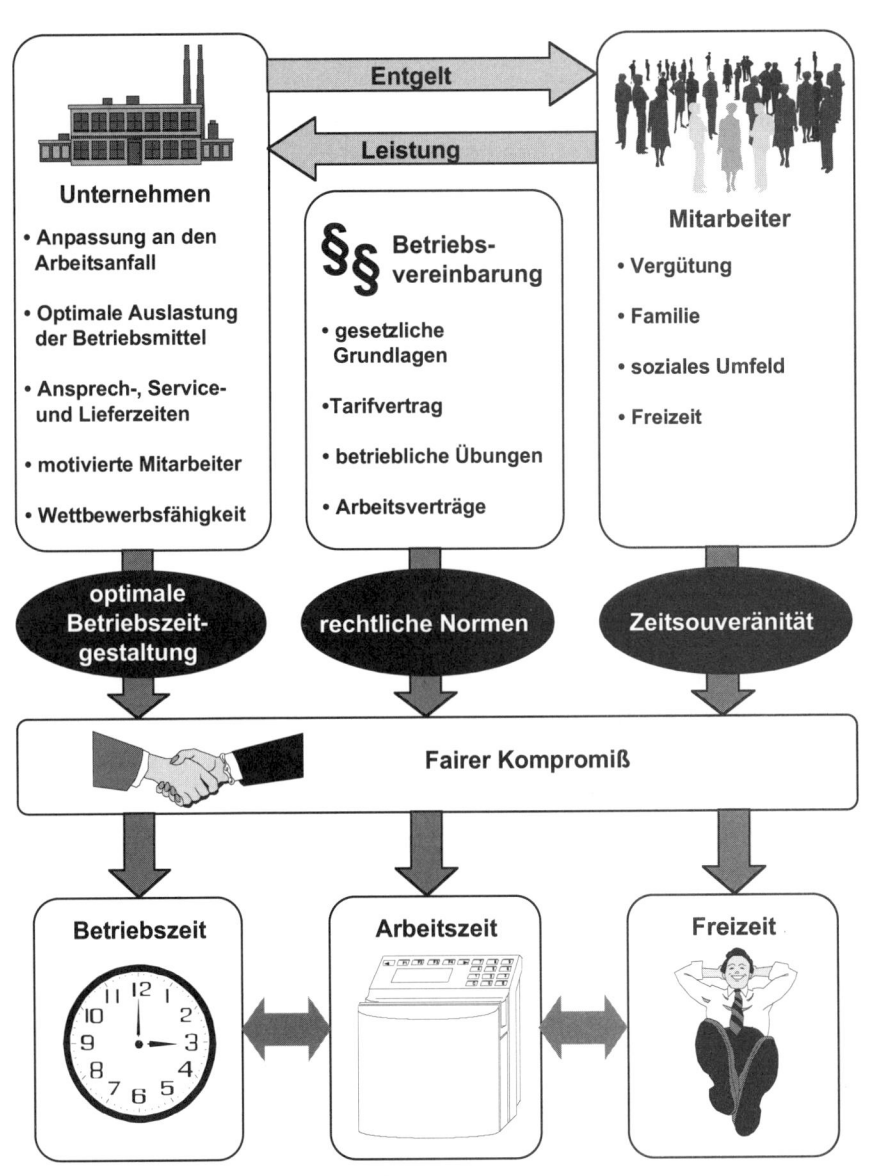

Abbildung 96 (in Anlehnung J. Foitl, BHS)

- Schulung der Mitarbeiter in Richtung Arbeitszeitmanagement
- Personaleinsatzplanung

Betriebsrat
- Information und Kommunikation horizontal und vertikal

Mitarbeiter
- Anpassung der betrieblichen und privaten Interessen
- optimiertes Umgehen mit der Ressource Arbeitszeit
- Gewährleistung eines reibungslosen Neben- und Miteinander

Das Ergebnis eines optimalen Arbeitszeitmanagements ist eine fairer Kompromiß, der Betriebszeit, Arbeitszeit und Freizeit auch unter ständig wechselnden Bedingungen so gestaltet, daß alle Beteiligten zufrieden sind.

22 Betriebliche Informationspolitik als Voraussetzung zum praktischen Arbeitszeitmanagement

Systeme für Personalzeitwirtschaft leben davon, daß die notwendigen Erfassungen der An- und Abwesenheiten als Zeitarten regelmäßig von allen betroffenen Mitarbeitern vorgenommen werden. Was liegt also näher, als die Mitarbeiter darüber zu informieren, warum diese Erfassungen als Grundlage einer funktionierenden Zeitwirtschaft und eines aktiven Arbeitszeitmanagements erforderlich sind und was weiter mit den erfaßten Daten geschieht. Leider wird in vielen Unternehmen diese wichtige betriebliche Informationspolitik bei der Einführung von Zeitwirtschaftssystemen sträflich vernachlässigt, was sich später dann häufig in mangelnder Akzeptanz des Systems durch die Mitarbeiter niederschlägt. Der Hinweis darauf, daß ein Zeitwirtschaftssystem dem Arbeitszeitmanagement dient und kein Kontrollinstrument darstellt, wird oftmals versäumt. Nachfolgend wird daher dargestellt, welche Informationen wann für die Mitarbeiter von Bedeutung sind.

Die Informationen an die Mitarbeiter können in drei große Kategorien unterteilt werden, nämlich

- Abruf von aktuellen Arbeitszeitkonteninhalten am Erfassungsterminal,
- Buchungen, Verrechnungen und Abrechnungen im Arbeitszeitkonto und
- Informationen über Sinn und Zweck der automatisierten Zeitwirtschaft auch in Richtung aktives Arbeitszeitmanagement, Ablauf und Systembedienung.

22.1 Kontenabruf

Der Kontenabruf ist für die Mitarbeiter die erste und wichtigste Information, die den Vorteil hat, jederzeit mit aktuellen Daten verfügbar zu sein. Eine wählbare Saldenanzeige leuchtet bei jeder

Buchung automatisch als Quittung auf. Weitere parametrierte Konten kann der Mitarbeiter je nach Erfassungsterminal z.B. direkt über die Zifferntastatur abrufen. Wichtig sind Konten mit dispositivem Charakter, die Inhalte des Arbeitszeitkontos sind, wie z.B. verschiedene Freizeitausgleichsarten und Konten, die evtl. sofort oder auch erst später nach Fristablauf als Lohnarten in Geld umgesetzt werden, also Überstunden, Feiertagsstunden, Nachtzuschlag etc.

Kontenabruf durch den Mitarbeiter

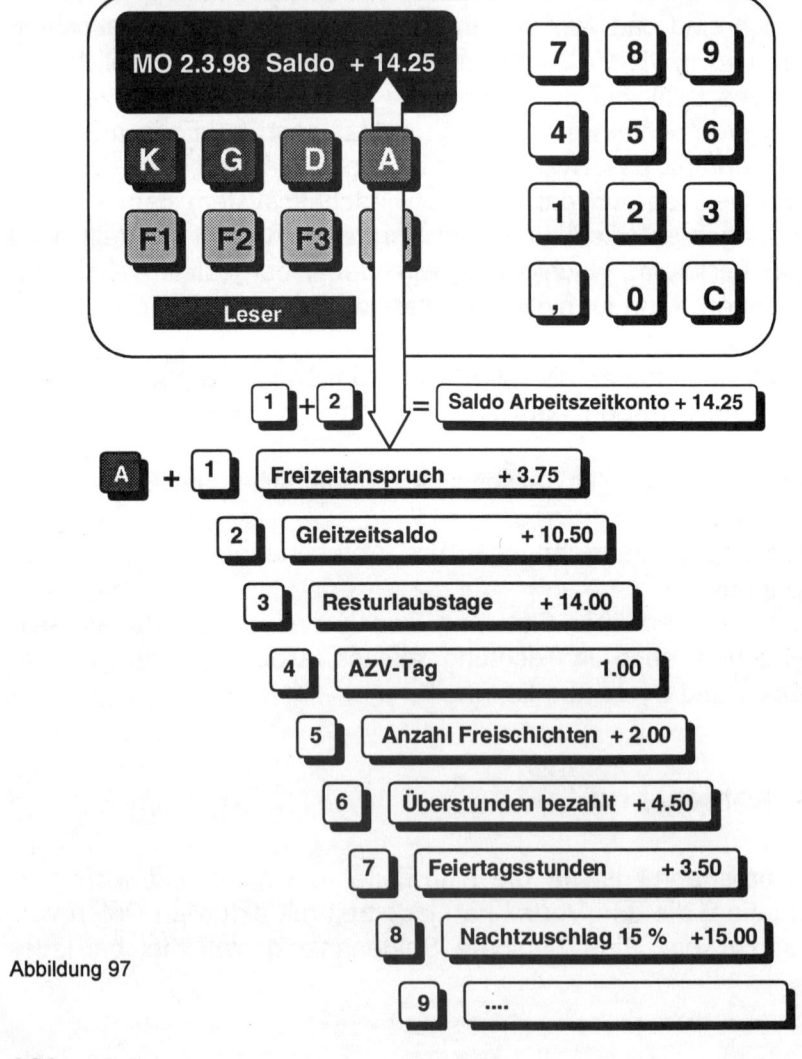

Abbildung 97

Auf die Anzeige des Resturlaubskontos sollte auf keinen Fall verzichtet werden, weil dies die Personalabteilung von öfteren Nachfragen entlastet. Die Information des Resturlaubs auf der Gehaltsabrechnung hat nicht die Aktualität wie die taggenaue Information aus der Zeitwirtschaft. Die aktuelle Informationsmöglichkeit gibt dem Mitarbeiter das Gefühl der Durchlässigkeit des Systems. Je größer der Informationsgehalt, je höher wird die Akzeptanz sein. Gerade für die Einführungsphase ist dies von allergrößter Wichtigkeit. Wenn ein System nicht zu Anfang von den Mitarbeitern akzeptiert wird, dauert es sehr lange und kostet viel Zeit, bis die benötigte Akzeptanz hergestellt ist. Außerdem bietet die Kontenabfrage für den Mitarbeiter eine permanente Kontrollmöglichkeit über die verrechneten Werte. Fehlerhafte Eingaben bei Korrekturen fallen auf und können berichtigt werden. Wenn das System die Einführungsphase überwunden hat, wird auch die Anzahl der Abfragen durch die Mitarbeiter abnehmen, weil dann das Vertrauen in das System vorhanden ist. Die Angst vor einer Schlangenbildung vor den Terminals beim Kommen oder Gehen durch anfallenden Zeiten für die Abfragen ist nicht gerechtfertigt, weil die Mitarbeiter dies untereinander sehr schnell regeln, wie sich in der Praxis gezeigt hat.

22.2 Ausdruck des monatlichen Arbeitszeitkontos

Das Arbeitszeitkonto (Monatsjournal) als zum einen die Nachbildung der Stempelkarte und zum anderen wesentliche Inhalte von Zeitsalden und Zeitarten als Lohnarten hat für .den einzelnen Mitarbeiter revisorischen Charakter. Er kann und muß nachvollziehen können, wie seine Kontenstände zustande gekommen sind. Das Arbeitszeitkonto muß also alle wichtigen Informationen und Zeitkonten auch im Blick auf die Zeitsouveränität des Mitarbeiters beinhalten, ohne daß es so überfrachtet wirkt, daß es kein Mensch mehr verstehen kann. Eine Abbildung und Erläuterung in der schon angesprochenen schriftlichen Mitarbeiterinformation empfiehlt sich auf jeden Fall.

Wenn Arbeitszeitkonten geführt werden, die Verfalls- oder Ausgleichszeiträume beinhalten, so muß der Mitarbeiter auf dieses

Datum und die entsprechenden Folgen deutlich hingewiesen werden. Je flexibler die Arbeitszeitgestaltung ist, d.h. also, je mehr unterschiedliche Zeitsalden dargestellt werden müssen, desto wichtiger ist die eindeutige und klare Darstellung, um eine Fülle von Rückfragen zu vermeiden und dadurch wieder Akzeptanzverluste zu provozieren.

22.3 Die generelle Mitarbeiterinformation

Zeitwirtschaftssysteme stehen bei vielen Mitarbeitern und bei den Betriebsräten nach wie vor im Ruf, hauptsächlich Kontrollinstrument zu sein. Daher ist es unerläßlich, die Mitarbeiter frühzeitig von der geplanten Einführung eines solchen Systems, den Gründen für die Einführung und den daraus resultierenden Veränderungen ausführlich zu informieren. Dazu eignen sich regelmäßig erscheinende Firmenzeitungen oder eigens zu diesem Zweck herausgegebene Informationsschriften.

Abbildung 98

Solch eine Betriebszeitung bietet auch die hervorragende Möglichkeit, die Mitarbeiter permanent in Richtung Arbeitszeitmanagement zu schulen. Das Ziel muß sein, daß jeder Mitarbeiter sein eigener Zeitmanager ist. Dieses Ziel kann aber nur durch eine längerfristige Informationskampagne über den Sinn und Zweck des Arbeitszeitmanagements erreicht werden.

Um den Mitarbeitern die Ziele des Systems, den organisatorischen Ablauf und die Systembedienung näher zu bringen, eignet sich am besten eine kleine Informationsschrift, die alle wichtigen Abläufe und die neue Betriebsvereinbarung beinhaltet. Diese Broschüre sollte unmittelbar vor Start des Echtbetriebes an die betroffenen Mitarbeiter verteilt werden. Folgende wichtige Punkte müssen angesprochen und erläutert werden:

Mitarbeiterinformation über den Gesamtablauf

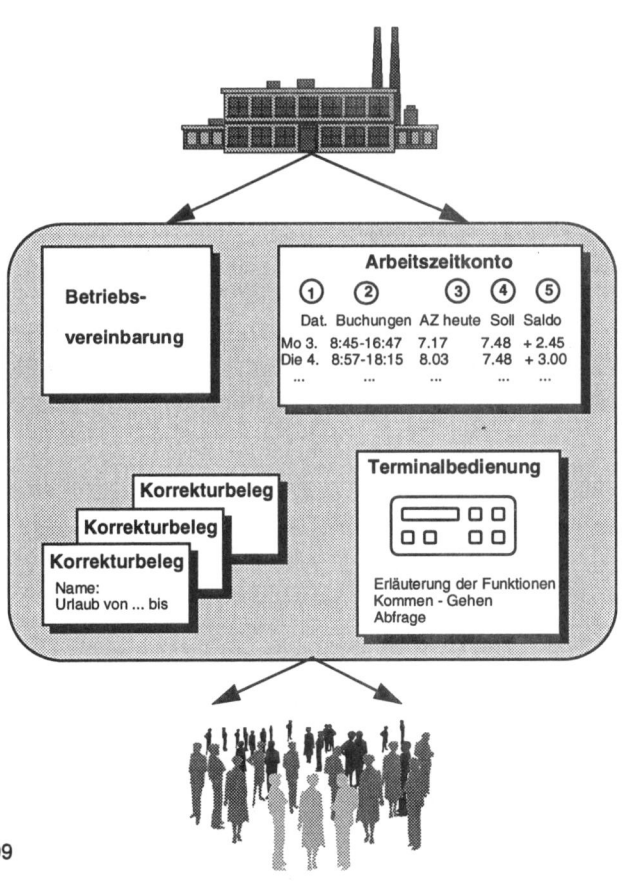

Abbildung 99

Terminalbedienung
Die vom Mitarbeiter durchzuführenden Funktionen müssen eingehend erläutert und dargestellt werden. Zusätzlich ist es sinnvoll, für die Anfangszeit ein Poster im A3-Format über jedes Terminal zu hängen.

Handhabung des Ausweises
Erläutert werden müssen: Leserichtung des Ausweises, eventuell Hinweis auf aufgedruckten Richtungspfeil, Art und Weise des Einsteckens, Durchziehens oder Präsentierens, richtige Behandlung des Ausweises zur Erzielung einer langen Lebensdauer.

Korrekturbelege
Alle eingesetzten Korrekturbelege sollten als Beispiel ausgefüllt abgebildet sein, z.B. auf der Rückseite des Belegs, mit Hinweisen, wo die Formulare erhältlich sind und wer sie abzeichnen muß.

Was tue ich in Ausnahmesituationen, z.B. bei
vergessenem Ausweis
verlorenenem Ausweis
Ausweis wird nicht mehr gelesen
Erfassungsterminal ist defekt
Kontenanzeige stimmt nicht

Aber auch die vorzunehmenden Verrechnungen der Salden und Pausen müssen den Mitarbeitern anhand von Beispielen eingehend erläutert werden, wie die nächsten Beispiele aus der Praxis belegen.

Bedienungsanleitung Zeiterfassungsterminal

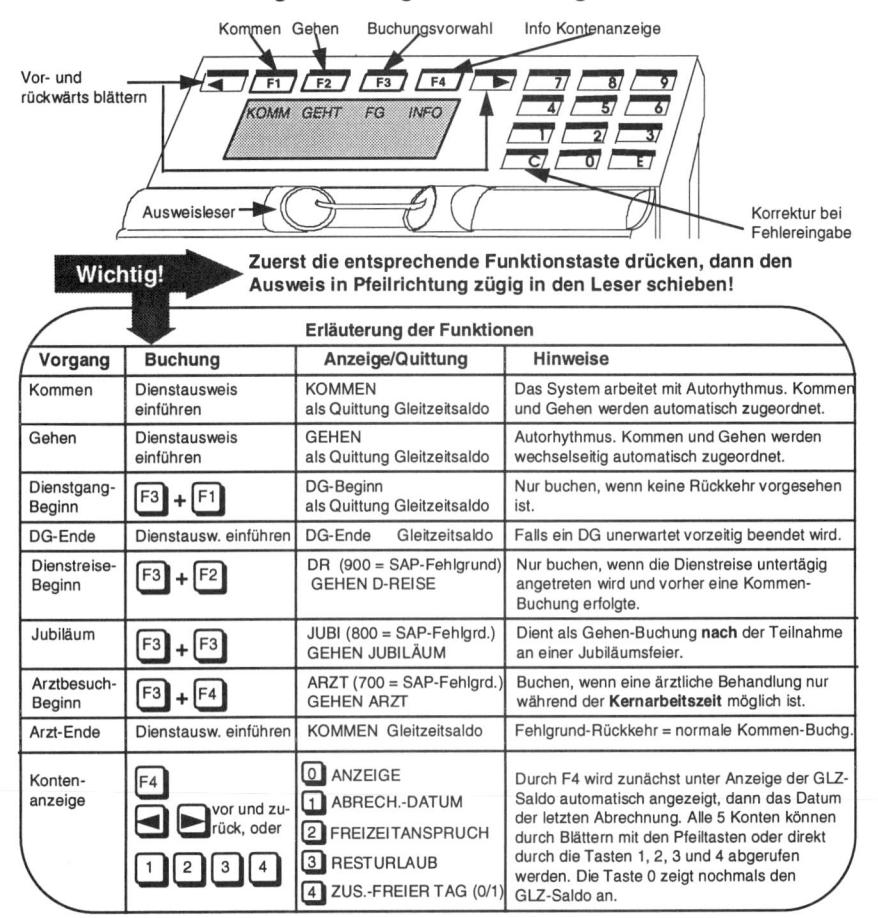

Kommen Gehen Buchungsvorwahl Info Kontenanzeige

Vor- und rückwärts blättern

Ausweisleser

Korrektur bei Fehlereingabe

Wichtig! Zuerst die entsprechende Funktionstaste drücken, dann den Ausweis in Pfeilrichtung zügig in den Leser schieben!

Erläuterung der Funktionen

Vorgang	Buchung	Anzeige/Quittung	Hinweise
Kommen	Dienstausweis einführen	KOMMEN als Quittung Gleitzeitsaldo	Das System arbeitet mit Autorhythmus. Kommen und Gehen werden automatisch zugeordnet.
Gehen	Dienstausweis einführen	GEHEN als Quittung Gleitzeitsaldo	Autorhythmus. Kommen und Gehen werden wechselseitig automatisch zugeordnet.
Dienstgang-Beginn	F3 + F1	DG-Beginn als Quittung Gleitzeitsaldo	Nur buchen, wenn keine Rückkehr vorgesehen ist.
DG-Ende	Dienstausw. einführen	DG-Ende Gleitzeitsaldo	Falls ein DG unerwartet vorzeitig beendet wird.
Dienstreise-Beginn	F3 + F2	DR (900 = SAP-Fehlgrund) GEHEN D-REISE	Nur buchen, wenn die Dienstreise untertägig angetreten wird und vorher eine Kommen-Buchung erfolgte.
Jubiläum	F3 + F3	JUBI (800 = SAP-Fehlgrd.) GEHEN JUBILÄUM	Dient als Gehen-Buchung **nach** der Teilnahme an einer Jubiläumsfeier.
Arztbesuch-Beginn	F3 + F4	ARZT (700 = SAP-Fehlgrd.) GEHEN ARZT	Buchen, wenn eine ärztliche Behandlung nur während der **Kernarbeitszeit** möglich ist.
Arzt-Ende	Dienstausw. einführen	KOMMEN Gleitzeitsaldo	Fehlgrund-Rückkehr = normale Kommen-Buchg.
Kontenanzeige	F4 ◄ ► vor und zurück, oder 1 2 3 4	[0] ANZEIGE [1] ABRECH.-DATUM [2] FREIZEITANSPRUCH [3] RESTURLAUB [4] ZUS.-FREIER TAG (0/1)	Durch F4 wird zunächst unter Anzeige der GLZ-Saldo automatisch angezeigt, dann das Datum der letzten Abrechnung. Alle 5 Konten können durch Blättern mit den Pfeiltasten oder direkt durch die Tasten 1, 2, 3 und 4 abgerufen werden. Die Taste 0 zeigt nochmals den GLZ-Saldo an.

Folgende Fehlertexte werden in Verbindung mit einem Signalton angezeigt:

Anzeige	Dies ist der Grund und so reagieren Sie!
ZEITBEAUFTR. MELDEN	Erscheint bei der 1. Kommen-Buchung bei Unregelmäßigkeiten. Die jeweilige Buchung ist trotzdem erfolgt. Bitte bei Ihrem Zeitbeauftragten melden.
NICHT LESBAR	Ausweis falsch herum oder zu langsam eingeführt.. Buchungsvorgang richtig wiederholen. Bei Ausweisbeschädigung bitte unverzüglich unter Telefon 1054 melden.
BUCHUNG O.K.	System ist z.Zt. off-line. Die Buchungen werden angenommen. Eine Kontenanzeige ist im Moment nicht möglich
RHYTHMUSFEHLER	Erscheint bei 2 mal Gehen oder Kommen hintereinander. Nur bei normalerweise nicht erforderlichem Drücken der F1 und F2-Tasten.
keine Anzeige	Buchungsterminal ist offensichtlich defekt. Bitte die Störung umgehend unter Telefon 2641 melden. Buchen Sie am nächstgelegenen Erfassungsterminal.

Abbildung 100

Beispiel 1
Vorwort zur Informationsbroschüre

Flexible Arbeitszeiten, wie sie für die Mitarbeiter und Mitarbeiterinnen des Unternehmens in der Betriebsvereinbarung (siehe Anlage) festgelegt wurden, bedingen einige organisatorische Neuerungen, mit denen wir Sie durch diese Informationsschrift vertraut machen möchten.

So wurde ein neues Zeitwirtschaftssystem eingeführt, welches die optimale Lösung für die gesamte Abwicklung der Zeitwirtschaft darstellt und keinesfalls als Kontrollinstrument mißverstanden sein sollte. Denn schließlich wird die Verwaltung Ihrer persönlichen Zeitkonten für Sie selbst stark vereinfacht, können Sie persönlich Ihre Arbeitszeit souverän und flexibel gestalten und geben wir Ihnen unser Vertrauen im Hinblick auf Ihre An- und Abwesenheitszeiten am Arbeitsplatz.

Unter dem Begriff „Zeitwirtschaft" versteht man die Führung Ihrer persönlichen Zeitkonten und die Aufbereitung Ihrer persönlichen Zeitdaten für die Vergütungsabrechnung. Deshalb ist von Ihrer Seite größte Zuverlässigkeit im Umgang mit den Zeiterfassungsterminals notwendig.

Beispiel 2
Die flexible Arbeitszeit

Innerhalb der Rahmenzeit von 6.30 Uhr bis 18.00 Uhr bestimmen Sie Ihre Arbeitszeit weitestgehend selbständig, so daß Funktionalität der Abteilungen und Bereiche während der gesamten Servicezeit sichergestellt sind. Die bisherige Kernzeit entfällt.

Ihre tägliche Arbeitszeit (Soll) errechnet sich aus der tariflich vereinbarten Wochenarbeitszeit von 38 Stunden und beträgt Montag bis Freitag täglich 7,6 Stunden. Das Arbeitszeitgesetz läßt als maximale tägliche Arbeitszeit 10 Stunden zu – Sie sind daher angehalten und verpflichtet, Ihre Arbeitszeit innerhalb dieser gesetzlichen Vorgabe zu gestalten, Pausenzeiten werden hierbei nicht mitgerechnet.

Zeiten außerhalb der Rahmenzeiten, also vor 6:30 Uhr und nach 18:00 Uhr werden zunächst nicht automatisch anerkannt. Sie werden jedoch gespeichert. Eine nachträgliche Anerkennung kann nur durch Ihren Abteilungsleiter erfolgen, es sei denn, es liegt eine Überstundengenehmigung vor.

Beispiel 3
Pausenregelung

Eine Zeiterfassung der Pausen findet derzeit nicht statt. Das System verbucht automatisch die Mindestpause von 30 Minuten, wenn Sie im Hause bleiben und nicht buchen. Mitarbeiter, die das Haus verlassen, müssen auf jeden Fall buchen. Dabei wird die tatsächliche Pausendauer innerhalb des Pausenrahmens abgezogen, mindestens jedoch 30 Minuten. Sie könnten Ihre Mittagspause auf maximal 2 Stunden ausdehnen! Dies geht allerdings zu Lasten Ihres Arbeitszeitkontos. Eine Frühstückspause wird vom System nicht bewertet. Die von der GL gebilligten 10 - 15 Minuten sollten allerdings nicht überschritten werden. Mitarbeiter, die als Teilzeitkraft beschäftigt sind und weniger als 6 Stunden arbeiten, erhalten keinen Pausenabzug. In diesem Fall wird davon ausgegangen, daß auch keine Pause genommen wird.

Teilzeitkräfte, die normalerweise unter 6 Stunden arbeiten und daher keinen Pausenabzug entsprechend den arbeitsrechtlichen Vorschriften erhalten, müssen allerdings dann einen Pausenabzug berücksichtigen, wenn sie einmal über 6 Stunden arbeiten müssen. Dies gilt auch für alle Beschäftigten, die -falls angeordnet- an einem Freitag länger als 6 Stunden arbeiten müssen, z.B. die Kunden-Servicedienste. Diese, in das Arbeitszeitkonto laufenden Zeiten werden nachgetragen.

Beispiel 1

Anwesenheitszeit	6 Stunden	10 Minuten
Pausenabzug	10 Minuten	
Bewertete Anwesenheitszeit	6 Stunden	

Beispiel 2

Anwesenheitszeit	6 Stunden	40 Minuten
Pausenabzug	30 Minuten	
Bewertete Anwesenheitszeit	6 Stunden	10 Minuten

Beispiel 4
Das persönliche Zeitkonto

Das persönliche Zeitkonto ersetzt den Gleitzeitsaldo. Es registriert sämtliche Abweichungen vom täglichen Soll von 7,6 Stunden und verbucht Ihre Mehrarbeit positiv und die geringeren Arbeitszeiten negativ, so daß ein permanenter Saldo entsteht.

Zwecks individueller und regelmäßiger Überprüfung können Sie daher die aktuelle Entwicklung Ihres persönlichen Zeitkontos mittels Ihres eigenen Monatsjournals verfolgen.

Das persönliche Zeitkonto wird als Ampelkonto unter Berücksichtigung folgender Gesichtspunkte geführt:

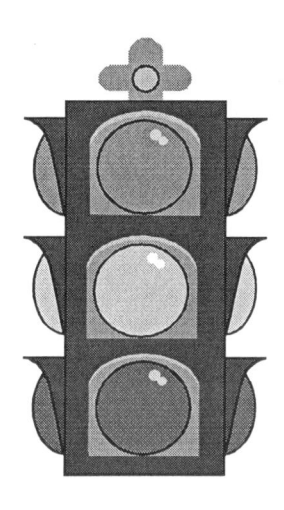

Grüner Bereich = Kontostand +/- 30 Stunden
Innerhalb dieses Bereiches können Sie grundsätzlich im Arbeitsteam Ihre Arbeitszeit frei disponieren.

Gelber Bereich = Kontostand +/- 30 bis 38 Stunden
Bei einem Kontostand in diesem Bereich müssen Sie Ihren Vorgesetzten von diesem Sachverhalt informieren, um gemeinsam Maßnahmen zur Rückführung in den grünen Bereich zu vereinbaren.

Roter Bereich = Kontostand über +/- 38 Stunden
Dieser Kontostand darf nur vorübergehend und ausschließlich nach vorheriger Vereinbarung mit Ihrem Vorgesetzten vorübergehend erreicht werden. Es ist umgehend zu vereinbaren, wie der Kontostand wieder in den grünen Bereich zurückgeführt werden kann. In einzelnen Fällen kann dies auch durch finanzielle Abgeltung erfolgen.

Mitarbeiter/innen und Vorgesetzte sind gemeinsam verantwortlich dafür, daß sich innerhalb eines Zeitraumes von 52 Wochen das persönliche Zeitkonto mindestens einmal im grünen Bereich befindet. Bei jedem Überschreiten der im grünen Bereich festgelegten Grenze von +/- 30 Stunden beginnt der Zeitraum von 52 Wochen neu. Er ist also nicht mit einem Jahreszeitraum vom 1.1. bis zum 31.12. zu verwechseln.

Beispiel 5
Freizeitausgleich

Natürlich können Sie auch wie bisher der Arbeit einen Tag fernbleiben und somit Ihr Zeitkonto belasten, falls Sie dies vorab innerhalb Ihres Arbeitsteams geklärt und Ihrem Vorgesetzten mitgeteilt haben. Falls Sie der Arbeit mehr als einen Arbeitstag fernbleiben möchten, ist diese Form des Freizeitausgleichs gemäß der Betriebsvereinbarung zusätzlich mit Ihrem Vorgesetzten abzustimmen.

Die Belastung Ihres Zeitkontos durch die Nutzung von Freizeit erfolgt jedoch tatsächlich erst dann, wenn Ihr Zeitguthaben aus den anderen folgenden Gründen bereits abgegolten wurde.

Beachten Sie also bitte bei der Belastung Ihres Zeitkontos durch Freizeit immer die gegebene Reihenfolge:

- 1. Überstunden aus Sonn- und Feiertagen
- 2. Überstunden aus Rufbereitschaft
- 3. angeordnete Überstunden
- 4. persönliches Zeitkonto

Beispiel 1: Freizeitausgleich 1 Tag = 7,6 Stunden

Kontostand	vor der Freizeit	nach der Freizeit
Überstd. Sonn-/Feiertage	0,0 Std.	0,0 Std.
Überstd. Rufbereitschaft	1,0 Std.	0,0 Std.
Angeordnete Überstd.	1,0 Std.	0,0 Std.
Persönliches Zeitkonto	- 5,0 Std.	- 10,6 Std.

Beispiel 2: Freizeitausgleich 1 Tag = 7,6 Stunden

Kontostand	vor der Freizeit	nach der Freizeit
Überstd. Sonn-/Feiertage	3,0 Std.	0,0 Std.
Überstd. Rufbereitschaft	1,0 Std.	0,0 Std.
Angeordnete Überstd.	2,6 Std.	0,0 Std.
Persönliches Zeitkonto	+ 10,0 Std.	+ 9,0 Std.

Die Überstundenkonten 1 – 3 gehen selbstverständlich nicht ins Minus, sie werden bis max. 0,0 Stunden abgebaut.

Ende der Beispiele.

Natürlich erfordert die Erstellung einer solchen meist 10- bis 20seitigen Informationsschrift (je nach Komplexität der Anwendung) einigen Zeitaufwand. Dieser wird jedoch mehr als kompensiert durch Reduzierung der Nachfragen auf ein Minimum, durch Stärkung der Akzeptanz des Systems und letztlich durch zufriedene und motivierte Mitarbeiter.

Der Zwang zur betrieblichen Informationspolitik wird umso größer, je flexibler gearbeitet werden soll. Flexible Arbeitszeiten erfordern nun mal Arbeitszeitmanagement auf allen Ebenen, nicht zuletzt durch jeden einzelnen Mitarbeiter. Dies ist jedoch ein langfristiger Umdenkungsprozeß, der durch eine gute und breit angelegte betriebliche Information wesentlich unterstützt werden kann und muß. Ohne eine solche informative Unterstützung wird ein aktives Arbeitsmanagement wohl kaum zu erreichen sein.

23 Zusammenwachsen der Ressourcen als zukünftige Aufgabe des Arbeitszeitmanagements

Management heißt in diesem Zusammenhang: optimal verwalten und steuern. Optimal bedeutet, das bestmögliche Resultat unter den gegebenen Umständen zu erzielen. Im Sinne eines Arbeitszeitmanagements müssen folgende Ressourcen zukünftig zusammen betrachtet werden, um einen optimierten kapazitätsorientierten Nutzen zu erzielen. Die Funktionalität des Leitstandes kann heute am ehesten von der Personaleinsatzplanung wahrgenommen werden.

Leitstand als Mittel des praktischen Arbeitszeitmanagements

- **PPS** Produktions- Planungs- und steuerungssystem
- **FLS** Fertigungsleitstand
- **BDE** Betriebsdatenerfassung **BDV** Betriebsdatenverarbeitung
- **PEP** Personaleinsatzplanung **PZE** Personalzeitwirtschaft

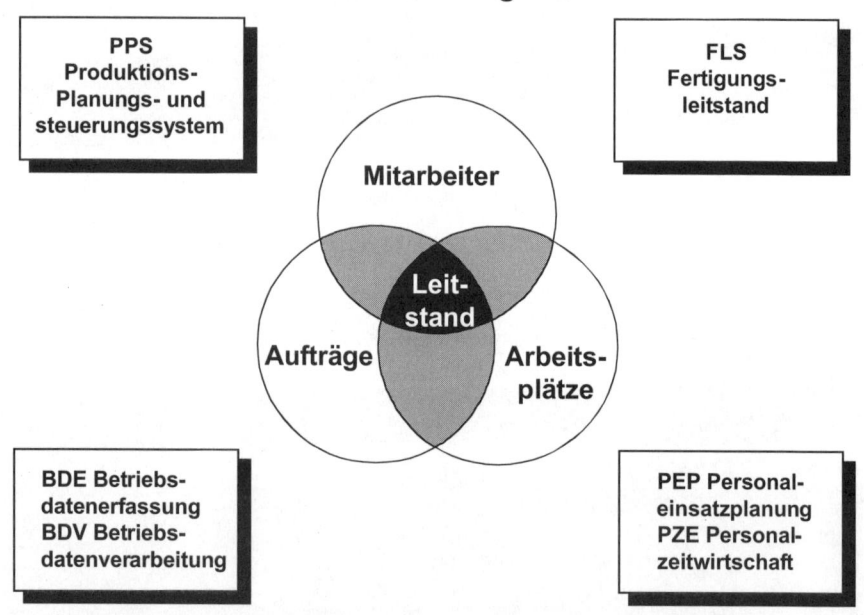

(Mitarbeiter, Aufträge, Arbeitsplätze → Leitstand)

Abbildung 101

Um ein Produkt zu erzeugen, müssen Aufträge gebildet, Arbeitsplätze belegt und die richtigen Mitarbeiter bereitgestellt werden. Genauso wichtig ist es aber auch, durch eine effektive Betriebsdatenerfassung den Arbeitsfortschritt zu verfolgen und eine Entlastung der verplanten Kapazitäten zu erreichen. Dies kann nur durch eine enge Verzahnung aller Programme und Daten erfolgen, die den betrieblichen Ablauf planen, steuern und verwalten. Systemtechnisch heißt dies für die Zukunft, daß nicht nur entsprechende Schnittstellen zum Datenaustausch zwischen den einzelnen Programmteilen vorhanden sein müssen, sondern die praktische Bedienoberfläche für die Mitarbeiter alle aktuell relevanten Daten verfügbar macht, ohne mühsam von einem Programm in das andere zu wechseln. Im Klartext bedeutet dies eine gemeinsame Datenbasis und eine höhere Integration.

**Integriertes Ressourcen-Planungs-,
Verwaltungs- und Abrechnungssystem**

Personalinformationssystem

Integrierte Zeitwirtschaft

Personaleinsatzplanung und -steuerung

An- und Abwesenheitsplanung | Soll-/Ist-Planung und -Vergleich | Arbeitsplatz-Planung

Zeitbewertung

Zeiterfassung / Buchungssammlung

Betriebsdatenerfassung

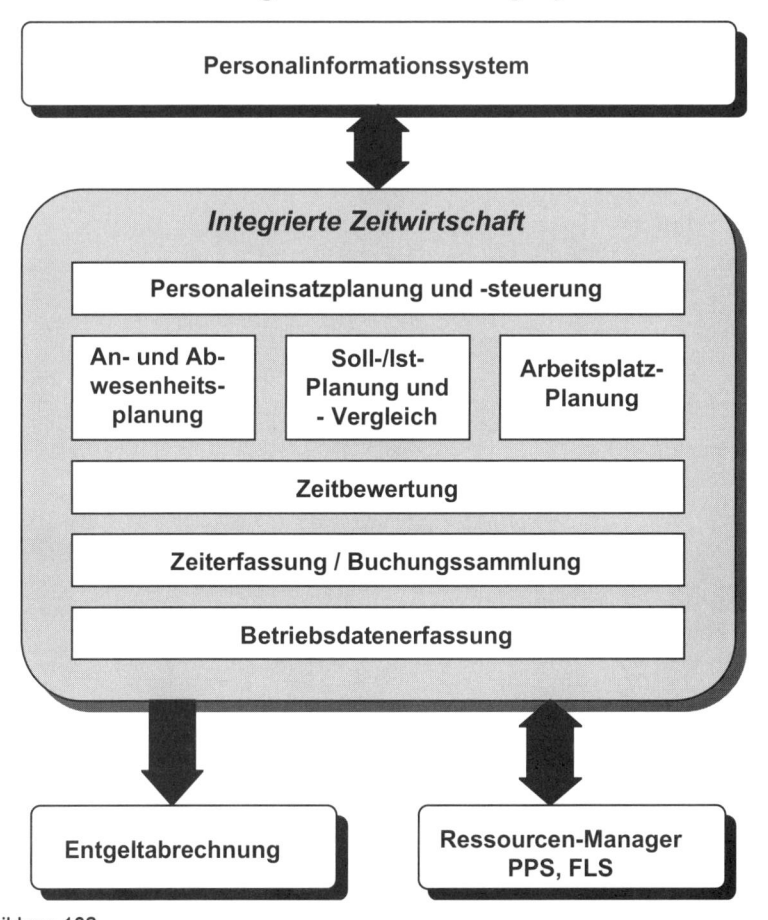

Entgeltabrechnung | Ressourcen-Manager PPS, FLS

Abbildung 102

Dieser zukünftige „Personalleitstand" beinhaltet alle erforderlichen Funktionen und Informationen und macht sie auf Knopfdruck verfügbar. Die Bedienung im Bereich der integrierten Zeitwirtschaft wird zwangsläufig über die Funktionalität der Personaleinsatzplanung erfolgen. Wegen der großen Komplexität wird eine gewisse Parallelität zwischen Fertigungsleitstand (FLS) und Personalleitstand notwendig sein. Inwieweit diese zusammengehörigen Aufgaben zusammenwachsen können, muß die Zukunft zeigen.

Dazu wird sicherlich auch die gestiegene und weiter zu steigernde Verantwortlichkeit der Mitarbeiter und Mitarbeitergruppen für die Gestaltung des Arbeitsablaufs und der Arbeitsplätze beitragen. Die Zukunft wird zeigen, daß das Arbeitszeitmanagement in das umfassendere Personal- und Arbeitsmanagement aufgehen wird.

Anhang A

EDV-gestützte Personaleinsatzplanung im Einzelhandel

Axel Brill, Hoffmann Datentechnik GmbH

1 Allgemeine Überlegungen zur PEP

In einer Zeit, in der es in der Bundesrepublik Deutschland ein Heer von mehr als vier Millionen arbeitslosen Menschen gibt, mag es vielleicht nicht gerade populär sein, sich mit Mechanismen zur Rationalisierung der Personaleinsatzplanung zu befassen.

Werden durch immer neue Drehungen an der Kostenschraube nicht noch mehr Arbeitsplätze vernichtet, Scheinselbständige geschaffen oder „620-Mark-Jobs" erzeugt? Drohen uns die viel zitierten „Amerikanischen Verhältnisse", Hire and Fire?

Sicher läßt sich unser Arbeitsmarkt nicht eins zu eins mit dem der Vereinigten Staaten vergleichen. Die hierzulande existierenden Regelungen aus Arbeitsgesetzgebung, Betriebsverfassung und Tarifvertrag sowie das Sozialsystem prägen das Bild. Ob dies nun positiv oder negativ zu bewerten ist, wird von unterschiedlicher Seite sicher sehr verschieden beurteilt. Fest steht jedoch, daß unser heutiges System einen enormen Kostendruck im Personalbereich aufgebaut hat, dem die Unternehmen durch Ausnutzung moderner Technik zu entfliehen versuchen.

Ist PEP nun also ein Jobkiller? Oberflächlich betrachtet, könnte man sicher zu diesem Ergebnis kommen. Was aber passiert einem Unternehmen, das tatenlos zusieht, wie ihm die Personalkosten davonlaufen? Preiserhöhungen zur Kompensation sind durch den extremen Druck der Konkurrenz unmöglich, Logistik und administrative Bereiche wurden bereits weitestgehend verschlankt.

Es bleibt letztlich nur der Weg, durch eine Optimierung des Personaleinsatzes unnötige Kosten zu vermeiden. Das bedeutet nicht zwangsläufig Personalabbau, sondern eine Anpassung des Personaleinsatzes an die betrieblichen Prozesse. Durch flexible Arbeitszeitmodelle müssen die Arbeitszeiten an den Arbeitsbedarf angepaßt werden, müssen persönliche und betriebliche Arbeitszeit voneinander entkoppelt werden.

2 Anforderungen an ein PEP-System für den Einzelhandel

Unterscheidungsmerkmale Handel / Industrie

Elektronische Zeiterfassung und Einsatzplanung sind in der Industrie bereits seit geraumer Zeit selbstverständliche Organisationshilfen für die Personalwirtschaft. Bis in die frühen 90er Jahre suchte man solche Systeme im Einzelhandel jedoch meist vergebens, nur wenige Unternehmen erkannten die Notwendigkeit und das enorme Potential elektronischer Zeitwirtschaft.

Bedingt durch die recht geringe Nachfrage aus Handelsunternehmen gibt es auch vergleichsweise wenige Anbieter, die ihre Systeme an handelsspezifischen Anforderungen ausgerichtet haben. Erst in den letzten Jahren kommt in diesen Markt Bewegung, und es stehen einige brauchbare Systeme zur Verfügung.

Was aber ist nun das besondere an einer PEP für den Handel? Die Anforderungen an ein PEP-System für den Einsatz im Einzelhandel unterscheiden sich in vielerlei Hinsicht von den aus der Industrie bekannten Ansätzen. Während es in den meisten Fertigungsunternehmen ein Arbeitszeitsystem in Form verschiedenster Schichtrhythmen gibt, sind diese im Einzelhandel weitgehend unbekannt. Statt dessen finden sich hier extrem flexible Arbeitszeiten, die zum einen an den Öffnungszeiten und zum anderen an verschiedenen bedarfsbestimmenden Faktoren orientiert sind, die später in diesem Kapitel detailliert beschrieben werden.

Schichtsystem vs. Flexibler Personaleinsatz

Die schichtorientierten Arbeitszeitsysteme (Früh-, Spät-, Nachtschicht) der Industrie sind meist so aufgebaut, daß die Personalstärke der einzelnen Schichten relativ gleichbleibend ist. Dies resultiert daraus, daß in jeder einzelnen Schicht prinzipiell die gleichen Arbeitsabläufe stattfinden. Im Einzelhandel hingegen schwankt der Personalbedarf im Laufe des Tages sehr stark, bedingt durch das Einkaufsverhalten der Verbraucher. Allein deshalb ist ein Schichtsystem für den Einzelhandel nicht optimal.

Eine für den Handel geeignete PEP-Lösung muß daher einige Leistungsmerkmale aufweisen, die in „Industrie-Lösungen" oft nicht oder nur unzureichend vorhanden sind.

- Kopplung an Kassensysteme (Kundenfrequenz)
- Hilfsmittel für die Umsatzplanung
- Kalendarium für Aktionstage etc.
- Verwaltung von Plan- und Istumsätzen
- Verwaltung von Leistungskennziffern (Umsatz/h ...)
- Personalbedarfspläne in 15/30/60-Minuten-Intervallen
- Ständiger Abgleich Personalbedarf / Personaleinsatz
- Absolut flexible, tagesgenaue Planung
  (ohne feste Tages-, Wochen-, Schichtpläne!)
- Übersichtliche grafische Darstellung des Arbeitsplans
- Verknüpfung mit Jahresurlaubsplanung
- etc.

Übersicht: Leistungsmerkmale Handels-PEP

Diese Liste erhebt keinen Anspruch auf Vollständigkeit, und je nach Unternehmen und Einsatzfall können noch diverse Merkmale hinzukommen. Es wird aber bereits anhand der aufgeführten Punkte deutlich, daß es nicht erfolgversprechend ist, ein für Industriebetriebe entwickeltes Produkt im Handel einzusetzen. Dies mag für eine einfache Zeiterfassung noch möglich sein, nicht jedoch im Hinblick auf eine umfassende PEP-Lösung.

Nicht zu komplex, bitte!

Ein extrem wichtiger Punkt ist die einfache und übersichtliche Gestaltung der Software. Trotz (oder gerade wegen) der Vielzahl der in einer PEP-Anwendung enthaltenen Funktionen, muß die Bedienung auch für EDV-Laien problemlos sein.

„Warum ist dies ein handelsspezifischer Punkt?" werden Sie nun vielleicht fragen. Es soll an dieser Stelle betont werden, daß der Autor die Angestellten des Einzelhandels nicht für dümmer oder unbegabter hält als Beschäftigte anderer Branchen.

In der betrieblichen Realität ist es jedoch Praxis, daß PEP-Systeme gerade im Handel von vielen Personen genutzt werden müssen, die sonst mit keinerlei EDV-Anwendungen zu tun haben.

Im Gegensatz zu einem Industrieunternehmen existiert in vielen (meist kleineren) Outlets des Einzelhandels weder eine EDV- noch eine Personalabteilung. Die PEP wird von den Abteilungsleitern „irgendwann zwischendurch" erledigt. Aus dieser Sicht ist es verständlich, daß eine solche Software wirklich einfach zu nutzen sein muß.

Eine gute PEP-Lösung sollte daher auch Möglichkeiten beinhalten, die Anwendermenues über Passworte gesteuert individuell gestalten zu können. Auf diese Weise erhält z. B. ein als Abteilungsleiter angemeldeter Benutzer nur die für ihn wichtigen Menuepunkte angezeigt, während eine Personalsachbearbeiterin ein wesentlich umfangreicheres System zur Verfügung gestellt bekommt.

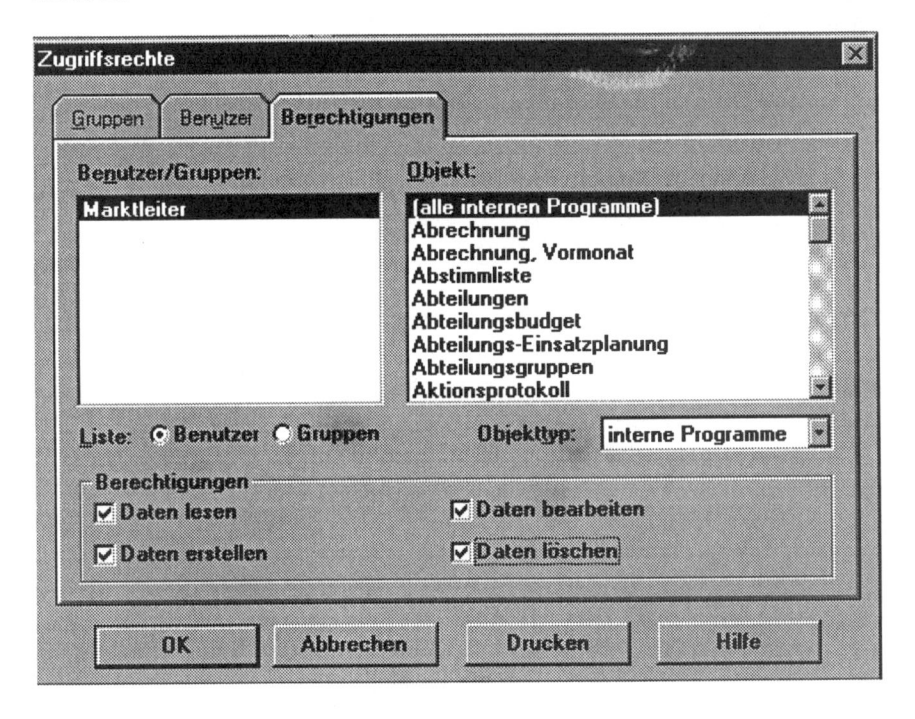

Prinzipielle Architektur

Der prinzipielle Aufbau einer für den Handel geeigneten PEP-Software sollte unbedingt modular gestaltet sein. Oftmals findet der Einstieg mit einer sehr einfachen Lösung statt, die für die erste Zeit durchaus genügen mag und auch den Anwendern einen langsamen, „weichen" Einstieg erlaubt.

Später dann kommen weitere Anforderungen hinzu, z. B. soll das System um eine Zeiterfassung erweitert werden, oder die Schnittstelle zum Kassensystem soll implementiert werden. Nun muß es möglich sein, die Anwendung problemlos zu erweitern.

Mindestens folgende grundlegende Module sollten als Standardsoftware angeboten werden:

- Personalbedarfsplanung
- Schnittstelle zum POS-System (Point-of-Sales)
- Personaleinsatzplanung (manuell)
- Personaleinsatzplanung (systemunterstützt)
- Urlaubs- und Fehlzeitenplanung
- Personalzeiterfassung
- Schnittstelle Lohn/Gehalt
- Reportgenerator für individuelle Auswertungen
- Zutrittskontrolle / Türöffnung

Einige Systeme bieten zudem weitere für den Einzelhandel nützliche Optionen, z. B. die automatische Kopplung der Zeiterfassung mit einem System für die Taschenkontrolle, das über einen Zufallsgenerator ausgelöst wird.

Grundsätzlich sollte eine gute EDV-Lösung sich einfach in bestehende EDV-Umgebungen (Kasse, Lohn/Gehalt etc.) integrieren lassen. Sie sollte außerdem netzwerkfähig sein und auf einem gängigen Standard-Betriebssystem (Microsoft Windows o. ä.) basieren. Von großer Wichtigkeit ist es, daß der Hersteller über Branchenwissen verfügt (Referenzen!) und die Weiterentwicklung der Software sicherstellt (Wartungsvertrag!).

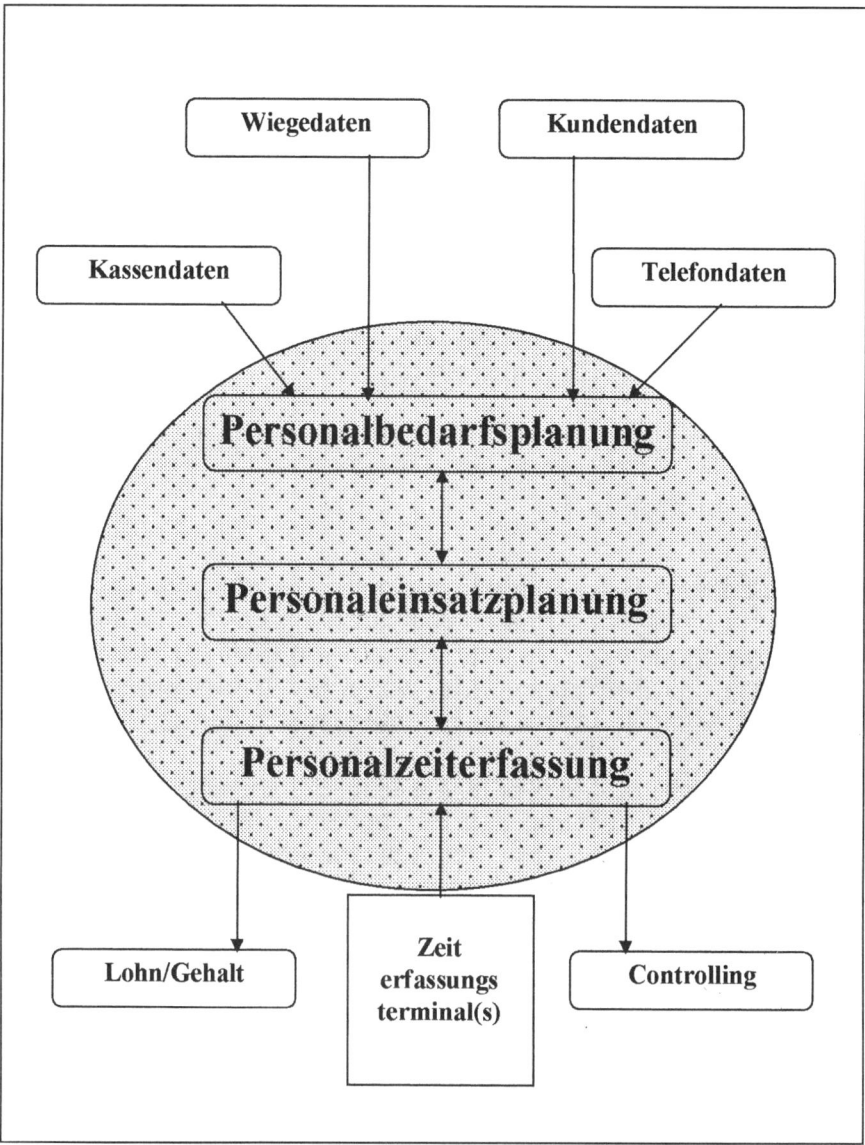

Abbildung: Prinzipieller Aufbau eins kompletten PEP-Systems

Hinweis:
Alle im folgenden verwendeten Bildschirmdarstellungen stammen aus der Software **MZS® Modulares Zeitsystem** der Firma Hoffmann Datentechnik GmbH, Ritterhude.

3 Basisinformationen

Um eine Personaleinsatzplanung sinnvoll durchführen zu können, bedarf es einiger Basisinformationen, die dem System verfügbar gemacht werden müssen.

Im wesentlichen handelt es sich dabei um die drei Kategorien

- **Personalbedarf**
- **Personalinformationen**
- **Sonstige Einflußgrößen**

Auf jeden dieser Punkte wird nachfolgend detailliert eingegangen.

3.1 Personalbedarf

Der Personalbedarf ist die entscheidende Ausgangsgröße für die Erstellung einer jeden Personaleinsatzplanung. In den Betrieben des Einzelhandels gibt es eine Vielzahl von Einflußgrößen für die Ermittlung des Personalbedarfs, wobei der **Umsatz** das mit Abstand am häufigsten verwendete Kriterium sein dürfte.

Es sind jedoch nicht alle Bereiche eines Einzelhandelsbetriebe in Bezug auf die Ermittlung des Personalbedarfs gleich zu behandeln. So verläuft z. B. in einer Kassenzone der Personalbedarf immer proportional zum Umsatz. Je höher der Umsatz ist, desto mehr Kassen werden für einige zügige Abwicklung benötigt.

Dagegen richtet sich der Personalbedarf im Wareneingang überhaupt nicht nach dem Umsatz, sondern nach ganz anderen Kriterien. Hier müssen z. B. die Anlieferungszeiten und die Anzahl der in die Regale zu verräumenden Colli betrachtet werden.

Grundsätzlich wird unterschieden nach

- frequenzorientierter Bedarfsermittlung (Beispiel Kasse)
- frequenzunabhängiger Bedarfsermittlung (Wareneingang).

3.1.1 Bedarfsermittlung nach Frequenzdaten

Der typische Fall für eine Ermittlung des Personalbedarfs auf Basis von Frequenzdaten ist - wie bereits erwähnt - die Kassenzone.

Definition und Meßgrößen der Frequenz

Doch zunächst einmal zur Definition dessen, was unter Frequenzdaten zu verstehen ist. Im Fall der Kasse handelt es sich dabei um die sog. „Stundenaktivitäten", d. h. eine Auswertung darüber, wieviel Umsatz in einem bestimmten Zeitintervall gemacht wurde. Nahezu alle modernen Kassensysteme sind in der Lage, solche Auswertungen zu erstellen und auch in Form einer Datei für Fremdsysteme zur Verfügung zu stellen.

Neben dem Umsatz je Zeitintervall werden oft auch die Anzahl der Artikel und die Anzahl der Kunden ausgewertet. Hier gilt es, sich für die Bedarfsermittlung auf den richtigen Wert zu konzentrieren, wobei es sich dabei auch um einen Mix handeln kann.

Was im Einzelfall der richtige Wert ist, hängt von der Art der verkauften Waren ab. Haben diese einen verhältnismäßig gleichmäßigen Artikelwert (Durchschnittspreis), wie es etwa im Lebensmittelhandel der Fall ist, kann der Umsatz durchaus als Kriterium für die Bemessung herangezogen werden. Dagegen stelle man sich ein Hifi-Geschäft vor, in dem sowohl CD´s als auch komplette Stereoanlagen verkauft werden. Hier gibt es sehr große Schwankungen im Artikelpreis, so daß neben dem Umsatz auf jeden Fall auch die Kunden- oder Artikelzahl verwendet werden sollte.

Neben dem Kassensystem können auch andere Systeme, z. B. Wiegedatensysteme, Kundenzählsysteme oder Telefonanlagen (im CallCenter) als Lieferant für Frequenzdaten dienen.

Je nach Art des Betriebes muß überlegt werden, welche Werte sinnvoll sind und wie sich diese Werte erfassen lassen.

Beispiel: Umsatzabhängige PBP in der Kassenzone

Am Beispiel der schon erwähnten Kassenzone wird nun exemplarisch aufgezeigt, wie die Bedarfsermittlung durchgeführt wird. Dabei wird davon ausgegangen, daß das Kassensystem die Umsatzwerte in 60-minütigen Intervallen zur Verfügung stellt.

Zunächst werden die Werte in die PEP-Software importiert und in der Datenbank des Systems abgelegt. In einer Bildschirmmaske können die Werte eingesehen und bei Bedarf korrigiert oder ergänzt werden.

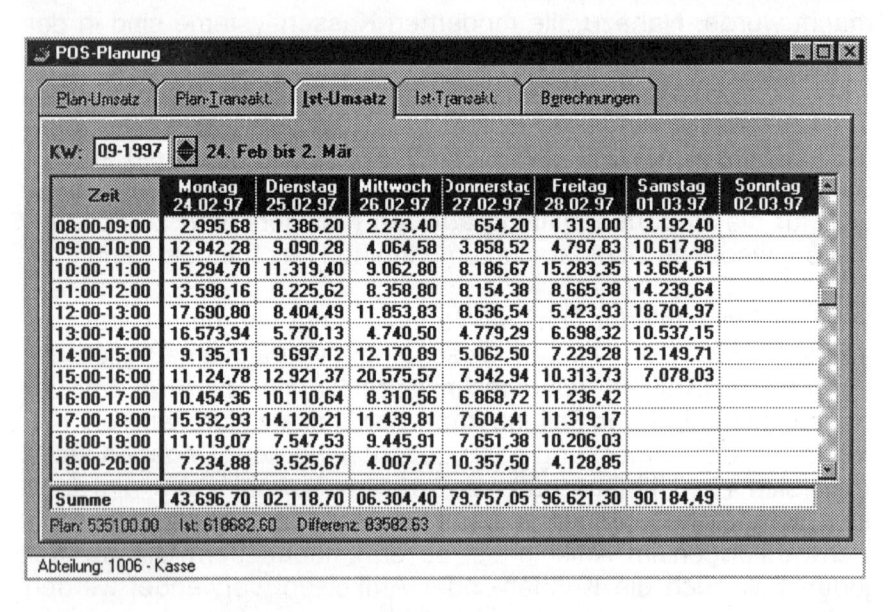

Zeit	Montag 24.02.97	Dienstag 25.02.97	Mittwoch 26.02.97	Donnerstag 27.02.97	Freitag 28.02.97	Samstag 01.03.97	Sonntag 02.03.97
08:00-09:00	2.995,68	1.386,20	2.273,40	654,20	1.319,00	3.192,40	
09:00-10:00	12.942,28	9.090,28	4.064,58	3.858,52	4.797,83	10.617,98	
10:00-11:00	15.294,70	11.319,40	9.062,80	8.186,67	15.283,35	13.664,61	
11:00-12:00	13.598,16	8.225,62	8.358,80	8.154,38	8.665,38	14.239,64	
12:00-13:00	17.690,80	8.404,49	11.853,83	8.636,54	5.423,93	18.704,97	
13:00-14:00	16.573,94	5.770,13	4.740,50	4.779,29	6.698,32	10.537,15	
14:00-15:00	9.135,11	9.697,12	12.170,89	5.062,50	7.229,28	12.149,71	
15:00-16:00	11.124,78	12.921,37	20.575,57	7.942,94	10.313,73	7.078,03	
16:00-17:00	10.454,36	10.110,64	8.310,56	6.868,72	11.236,42		
17:00-18:00	15.532,93	14.120,21	11.439,81	7.604,41	11.319,17		
18:00-19:00	11.119,07	7.547,53	9.445,91	7.651,38	10.206,03		
19:00-20:00	7.234,88	3.525,67	4.007,77	10.357,50	4.128,85		
Summe	43.696,70	02.118,70	06.304,40	79.757,05	96.621,30	90.184,49	

Plan: 535100,00   Ist: 618682,60   Differenz: 83582,63

Abteilung: 1006 - Kasse

Abbildung: Verwaltung Istumsätze

Neben den Umsätzen können im Bereich „Transaktionen" weitere Werte, z. B. Anzahl der Kunden, verwaltet werden.

Als nächster Schritt müssen die Planumsätze in das System eingetragen werden. Diese Werte können typischerweise nicht aus anderen EDV-Systemen übernommen werden, sondern werden per Hand erfaßt. Prinzipiell können Sie jedoch auch aus einem Fremdsystem (z. B. Warenwirtschaft) importiert werden.

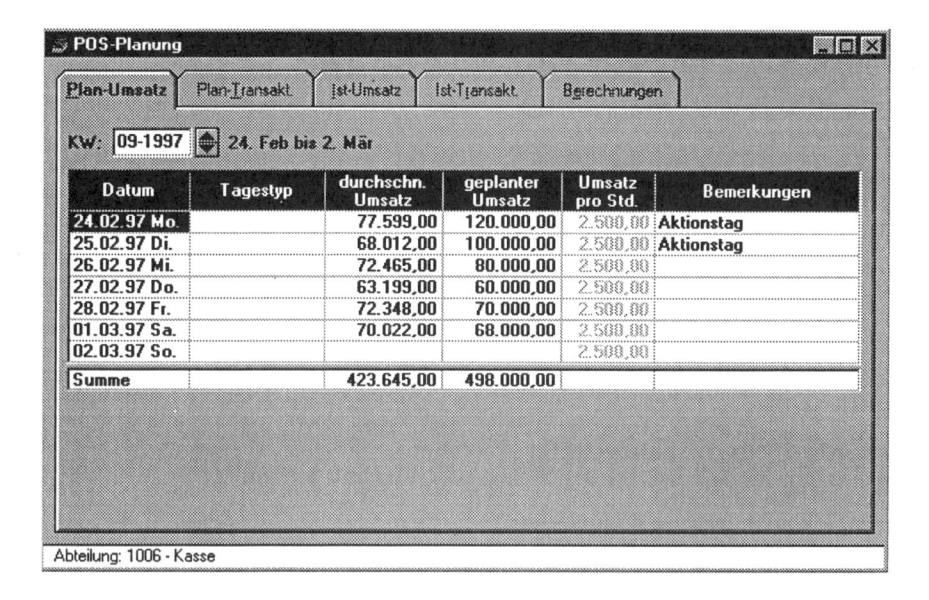

Datum	Tagestyp	durchschn. Umsatz	geplanter Umsatz	Umsatz pro Std.	Bemerkungen
24.02.97 Mo.		77.599,00	120.000,00	2.500,00	Aktionstag
25.02.97 Di.		68.012,00	100.000,00	2.500,00	Aktionstag
26.02.97 Mi.		72.465,00	80.000,00	2.500,00	
27.02.97 Do.		63.199,00	60.000,00	2.500,00	
28.02.97 Fr.		72.348,00	70.000,00	2.500,00	
01.03.97 Sa.		70.022,00	68.000,00	2.500,00	
02.03.97 So.				2.500,00	
Summe		423.645,00	498.000,00		

Abteilung: 1006 - Kasse

Abbildung: Verwaltung Planumsätze

Im obigen Beispiel werden als Orientierungshilfe für die Eintragung der Planumsätze die Durchschnittsumsätze der jeweiligen Wochentage angezeigt.

Außerdem sind der Montag und der Dienstag als Aktionstage gekennzeichnet, was den im Vergleich zu den Durchschnittswerten recht hoch angesetzten Planumsatz erklärt.

In der Spalte „Umsatz je Stunde" wird die geplante Stundenleistung eingetragen. Im Falle der Kasse handelt es sich dabei um die sog. Kassierleistung. Dieser Wert gibt an, wieviel Umsatz je eingesetzter Mitarbeiterstunden erzielt werden kann. Es handelt sich dabei um einen Durchschnittswert, nicht um einen mitarbeiterbezogenen Wert.

Nachdem die Grunddaten nun im System zur Verfügung stehen, kann die Software einen Personalbedarfsplan errechnen. Neben den Plan- und Istumsätzen werden im Regelfall noch weitere Werte wie

- Mindestbesetzung
- Höchstbesetzung

in die Berechnung einbezogen.

Bei der Bedarfsermittlung geht das System nach folgendem Verfahren vor:

1. Analyse der Frequenzdaten der Vergangenheit

Analysiert man über einen längeren Zeitpunkt die Frequenzkurven eines Handelsbetriebes, stellt man fest, daß es typische Umsatzverläufe für die einzelnen Wochentage gibt. Die Umsatzverläufe sind zwar für die verschiedenen Wochentage meist recht unterschiedlich ausgeprägt, der typische Verlauf an Montagen, Dienstagen etc. ist jedoch relativ konstant.

Daraus ergibt sich, daß sich aus den Frequenzdaten der Vergangenheit eine recht zuverlässige Prognose für die Zukunft ableiten läßt. Wichtig ist dabei jedoch, daß besondere Tage bei der Betrachtung der Vergangenheit ausgespart bleiben, an denen die Frequenz atypisch verläuft. Dies ist beispielsweise an Vor- oder Nachfeiertagen sowie am Heiligabend oder Sylvester der Fall.

Aus diesem Grund muß die Software über einen Kalender verfügen, in dem diese Tage als Sondertage gekennzeichnet werden können, so daß das System sie separat behandeln kann.

Das Ergebnis dieser Analyse ist eine Prognose für den Umsatzverlauf des zu planenden Tages, z. B.

    08:00-09:00 - 5%
    09:00-10:00 - 8%
    ...

2. Ermittlung des Personalbedarfs

Aus dieser Prognose im Zusammenhang mit dem Planumsatz und der Stundenleistung errechnet das System nun den Personalbedarf je Zeitintervall nach folgendem Beispiel:

Prinzip der Ermittlung des Personalbedarfs

geplanter Umsatz:	DM 100.000,--
Prognose 10:00 - 11:00:	10%
Stundenleistung:	DM 2.500,--

$$\text{Personalbedarf} = \frac{10\% \text{ von } 100.000,-- = 10.000,--}{\text{Stundenleistung} = 2.500,--} = 4$$

Der Personalbedarf kann an dieser Stelle in „Köpfen" oder in Stunden ausgedrückt werden. In der Praxis wird meist mit der „Kopfzahl" gearbeitet, weil dieser Wert einfacher zu handhaben ist. Der in Stunden ausgedrückte Bedarf ist hingegen etwas genauer, weil die „Kopfzahl" immer gerundet werden muß (denn es können ja keine halben Mitarbeiter eingesetzt werden).

Bei der Rundung kann ein Wert vorgegeben werden, ab dem aufgerundet wird. Wird dieser Wert z. B. auf 0,1 eingestellt, rundet das System bereits ab diesem (Nachkomma-) Wert auf die nächste volle Zahl auf, handelt als serviceorientiert. Wird 0,9 eingetragen führt dies zu einem eher sparsamen Umgang mit dem Personal.

Das Ergebnis der Berechnung ist ein fertiger Personalbedarfsplan, der für jedes Zeitintervall die Anzahl der einzusetzenden Mitarbeiter ausweist. Das Verfahren ist im Grunde recht simpel, jedoch durch die Menge der benötigten Daten manuell (also ohne Computereinsatz) nicht praktikabel.

Als Ergebnis der Personalbedarfsplanung steht ein fertiger Wochenplan zur Verfügung, der für jedes Zeitintervall jeden Tages die benötigte Anzahl von Mitarbeitern ausweist. Dieser Wochenplan dient nun als Vorgabe für die Personaleinsatzplanung.

Die errechneten Werte werden in einer Bildschirmmaske angezeigt und können an dieser Stelle noch einmal manuell modifiziert werden.

Jahresbedarfsplanung

Verwalten | Bearbeiten | Info

9.KW (24.02.97 - 02.03.97) POS-Bedarfsplan

Zeit	Mo	Di	Mi	Do	Fr	Sa	So
08:00-09:00	1	1	1	1	1	1	
09:00-10:00	5	5	3	3	2	3	
10:00-11:00	5	4	3	5	4	4	
11:00-12:00	5	5	4	5	3	5	
12:00-13:00	5	5	3	4	3	5	
13:00-14:00	5	4	3	3	4	5	
14:00-15:00	5	4	4	3	5	4	
15:00-16:00	5	4	4	4	5	3	
16:00-17:00	5	5	4	4	4		
17:00-18:00	5	5	5	5	5		
18:00-19:00	5	4	4	4	3		
19:00-20:00	4	3	2	4	3		
Summe	55,00	49,00	40,00	45,00	42,00	30,00	0,00

Plan: 261,00 Ausfall: 0,00 Gesamt: 261,00

Abteilung: Kasse Wochenbedarfsplan: POS-Bedarfsplan

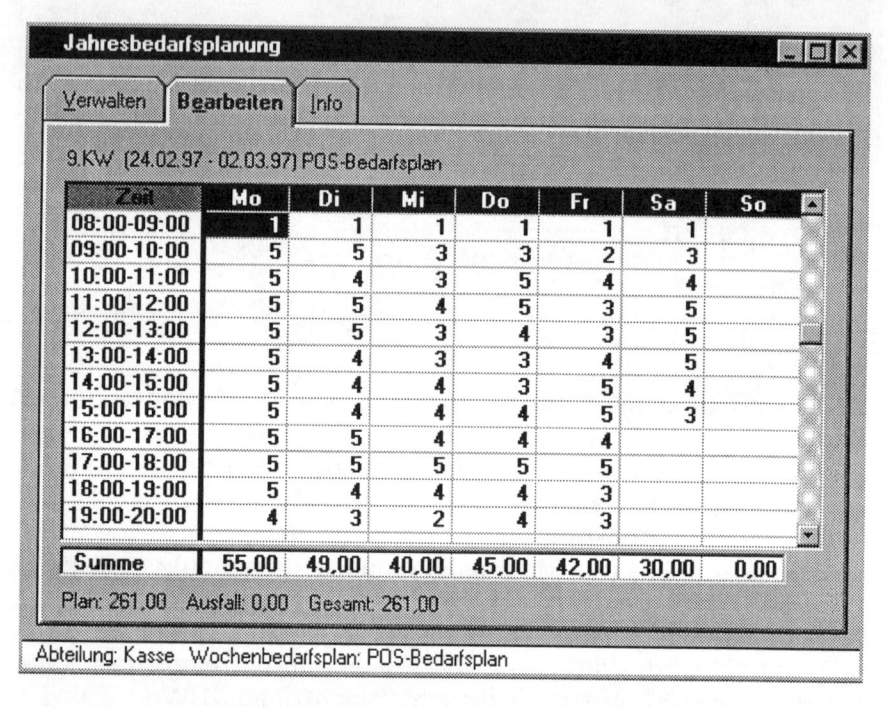

Abbildung: Personalbedarfsplan

3.1.2 Bedarfsermittlung frequenzunabhängig

Anders als im vorgenannten Beispiel der Kasse, gibt es in jedem Handelsunternehmen auch Bereiche, deren Personalbedarf nicht von der Kundenfrequenz oder einer sonstigen, meßbaren Frequenz (z. B. Wiegedaten etc.) beeinflußt wird.

Auch für diese Bereiche muß dennoch ein Verfahren gefunden werden, den Bedarf zu ermitteln. Dabei hat es sich als durchaus praktikabel erwiesen, auch hier den Umsatz als Meßgröße heranzuziehen. Nehmen wir als Beispiel die Abteilung „Obst + Gemüse" eines Verbrauchermarktes.

In dieser Abteilung geht es im wesentlichen darum, über den ganzen Tag hinweg die Verkaufsbereitschaft sicherzustellen. Dazu gehört es z. B., daß immer eine ausreichende Zahl aller Produkte in den Regalen vorhanden ist, oder daß regelmäßig die Frische der Ware überprüft wird (Mindesthaltbarkeit).

Umsatz und Stundenleistung als Basis

Obwohl diese Arbeiten nicht (oder nur bedingt) mit der an der Kasse gemessenen Kundenfrequenz in Relation stehen, muß ein Weg gefunden werden, den Personalbedarf zu bestimmen. Als Basisgrößen dienen in diesem Fall der geplante Umsatz der Abteilung sowie die zu erzielende Stundenleistung. Bei dieser Stundenleistung handelt es sich in diesem Fall um einen theoretischen Wert, der sich aus dem tatsächlich erzielten Umsatz sowie den dafür benötigten Arbeitsstunden ergibt.

$$\text{Stundenleistung} = \frac{\text{erzielter Umsatz}}{\text{eingesetzte Stunden}}$$

In der Praxis benutzen Handelsunternehmen dabei oftmals Vergleichswerte der eigenen Filialen oder befreundeter Unternehmen der gleichen Branche (Erfa-Kreise etc.).

Aus diesem Wert in Verbindung mit dem geplanten der Abteilung wird nun ein sog. Stundenbudget errechnet. Dieser Wert gibt an, wie viele Stunden in der Abteilung im vorgesehenen Planungszeitraum eingesetzt werden dürfen. Üblicherweise wird diese Budgetierung auf wöchentlicher Basis durchgeführt.

Woche	geplanter Umsatz	Umsatz pro Stunde	geplante Transakt.	Transakt. pro Stunde	Budget [Stunden]
1	30,00	350,00			0,09
2	36.000,00	350,00			102,86
3	36.000,00	350,00			102,86
4	27.000,00	350,00			77,14
5	30.000,00	350,00			85,71
6	39.000,00	350,00			111,43
7	36.000,00	350,00			102,86
8	36.000,00	350,00			102,86
9	30.000,00	350,00			85,71
10	39.000,00	350,00			111,43
11	36.000,00	350,00			102,86
Summe	384.030,00				1.097,23

Abteilung: 1001 - Obst + Gemüse

Jahr: 1997 Budget-Zeitraum: Woche

Abbildung: Budgetplanung

Das so ermittelte Budget dient nun als Vorgabe für die eigentliche Personalbedarfsplanung, die in diesem Fall manuell durch den Abteilungsleiter erfolgt. Da keine Frequenzdaten für die Bedarfsermittlung herangezogen werden können, ist eine Automatisierung des Prozesses an dieser Stelle nicht machbar.

Daher ist es unumgänglich, auf die Erfahrungswerte des Führungspersonals zurückzugreifen. Konkret bedeutet dies, daß der Planungsverantwortliche das oben ermittelte Stundenbudget pro Woche zur Verfügung gestellt bekommt und nun den Personalbedarf je Zeitintervall selbst bestimmen muß. Das System unterstützt ihn dabei mit einem ständigen Abgleich des Budgets mit den bereits verplanten Stunden.

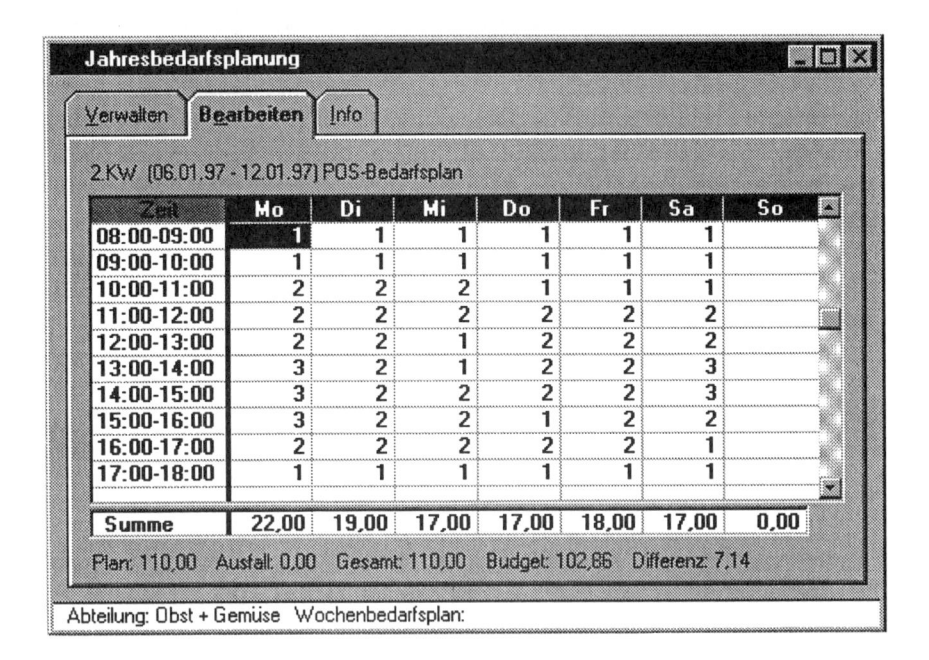

Jahresbedarfsplanung							
2.KW (06.01.97 - 12.01.97) POS-Bedarfsplan							
Zeit	Mo	Di	Mi	Do	Fr	Sa	So
08:00-09:00	1	1	1	1	1	1	
09:00-10:00	1	1	1	1	1	1	
10:00-11:00	2	2	2	1	1	1	
11:00-12:00	2	2	2	2	2	2	
12:00-13:00	2	2	1	2	2	2	
13:00-14:00	3	2	1	2	2	3	
14:00-15:00	3	2	2	2	2	3	
15:00-16:00	3	2	2	1	2	2	
16:00-17:00	2	2	2	2	2	1	
17:00-18:00	1	1	1	1	1	1	
Summe	22,00	19,00	17,00	17,00	18,00	17,00	0,00
Plan: 110,00 Ausfall: 0,00 Gesamt: 110,00 Budget: 102,86 Differenz: 7,14							
Abteilung: Obst + Gemüse Wochenbedarfsplan:							

Abbildung: manuelle Bedarfsplanung

In der obigen Abbildung ist deutlich zu erkennen, wie dieses Verfahren in der Praxis funktioniert. Aus der Budgetplanung ergibt sich für die geplante Woche ein Stundenbudget in Höhe von 102,86 Stunden, verplant wurden 110,00 Stunden, so daß in diesem Fall eine Überplanung des Budgets um 7,14 vorliegt.

Nun kann sich der Planende entscheiden, ob er sich mit dieser Planung zufriedengibt, oder ob er durch Reduzierung des geplanten Personalbedarfs in einigen Zeitintervallen den Gesamtbedarf weiter dem Budget angleicht.

Das Ergebnis dieser Planungsmethode ist letztlich identisch mit dem der frequenzorientierten Planung, lediglich der Weg zum Ziel ist ein anderer.

3.2 Personalinformationen

Als weitere Basisdaten für die Personaleinsatzplanung werden Informationen über das im Betrieb vorhandene Personal benötigt.

Diese Informationen ergeben sich aus

- mit den Mitarbeitern arbeitsvertraglich sowie außervertraglich vereinbarten Regelungen
- Qualifikationen
- planbaren Fehlzeiten (Urlaub, Seminar, ...)
- Arbeitszeitwünschen der Mitarbeiter

3.2.1 Arbeitsvertragliche / außervertragliche Regelungen

Zu diesen Punkten zählen:

Vertragliche Arbeitszeit
Diese wird heutzutage in den meisten Verträgen wöchentlich, manchmal auch monatlich vereinbart, z. B. 37,50 Wochenstunden. Dieser Wert ist wichtig für die Personaleinsatzplanung, denn wenn er überschritten wird, entstehen in der Regel zuschlagspflichtige Mehrarbeitsstunden.

In einigen - meist älteren - Arbeitsverträgen ist die Arbeitszeit der Mitarbeiter auch der Lage nach festgelegt, z. B. 8:00 - 18:00 Uhr. Solche Verträge stehen einer flexiblen Personaleinsatzplanung natürlich entgegen und sollten möglichst vermieden werden.

Verfügbarkeitszeiten
Verfügbarkeitszeiten werden häufig mit Teilzeit- oder Aushilfsmitarbeitern vereinbart. Wird etwa ein Schüler als Aushilfe beschäftigt, kann dieser im Normalfall nur am Nachmittag eingesetzt werden. Diese Information ist wichtig bei der Erstellung der Einsatzplanung. Es muß zwar möglich sein, Mitarbeiter auch außerhalb der vereinbarten Zeiten einzusetzen, dabei muß aber in jedem Fall ein entsprechender Hinweis auf den Konflikt entstehen.

3.2.2 Qualifikationen

Ebenfalls wichtig für die Personaleinsatzplanung ist eine Information über die Qualifikationen der Mitarbeiter. Unter Qualifikation in diesem Sinne wird verstanden, in welchem Bereich des Betriebes ein Mitarbeiter eingesetzt werden kann, also für welche Arbeiten bzw. welche Abteilungen er qualifiziert ist.

In der Personaleinsatzplanung ist diese Information dann von Bedeutung, wenn ein Mitarbeiter temporär von seiner Stammabteilung in eine andere Abteilung umversetzt werden soll. In diesem Fall wird angezeigt, welche Mitarbeiter über die erforderliche Qualifikation für die „ausleihende" Abteilung verfügen.

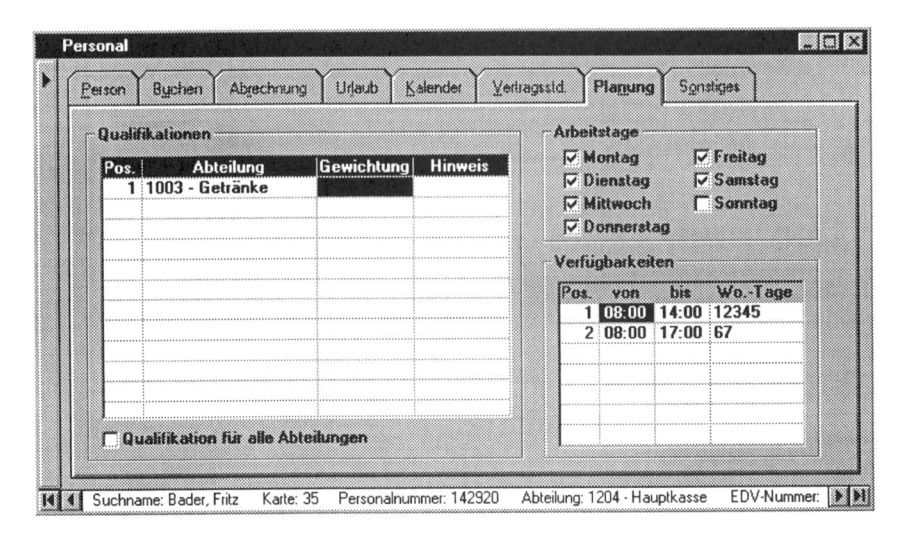

Abbildung: Verfügbarkeit und Qualifikation

3.2.3 Fehlzeiten

Unter Fehlzeiten im Sinne der Personaleinsatzplanung werden Abwesenheiten verstanden, wie z. B. Urlaub oder Dienstreise. Während für die Zeitwirtschaft alle Arten von Fehlzeiten wichtig sind, um die Zeitkonten korrekt führen zu können, sind im Sinne der Personaleinsatzplanung zunächst nur die planbaren Fehlzeiten von Bedeutung.

Zu diesen zählen u. a.

- Urlaub
- Dienstreise
- Seminar
- Berufsschule
- Kur
- Freie Tage
- Feiertage

Alle bekannten Fehlzeiten müssen vor der Durchführung der Personaleinsatzplanung in das System eingetragen werden, um so zu verhindern, daß Mitarbeiter verplant werden, die an dem jeweiligen Tag gar nicht verfügbar sind.

Daneben existieren auch unplanbare Fehlzeiten wie

- Krankheit
- Arbeitsunfall
- Arztbesuch

Diese Art von Fehlzeiten ist naturgemäß zum Zeitpunkt der Erstellung des Personaleinsatzplans noch nicht bekannt. Dennoch müssen sie (nachträglich) in das System eingetragen werden, um eine lückenlose Weiterführung der Arbeitszeitkonten zu gewährleisten.

Ein modernes PEP-System sollte die Möglichkeit bieten, die einzelnen Fehlgründe frei definieren zu können.

In der Regel verfügen PEP-Systeme über einen Fehlzeitenkalender, in dem die Fehlzeiten des ganzen Jahres übersichtlich dargestellt werden. Wünschenswert ist darüber hinaus eine Funktion zur Verwaltung der Resturlaubsansprüche sowie ein Modul für die Durchführung der Jahresurlaubsplanung.

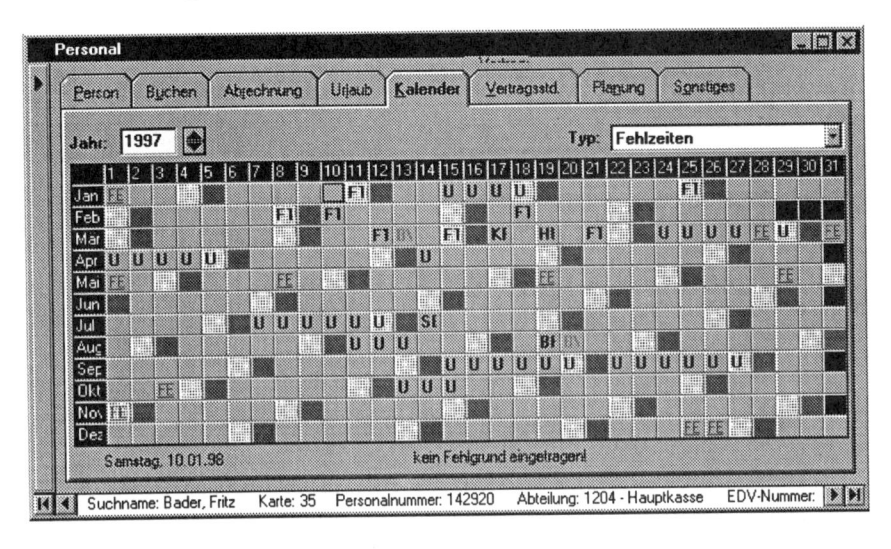

Abbildung: Fehlzeitenkalender

3.2.4 Wünsche

Neben den vereinbarten Verfügbarkeitszeiten sollten die Mitarbeiter auch die Möglichkeit eingeräumt bekommen, bestimmte individuelle Wünsche für ihren Arbeitsplan zu berücksichtigen.

Selbstverständlich können solche Wünsche nur dann berücksichtigt werden, wenn es mit den betrieblichen Notwendigkeiten vereinbar ist. Grundsätzlich ist die Möglichkeit der Mitbestimmung jedoch ein hervorragendes Mittel für die Motivation.

3.3 Sonstige Einflußgrößen

Einige weitere Einflußgrößen sind ebenfalls für die Personaleinsatzplanung von Bedeutung, und zwar

- Gesetzliche Vorgaben
- Tarifliche Vorgaben
- Betriebliche Vorgaben

3.3.1 Gesetzliche Vorgaben

Bei den gesetzlichen Vorgaben ist an sich an erster Stelle das **Arbeitszeitgesetz** (ArbZG) zu nennen (früher Arbeitszeitordnung, AZO). Darin werden diverse für die Personaleinsatzplanung relevante Dinge geregelt. Die nachfolgend aufgeführten Regelungen sind nur exemplarisch und geben das ArbZG nicht vollständig wieder.

Maximale Arbeitszeit
In §3 ist die maximale Arbeitszeit festgeschrieben. Diese darf in der Regel 10 Stunden täglich nicht überschreiten, unter der Voraussetzung, daß innerhalb von 6 Kalendermonaten bzw. 24 Wochen acht Stunden werktäglich im Durchschnitt nicht überschritten werden.

Pausenzeiten
Auch die gesetzlich verordneten Pausenzeiten müssen im Rahmen der Personaleinsatzplanung Berücksichtigung finden. Vorgeschrieben sind mindestens

30 Minuten bei mehr als 6 bis zu 9 Stunden
45 Minuten bei mehr als 9 Stunden Arbeitszeit

Ruhezeiten
Nach Beendigung der Arbeitszeit muß eine Ruhezeit von mindestens 11 Stunden eingehalten werden.
Neben dem ArbZG können weitere Gesetze wie das Arbeitsschutzgesetz, Ladenschlußgesetz, Entgeltfortzahlungsgesetz etc. für die Personaleinsatzplanung relevant sein.

3.3.2 Tarifliche Vorgaben

Relevant im Sinne der Personaleinsatzplanung sind hier vor allem die Regelungen des jeweiligen Manteltarifvertrages. Diese Verträge können von Branche zu Branche und auch von Bundesland zu Bundesland sehr unterschiedlich aussehen. Generell enthalten sie Regelungen für die Bereiche

- Zuschläge für Mehrarbeit
- Zuschläge für ungünstige Arbeitszeiten (Spät / Nacht)
- Zuschläge für Arbeit an Samstagen, Sonntagen, Feiertagen

Geregelt wird, wann und in welcher Höhe solche Zuschläge anfallen. Dies ist für die Personaleinsatzplanung von großer Bedeutung, um ggf. schon zum Zeitpunkt der Planung Auskunft über die zu erwartenden Zuschläge geben zu können.

3.3.3 Betriebliche Vorgaben

Ergänzend zu gesetzlichen und tariflichen Regelungen werden häufig auch in Form einer Betriebsvereinbarung betriebliche Regelungen zur Arbeitszeit vereinbart, z. B.

- besondere Pausenregelungen
- Regelungen für die Samstagsarbeit
- Regelungen für die Arbeit an Heiligabend und Sylvester
- Regelungen bezüglich der Spätöffnung

Selbstverständlich dürfen die Mitarbeiter dabei nicht schlechter gestellt werden, als es die gesetzlichen und tariflichen Regelungen vorschreiben.

4 Personaleinsatzplanung

Bei der eigentlichen Personaleinsatzplanung geht es darum, die Arbeitszeiten der einzelnen Mitarbeiter festzulegen. Dabei gilt es, die vorangehend beschriebenen Vorgaben zu berücksichtigen.

Das Ziel der Personaleinsatzplanung läßt sich am besten durch folgende Punkte definieren:

- **die richtig qualifizierten Mitarbeiter**
- **in der richtigen Anzahl**
- **zur richtigen Zeit**
- **am richtigen Ort**
- **zu optimalen Kosten**

Dieses Ziel ist ohne die Hilfe einer computergestützten Personaleinsatzplanung nicht mit realistischem Aufwand erreichbar. Die Flut der benötigten Daten ist einfach zu groß, um ihr per Hand Herr werden zu können.

Die EDV bietet hier verschiedene Ansätze, dem Planenden bei seiner Arbeit Unterstützung zu leisten. Grundsätzlich muß unterschieden werden zwischen

- interaktiver Einsatzplanung
- systemgestützter Einsatzplanung

Bei der interaktiven Einsatzplanung wird die eigentliche Planerstellung durch den Planungsverantwortlichen durchgeführt, der durch das System ständig interaktiv durch Informationen unterstützt wird. Bei der systemgestützten Planung erstellt das System selbständig Planvorschläge. Obwohl dies auf den ersten Blick verlockend wirkt, birgt es bei genauer Betrachtung einige Gefahren in sich.

Der Planungsverantwortliche selbst erstellt bei der interaktiven Planung den Einsatzplan, wird dabei jedoch ständig vom PEP-System mit allen erforderlichen Informationen unterstützt.

Diese Variante hat den Vorteil, daß der Planende sich weiterhin in der vollen Verantwortung für die Planung befindet und sich seine eigenen Gedanken über die Planung machen muß. Bei teilautomatischen oder vollautomatischen Systemen besteht oft die Tendenz, den vom Computer erstellten Plan kritiklos zu übernehmen.

Zudem werden für automatisierte Planungssysteme wesentlich mehr Daten benötigt, die zudem ständig vollständig und aktuell im System verfügbar sein müssen. Der damit verbundene Aufwand für die Datenpflege ist nicht zu unterschätzen und kann in vielen Fällen gar nicht sichergestellt werden.

Neben den „harten Faktoren", wie Qualifikation, Verfügbarkeit etc., sind für die Erstellung eines optimalen Einsatzplans auch die sog. „weichen Faktoren" von großer Bedeutung. Dabei handelt es sich um Faktoren, die nicht meßbar sind oder in Form irgendwelcher Zahlen ausgedrückt werden können. Ein typisches Beispiel dafür ist die Sympathie oder Antipathie, die zwei oder mehrere Mitarbeiter füreinander hegen. Manche Mitarbeiter bilden mit anderen ein optimales, sich ergänzendes Team, während es bei einer anderen Konstellation Reibungspunkte gibt, die zu Produktivitätsverlusten führen. Solche Faktoren kann man einem elektronischen System nicht beibringen, sie sind jedoch im Kopf des Planenden vorhanden.

Ein anderes Problem sind Faktoren, die zwar meßbar sind, aber nicht abgespeichert werden dürfen (Datenschutz etc.). Dabei handelt es sich z. B. um mitarbeiterbezogene Leistungsdaten, wie sie etwa in Form der „Kassierleistung" existieren. Wenn etwa ein Abteilungsleiter einen Plan für die Kassenzone zu erstellen hat, wird er an einem „sehr starken" Tag vermehrt Personal einsetzen, das über eine hohe Leistungsfähigkeit verfügt. Bei einer automatischen Planung fehlt dem System jedoch genau diese Information, so daß es oft einen wenig geeigneten Vorschlag machen wird.

4.1 Manuelle (interaktive) Einsatzplanung

Die interaktive Einsatzplanung ist ein Werkzeug, das den Planenden während der Planerstellung mit allen relevanten Informationen versorgt. Dabei handelt es sich im wesentlichen um:

Wichtige Informationen für die Einsatzplanung

- **Personalbedarf**
- **Verfügbarkeit**
- **Qualifikation**
- **geplante Fehlzeiten**
- **Resturlaub**
- **Stand des Arbeitszeitkontos**
- **Stand der Mehrarbeitskonten**
- **vertragliche Arbeitszeit**
- **bereits verplante Zeit / noch verplanbare Zeit**
- ...

Bei der Planung „mit Papier und Bleistift" muß sich der Planende alle diese Informationen aus irgendwelchen Unterlagen beschaffen. In der betrieblichen Praxis ist es dabei oftmals so, daß

- diese Aufzeichnungen nicht existieren oder nicht auf dem aktuellen Stand sind
- der Zeitbedarf für die Informationsbeschaffung so groß ist, daß letztlich darauf verzichtet wird

Beides führt in der Konsequenz dazu, daß der Einsatzplan nicht auf Basis konkreter Fakten erstellt wird. Statt dessen wird oftmals einfach der Plan der vorangegangenen Woche kopiert und ggf. in einigen Einzelheiten abgeändert. Natürlich ist auch das ein Weg für die Personalplanung, nur eben nicht der optimale.

Allein die Berücksichtigung des aktuellen Personalbedarfs für den jeweilig zu planenden Tag ist auf manuellem Wege kaum möglich. Es wird ein System benötigt, mit dessen Hilfe sich ein ständig aktueller Soll/Ist-Vergleich erstellen läßt.

Die nachfolgende Bildschirmmaske zeigt ein Beispiel für eine solche interaktive Personaleinsatzplanung:

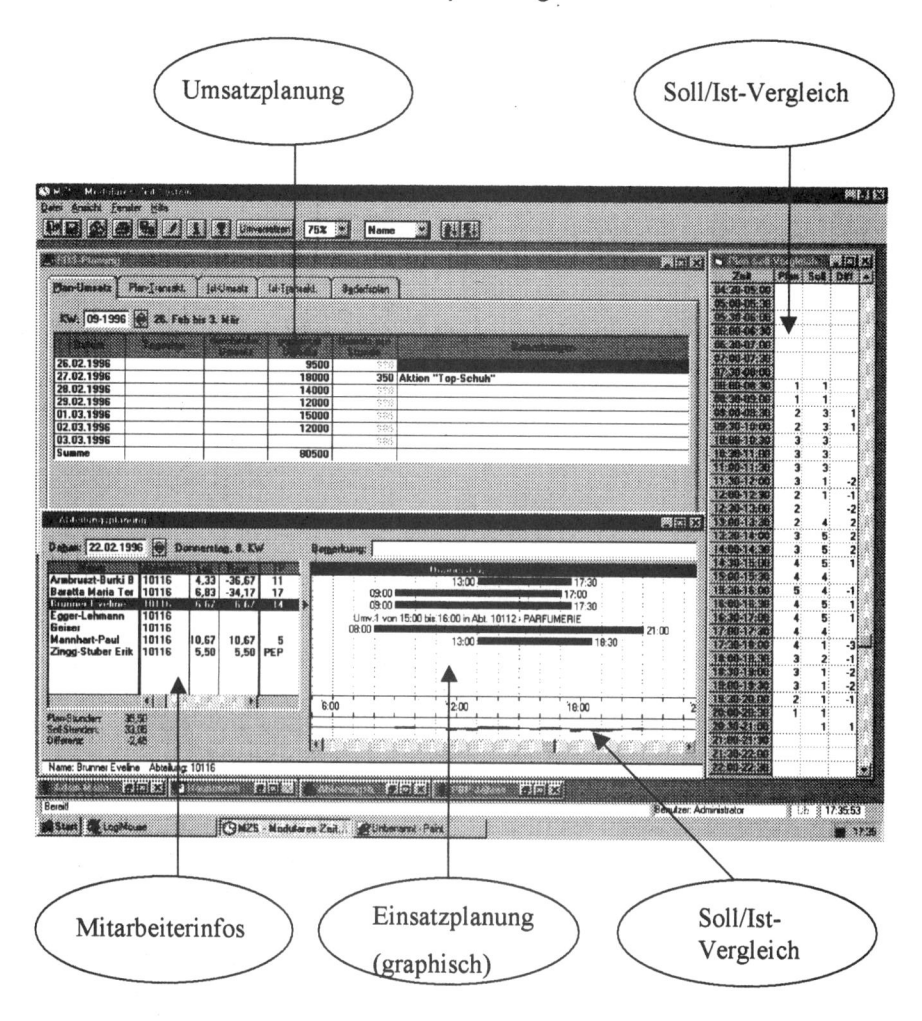

In dieser Bildschirmmaske sind alle für den Anwender wichtigen Informationen nach logischen Blöcken zusammengefaßt dargestellt. Alle Informationen sind miteinander verknüpft und müssen daher nur an einer Stelle eingegeben werden.

Die Bezeichnung „interaktiv" bedeutet in diesem Zusammenhang, daß jede vom Anwender eingetragene Änderung des Einsatzplans sofort zur Errechnung und Anzeige der neuen Situation führt. Alle Zahlen und Diagramme befinden sich immer auf dem aktuellen Stand und helfen dem Anwender, die Übersicht zu behalten und vernünftige Entscheidungen zu treffen.

Entscheidend ist dabei die ständige Aktualität der angezeigten Informationen. Nur wenn sich jede Änderung sofort auswirkt, ist das System wirklich interaktiv, hilft es dem Anwender wirklich bei seiner Arbeit. Systeme, die nach Durchführung der Änderungen erst einen Abrechnungslauf starten müssen, um wieder zu aktuellen Darstellungen zu kommen, genügen diesem Anspruch nicht. Auch alle tariflich, betrieblich oder einzelvertraglich vereinbarten Regelungen, wie z. B. Spätöffnungszuschläge, müssen dabei berücksichtigt werden.

Planung der Pausen
Die Planung der Pausen ist ein Thema, das immer wieder kontrovers diskutiert wird. Grundsätzlich müssen die Pausen selbstverständlich geplant werden, die Frage ist jedoch,

wird nur die Höhe des Pausenabzuges geplant, oder auch die zeitliche Lage der Pause?

Diese Frage läßt sich nicht pauschal beantworten, sondern muß von Fall zu Fall untersucht werden. Ob sich die Lage der Pause planen läßt, hängt im wesentlichen davon ab, ob der Arbeitsanfall im entsprechenden Bereich des Betriebes von der Kundenfrequenz abhängig ist, oder nicht. In frequenzabhängigen Bereichen können die Mitarbeiter nicht einfach so zur Pause gehen, wie es der Personaleinsatzplan vorsieht, sondern sie müssen sich nach dem Kundenstrom richten. Aus diesem Grund wird in solchen Bereichen häufig nur die Höhe des Pausenabzuges geplant (zum Beispiel 15 Minuten Frühstückspause, 30 Minuten Mittagspause), während die zeitliche Lage der Pause sich aus dem Tagesgeschäft ergibt und zwischen den Kollegen abgesprochen wird.

Soll/Ist-Vergleich

Der Soll/Ist-Vergleich gibt während der Planung ständig Auskunft über die Qualität der Abteilungsbesetzung im Hinblick auf die Abdeckung des Personalbedarfs. Anders ausgedrückt, werden die aus der Personal**bedarfs**planung kommenden Werte ständig mit den Werten der Personal**einsatz**planung verglichen. Auf diese Weise ist jederzeit ersichtlich, zu welchen Zeiten die Abteilung über- bzw. unterbesetzt ist. Eine grafische Darstellung des Soll/Ist-Vergleichs unter Einsatz unterschiedlicher Farben ist dabei vorteilhaft für den schnellen Überblick.

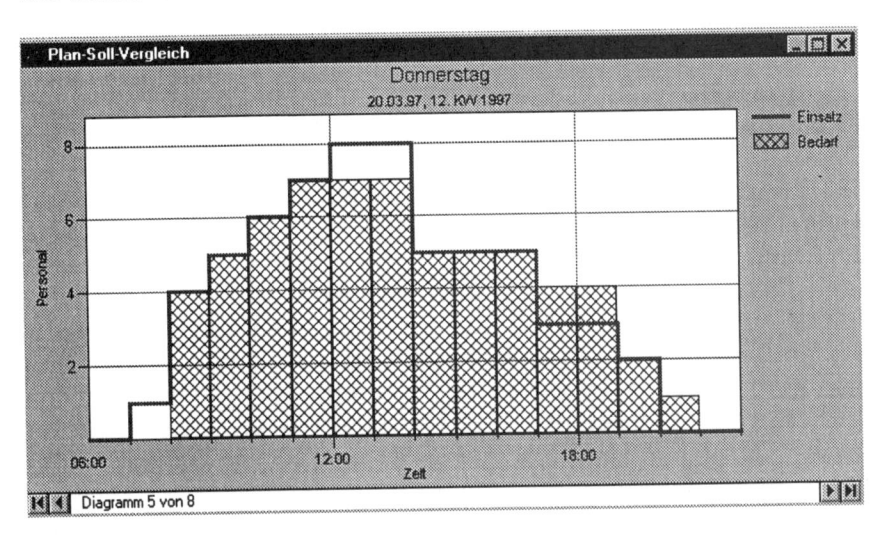

Abbildung: Soll/Ist-Vergleich

Auch sollte es möglich sein, sich während der Planung schnell einen Überblick über die Umsatzplanung und die anderen bedarfsbestimmenden Faktoren verschaffen zu können. Bei Softwaresystemen, die auf dem Betriebssystem MS-Windows[TM] basieren, ist dies in der Regel leicht machbar.

4.2 Systemgestützte Einsatzplanung

Während die interaktive Einsatzplanung das Ziel verfolgt, den Planenden mit möglichst vielen Informationen zu versorgen und ihm so seine Arbeit zu erleichtern, geht es bei der systemgestützten Einsatzplanung darum, dem System auch die eigentliche Durchführung der Planung zu überlassen. Dies kann durch mathematische Verfahren erfolgen oder durch Einsatz sog. Expertensysteme, die mit Hilfe „künstlicher Intelligenz" arbeiten. Basis der Einsatzplanung sind dabei die bereits weiter vorn beschriebenen Informationen wie Personalbedarf etc., die das System zur Erstellung eines Plans benötigt. Im Verlauf des Planungsprozesses spielt das System eine sehr hohe Zahl möglicher Varianten durch, bis es zu einer möglichst optimalen Lösung kommt.

Der Vorteil eines solchen Verfahrens liegt darin, daß dem Anwender sehr viel zeitaufwendige Detailarbeit abgenommen wird. Ein Mensch ist nicht wie die Maschine in der Lage, die vielen tausend möglichen Planungsvarianten in vertretbarer Zeit durchzuspielen und zu analysieren. Das Ergebnis einer von einem EDV-System erstellten Planung wird daher in der Regel - rein logisch oder mathematisch betrachtet - sehr korrekt sein. Ob es allerdings auch wirklich praktikabel ist, hängt nicht nur von der logischen Richtigkeit ab, sondern von einer Reihe weiterer Faktoren. Ein Mensch wird bei seiner Planung immer einige Dinge berücksichtigen, von denen die Maschine nichts weiß. Dabei geht es z. B. um das Wissen darüber, wer am besten mit wem zusammen (bzw. besser mit wem nicht zusammen) eingesetzt werden sollte.

Die in einem EDV-System gespeicherten Daten können in der Praxis einfach nicht so umfangreich und so aktuell sein, daß sie ein absolut zuverlässiges und vollständiges Bild über die Situation des Betriebes geben. Wenn aber die Grundvoraussetzungen für die Planung nicht optimal sind, kann zwangsläufig auch das Ergebnis nicht optimal sein.

Dennoch ist die Systemunterstützung eine wichtige Hilfe bei der Einsatzplanung. Man sollte sich jedoch von der Vorstellung lösen, auf Knopfdruck vollautomatisch einen Einsatzplan zu erhalten.

Grundsätzlich gibt es zwei verschiedene Ansätze für die systemgestützte Durchführung der Planung:

- Erzeugen eines anonymen Planes
- Erzeugen eines namentlichen Planes
  (siehe „Automatische Einsatzplanung")

Bei der Erzeugung des anonymen Planes nimmt das System den Personalbedarf als Grundlage für seine Berechnungen und erzeugt daraus einen Einsatzplan, der diesen Bedarf möglichst optimal abdeckt. Dabei müssen neben dem Bedarf natürlich auch einige Bedingungen berücksichtigt werden, z. B.

- minimale Arbeitszeit
- maximale Arbeitszeit
- Pausenregelungen
- verfügbares Personal.

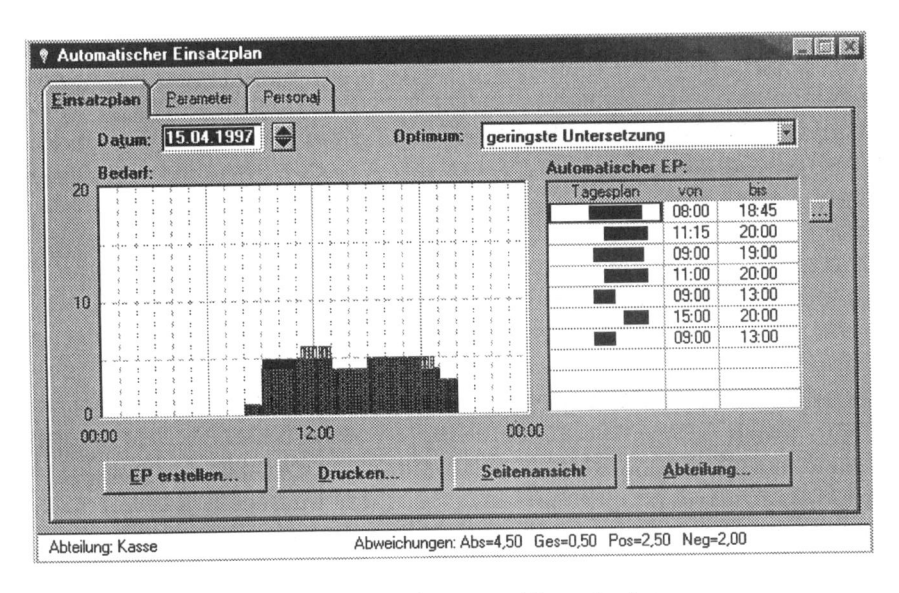

Abbildung: Erstellen eines anonymen Einsatzplans

Auch bei der Erzeugung eines anonymen Planes muß das System die zur Verfügung stehenden Mitarbeiter beachten. Es ist wenig hilfreich, wenn der Plan z. B. so aufgebaut wird, daß er nur sehr kurze Arbeitszeiten für die einzelnen Mitarbeiter enthält, wenn der Betrieb nur Vollzeitkräfte beschäftigt. In diesem Fall würden die Mitarbeiter nicht auf ihre vertragliche Arbeitszeit kommen können. Auch müssen bereits fest (manuell) verplante Mitarbeiter vom Bedarf abgezogen werden und das System darf nicht mehr Arbeitszeitblöcke generieren, als Mitarbeiter vorhanden sind. Bei näherer Betrachtung ist die Erzeugung eines anonymen Planes also weit aufwendiger, als zunächst angenommen.

Ist der Plan fertig erstellt worden, bieten sich zwei Möglichkeiten für die weitere Vorgehensweise an:

1. Wahlarbeitszeit

Bei diesem Verfahren werden die Mitarbeiter sehr stark in die Planung einbezogen. Ein anonymer Plan wird ausgedruckt und den Mitarbeitern zur Verfügung gestellt. Nun kann sich jeder Mitarbeiter zu der „Schicht" eintragen, die er gern übernehmen möchte. Ziel ist es, die Motivation der Mitarbeiter zu steigern, indem möglichst viel Rücksicht auf die Arbeitszeitwünsche genommen wird.

In der Praxis ist dies jedoch häufig mit Problemen behaftet, weil selten alle Mitarbeiter eines Bereiches zur gleichen Zeit anwesend sind. Dadurch haben diejenigen Vorteile, die sich zuerst in den Plan eintragen können. Es wird daher unbedingt ein organisatorisches Umfeld benötigt, das diesem Umstand Rechnung trägt, beispielsweise die Einführung von Arbeitszeit-Teams und fester Termine für „Arbeitszeit-Meetings". Innerhalb solcher Meetings werden dann gemeinsam und unter Moderation des Teamleiters die Einsatzpläne abgestimmt.

Kommt es in bestimmten Fällen nicht zu einer einvernehmlichen Einigung zwischen den Mitarbeitern, muß der Teamleiter das letzte Wort haben.

Hier ein Beispiel für die Gestaltung eines Formulars, das für die Umsetzung eines Wahlarbeitszeit-Konzepts verwendet werden kann:

Tagesplan	von	bis	Pausen 1	Pausen 2	Pausen 3	Ges.	Soll Zuschlag	Name
	08:00	18:45	30	15	15	60	09:45	
	11:15	20:00	15	30		45	08:00	
	09:00	19:00	15	30		45	09:15	
	11:00	20:00	15	30		45	08:15	
	09:00	13:00					04:00	
	15:00	20:00	15	15		30	04:30	
	09:00	13:00					04:00	
freier Tag								
freier Tag								
freier Tag								

(WinMZS 4.4 – Hoffmann Datentechnik GmbH – Stand 17.01.98 / 18:44 – Seite 1/2 – Arbeitszeitliste für Dienstag, 15.04.97 – Abteilung: Kasse)

Auf der linken Seite des Formulars werden die vom PEP-System errechneten Arbeitspläne grafisch und in Zahlen dargestellt. In der rechten Spalte können sich die Mitarbeiter mit ihrem Namen eintragen. Das Formular ist so aufgebaut, daß, wenn nicht alle Mitarbeiter benötigt werden, eine entsprechende Zahl „Freier Tage" vorgeschlagen wird.

2. Zuordnung durch den Planungsverantwortlichen

Das oben beschriebene Verfahren der Wahlarbeitszeit bietet hinsichtlich der Motivation der Mitarbeiter zwar Vorteile, verursacht jedoch bei der Umsetzung einen relativ hohen organisatorischen und zeitlichen Aufwand. Daher wird in vielen Unternehmen so gearbeitet, daß der Planende die Zuordnung der Mitarbeiter zu den „Schichten" selbst vornimmt, ohne den Mitarbeitern die Möglichkeit der Mitsprache einzuräumen. In diesem Fall spart das System dem Planenden die Zeit ein, die er für die Ermittlung der optimalen Arbeitszeiten benötigt hätte.

4.3 „Automatische" Einsatzplanung

Wie bereits weiter vorn erwähnt, ist die „Vollautomatische" Personaleinsatzplanung durch ein EDV-System (nach heutigem Stand) nicht realistisch. Sie wird außerdem von den meisten Unternehmen auch gar nicht gewünscht, denn die Personalführung ist eine sehr sensible Aufgabe, die besser in den Händen eines Menschen als bei einer Maschine aufgehoben ist.

Dessen unbenommen kann es durchaus sinnvoll sein, das System Vorschläge für „den optimalen Mitarbeiter" machen zu lassen. Konkret bedeutet dies, daß die Software auf Basis von Entscheidungskriterien wie

- Stand des Arbeitszeitkontos
- Qualifikation
- Verfügbarkeit
- Fehlzeiten

Vorschläge unterbreitet, die dann vom Anwender übernommen oder abgeändert werden können.

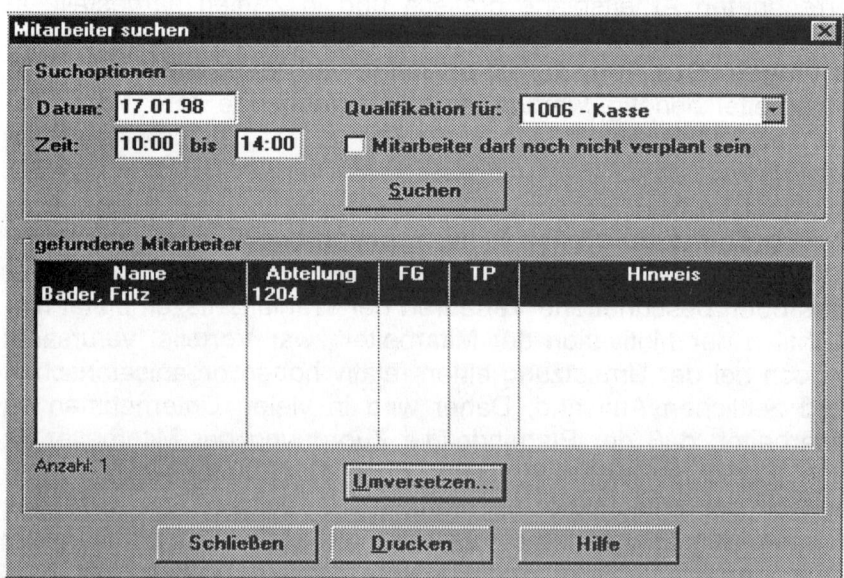

Abbildung: Suchen geeigneter Mitarbeiter

5 Personalzeiterfassung

Über die Notwendigkeit einer elektronischen Personalzeiterfassung in Verbindung mit einem PEP-System gibt es durchaus kontroverse Ansichten. Viele Unternehmen sind der Meinung, durch die exakte Erfassung der Arbeitszeit Zeiten bezahlen zu müssen, die ohne Zeiterfassung „unter den Tisch fallen". Sicher ist dieses Argument sehr ernst zu nehmen, auf der anderen Seite werden aber auch solche Zeiten aufgedeckt, die ohne Zeiterfassung ungerechtfertigt bezahlt wurden (überzogene Pausen etc.).

Grundsätzlich muß die Zeiterfassung ein integrierter Bestandteil der PEP-Lösung sein, um zu optimalen Ergebnissen zu kommen. Es ist zwar prinzipiell auch möglich, fremde Systeme über entsprechende Schnittstellen miteinander zu koppeln, dies ist aber immer mit erhöhtem Aufwand durch „Reibungsverluste" verbunden, wie sie z. B. durch doppelte Datenpflege oder redundante Datenhaltung entstehen. Auch bietet gerade die sehr enge Verzahnung von PEP und Zeiterfassung Möglichkeiten, die es bei getrennten Systemen nicht gibt.

Im Folgenden werden einige Aspekte der Zeiterfassung in Verbindung mit einem PEP-System beschrieben.

Geplante Zeit = bezahlte Zeit
Wichtig ist in diesem Zusammenhang etwa der Abgleich der gestempelten Zeiten mit den Planwerten aus der PEP. Kommt ein Mitarbeiter vor seiner geplanten Anfangszeit, wird dies zwar dokumentiert, jedoch erfolgt die Anrechnung der Arbeitszeit erst ab dem geplanten Beginn. Auf diese Weise wird sichergestellt, daß Mehrarbeit nur nach ausdrücklicher Freigabe vom System berücksichtigt wird. Ein Ansammeln von „Mehrminuten" durch zu frühes Kommen oder zu spätes Gehen ist ausgeschlossen.

Negativzeiterfassung
Eine andere Möglichkeit besteht darin, die Zeit nicht wirklich an einem Erfassungsterminal zu buchen, sondern die Planwerte aus der PEP wie Zeitbuchungen zu verwenden. Erfaßt werden müssen in diesem Fall nur die Abweichungen vom Plan, daher der Ausdruck „Negativerfassung".

Dieses Verfahren ist in der Praxis allerdings nur für Unternehmen überschaubarer Größe sinnvoll, denn die Überwachung der Einhaltung der Planzeiten und die Dokumentation der Abweichungen sind in großen Unternehmen kaum machbar.

Flexibilität durch Arbeitszeitkonten
Viele Tarifverträge lassen die Führung sogenannter Arbeitszeitkonten zu, auf denen Abweichungen zwischen der vertraglichen und der tatsächlichen Arbeitszeit dokumentiert werden. Dies ist eine große Chance für Unternehmen, den Personaleinsatz den saisonalen Umsatzschwankungen anzupassen.

So kann etwa in der Gartenabteilung eines Baumarktes in der Winterzeit weniger Arbeitszeit abgefordert werden, so daß die Zeitkonten gezielt ins Minus gebracht werden. Im Frühjahr können diese Stunden dann abgerufen werden, ohne daß Mehrarbeitszuschläge zu zahlen sind. Ein solches Modell setzt jedoch voraus, daß die Arbeitslöhne monatlich in gleicher Höhe gezahlt werden, unabhängig von der geleisteten Arbeitszeit.

Durch die so zu erzielende höhere Flexibilität entstehen in der Folge natürlich auch sehr viele unterschiedliche Arbeitszeiten für die Mitarbeiter. Diese können ohne ein Zeiterfassungssystem kaum sinnvoll erfaßt und verwaltet bzw. abgerechnet werden.

Plan-Soll-Ist-Vergleich
Ein weiterer Aspekt ist die Durchführung von Vergleichen zwischen den geplanten Werten und dem Ist-Zustand. Auf diese Weise kann die Güte der Planung ständig überwacht und verbessert werden.

Bei diesen Vergleichen geht es um die drei Kategorien

Plan (= Personalbedarf)
Soll (= Personaleinsatzplan)
Ist (= Zeiterfassung).

Diese drei Kategorien müssen beliebig miteinander vergleichbar sein, um die Daten optimal analysieren zu können.

WinMZS 4.4
Hoffmann Datentechnik GmbH
Stand 19.01.98 / 16:53

Plan-Soll-Ist-Report
Abteilung:1006 - Kasse für KW:13-1997
Einheit:[MA]

Zeit	Montag			Dienstag			Mittwoch			Do
	Plan	Soll	Diff.	Plan	Soll	Diff.	Plan	Soll	Diff.	Plan
08:00-09:00	2	2		1	4	3	1	3	2	1
09:00-10:00	3	2	-1	6	5	-1	6	3	-3	2
10:00-11:00	6	4	-2	3	6	3	3	3		6
11:00-12:00	6	5	-1	6	7	1	4	3	-1	6
12:00-13:00	6	6		6	7	1	4	3	-1	5
13:00-14:00	6	6		3	6	3	4	5	1	5
14:00-15:00	5	6	1	5	6	1	4	6	2	5
15:00-16:00	6	6		5	6	1	4	7	3	8
16:00-17:00	7	6	-1	5	6	1	6	6		6
17:00-18:00	6	5	-1	5	5		5	5		8
18:00-19:00	7	5	-2	4	4		5	5		5
19:00-20:00	2	4	2	2	1	-1	2	3	1	2
Summe Plan [Std.]	62,00			51,00			48,00			
Summe Soll [Std.]	51,55			56,85			49,10			
Summe Diff. [Std.]	-10,45			5,85			1,10			

WochenSumme: PlanStunden: 264,00 SollStunden: 450,55 DifferenzStunden: 1

Abbildung: Plan-Soll-Ist-Report

Das obige Beispiel zeigt einen Vergleich zwischen dem Personalbedarf und dem Personaleinsatzplan. An einem solchen Bericht kann die Güte des Personaleinsatzplans abgelesen werden. Über- und Unterbesetzungen gegenüber dem Personalbedarfsplan werden sofort erkannt.

Aufbereitung von Daten für Lohn/Gehalt

Ein Zeiterfassungssystem bietet in der Regel auch Möglichkeiten, die abgerechneten Zeiten zu bewerten und an ein nachgelagertes System für die Lohn- und Gehaltsabrechnung weiterzuleiten.

Unter „Bewertung" im Sinne der Zeitwirtschaft wird dabei die Kategorisierung der Arbeitszeit in verschiedene Zeitarten verstanden, z. B.

- Anwesenheitszeit
- Spätarbeitszeit (Zuschlag)
- Mehrarbeit (Zuschlag).

6 PEP als Controllinginstrument

Ein sehr wichtiger Aspekt - speziell für die Filialunternehmen des Einzelhandels - ist das Personalcontrolling. Darunter wird im Zusammenhang mit Personaleinsatzplanung und Zeitwirtschaft ein Verfahren verstanden, das es erlaubt, den Personaleinsatz in den Filialen zu analysieren und zu steuern. Dies kann z. B. auf Basis des Wertes der Stundenleistung erfolgen, die angibt, wieviel Umsatz pro eingesetzter Mitarbeiterstunde erzielt wurde. Vergleicht man diesen Wert für eine gewisse Anzahl von Filialen, wird es in der Regel recht große Unterschiede zwischen den einzelnen Outlets geben.

Es ist jedoch bei einem solchen Verfahren streng darauf zu achten, daß auch wirklich nur vergleichbare Betriebsteile miteinander verglichen werden. Grundsätzlich können nur gleichartige Abteilungen miteinander verglichen werden und es muß sich auch um eine vergleichbare Größenordnung (VK-Fläche) handeln, um zu aussagekräftigen Ergebnissen zu kommen.

Benchmarking
Wenn es Differenzen zwischen den einzelnen Bereichen gibt, dann impliziert dies, daß es gute und weniger gute Ergebnisse gibt. Das Ziel ist es nun, die weniger guten Ergebnisse derart zu optimieren, daß sie zu den guten aufschließen. Dabei muß jedoch unbedingt beachtet werden, daß die Ursachen für ein weniger gutes Ergebnis sehr vielfältiger Natur sein können. Die Aussage

„die Stundenleistung ist zu niedrig"

darf auf keinen Fall sofort dazu führen, daß Stunden abgebaut werden. Vielmehr muß nach den Ursachen geforscht werden, die für den zu geringen Wert verantwortlich sind.

Neben dem zu hohen Personaleinsatz kann es sich dabei z. B. auch um logistische Probleme handeln (langer Weg zum Lager) oder um eine falsche Sortimentspolitik. Wichtig ist aber zunächst einmal, überhaupt die Information zu erhalten, daß etwas nicht optimal funktioniert.

Eine gute Methode zur Analyse der Daten ist die Darstellung in Form eines Säulendiagramms:

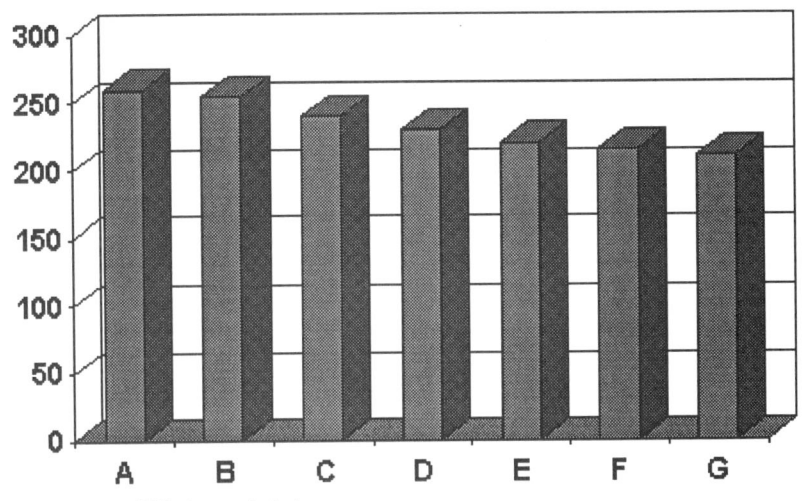

Abbildung: Filialvergleich

Sind auf diese Weise die Betriebe mit den besten Werten herausgefunden worden, bietet es sich an, aus den besten 3 Betrieben einen Durchschnittswert zu bilden und diesen dann als Vorgabe für alle anderen Betriebe zu benutzen.

Hier schließt sich der Kreis zum Anfang dieses Kapitels, der Personalbedarfsplanung, denn der hier ermittelte Wert für die Stundenleistung wird als neue Vorgabe für die Berechnung des Personalbudgets herangezogen.

Das beschriebene Verfahren stellt einen sehr effektiven und dennoch einfach zu realisierenden Weg für das Controlling des Personaleinsatzes dar. Mit Hilfe moderner EDV-Systeme ist es leicht möglich, die benötigten Werte zu ermitteln und die Einhaltung der Vorgaben zu kontrollieren. Das darf jedoch nicht darüber hinwegtäuschen, daß der Weg zum Ziel einer optimalen Personalsteuerung lang und steinig ist. Wer sich aber nicht entmutigen läßt, wird feststellen, daß es sich lohnt, ihn zu gehen.

Anhang B

Anwendungsbeispiele

Arbeitszeitmanagement, Flexible Arbeitszeiten, Arbeitszeitkonten und Personaleinsatzplanung

1 Anwendungsbericht 1: Webasto AG Fahrzeugtechnik, Stockdorf

Vario-Zeitsystem

Der nachfolgende Anwendungsbericht wurde als Vortrag auf dem 4. COPers-Forum vom 18. bis 19.9.97 in Lahnstein von Erika Balbach, Leiterin Personal- und Organisationsberatung der Webasto Informationssysteme GmbH gehalten.

Die flexible Arbeitszeit bei Webasto hat unter dem Namen Vario-Zeit schon vor vielen Jahren Aufsehen erregt und schließlich eine vielbeachtete „Karriere" gemacht. Flexible Reaktionsmöglichkeiten für das Unternehmen bei Auslastungsschwankungen einerseits und sehr weitreichende Gestaltungsmöglichkeiten für den Mitarbeiter andererseits ließen sich mit dem Vario-Zeitsystem unter einen Hut bringen.

Warum dann überhaupt ändern?
Anpassungen an veränderte Rahmenbedingungen heißt unser Ziel, wobei Bewährtes in vollem Umfang erhalten bleibt. Dort, wo wir erkennen, daß wir mit den bisherigen Vario-Regelungen an unsere Grenzen stoßen, erweitern wir sie. Gleichzeitig sollte ein Schritt in die Richtung gemacht werden, mehr Ergebnisse anstelle der Anwesenheit zu honorieren. Das Prinzip bleibt: Neuregelungen sollen dem Unternehmen und den Mitarbeitern nutzen.

Einführung der Vario-Zeit
Ausgangspunkt 1984/85

- angespannter Beschaffungsmarkt (Ingenieure, Hochschulabsolventen)
- starkes Wachstum und damit Bedarf an neuen Mitarbeitern
- beginnende Arbeitszeitdiskussion (Arbeitszeitverkürzung)

Zielsetzung
- Ausgleich von kurzfristigen Beschäftigungsschwankungen
- Vorbereitung auf kommende Arbeitszeitverkürzungen
- Betriebsnutzungszeit von 40 Stunden

- Erhöhung der individuellen Arbeitszeitgestaltung
- Steigerung der Attraktivität von Webasto am Arbeitsmarkt
- Alle Mitarbeiter sollten am System teilnehmen

Entwicklung der Vario-Zeit 1985 - 1997

1985 Varioplus-, -minus 10 Stunden/Monat
Saldo über mehrere Monate +/- 32 Stunden
Überzeitbezahlung
Abgleich der Varioplusstunden am Jahresende (Rest 10 Stunden)
Gleitzeitrahmen: 6:00 bis 19:00 Uhr
Kernzeit: 9:15 bis 14:00 Uhr

1989 Varioplus-, -minus 20 Stunden/Monat
Saldo über mehrere Monate +/- 60 Stunden
Überzeitbezahlung
Abgleich am Jahresende
Gleitzeitrahmen: 6:00 bis 20:00 Uhr
Kernzeit: 9:15 bis 14:00 Uhr

1996 Varioplus-, -minus 20 Stunden/Monat
Saldo über mehrere Monate +/- 60 Stunden
Überzeitbezahlung stark eingeschränkt
Abschaffung der Kernzeit
Gleitzeitrahmen: 6:00 bis 20:00 Uhr

11/1996 Varioplus-, -minus 200 Stunden/Monat
Saldo über mehrere Monate +/- 60 Stunden
keine Überzeitbezahlung
keine Kernzeit
Verfall der Stunden >100 nach 12 Monaten
Gleitzeitrahmen: 6:00 bis 20:00 Uhr

Wo ist das Unternehmen an Grenzen gestoßen?
Die +/- 60 Stundengrenze für den Auf- und Abbau von Arbeitszeit wird oft den tatsächlichen Arbeitsspitzen, z.B. in einem Projekt, nicht gerecht. Aber auch Mitarbeiter waren bei erhöhtem Zeitbedarf für private Projekte eingeschränkt. Kernzeiten, die wir schon zu Beginn des Jahres 1996 abgeschafft haben, schränkten die Flexibilität ein und schufen trotzdem nicht die Gewähr, daß zu bestimmten Zeiten jeder Bereich funktionsbereit war. Überstun-

den und deren Bezahlung schossen in Spitzenzeiten in die Höhe, der Verwaltungsaufwand für deren Bewältigung ebenso. Dies sind nur einige Beispiele, die zur Neugestaltung des ansonsten bewährten Systems geführt haben.

Chancen für die Mitarbeiter
Für unsere Mitarbeiter bedeutet das erweiterte Vario-Zeitsystem, daß sich mehr Gestaltungsmöglichkeiten und Freiräume für eigenes unternehmerisches Handeln sowie für die Vereinbarkeit zwischen Familie und Beruf ergeben. Gemeinsam im Team werden Entscheidungen getroffen, die dem Einzelnen die Möglichkeit lassen, auch größere Zeitblöcke für eigene Weiterbildung, eine längere Reise oder sonstige Aktivitäten zu nutzen.

Der Erfolg von Webasto beruht auf eigenverantwortlichen, unternehmerisch denkenden Mitarbeitern
Mit dem erweiterten Vario-Zeitsystem haben wir eine wichtige Rahmenbedingung geschaffen, bewußt mit dem knappen Gut „Zeit" umzugehen und die internationale Wettbewerbsfähigkeit des Unternehmens zu stärken - zum Nutzen aller Mitarbeiter.

Vario-Konto

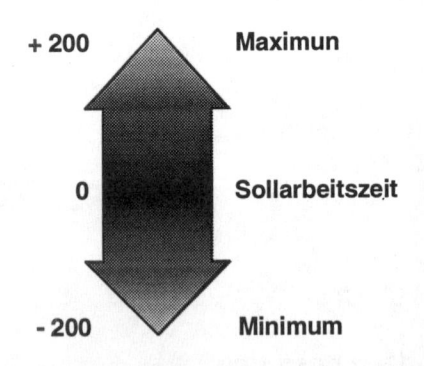

Bis zu +/-200 Stunden dürfen über bzw. unter der Sollarbeitszeit auf dem Vario-Konto kumuliert werden. Die Arbeitszeit wird, soweit nicht für bestimmte Gruppen, z.B. in der Fertigung oder für CAD-Zeichner abweichend geregelt, zwischen 6:00 und 21:00 Uhr erbracht. Selbstverständlich sind die gesetzlichen bzw. tarifvertraglichen Bestimmungen einzuhalten. Der Abbau kann stunden oder tageweise erfolgen.

Ampelkonto
Das Ampelkonto ist ein Steuerungsinstrument für Vorgesetzte und Mitarbeiter. Es hilft ihnen, zeitliche Über- oder Unterauslastung zu vermeiden.

Wie im Straßenverkehr unterscheiden wir 3 Phasen:

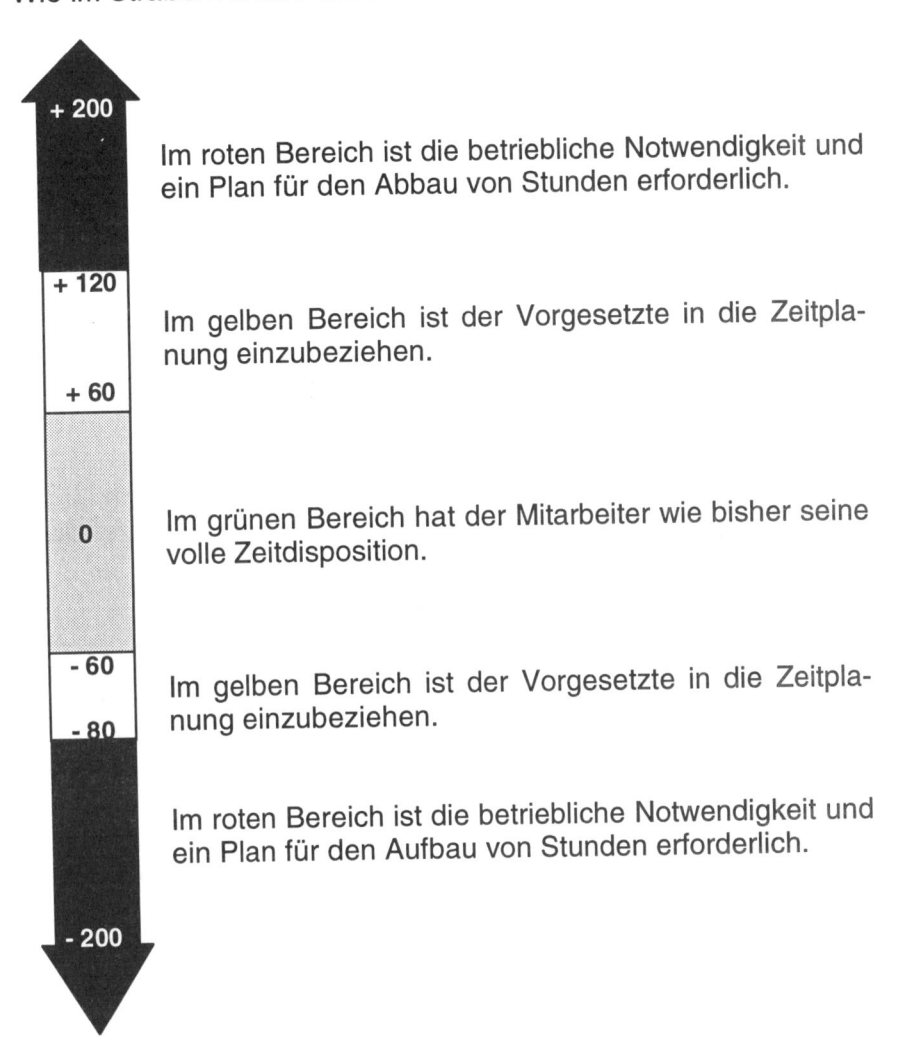

Im roten Bereich ist die betriebliche Notwendigkeit und ein Plan für den Abbau von Stunden erforderlich.

Im gelben Bereich ist der Vorgesetzte in die Zeitplanung einzubeziehen.

Im grünen Bereich hat der Mitarbeiter wie bisher seine volle Zeitdisposition.

Im gelben Bereich ist der Vorgesetzte in die Zeitplanung einzubeziehen.

Im roten Bereich ist die betriebliche Notwendigkeit und ein Plan für den Aufbau von Stunden erforderlich.

Permanente Arbeitszeitplanung
Innerhalb von 12 Monaten muß der Vario-Kontostand eines jeden Mitarbeiters mindestens einmal unter + 100 Stunden liegen. Zur Steuerung erhält er monatlich mit der Gehaltsabrechnung einen Hinweis, in welchem Monat er letztmals im Vario unter + 100 Stunden war. Ein Vario-Konto > 100 Stunden über einen Zeitraum von mehr als 12 Monaten ist nicht zulässig. Nach 12 Monaten verfällt der Vario-Plus-Saldo über 100 Stunden automatisch.

Überzeiten

Überzeiten dürfen nur im Rahmen des oben beschriebenen Vario-Kontos geleistet werden. Zeiten über +/- 200 Stunden oder tägliche Arbeitszeiten von mehr als 10 Stunden (Reisezeiten max. 12 Stunden) sind nicht zulässig. Eine Auszahlung von Überzeiten bzw. Variokonten ist grundsätzlich ausgeschlossen.

Kundenorientierte Ansprechzeiten

In Absprache regeln die Teams ihre Arbeitszeiten so, daß entsprechend der betrieblichen Notwendigkeit die Ansprechbarkeit gewährleistet ist. Dies stellt das Team zusammen mit dem Vorgesetzten sicher. Die betriebliche Mindestansprechbarkeit ist von 9:00 bis 16:00 Uhr.

Arbeitszeitmanagement - Nutzen für alle

Der bewußte Umgang mit dem erweiterten Vario-Zeitsystem stärkt das Unternehmen in seiner internationalen Wettbewerbsfähigkeit und nutzt damit allen Mitarbeitern:

Unternehmen

- Vermeidung von teurer Überstundenbezahlung
- Verhinderung des stillen Personalabbaus durch Überstunden
- Reaktion auf Auftragsschwankungen durch erhöhte Flexibilität
- Anordnung von Varioentnahme bei kurzfristigen Beschäftigungsschwankungen (Ankündigung 1 Tag im voraus)
- Kundenorientierte Ansprechzeiten
- Eigenverantwortliches Planen der Arbeitszeit durch die Mitarbeiter
- Reduzierung des Verwaltungs- und Pflegeaufwands des Systems

Mitarbeiter

- Verbesserung der Vereinbarkeit von Familie und Beruf
- Steuerung des persönlichen Zeitkontos
- Eigenverantwortliches Handeln durch freie Zeitdisposition
- Keine Kernzeiten
- Kundenorientierte Ansprechzeiten regelt das Team
- Möglichkeit der Entnahme von größeren Zeitblöcken für private Projekte z.B. Weiterbildung, größere Reise)

Ausblick
Arbeitszeitmanagement heißt, eine Vertrauenskultur schaffen, in der Mitarbeiter und Vorgesetzte verantwortlich mit der Ressource Zeit umgehen. Das Ziel modernen Arbeitszeitmanagements muß die Optimierung des Personaleinsatzes im Sinne der Unternehmensziele und Mitarbeiterinteressen sein. Der administrative und regulierende Aufwand ist so gering wie möglich zu halten.

Letztendlich ist nicht die Arbeitszeit, sondern das Arbeitsergebnis entscheidend für den Erfolg eines Unternehmens. Hier ist ein Umdenken erforderlich. Flexibilität in der Entgeltpolitik und die Einführung leistungsorientierter Entlohnungsmodelle sind ein weiterer Schritt in die richtige Richtung.

2 Anwendungsbeispiel 2: Mahr GmbH, Göttingen

Integrierte Zeitwirtschaft: PZE mit Flexibilisierungsmodellen, BDE und Entgeltabrechnung in PAISY

Die Möglichkeiten der Arbeitszeitflexibilisierung bei gleichzeitiger Gleitzeit in der Fertigung und der Ermittlung von Prämie oder Bonus für die Mitarbeiter werden immer noch häufig als kaum machbar eingestuft. Die Mahr GmbH in Göttingen beweist das Gegenteil. Durch den integrierten Einsatz eines komplexen Zeitwirtschaftssystems, das auch die Erfassung der Betriebsdaten mit Schnittstelle zu einem PPS-System beinhaltet, wurde in Verbindung mit der Entgeltabrechnung in PAISY eine vorbildliche Lösung geschaffen. Der nachfolgende Bericht beschreibt die wesentlichen Abläufe.

Firmenprofil

Mahr ist eine weltweit operierende mittelständische Unternehmensgruppe, deren Name traditionell mit den Begriffen Fertigungsmeßtechnik, Qualität und Innovation verbunden ist. Neben hochwertigen Meßgeräten zur Prüfung der Werkstückgeometrie sind auch Spinn- und Dosierpumpen u.a. für die Textilfaserproduktion und hochgenaue Kugelführungen als universelles Bauelement für mechanische Konstruktionen wesentliche Bestandteile des Produktprogramms. Das 1861 in Esslingen gegründete Unternehmen beschäftigt heute weltweit in 12 Niederlassungen insgesamt über 1.000 Mitarbeiter. Der Standort Göttingen zählt ca. 650 Mitarbeiter, die sich etwa je zur Hälfte in angestellte und gewerbliche Mitarbeiter aufteilen.

Frühere Form der Zeitwirtschaft

Der Wunsch der Mitarbeiter nach Gleitender Arbeitszeit löste die Aktivitäten nach einer umfassenden neuen Zeitwirtschaftslösung aus, da die Geschäftsführung damit die Personalzeiterfassung (PZE) und die Betriebsdatenerfassung (BDE) neu gestalten und integrieren wollte. Bis dahin fand für die Angestellten keinerlei Arbeitszeiterfassung statt. Im gewerblichen Bereich war ein Scheuer-Leitstand installiert, in dem die Mitarbeiter ihre An- und

Abwesenheiten stempelten. Gleichzeitig war auf einem angeschlossenen Lampentableau die aktuelle Anwesenheit erkennbar. Die Arbeitsgänge wurden im Leitstand ebenfalls an- und abgestempelt. Die Berechnungen mußten für beide Anwendungen manuell durchgeführt werden. Die Übertragung in das vorhandene PPS-(Produktionsplanungs- und Steuerungs)-System erfolgten auch manuell. Die in diesem System integrierte Uhr war nur in der Lage, ein einziges Arbeitszeitmodell mit Beginn und Ende der Schichtzeit abzubilden. Durch den Wunsch nach mehr Flexibilität hatte der Leitstand - nach immerhin ca. 28 Jahren - ausgedient.

Systemeinführung

Nachdem die Entscheidung gefallen war, ein neues integriertes Zeitwirtschaftssystem mit Schnittstellen zur Entgeltabrechnung in PAISY und zum PPS-System PIUSS-O zu installieren, wurde in der ersten Hälfte 1993 die Systemauswahl betrieben, bei der 3 Systeme in die engere Auswahl kamen. Die Entscheidung fiel zugunsten des Systems Interflex 5060. Die Gründe waren u.a. die integrierte Bewertung von PZE und BDE sowie die Installation in die vorhandene EDV- und Netzwerktopologie mit DEC VAXen und DECNet.

In der zweiten Hälfte 1993 wurden dann Testmandanten aufgebaut und die Parametrierung des Systems vorgenommen. Im November und Dezember 1993 erfolgte der Testbetrieb für alle Anwendungen, also GLAZ, PZE und BDE einschließlich der Schnittstellen. Trotz der knapp bemessenen Testzeit gelang es, den Echtbetrieb wie vorgesehen am 1.1.1994 beginnen zu lassen.

Systemübersicht

Das Zeitwirtschaftssystem bei Mahr GmbH fügt sich wie in der Abbildung 1 dargestellt in den gesamten Organisationsablauf ein.

PZE und BDE findet bei Mahr mit getrennten Erfassungsgeräten statt, obwohl die installierten BDE-Terminals auch die Kommt- und Geht-Buchungen verarbeiten können.

Systemübersicht integrierte Zeitwirtschaft

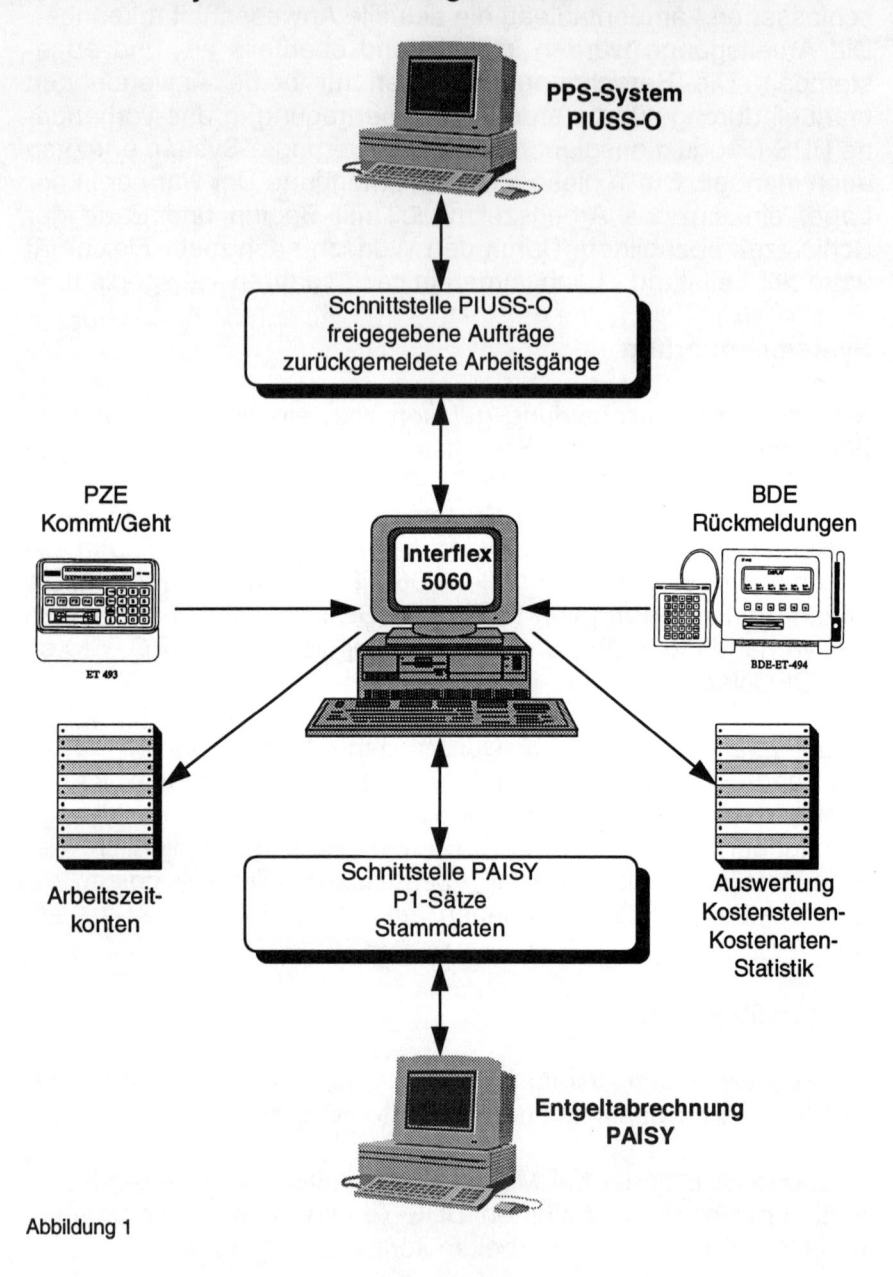

PPS-System
PIUSS-O

Schnittstelle PIUSS-O
freigegebene Aufträge
zurückgemeldete Arbeitsgänge

PZE
Kommt/Geht

ET 493

Interflex
5060

BDE
Rückmeldungen

BDE-ET-494

Arbeitszeit-
konten

Schnittstelle PAISY
P1-Sätze
Stammdaten

Auswertung
Kostenstellen-
Kostenarten-
Statistik

Entgeltabrechnung
PAISY

Abbildung 1

Schnittstelle PAISY

Die vorhandene PAISY-Zeitwirtschaft wurde seit der Installation des Systems Interflex 5060 so gut wie nicht mehr genutzt, Ausnahmen sind z.B. die Zeitraumüberwachung bei Krankheit. Von Interflex werden die tagesbezogenen P1-Sätze einmal monatlich an PAISY übergeben und als Lohnarten verarbeitet. Die Schnittstelle funktioniert auch von PAISY zu Interflex für die Übertragung und Aktualisierung der Stammsätze. Dazu wurden Interflex-spezifische Felder in den PAISY-Stammsatz aufgenommen, z.B. Ausweis-Nr., Zeitmodell und BDE-Berechtigung, d.h. Stammsatzergänzungen und -änderungen finden im System 5060 nicht mehr statt.

Schnittstelle PIUSS-O

Die Schnittstelle zu PIUSS-O wurde vom Anwender selbst in relativ kurzer Zeit realisiert. Um die Aktualität in diesem PPS-System zu erhalten, wurde eine „quasi-on-line-Schnittstelle" geschaffen, d.h. das Schnittstellenprogramm überträgt in Minutenabständen die jeweils neu in die Schnittstellendatei eingestellten BDE-Buchungen, also z.B. Auftragsbeginn, -unterbrechung oder -ende. Damit ist eine Auftragsfortschrittskontrolle jederzeit aktuell möglich. Bevor ein Auftrag jedoch angestempelt werden kann, muß der freigegebene Auftrag von PIUSS-O an Interflex 5060 gesendet werden. Auch dies erfolgt permanent, d.h. sobald ein Auftrag in PPS freigegeben wird, erfolgt der Down-load an das BDE-System, ist dort verfügbar und kann angestempelt werden. Nicht vorhandene Aufträge werden als Plausibilitätskontrolle abgelehnt.

Die Wichtigkeit der Integration von PZE und BDE

Für Norbert Voll, EDV-Leiter und Projektleiter Zeitwirtschaft im Hause Mahr, war die softwaremäßige Integration von PZE und BDE ein ausschlaggebendes Kriterium für den Kauf des Systems Interflex 5060. Wie die Abbildung 2 darstellt, muß bei der Betriebsdatenerfasssung die Auftragszeit als „Nettozeit" berechnet werden, d.h. die „Bruttoanwesenheitszeiten" wie Pausen und evtl. Abwesenheiten sind keine zu bewertenden Auftragszeiten. Durch die Integration mit der PZE werden die dort vorhandenen und benötigten Arbeitszeitmodelle mit den BDE-Buchungen verglichen und nur die effektive Produktionszeit an das PPS-System übermittelt. In anderem Fall müßten im PPS-System die gleichen Arbeitszeitmodelle nochmals hinterlegt werden. Dies führt sicherlich nicht zur Datenredundanz und der damit verbundenen Mehrarbeit, sondern auch oft zu Abweichungen.

Die Notwendigkeit der Integration von PZE und BDE

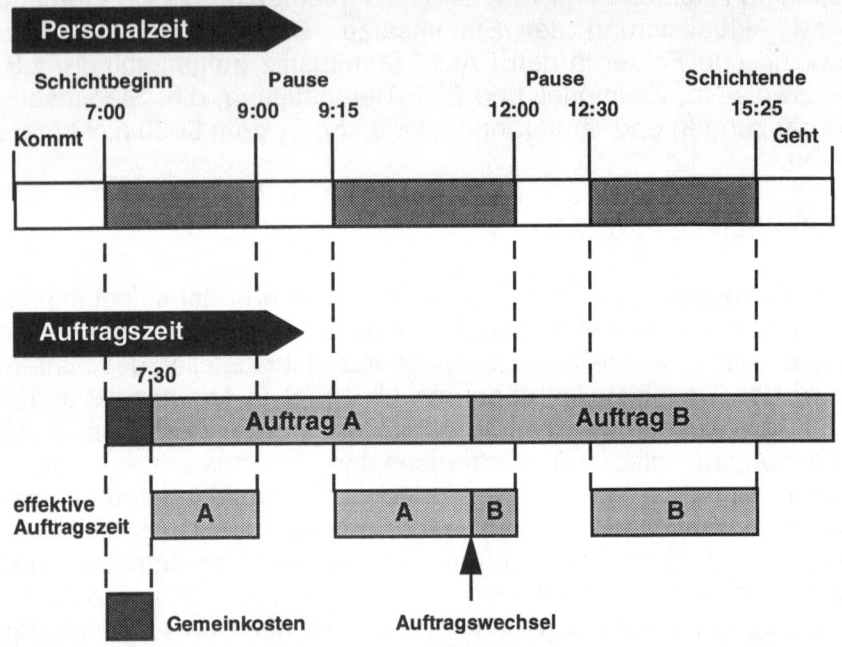

Abbildung 2

Wenn ein Auftrag über eine längere Zeit läuft, ist es interessant, wenn bei Schichtende mit der Gehen-Buchung gleichzeitig eine Unterbrechung „wegen Arbeitszeitende" erzeugt wird. Die Kommen-Buchung am nächsten Tag bedingt ein automatisches Wiederanbuchen des Auftrages. (Abbildung 3)

Erfassungsablauf BDE

Die Arbeitspapiere werden zZt als Begleitkarte (Fertigungsauftrag) und Rückmeldebelege als Einzelbelege vom PPS-System mit der Freigabe erstellt. Die Belege enthalten einen Barcode, der von den Mitarbeitern am Erfassungsterminal per Durchzug eingelesen wird. Dies wird sich zukünftig ändern. Die

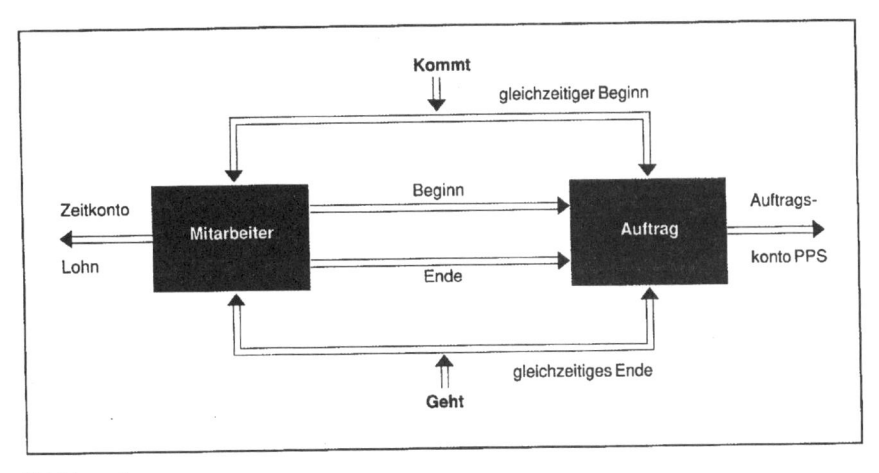

Abbildung 3

Einzelbelege werden entfallen und nur noch die Begleitkarte (Abbildung 4) erstellt. Die BDE-Terminals werden umgerüstet: der Durchzugleser entfällt, dafür wird ein Scanner als Touch-reader wie im Supermarkt installiert. Man verspricht sich davon eine Kostenreduzierung bei der Belegerstellung und -verwaltung und ein sicheres Leseverfahren.

Folgende Erfassungsarten sind am BDE-Terminal möglich:

- Start-Meldung
- Teilfertig-Meldung
- Fertig-Meldung
- Fertig-Meldung mit abweichender Stückzahl
- Sammel-Start-Meldung
- Sammel-Fertig-Meldung
- Sammel-Fertig-Meldung mit abweichender Stückzahl
- Sammel-Störungsanfangs-Meldung
- Sammel-Störungsende-Meldung
- Störungsanfang-Meldung
- Störungsende-Meldung
- Wechsel von Gemeinkosten-Meldungen
- Kostenstellenwechsel
- Info-Meldung, d.h. Anzeige der aktuellen Arbeitsgänge für den Mitarbeiter

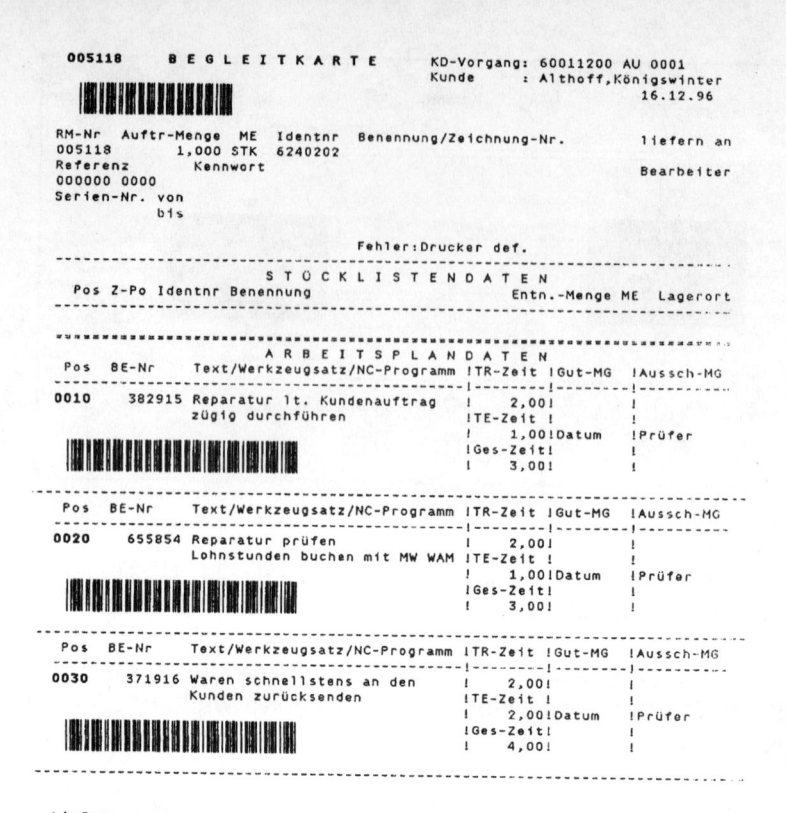

```
     005118      BEGLEITKARTE      KD-Vorgang: 60011200 AU 0001
                                   Kunde     : Althoff,Königswinter
     |||||||||||||||||||||                              16.12.96

     RM-Nr   Auftr-Menge ME  Identnr   Benennung/Zeichnung-Nr.    liefern an
     005118    1,000  STK    6240202
     Referenz         Kennwort                                    Bearbeiter
     000000 0000
     Serien-Nr. von
                bis
                                    Fehler:Drucker def.
     ----------------------------------------------------------------------
                              STÜCKLISTENDATEN
         Pos Z-Po Identnr  Benennung                Entn.-Menge ME  Lagerort
     ----------------------------------------------------------------------
     ********************************************************
                              ARBEITSPLANDATEN
         Pos  BE-Nr   Text/Werkzeugsatz/NC-Programm  !TR-Zeit !Gut-MG  !Aussch-MG
                                                   !--------!--------!---------
         0010  382915  Reparatur lt. Kundenauftrag   !  2,00!         !
                       zügig durchführen             !TE-Zeit !        !
                                                   !  1,00!Datum    !Prüfer
         |||||||||||||||||||||||||                   !Ges-Zeit!        !
                                                   !  3,00!         !
     ----------------------------------------------------------------------
         Pos  BE-Nr   Text/Werkzeugsatz/NC-Programm  !TR-Zeit !Gut-MG  !Aussch-MG
                                                   !--------!--------!---------
         0020  655854  Reparatur prüfen              !  2,00!         !
                       Lohnstunden buchen mit MW WAM !TE-Zeit !        !
                                                   !  1,00!Datum    !Prüfer
         |||||||||||||||||||||||||                   !Ges-Zeit!        !
                                                   !  3,00!         !
     ----------------------------------------------------------------------
         Pos  BE-Nr   Text/Werkzeugsatz/NC-Programm  !TR-Zeit !Gut-MG  !Aussch-MG
                                                   !--------!--------!---------
         0030  371916  Waren schnellstens an den     !  2,00!         !
                       Kunden zurücksenden           !TE-Zeit !        !
                                                   !  2,00!Datum    !Prüfer
         |||||||||||||||||||||||||                   !Ges-Zeit!        !
                                                   !  4,00!         !
     ----------------------------------------------------------------------

     Liefern an :
```

Abbildung 4

Für die Mitarbeiter wurde als Information ein Heftchen mit allen vorkommenden Meldungsarten und der dazugehörigen Bedienungsleitung erstellt. Die Abbildung 5 zeigt z.B. den Ablauf einer Teilfertigmeldung.

Flexibilisierung und Arbeitszeitkonto

Nach der Einführung der Gleitzeit auch im Schichtbetrieb mit unterschiedlichen Zeitmodellen zwischen 15 Minuten und 1 Std. 30 Minuten als Ein- und Ausgleitphase wurde zum 1.3.96 auch eine Flexibilisierung der Wochenarbeitszeit beschlossen. Bei einem tariflichen Durchschnitt von 35 Stunden/Woche geht der Flexibilisierungsrahmen von 34 bis 40 Stunden/Woche. Überstunden als Mehrarbeit gibt es seither nicht mehr, mit Ausnahme des Kundendienstes. Die Zuschlagszeitarten wie samstags oder sonntags sind davon unberührt uns sind Lohnarten lt. Tarif. Diese Vereinbarung läuft zunächst bis zum 30.6.97 und ist mit einer Arbeitsplatzgarantie gekoppelt. Die Schichtzeit beträgt in den meisten Fällen 37 Stunden/Woche. Die 2 Stunden Mehrarbeit werden durch Freischichten und Brückentage ausgeglichen.

(Mahr)

Eingabe einer Teilfertig - Meldung

1. Drücken der F1 - Taste, über der im Sichtfenster 'BDE' sichtbar ist.

2. Einstecken des Ausweises.

3. Nach Erscheinen der Menue - Leiste:
'EINZEL; SAMMEL; GEMKO; INFO; ------; ------'
Drücken der F1 - Taste: 'EINZEL'.

4. Nach Erscheinen der Menue - Leiste:
'BEGINN; ENDE; STOER; TEILF; ------; MENUE'
Drücken der F4 - Taste: 'TEILF'.

5. Nach Erscheinen des Textes 'Neue AG-Nummer'
Durchziehen des Rückmeldebeleges.

6. Nach Erscheinen der Auftragsdaten im Sichtfenster,
Gutmenge und eventuell Ausschußmengen und Ausschußgrund über die Zusatztastatur eingeben.
Menue-Leiste:
'NXTFLD; PRVFLD; LOESCH; BSTAET; HILFE; MENUE'
Drücken der F4- Taste : 'BSTAET'.

7. Danach erscheint die Meldung im Sichtfenster
'Arbeitsgang teilfertig'.

8. Karte entnehmen.

Abbildung 5

Das Arbeitszeitkonto kann bis zu +/- 120 Stunden betragen und geht zunächst ebenfalls bis zum 30.6.97, wobei es dann wieder „0" betragen soll. Über eine Fortführung wird derzeit beraten. Monatliche Auswertungen auf Meisterebene helfen bei der Überwachung der Ausgleichszeiträume.

Kostenstellenauswertung

Aus dem Zeitwirtschaftssystem wird monatlich eine Kostenstellen- und Kostenartenauswertung gezogen, die als Jahresauswertung alle Monate umfaßt. Folgende Kostenarten werden zur Auswertung herangezogen: (Abbildung 6)

Kostenstellen-Kostenartenauswertung Zeitraum Monate von - bis

Kostenart	Jan.	Febr.
Sollzeit	2814:00	
Mehrarbeitszeit		
Flex-Zeit		
Eingeliehene Zeit		
Ausgeliehene Zeit	307:42	
Gleitzeit halber Tag	41:22	
Gleitzeit ganzer Tag	7:24	
Unbewertete Fehlzeit	**48:40**	
Dienstgang	1:43	
Dienstreise		
Urlaub	189:00	
Sonderurlaub		
Arztbesuch	5:40	
Krank ohne Attest	14:00	
Lohnfortzahlung	63:00	
Fehlen bezahlt		
Fehlen unbezahlt		
Ehrenamt		
Freizeitausgleich		
Ext. Betriebsversammlung		
Reisezeit		
Bewertete Fehlzeit	**273:23**	
Anwesenheitszeit AWZ	2585:25	
Einarbeiten	75:41	
Reinigen		
ASA, BVW, BR	51:46	
Allgemeines	0:53	
Zeit nicht nachgewiesen	678:15	
Gemeinkostenzeiten gesamt	**806:35**	
Gemeinkostenanteil in % von AWZ	**31,20**	
Produktivzeit	**1772:12**	
Produktivzeit in % von AWZ	**68,54**	

Abbildung 6

Aufwand für Systempflege

Die PZE wird zZt. zentral in der Personalabteilung gepflegt. Der Aufwand beträgt für alle 650 Mitarbeiter etwa 1,5 bis 2 Stunden täglich. Dazu gehört auch ein evtl. manuelles Zubuchen von gekappten Zeiten aus der Gleitzeit. Auf Abteilungsebene wird eine Liste mit allen Beträgen >30 Stunden erzeugt. Wenn der Abteilungsleiter einen Teilbetrag genehmigt, wird dieser wieder gutgeschrieben. Von den Mitarbeitern durchgeführter Schichtwechsel belastet die Systempflege nicht, weil abhängig von der ersten Kommen-Buchung des Tages aufgrund der Schichtfenstertechnik der Schichtwechsel vom System automatisch vorgenommen wird.

Im Bereich der BDE wird im Betrieb, den sog. Service-Zentren, auf das System zugegriffen. Der Aufwand für Korrekturen durch falsche Arbeitsgänge, falsche Mengeneingaben etc. und durch die dort eingegebene evtl. erforderliche Nachbearbeitung eines Werkstücks stellt sich für alle Bereiche auf max. 2 Stunden täglich.

Betriebliche Informationspolitik und Vorbereitung für gruppenorientierte Arbeitszeiten und Bonusgewährung

In Zuge der Neugestaltung und Straffung aller Geschäftsprozesse wird im Hause Mahr derzeit auch die Gruppenarbeit in den einzelnen Fertigungs- und Montageabteilungen eingeführt. Die Gruppen sollen, unterstützt von den zugehörigen Serviceteams, mit größtmöglicher Eigenverantwortung auf den wechselnden Kapazitätsbedarf reagieren. Bei hohem Auftragsbestand im Rahmen der Flexzeit länger arbeiten, bei sinkendem Bestand auch die Anwesenheitszeit reduzieren. Hierzu ist es notwendig, Transparenz über die Arbeitszeitkonten sowie die Ausgleichszeiträume der jeweiligen Gruppe zu schaffen. Mit Einführung der Gruppenarbeit wird auch über ein entsprechendens Bonussystem als Leistungsanreiz nachgedacht. Eine der Kennzahlen für die Bonusermittlung wird die Produktivitätsziffer je Gruppe sein. Dieses Programm wird POP - Prozess-Optimierungs-Programm - genannt.

Die Produktivitätskennziffer (Abbildung 7) ist das Verhältnis zwischen der Summe der Planzeiten der fertiggemeldeten Aufträge aus PPS und der Nettoanwesenheitszeit (= Anwesenheitszeit aller Mitarbeiter pro Kostenstelle entspricht 100%). Sie wird später automatisch vom Zeitwirtschaftssystem ermittelt und als Lohnart zur Entgeltbewertung an PAISY übertragen.

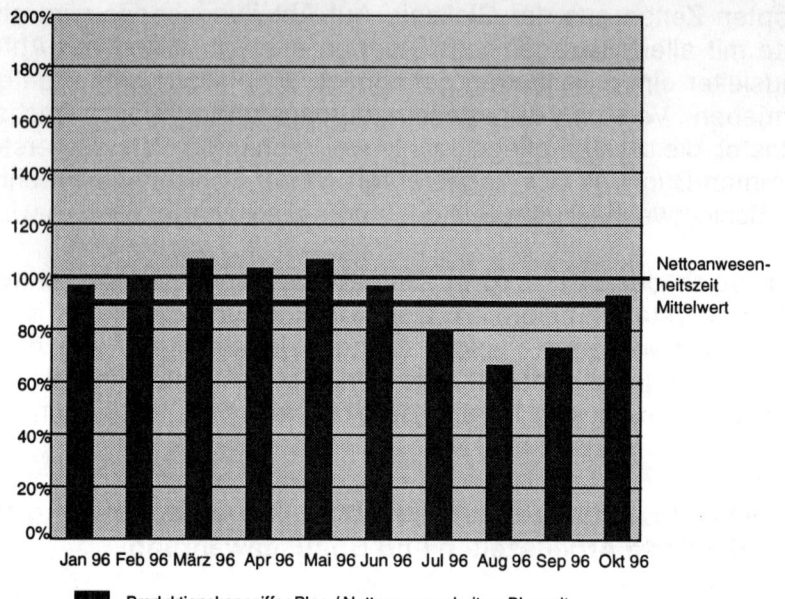

Produktionskennziffer pro Kostenstelle bis Okt. 96

Abbildung 7

Die Zeitnutzung pro Kostenstelle wird ebenfalls ausgewertet und beinhaltet das Verhältnis von Produktionszeit zu Gemeinkostenzeiten und innerhalb der BDE nicht nachgewiesenen Anwesenheitszeiten (Abbildung 8)

Zeitnutzung pro Kostenstelle bis Okt. 96

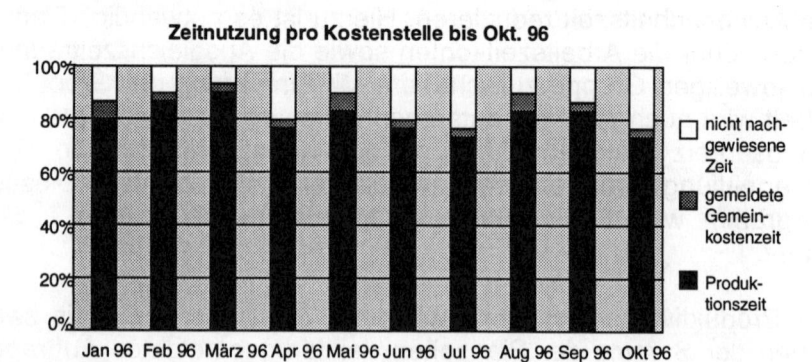

Abbildung 8

Diese Statistiken nebst anderen werden in den jeweiligen Gruppen ausgehängt, so daß sich jeder Mitarbeiter über die Effektivität der eigenen Gruppe auch im Verhältnis zu anderen informieren kann. Sicherlich ein positiver Aspekt zu einem gesunden Leistungswettbewerb, der auch schon, so Norbert Voll, zu einigen Verbesserungen im betrieblichen Ablauf geführt hat.

Akzeptanz des Systems

Die Akzeptanz des Zeitwirtschaftssystems bei den Mitarbeiteren war innerhalb der PZE vom ersten Tag an gegeben. Im BDE-Bereich war die Anlaufphase etwas länger. Durch die relativ kurze Testphase waren gewisse Systemanpassungen erforderlich. Auch die Disziplin der Mitarbeiter bei den BDE-Meldungen mußte erst geweckt werden.

Der Betriebsrat wurde frühzeitig informiert und parallel zur Systemauswahl eine Rahmenbetriebsvereinbarung geschlossen. Der Zeitaufwand dafür betrug ein halbes Jahr. Die Systemspezifikation wurde der Betriebsvereinbarung als Anlage beigefügt. Geregelt wurde z.B., daß keine Auswertungen auf Mitarbeiter-Ebene stattfinden, sondern nur bei Kostenstellen >3 Mitarbeiter. Die Informations- und Überwachungsrechte des Betriebsrats wurden in der Betriebsvereinbarung genau festgelegt.

Fazit

Eine wirklich integrierte Anwendung der Zeitwirtschaft mit noch vielen Möglichkeiten, die die Umgestaltung der Arbeitsabläufe und der Arbeitszeiten zukünftig erfordern werden. Zeitwirtschaft als Basis für eine leistungsorientierte Entlohnung und für effektives Zeitmanagement wurde hier erfolgreich eingeführt und umgesetzt. Die Mahr GmbH in Göttingen ist für zukünftige Aufgaben in diesem Bereich bestens gerüstet.

3 Anwendungsbeispiel 3: Schichtplanung in einem Festplattenwerk

Industrielle Anforderungen an die Personaleinsatzplanung

Personaleinsatzplanung heißt, die verfügbaren Kapazitäten möglichst optimal auf die benötigten Kapazitäten zu verteilen, oder anders ausgedrückt: Nur wer zuverlässig, termingerecht und qualitätsbewußt seine Aufträge abwickelt, wird auch zukünftig zufriedene Kunden haben. Ein PPS-System allein reicht schon längst nicht mehr. Ergänzungen durch die Zeitwirtschaftskomponenten BDE (Betriebsdatenerfassung), FLS (Fertigungsleitstand) und PZE (Personalzeiterfassung) als Bestandteile der integrierten Zeitwirtschaft werden mehr und mehr installiert. Aber erst die Personaleinsatzplanung als „Personalleitstand" und Teil der integrierten Zeitwirtschaft bietet die Möglichkeit der zeitgenauen Verfügbarkeit des Personalbestandes. Dabei ist der Zugriff auf die Kapazitätsdaten und Ressourcen der Fertigungssteuerungs- und -leitsysteme eine äußerst sinnvolle und anzustrebende Ergänzung.

Einplanung der vorhandenen Kapazitäten

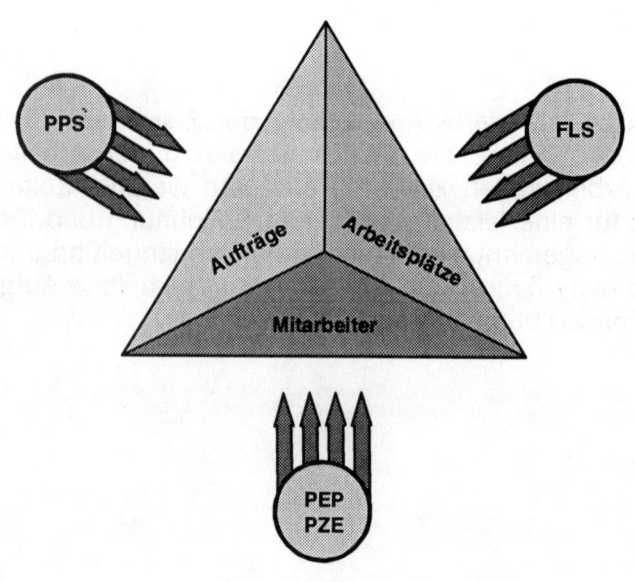

Abbildung 1

Die Forderungen nach „Lean- und Just-in-time-Production" sowie weiter verkürzten Arbeitszeiten erzwingen flexiblere Arbeitszeitmodelle und den effektiveren Einsatz des größten Kostenfaktors Personal. Die daraus resultierenden komplexen Schichtmodelle können nur noch mit den ausgefeilten Methoden der computergestützten Personaleinsatzplanung beherrscht werden. Viele Zeiterfassungs- bzw. Zeitwirtschaftssysteme bieten heute Schichtpläne mit frei zu bestimmender Länge und Dauer mit automatischem Wechsel per Schichtfenstertechnik an. Zum Teil können bestehende Anforderungen niedrigerer Qualität damit gelöst werden. Jedoch sind sie nie eigentliche Planungselemente, die auf einzelne Mitarbeiter, Mitarbeitergruppierungen oder gar Arbeitsplätze eingehen. Auch die zur Einplanung erforderlichen Komponenten wie Ausbildung, Qualifikation und optimale Verfügbarkeit werden nicht berücksichtigt. Aufgepfropfte Module, die lediglich eine manuelle Umbesetzung erleichtern sollen, sind keine Planungsinstrumente.

Das Wesen einer Personaleinsatzplanung und -steuerung in der Industrie sollte in einem automatisch erstellten Planungsvorschlag bestehen, der alle relevanten Parameter des Unternehmens berücksichtigt. Dieser Vorschlag wird vom Personaldisponenten je nach Güte manuell verändert und verbessert.

Der Zeitablauf einer Soll-/Ist-Planung kann wie folgt dargestellt werden:

Zeitablauf einer Soll-/Ist-Planung

Genehmigter Sollplan		Sollplan in der Erstellung	Ungeplanter Bereich
Tatsächliches Ist	Geplantes Ist	kein Istplan	

Vergangenheitsdaten

heute

zukünftige Planungsdaten

Abbildung 2

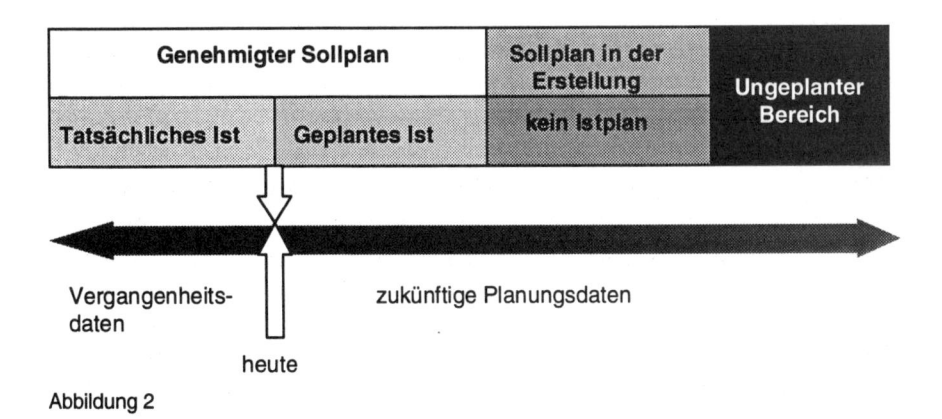

Aus abrechnungstechnischen Gründen ist es zum Teil erforderlich, den genehmigten Sollplan verfügbar zu haben, weil eventuelle Abweichungen vom Soll nach einem bestimmten Datum mit einem Zuschlag versehen werden. Diese Möglichkeiten müssen variabel in den Systemen einstellbar sein, wie bei einem Schichttausch verfahren werden soll. Zuschläge, bewertete Zeiten und Buchungen aufgrund von geplanten Schichten sollten auslösen, ob der Sollplan, der Istplan oder die jeweils für den Mitarbeiter günstigste Möglichkeit abzurechnen ist. Geänderte Bedingungen müssen auch bei der Überstundenermittlung je nach betrieblicher Vorgabe berücksichtigt werden.

In vielen Betrieben gibt es Mitarbeitergruppen, die ganz speziell bei Bedarf zur Verfügung stehen müssen, also sog. Springer, wenn die üblicherweise dort tätigen Mitarbeiter aus welchen Gründen auch immer nicht eingesetzt werden können oder kurzfristig zusätzliche Kapazität benötigt wird. Auch der Reparaturbetrieb, Service und Wartung und Hilfskräfte fallen in diese Kategorie. Für die Mitarbeiter aus diesem Topf oder Pool sollten spezielle Planungshilfen mit den erforderlichen Einsatzmöglichkeiten zur Verfügung stehen.

Ein recht umfangreiches durchgängiges Konzept stellt die ASTRUM GmbH mit dem System SP-Expert für den Einsatz in Industrie und Dienstleistungsbereichen vor, das nachfolgend einschließlich der Anwendung im industriellen Bereich beschrieben wird.

Die 1992 mit 15 Mitarbeitern gegründete ASTRUM Gesellschaft für angewandte Informatik mbH hat mit dem System SP-Expert ein umfangreiches und komfortables Planungssystem geschaffen. Mit heute 55 Mitarbeitern kann ASTRUM auf mittlerweile 230 Installationen in über 20 Branchen verweisen.

SP-Expert ist eine rein windows-orientierte Client-Server-Anwendung, d.h. Windows 3.11, Windows 95 und Windows NT werden sowohl für den Server als auch für die Clients benötigt. Eine UNIX-Applikation ist in der Planung. Um keine Probleme mit dem Laufzeitverhalten zu bekommen, sollten die Server schon Pentium-Rechner und die Clients mindestens 486/66er sein. Das Programm wurde objektorientiert in C++ unter Verwendung plattformübergreifender Klassenbibliotheken und ESQL-Abfragesprache sowie ODBC-Interface erstellt.

Die Systemphilosophie schließt ein komplettes integriertes Paket einschließlich Personalinformation und Ressourcenverwaltung ein; ein ehrgeiziges Ziel, das aber die Personaleinsatzplanung als nutzenorientiertes Mittel effektiver gestaltet.

Systemphilosophie SP-Expert

```
┌─────────────────────────────────────────────────┐
│ PWA - Personalinformationssystem                │
│  ┌──────────────┬──────────────┬──────────────┐ │
│  │ Personal-    │ Bewerber-/   │ Aus- und     │ │
│  │ administrator│ Stellen-     │ Weiterbil-   │ │
│  │              │ Verwaltung   │ dung         │ │
│  └──────────────┴──────────────┴──────────────┘ │
└─────────────────────────────────────────────────┘
                        ⇅
                   Standard
                   Schnitt-
                   stelle
┌─────────────────────────────────────────────────┐
│              SP-Expert - Kern                   │
│  ┌──────────────┬──────────────┬──────────────┐ │
│  │ An- und Ab-  │ Solll-/Ist-  │ Arbeitsplatz-/│ │
│  │ wesenheits-  │ Planung      │ Tagesfein-   │ │
│  │ Planung      │              │ Planung      │ │
│  └──────────────┴──────────────┴──────────────┘ │
│              Zeitwirtschaft                     │
└─────────────────────────────────────────────────┘
```

Interface-Manager (links) → SP-Expert-Kern → Interface-Manager (rechts)

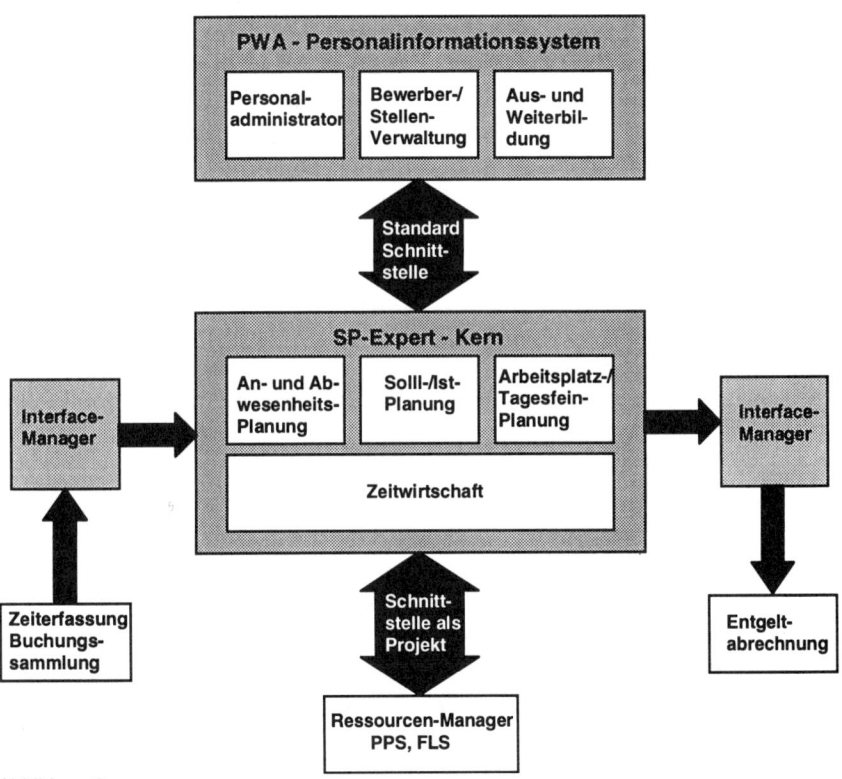

Zeiterfassung Buchungssammlung | Schnittstelle als Projekt → Ressourcen-Manager PPS, FLS | Entgeltabrechnung

Abbildung 3

Die drei Planungsmodule und die Zeitwirtschaft, besser gesagt, die Zeitbewertung, bilden den eigentlichen Kern von SP-Expert. Über einen intelligenten Interface-Manager können Zeiterfassungssysteme angeschlossen werden, die dann aber lediglich die Buchungen importieren und nach erfolgter Bewertung die Informationen an die Erfassungsterminals exportieren. Für SP-Expert ist die eigene Zeitbewertung die Grundvoraussetzung zum Betreiben der Planungsmodule. Die zwangsläufige Folge ist das Abmagern des eventuell vorhandenen Zeitwirtschaftssystems auf die reine Zeiterfassung.

Zu dem Personalinformationssystem PM-Expert wird eine Schnittstelle zum permanenten Abgleich der erforderlichen Informationen entwickelt, die etwa Mitte dieses Jahres verfügbar sein soll. ASTRUM wird dann auch dieses System mit anbieten und vertreiben.

Vorhandene Ressourcen aus PPS-(Produktionsplanungs- und steuerungs-)Systemen oder aus einem FLS (Fertigungsleitstand) sollen zukünftig in das Personaleinsatzplanungs-system übernommen werden können. Für den industriellen Bereich ergeben sich neue Möglichkeiten für die optimale Besetzung von Arbeitsplätzen, Maschinen, Fertigungsinseln etc. Die Möglichkeit der Kapazitätsanpassung aufgrund der vorhandenen Ressourcen wird wesentlich verbessert.

Personaleinsatzplanung

Das Programm SP-Expert verbindet die komplette Personaleinsatzplanung durch zwei miteinander verzahnte Stufen, die in der Zeitfolge lückenlos ablaufen, nämlich

- Dienstplanung
- Arbeitsplatzplanung

Die aus der Windows-Oberfläche bekannten Möglichkeiten wurden konsequent umgesetzt, so daß sich per Mausklick an der entsprechenden Stelle weitere Fenster mit den erforderlichen Informationen öffnen, z.B. Daten zu einem Mitarbeiter, zu einem Tag, zu einem Arbeitszeitmodell oder zu einem Arbeitsplatz.

Die Dienstplanung selbst kann durchgeführt werden als

- Monatsplan oder
- Soll-/Ist-Plan.

Monatsplan

Dieser Monatsplan für jeden Mitarbeiter, der eine beliebige Zeitspanne umfassen kann, wird in der Praxis je nach Anwendung auch Dienstplan oder in der Industrie Schichtplan genannt. Er teilt als Sollbesetzung jedem Mitarbeiter für jeden Tag seine Schicht in Form eines bis zu 6stelligen Kürzels zu, z.B. FS für Frühschicht, TS für Tagschicht etc. Die aus der Zeitwirtschaft her bekannten Parameterblöcke zur Definition der Arbeitszeitmodelle, also Tages- und Wochenprogramme, mit Beginn, Ende, Pausen und den notwendigen Verrechnungen sind hier genau so mit allen Varianten möglich.

Soll-Ist-Planung 06.01.97-30.04.97 (4Soll-Ist-Planung)												Iststd.	Über-	+/- std
Januar 1997	6	7	8	9	10	11	12	13	14	15	16	im Plan	stunden	mit Meh
Januar 1997	Mon	Die	Mit	Don	Fre	Sam	Son	Mon	Die	Mit	Don			
Anni, Bautz		F2				N1	N1							4:30
Vollzeitkraft BAT	F2	F2	S02			N1	N1					0:00	0:00	4:30
4KS/KP, 4SH/PH			7:42											0:00
Sophie, Celen	S02	302	S02	S02	F2	F2		N1	N1	N1	N1			0:00
Vollzeitkraft BAT	S02	302	S02	S02	F2	F2		N1	N1	N1	N1	0:00	0:00	0:00
4SH/PH, 4KS/KP		2:00												0:00
Margarete, Mumm		F1	F1	F1	S1	S1	S1			F2	F2			-7:42
Vollzeitkraft BAT		F1	F1	F1	S1	S1	S1			F2	F2	0:00	0:00	-7:42
4KS/KP, 4SL														0:00
Gaby, Weigl		Z1	Z1	Z1				F1	F1	F1	F1			10:42
Vollzeitkraft BAT		Z1						F1	F1	F1	F1	0:00	0:00	10:42
4SH/PH, 4KS/KP		2:00												0:00
		F;												
Kathleen, Vorleit	N1	N1	N1	N1	N1			F2	F2	F1	F1			7:42
Vollzeitkraft BAT	N1	N1	N1	N1	N1			F2	F2	F1	F1	0:00	0:00	7:42
4SH/PH, 4KS/KP										7:42	7:4			0:00
04FRÜH Min	1	1	1	1	1	1	1	1	1	1	1			30:36
04FRÜH Ist	1	2	3	2	1	1	1	1	2	2	3	0:00	0:00	30:36
04SPÄT Min	1	1	1	1	1	1	1	1	1	1	1			0:00
04SPÄT Ist	1	1	2	1	1	1	1	1	1	1	1			
N1 Min	1	1	1	1	1	1	1	1	1	1	1			
N1 Ist	1	1	1	1	1	1	1	1	1	1	1			

Abbildung 4: Monatsplan als Soll-/Ist-Plan

Soweit entspricht der Monatsplan dem Schichtplan von vielen Zeitwirtschaftsprogrammen, dort allerdings meist nach Mitarbeitergruppen, nun aber kommt die planerische Komponente hinzu. Geplante bzw. planbare Abwesenheiten sind mit Fehlgrundkürzeln bereits eingetragen. Darüberhinaus wird die Besetzung pro Schicht und Tag nach Minimun, Soll und Maximum, unterteilt nach Kopfzahl und Qualifikation, berücksichtigt. Die entsprechenden Parameter werden jedem Schichttyp zugeordnet. Aufgrund dieser Daten sind Unter-. bzw. Überdeckung jederzeit farbig unterlegt erkennbar. Ebenfalls werden die einzelnen Tagestypen (Wochentage, Samstage, Sonntage, Feiertage) farblich gekennzeichnet.

Wie entsteht jedoch solch ein zukünftiger Schichtplan? Ausgangsbasis ist immer ein leerer Schichtplan, in dem nur die bekannten Fehlzeiten eingetragen sind. SP-Expert führt danach eine automatische Planung aufgrund der festgelegten Bedingungen durch und stellt den Monatsplan auf. Die dabei auftretenden Fehlbesetzungen, also Unter- oder Überdeckungen werden nun anhand einer maschinellen Vorschlagsliste mit den Abweichungen pro Tag/Schicht vom Disponenten beseitigt. Dazu bietet das System die verfügbaren Mitarbeiter nach Funktionen und Qualifikationen an. Als zusätzliche Hilfe können dafür auch Zeitkonten eingeblendet werden. So sind zusätzliche Auswahlkriterien z.B. die Konteninhalte von Zeitsaldo, Mehrarbeit, Überstunden und Freizeitanspruch. Eventuell bei der Umplanung vom Disponenten durchgeführte Regelverstöße erkennt das System und gibt eine Warnung aus, läßt dann aber bei Bestätigung diese Planung zu. Ein Regelverstoß kann z.B. das Nichteinhalten der Mindestruhezeiten lt. AZG sein.

Alle durchgeführten Änderungen sind durch eine graue Unterlegung im Datenfeld immer sofort erkennbar. Diese Änderung kann z.B. auch eine geplante Mehrarbeit der Spätschicht incl. der Bewertungsregeln oder eine gänzlich andere Arbeitszeit bei flexibler Arbeitsweise sein. Durch Anklicken kann die neue geänderte Arbeitszeit sichtbar gemacht werden. Für den Mitarbeiter kann ein neuer Schichtplan mit den Änderungen ausgedruckt werden, leider nicht nur die tatsächlichen Änderungen. Ebenso fehlt m.E. die in manchen Anwendungen geforderte Änderungliste für einen bestimmten Zeit- und Arbeitsbereich zum Aushang als Information für die Mitarbeiter. Nachdem es sich hierbei aber um relativ einfache Applikationen handelt, sollte es keine Probleme machen, diese bei Bedarf zu erstellen.

Sollbesetzungen mit Minimum und Maximum können in SP-Expert aber auch für Arbeitsbereiche oder Abteilungen tages- und funktionsabhängig definiert werden. Innerhalb der Funktionsparameter können die benötigten Qualifikationen sowie sog. Ausschlußkriterien für bestimmte Tätigkeiten, z.B. schwanger, definiert werden.

Selbstverständlich kann nach Mitarbeitern mit zu erfüllenden Kriterien gesucht und können Änderungen von Besetzungsstärken für einzelne Tage vorgenommen werden.

Soll-/Ist-Plan

Der Soll-/Ist-Plan ermöglicht, geplante Schichten bzw. Dienste festzuschreiben, Ist-Abweichungen zu erfassen, zu bewerten und die Ursachen der Änderungen anzuzeigen. Es handelt sich hierbei um eine zweistufige Planung, die zuerst den Sollplan beinhaltet, also entsprechend dem zuvor beschriebenen Monatsplan. In der Praxis ist es häufig so, daß dieser Schichtplan eine bestimmte Zeit vor Inkrafttreten genehmigt und dann nicht mehr geändert wird. Alle erforderlich werdende Änderungen sind dann Ist-Änderungen, wobei zum Teil nach geplantem Ist (naher Zukunftsbereich) und tatsächlichem Ist (aktueller Tag) unterschieden wird. Diese Änderungen ziehen eventuell auch wie bereits dargestellt Veränderungen im Entgeltbereich nach sich.

Der Soll-/Ist-Plan besitzt für jeden Mitarbeiter pro Tag 4 Zeilen mit folgendem Inhalt:

- 1. Zeile   geplantes Soll, also langfristiger Schichtplan
- 2. Zeile   geplantes Ist, also mit Änderungen des Solls
- 3. Zeile   zeitliche Abweichungen beider Schichten
- 4. Zeile   bewertungsrelevante Kennzeichnung
             z.B. Rufbereitschaft, Vertretung etc.

Farbliche Kennzeichnungen erfolgen für:

- Schichttausch mit gleicher Sollzeit (grün)
- Schichttausch mit reduzierter Sollzeit (rot)
- Schichttausch mit erweiterter Sollzeit (gelb).

Vertretungen und Verleihen von Mitarbeitern

Mitarbeiter können für einen bestimmten Zeitraum an eine andere Gruppe oder Kostenstelle ausgeliehen werden. Sie sind dann in der zugeordneten Gruppe mit allen Parametern für diese Zeitspanne planbar. In ihrer Stammkostenstelle bleiben sie erhalten und werden für den definierten Zeitraum als nicht planbar gekennzeichnet.

Einsatz von Pool-Mitarbeitern

In einem Pool werden Mitarbeiter als Gruppe zusammengefaßt, die aufgrund ihrer Qualifikation und ihrer Funktion in anderen Gruppen tätig werden können. Dies sind z.B. Springer, Hilfskräfte oder auch externe Mitarbeiter. Die Pool-Mitarbeiter werden im System für bestimmte Gruppen und Zeiträume verfügbar gemacht. Beim Einsatz eines solchen Mitarbeiters kann als Einschränkung eine Folge von Schichten als Suchmuster herangezogen werden, also beispielsweise Tag/Tag/Nacht. Aus der Liste der ausgewählten Mitarbeiter kann der Disponent einen Mitarbeiter in die gewünschte Gruppe einplanen.

Planungssalden

Während der Planung können fortlaufend die Salden benutzerdefinierter Zeitkonten berechnet und angezeigt werden, z.B. aktueller Zeitsaldo, Mehrarbeitsstunden, Überstunden, Urlaub oder Ist-Stunden-Saldo des Planungszeitraums. Sie können in einem separaten Fenster als zusätzliche Spalten dargestellt werden.

Alternativenplanung

SP-Expert bietet die Einbeziehung von Alternativen durch Was-wäre-wenn-Szenarien. Das bedeutet, daß für einen Zeitraum mehrere Alternativen aufgebaut werden können. Somit können strategische Planspiele durchgeführt und alternative Zeitmodelle geplant werden. Die Auswirkungen von neuen Zeitmodellen für Jahresarbeit, Mobilzeit, erweiterte Flexibilisierung oder von neuen Lohnarten und Zuschlägen auf die betriebliche Ablauforganisation und Kostenstruktur können auf diese Weise simuliert und ausgewertet werden.

Arbeitsplatzplanung

Die Arbeitsplatzplanung realisiert eine wechselseitige Zuordnung Mitarbeiter/Arbeitsplatz. In der oberen Hälfte des Bildschirms werden die Planungsdaten aus der Sicht der zu besetzenden Arbeitsplätze und Funktionen, in der unteren Hälfte aus mitarbeiterbezogener Sicht dargestellt. So kann SP-Expert auf einen Blick mehrere Antworten geben:

- An welchem Arbeitsplatz sind in welcher Funktion wann welche Mitarbeiter eingeplant?
- Zu welchen Zeiten ist die Arbeitsplatzfunktion gut oder schlecht besetzt?
- Zu welchen Zeiten arbeiten welche Mitarbeiter an welchen Arbeitsplatzfunktionen?
- Zu welchen Zeiten sind welche Mitarbeiter noch verfügbar?
- Zu welchen Zeiten sind welche Pausen von welchen Mitarbeitern geplant?

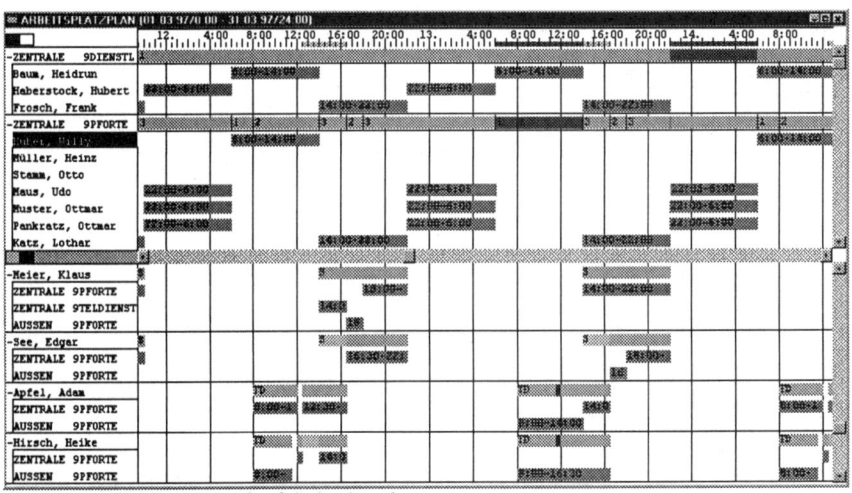

Abbildung 5: Informationen im Arbeitsplatzplan

In Verbindung mit der grafischen farblich gekennzeichneten Darstellung und der Zoom-Funktion für die Zeitauflösung, einstellbar von 1 bis 60 Minuten, ist eine komfortable Übersicht gegeben. Für eine gröbere Darstellung erlaubt das Zeitraster auch Ansichten der Tagespläne über Wochen. Fehlbesetzungen, sowie Unter- und Überbesetzungen sind durch farbige Kennzeichnungen jederzeit erkennbar.

Bei der Arbeitsplatzplanung werden folgende Komponenten berücksichtigt:

- Zeitabhängige Besetzungsstärken der Arbeitsplätze

- Qualifikationsanforderungen der Arbeitsplätze
- Qualifikationen der Mitarbeiter für bestimmte Arbeitsplätze
- Einsatzpräferenzen der Mitarbeiter für bestimmte Arbeitsplätze
- Übergangszeiten zwischen einzelnen Arbeitsplätzen für einen Mitarbeiter
- Pausen der Mitarbeiter
- benutzerdefinierte Regeln aus den Arbeitszeitmodellen für max. Arbeitszeiten und Mindestpausen.

Die zeitabhängige Besetzungsstärke der Arbeitsplätze kann minutengenau festgelegt und mit dem gewählten Zeitraster als Zoom-Funktion grafisch dargestellt werden.

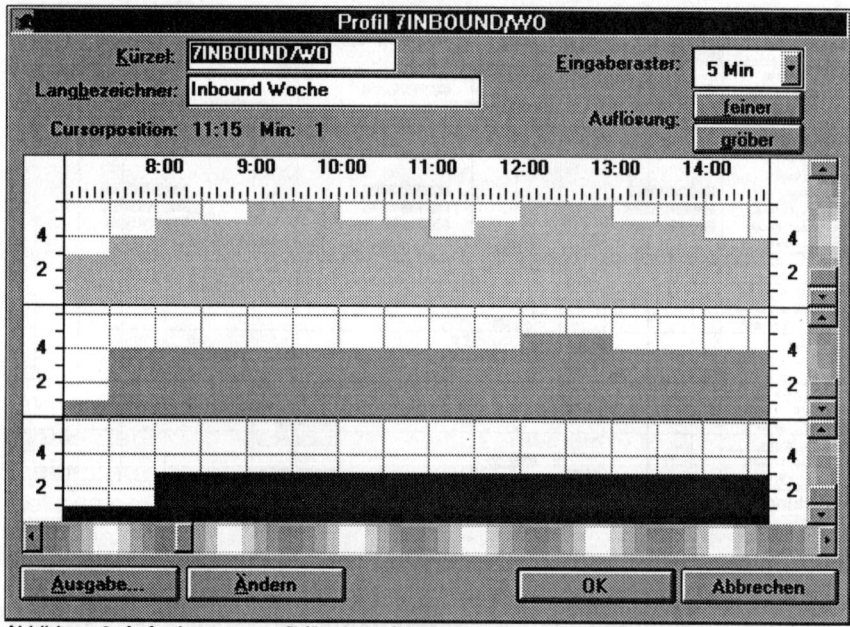

Abbildung 6: Anforderungsprofil für einen Arbeitsplatz

Die automatische Arbeitsplatzplanung verteilt die vorhandenen Mitarbeiter möglichst optimal auf die zu besetzenden Arbeitsplatzfunktionen, wobei das Ziel darin besteht, die Mindestbesetzung zu garantieren, wenn schon eine Sollbesetzung nicht realisierbar ist. Wenn allerdings genügend Mitarbeiter verfügbar sind, wird bis zur Maximalbesetzung eingeplant. Wie schon vorher beschrieben, kann dieser Planungsvorschlag manuell unter Rückgriff auf die komfortablen Planungshilfen bearbeitet werden.

Anwenderbericht: Schichtplanung in der Festplattenfertigung

Firmenprofil und Mitarbeiterstruktur

Einer der ersten Anwender von SP-Expert ist ein international tätiger Computerhersteller mit Sitz im süddeutschen Raum, der aus innerbetrieblichen Gründen namentlich nicht genannt werden will. Seit Juli 1994 für zunächst 3 Monate als Test und ab November 94 im Echtbetrieb ist die Software im Bereich der Fertigung von Festplatten im Einsatz; damals für ca. 300 Mitarbeiter, heute werden etwa 600 Mitarbeiter geplant und verwaltet.

Dieser Werksbereich von insgesamt 600 Mitarbeitern beinhaltet einen erheblichen Anteil von Mitarbeitern mit Zeitverträgen, also befristet, und Leihmitarbeiter, die oft sehr kurzfristig eingesetzt werden und zudem noch häufig wechseln. Außerdem müssen Werksstudenten eingeplant werden, die allerdings nur an Samstagen und Sonntagen zur Verfügung stehen. Über SP-Expert werden alle in der Fertigung tätigen Mitarbeiter eingesetzt, nicht jedoch die unterstützenden Bereiche, wie z.B. Ingenieurabteilungen.

Personalzeiterfassung

Die rein sachlich anzustrebende Integration von Personalzeiterfassung und Personaleinsatzplanung ließ sich nicht realisieren, weil ein konzerneinheitliches Zeiterfassungssystem über einen HOST-Rechner für alle Standorte des Unternehmens vorhanden war und noch immer vorhanden ist. Dieses System beinhaltet auch die Kopplung zur Lohn- und Gehaltsabrechnung. Weitergehende Informationen für die Mitarbeiter an den vorhandenen Erfassungsgeräten gibt es nicht. Die nicht in der Fertigung tätigen Mitarbeiter haben Zugriff auf ihre Zeitkonten über ihren Bildschirm. Änderungen im Schichtplan von SP-Expert müssen manuell in der Zeiterfassung nachgepflegt werden, damit die Bewertung aufgrund der Kommt- und Gehtbuchungen richtig ist.

Aufbau des Schichtsystems

Das Schichtmodell kennt 6 eigentliche unterschiedliche Schichten, die in einer „18er Schicht" (3 Wochen Schicht - 1 Woche frei) und in einer „21er Schicht" (4 Wochen Vollkonti-Schicht) einfließen und 4 Schichtgruppen bilden. Damit war aber keine Zuordnung zu einem Arbeitsplatz bzw. als Forderung zur einer Arbeitsfolge (Afo) zu erreichen. Das Modul Arbeitsplatzplanung war 1994 von ASTRUM noch nicht verfügbar. Aus diesem Grunde wurden die Schichten den Afos zugeordnet, so daß systemmäßig z.B. 10 Frühschichten existieren, also

F1	Frühschicht Afo 1
F2	Frühschicht Afo 2
F3	Frühschicht Afo 3
S1	Spätschicht Afo1
N8	Nachtschicht Afo 8
etc.	

Zu jedem Mitarbeiter können die erforderlichen Qualifikationen, also der Ausbildungsstand zur Erledigung der betreffenden Afo, hinterlegt werden. Dies ist besonders wichtig bei den häufig wechselnden und neu einzuarbeitenden Leiharbeitern, auch wenn diese keine hochqualifizierten Aufgaben durchführen. Durch diese Aufsplitterung der Schichten wurde auch ohne das Modul Arbeitsplatzplanung eine ähnliche Funktionalität, also Verknüpfung von Tätigkeit und Arbeitszeit, erreicht, allerdings auf Kosten der Anzahl der Zeitmodelle.

Planungsablauf und Aufwendungen

Die Schichtplanung wird heute noch auf einem einzigen PC von den Anwendern im Wechsel vorgenommen, geplant ist allerdings der Einsatz eines Netzwerkes. Der Sachgebietsleiter als sog. Superuser macht eine 4-Wochen-Planung, die jeden Mittwoch für die nächsten 4 Wochen durchgeführt wird. Dabei werden durch das automatische Planungsmodul die vorgenommen Änderungen berücksichtigt und in den Plan aufgenommen. Bedarfe, Kapazitäten, Änderungswünsche der Mitarbeiter, auslaufende Zeitverträge und neue Leihmitarbeiter sind typische zu berücksichtigende Faktoren. Der Zeitaufwand dafür beträgt etwa 3 - 4 Stunden pro Woche. Darüberhinaus werden montags 2 - 3 Stunden für kurzfristige Veränderungen, hauptsächlich neue Leihmitarbeiter mit der Einplanung der Ausbildung, benötigt.

Kurzfristige Änderungen werden von den sog. Fertigungstechnikern als Leiter der Schichtgruppen vorgenommen, wofür jeder ca.

¼ Stunde täglich benötigt. Zu diesem Aufwand gehört auch das Führen der Anwesenheitsliste in Form der Negativerfassung, d.h. die abwesenden Mitarbeiter werden gekennzeichnet, alle anderen zu dieser Schicht eingeplanten Mitarbeiter sind zwangsläufig anwesend. Die Kontrolle der An-/Abwesenheiten erfolgt visuell bei Schichtbeginn. Da jeder Fertigungstechniker eine Gruppe von 20 bis 25 Mitarbeiter zu leiten hat, ist eine visuelle Überprüfung noch ohne größeren Aufwand möglich.

Zu den wesentlichen Aufgaben der insgesamt 16 Fertigungstechniker, die sich zZt noch in der Bedienung des Systems abwechseln, wobei allerdings nur 4 gleichzeitig anwesend sind, gehört auch die Abgleichung der geplanten und vorhandenen Mitarbeiter = Kapazitäten durch die permanent angezeigte Unter- und Überdeckung gegenüber der Sollbesetzung. Daraus resultieren dann Einleihen und Ausleihen von Mitarbeitern. Aus Gründen des Aufwands für die Datenpflege werden Mitarbeiter im System SP-Expert erst nach 2 Tagen umgesetzt, d.h. sehr kurzfristige Umsetzungen erfolgen zwar in der Praxis, werden aber systemmäßig erst nachvollzogen, wenn sich herausstellt, daß diese Versetzung langfristiger wird. Da ein Soll-Ist-Vergleich mit abrechnungsrelevanten Bewertungen nicht gefahren wird, ist diese Arbeitsweise möglich.

In diesem Werk werden nur komplette existente Schichten eingeplant. Eine z.B. erforderliche 2-stündige Mehrarbeit wird nicht über SP-Expert geplant, sondern nur über die Zeiterfassung per manueller Eingabe abgerechnet. Anders ist es bei zusätzlichen Schichten. Diese werden eingeplant und eine Liste mit den entsprechenden Namen dem Betriebsrat zur Genehmigung übergeben. Bei verfahrener Mehrarbeit hat der Mitarbeiter generell die Wahl zwischen Bezahlung und Freizeitausgleich.

Informationen aus der Schichtplanung

Nachdem sich der Schichtplan nach 4 Wochen wiederholt, erhalten neue Mitarbeiter als Ausdruck ihren persönlichen Schichtplan, danach nur noch bei durchgeführten Änderungen. Das Aushängen eines Schichtplans hat sich erübrigt außer für die Gruppe der Werksstudenten für die Arbeit an den Wochenenden.

Weitere Auswertungen sind bei Bedarf die Anzahl der verfahrenen Schichten zu bestimmten Zeiten, z.B. an Samstagen. Wichtig ist auch die Abgleichmöglichkeit der Fehlzeiten mit der Zeiterfassung, wenn dort z.B. keine Buchungen aus welchen Gründen auch immer vorliegen.

Einführungsphase und Nutzen aus der Sicht des Anwenders

Vor der Einführung des Systems SP-Expert wurde die Schichtplanung manuell mit Bleistift und Papier vorgenommen. Der Zeitaufwand dafür durch den Sachgebietsleiter betrug etwa 3 Tage pro Woche, Hinzu kam das manuelle Erstellen der Anwesenheitslisten durch den Fertigungstechniker. Trotz dieses hohen zeitlichen Aufwandes war etwa ½ Jahr Überzeugungsarbeit nötig, um die Akzeptanzprobleme und Ablehungshaltung bei einem Teil der Anwender abzubauen. Je mehr Informationen flossen, umso besser wurde die Akzeptanz, die heute bei 99 % liegt. Der damalige Leiter des Bereiches und Superuser Herr Masson hat die Anwender nach erfolgter Schulung bei ASTRUM selbst geschult und dabei die Möglichkeit der intensiven Information genutzt. Aus heutiger Sicht war für ihn damals mit das wichtigste, die Aufteilung und Darstellung der Schichten zu definieren. Der Betriebsrat war bei der Vorstellung des Systems dabei und sah keinerlei Probleme in der Anwendung.

Die Zusammenarbeit mit ASTRUM, die schnell und flexibel auf die Änderungswünsche des Kunden an dem damals relativ neuen Softwarepaket reagierten, gestaltete sich positiv, zumal dies damals die erste Anwendung in der Fertigungsindustrie war. Aus heutiger Sicht erfüllt das Programm alle Erwartungen, jedoch könnte der Ausdruck des Urlaubsplans optimiert werden. Hinweise und Ausdrucke auf Konfliktsituationen, also zu viel geplanter Urlaub zu gleicher Zeit, wären hilfreich.

Den Nutzen formuliert der Anwender heute so: der Einstieg in einen laufenden Schichtrhythmus ist wesentlich erleichtert. Die Einplanung von Mitarbeitern mit Einschränkungen im Schichtdienst, z.B. aus gesundheitlichen Gründen keine Nachtschicht, wird sehr erleichtert. Die Mitarbeiter sind zufriedener, weil sie einen aktuellen Schichtplan erhalten und die Urlaubsplanung am Jahresanfang aufgrund der Mitarbeiterwünsche beschleunigt werden kann. Für die Mitarbeiter ist das System der Anlaufpunkt bei Nachfragen geworden. Allerdings, so Herr Masson, kann das System auch nur so gut sein, wie es von den verantwortlichen Mitarbeitern gepflegt wird.

4 Anwendungsbeispiel 4: 4P Rube Göttingen GmbH

Flexible Schichtplangestaltung durch Personaleinsatzplanung

4P Rube Göttingen GmbH mit Schwesterwerken in Chelmek/Polen und Leeds/England gehört mit 4P Nikolaus Kempten mit Zweigwerk in Köln und 4P Emballages zur SBU Folding Cartons & Tubs/Lids. Eine weitere SBU 4P Consumer Flexibles & Films mit 4P Werken im In- und Ausland komplettieren die 4P Gruppe, die zu dem niederländischen Verpackungskonzern Van Leer gehört. Zu diesem gehören weltweit 130 Niederlassungen in mehr als 40 Ländern.

In Göttingen werden insgesamt 550 Mitarbeiter beschäftigt, davon 30 Aushilfen, 20 Azubis, 100 Angestellte und 400 gewerbliche Mitarbeiter. Im Frühjahr 1995 sollte für diese gewerblichen Mitarbeiter die Arbeitszeit flexibilisiert werden. Allen Beteiligten war klar, daß dies nur sinnvoll über ein geeignetes EDV-Werkzeug zur Schichtplangestaltung möglich sein würde. Man entschied sich für das System SP-Expert der ASTRUM GmbH in Erlangen.

Flexibilisierung der Arbeitszeit

Doch zurück zum Ausgangspunkt, der Arbeitszeitflexibilisierung. Der Tarif Papier, Chemie, Keramik, Bereich Papiererzeugung, zum dem 4P Rube gehört, gestattet bereits seit 1993 die Verteilung der Arbeitszeit auf das ganze Jahr. In der Betriebsvereinbarung Mitte 1995 wurde festgelegt, daß bei einer tariflichen Arbeitszeit von 38 Wochenstunden jeder Mitarbeiter innerhalb eines Monats seine Sollzeit um bis zu 24 Stunden unter- bzw- überschreiten darf, quartalsweise sogar bis zu plus/minus 40 Stunden. Am Ende des Jahres dürfen ebenfalls maximal 40 Stunden Zeitguthaben oder -schuld in das Folgejahr übertragen werden. Als zulässiger Zeitraum für die Verteilung der Regelarbeitszeit wurde die Zeitspanne zwischen Montagmorgen 6.00 Uhr und Samstagnachmittag 18.00 Uhr festgelegt. Mehrarbeiten in dieser Spanne bedürfen daher nicht der Zustimmung des Betriebsrates. Allerdings ist für die Inanspruchnahme der Regelarbeitszeit samstags ab 12.00 Uhr das Einverständnis des betroffenen Mitarbeiters einzuholen und ein Zeitzuschlag von 25% auf die geleisteten Stunden dem Zeitkonto gutzuschreiben. Die maximale mögliche Arbeitszeit beträgt also 60 Stunden pro Woche.

Um den Mitarbeitern eine gewisse Sicherheit auch für ihre persönlichen Planungen zu geben, wurde ein sog. Flexibilitätszuschlag vereinbart, der dann wirksam wird, wenn die geplanten Schichten kurzfristig geändert werden. Dieser Zuschlag ist ebenfalls ein Zeitzuschlag und variiert je nach Ankündigungsfrist. Der Mitarbeiter erhält diesen Zuschlag allerdings nur, wenn die Planveränderung durch den Betrieb ausgelöst wurde. Ist der Mitarbeiter selbst für die Veränderung verantwortlich, so wird der Zeitzuschlag von seinem Arbeitszeitkonto abgebucht. Tauschen von Schichten zwischen Mitarbeitern ist ohne Flexibilitätszuschlag möglich, soweit die betrieblichen Belange gewahrt bleiben. In der Praxis wurde dieser Zuschlag bis jetzt jedoch nicht eingefordert, sondern wird von beiden Seiten als „Tauschobjekt" behandelt.

Obwohl in der Betriebsvereinbarung auch Regelungen zur Mehrarbeit mit Zeitzuschlag und Zeitausgleich getroffen wurden, werden diese allerdings so gut wie gar nicht benötigt. Durch die Flexibilisierungsmaßnahmen wurden die Überstunden fast völlig abgebaut, dazu haben auch ca. 20 Neueinstellungen beigetragen. Auch die Krankheitsquote ist gesunken. Der Personalleiter Norbert Fieber führt dies u.a. weitgehend darauf zurück, daß auch größere Freizeitblöcke langfristig geplant werden können.

Zeiterfassung

Die Zeiterfassung für die gewerblichen Mitarbeiter wird in SP-Expert als Negativerfassung durchgeführt, d.h., daß die geplanten Schichten als Anwesenheiten bewertet werden und nur Änderungen und Abwesenheiten manuell eingegeben werden. Die Negativerfassung steht und fällt natürlich mit dem Aufwand für die manuelle Bearbeitung. Als Richtwert können bei 4P Rube ca. 15 Minuten pro Tag und 100 Mitarbeiter angesetzt werden. Aus der Zeiterfassung erhalten die Mitarbeiter wöchentlich einen Ausdruck mit Positiv- oder Negativsaldo und aktuellem Resturlaubsstand. Der Ausdruck wird allerdings nicht jedem Mitarbeiter ausgehändigt, sondern innerhalb der Abteilungen zur Einsichtnahme ausgehängt.

Für die Abteilungsleiter erfolgt ein Ausdruck monatlich oder auch pro Planungszeitraum von 4 Wochen mit dem Freizeitanspruch und ebenfalls Resturlaub, sowie der Unterscheidung zwischen betrieblicher und zu bezahlender Anwesenheitszeit. Alle Werte werden auch als Abteilungssummen ausgewiesen. Eine Liste der Stundensalden zur Überprüfung des Freizeitausgleichs erhält auch die Personalabteilung. Zur Übergabe der Lohnarten an den Adata-Lohn wurde eine Schnittstelle fertiggestellt und getestet. Der Einsatz wird kurzfristig erfolgen.

Planungsablauf

Das System läuft auf einem UNIX-Server innerhalb eines Novell Netzwerkes. Geplant wird von den Abteilungsleitern als Verantwortliche in 8 Betriebsbereichen auf Pentium-PCs. Die Abteilungen haben eine Mitarbeiteranzahl von 20 bis 120. Die Planung selbst erfolgt aufgrund der Bedarfsmeldung von der Arbeitsvorbereitung.

Die Schichtplanung auf Basis einer täglichen Arbeitszeit von 8 Stunden soll bis zum 15. des Vormonats abgeschlossen sein und wird jeweils rollierend im voraus für einen 4-Wochen-Zeitraum festgeschrieben. Dabei werden die im Programm vorhandenen Parameter für Mitarbeiterwünsche, Qualifikationen etc. automatisch berücksichtigt. Die vorhandenen 75 Produktionsanlagen sind im System als Arbeitsplätze definiert und werden durch den gegenseitigen Mechanismus der Zuordnung eingeplant. Für diese Arbeit muß jweils etwa mit einer Stunde gerechnet werden.

Der vorhandene Monats- oder 4-Wochen-Plan wird wöchentlich und täglich aktualisiert. Diese Änderungen werden sowohl durch die Planer aus der Erfahrung heraus direkt vorgenommen als auch die systemtechnischen Möglichkeiten des automatischen Vorschlags genutzt. Der Änderungsaufwand beträgt maximal 15 Minuten pro Woche.

Zur Information der Mitarbeiter über die zu leistende Arbeitszeit erfolgt ein Aushang der Schichtpläne auf Abteilungsebene, sowohl monatlich als auch die wöchentlichen und täglichen Änderungen.

Projektablauf und Einführungsphase

Betriebsrat und Geschäftsleitung haben gemeinsam einen Zeitplan festgelegt, der insgesamt nur 10 Monate bis zum Echtbetrieb umfasste. Hier die wesentlichen Punkte:

- März 1995 Verhandlung Betriebsrat mit Geschäftsleitung über Inhalte der Rahmenbetriebsvereinbarung
Geeignetes Werkzeug zur Schichtplangestaltung begutachten
Betriebsratberatung intern
Thema in Projektgruppe behandeln
Thema in Betriebsversammlung./ Abteilungsversammlung vorstellen
- April 1995 Abschluß einer Rahmenvereinbarung
Präsentation der Software vor Projektgruppe und Betriebsrat
- Mai 1995 Arbeitszeitmodelle nach den Abteilungsbedürfnissen festlegen
Beginn mit Qualifizierungsmaßnahmen
Systemanpassung
Installation
- Juli 1995 Beginn der Pilotphase mit intensiver Begleitung durch die Projektgruppe
- 1.1.1996 Flächendeckende Einführung

Dieser kurze gezielte Projektablauf war nur möglich mit tatkräftiger Unterstützung des Betriebsrats, der sich zurecht als „Miterfinder" dieser Personaleinsatzplanung in Verbindung mit dem Jahresarbeitszeitmodell bezeichnet. Im Laufe des Jahres 1996 wurden einige Verbesserungen und Erweiterungen in der Software vorgenommen.

Nutzen aus heutiger Sicht für den Anwender

Die vorher durchgeführte manuelle Schichtplanung war natürlich wesentlich arbeitsintensiver und brachte keine qualitative Verbesserung. Im Zuge der Flexibilisierung wurde vom mengenorientierten Leistungslohn abgegangen. Entgegen vielen Voraussagen ist die Produktivität nicht gesunken, sondern sogar gestiegen. So ist der Ausschuß z.B. erheblich weniger geworden. Norbert Fieber:

„Wir wollen den mündigen Mitarbeiter. Die Arbeitswelt wird zunehmend geprägt von mehr Autonomie, mehr Selbständigkeit und mehr Verantwortung. Diese Selbstverwirklichung ist aber nur im Rahmen höchst differenzierter Arbeitszeitmodelle und nicht in einem starr festgelegten Arbeitszeitvolumen zu realisieren. Das neue Arbeitszeitgesetz hat die rechtlichen Rahmenbedingungen hierfür spürbar verbessert. Die Tarifvertragsparteien haben im Tarifabschluß 1993/94 die Plattform zur Realisierung für Arbeitszeitflexibilisierung und Teilzeitarbeit geschaffen. Dieser tarifliche Rahmen bildet die Grundlage. Bei unseren Überlegungen sind wir davon ausgegangen, daß sowohl die betrieblichen Notwendigkeiten als auch die Wünsche der Arbeitnehmer in gleicher Weise zu berücksichtigen waren."

Nutzen aus Sicht des Unternehmens

- Arbeitszeitplanung in Verbindung mit flexiblen Arbeitszeiten führt zu besseren Betriebsnutzungszeiten durch Entkoppelung von Arbeitszeit und Betriebszeit.

- Unregelmäßiger Arbeitsanfall kann besser und in der Regel ohne teure Überstunden und im Sinne von Kundenzufriedenheit bewältigt werden.

- Bessere Motivation der Mitarbeiter und somit Beitrag zu höherer Produktivität.

- Durch Einführung eines guten Zeitmanagements können Kosten gesenkt und die Ertragslage verbessert werden.

- Vermeidung teurer Kurzarbeit und betriebsbedingter Kündigungen bei vorübergehender Unterbeschäftigung.

- Qualifizierte Personalbedarfsplanung.

Nutzen aus Sicht der Mitarbeiter

- Sichere Arbeitsplätze durch gesteigerte Wettbewerbsfähigkeit.

- Mehr Raum für individuelle Freizeitgestaltung.

- Anpassung an die geänderten Wertevorstellungen der Mitarbeiter.

- Gleichbleibendes Monatseinkommen trotz schwankender Arbeitszeiten.

- Keine Einkommensverluste durch Kurzarbeit bei vorübergehender Unterbeschäftigung.

4P Rube ist davon überzeugt, daß mit der Einführung von Arbeitszeitflexibilisierung und Personaleinsatzplanung in der dargestellten Form noch nicht alle Möglichkeiten ausgeschöpft sind und es der Kreativität aller am betrieblichen Geschehen Beteiligten überlassen ist, im Interesse des Unternehmens und der Mitarbeiter dieses Modell konsequent weiter zu entwickeln.

5 Anwendungsbeispiel 5: Citibank Privatkunden AG

Erweiterte Schalteröffnungszeiten mit Hilfe der Personaleinsatzplanung

Die Citibank beschäftigt in Deutschland 4200 Mitarbeiter, von denen 3000 in 306 Zweigstellen eingesetzt sind. Die Mitarbeiterzahl der Zweigstellen beginnt bei 4 Mitarbeitern.
Die deutliche Mehrheit der Zweigstellen ist mit 8 bis 22 Köpfen bzw. 7 bis 18 Vollzeitkräften besetzt. Die täglichen Arbeitszeiten der Mitarbeiter stimmen mit den Schalteröffnungszeiten und der tariflichen Arbeitszeit überein.

Erweiterte Öffnungszeiten

Mitte 1994 wurde mit dem Projekt der „Erweiterten Öffnungszeiten" begonnen. Befristet auf 15 Monate als Test wurden die 7 Stadtzweigstellen in Essen ab 1.10.95 und die 8 in München ab 1.1.96 in dieses Projekt einbezogen. In Essen ist seitdem von 9.30 Uhr bis 18.30 Uhr und in München von 9.00 Uhr bis 18.00 Uhr jeweils von Montag bis Freitag durchgehend geöffnet. Dies entspricht einer Öffnungszeit von 45 Stunden wöchentlich.

Mit dem Betriebsrat wurde vereinbart,

- daß die wöchentliche Arbeitszeit von 45 Stunden nicht überschritten werden darf,

- daß innerhalb von 3 Monaten eine durchschnittliche Arbeitszeit von 39 Stunden erreicht werden muß, und

- kein Zeiterfassungssystem eingesetzt wird.

Dem verantwortlichen Projektleiter Dipl.-Ökonom Günter Müller, Bereichsleiter Region Mitte, war frühzeitig klar, daß die Umsetzung dieser erweiterten Öffnungszeiten nur sinnvoll mit einem Personaleinsatzplanungssystem vollzogen werden konnte, das folgende grundsätzliche Anforderungen abdecken mußte:

- Es gibt keine vorgegebenen Tagesmodelle, d.h. die Wünsche der Mitarbeiter können in allen erdenklichen Formen eingehen. Die Bandbreite reicht von fest vorgegeben mit einer festen Pause (z.B. Montag - Freitag von 8.30 Uhr bis 16.30 Uhr) bis zu ganz frei, also egal wie lange und egal wann. Jede Mischform muß darstellbar sein.

- Ausgleich- der Mehr- und/oder Minderarbeit

- Möglichst wenig Tätigkeitswechsel an einem Tag

- Variable Pausengestaltung abhängig von der Arbeitszeit

- Nach Möglichkeit nicht mehr als 2, max. 3 lange Tage pro Woche

- Deckung des Bedarfs an Mitarbeitern je Tätigkeit mit den am besten dafür qualifizierten Mitarbeitern.

Nachdem am Markt kein System sich direkt aufdrängte, startete man mit einem eigenem System auf Basis von Lotus 1-2-3. Dieser Versuch wurde allerdings relativ schnell als untauglich erkannt. Durch den Kontakt im März 1995 mit der Firma InVision in Ratingen, die ein ähnliches Projekt in einer Großbäckerei verwirklicht hatte, wurde das Projekt in die neue und richtige Phase der automatischen optimierten Planung gelenkt. Mitte August 1995 wurde eine erste Version vorgestellt, zum 1.10.95 die Beta-Version. Termingerecht konnte damit der Test zu den vereinbarten Startterminen beginnen.

Systembeschreibung InVision PDS

Bei dem InVision Staff Plannig System der InVision Software GmbH in Ratingen handelt es sich um ein System mit automatischer Einplanung der benötigten Mitarbeiter, d.h. Optimierung der Bedarfs- und Dienstpläne. Es läuft unter Windows 95 und NT, als Client-Server und auf Stand-alone-Rechnern, sowie Netzanbindung mit TCP-IP.

Um die Anforderungen der Citibank zu erfüllen, werden 12-15 Randbedingungen postuliert, die über den gesamten Planungszeitraum von 5 Wochen nach Möglichkeit befriedigt werden müssen. Durch die Tatsache, daß keine klaren Prioritäten gesetzt werden können, sondern alle Bedingungen zwar gewichtet, aber dennoch gleichzeitig betrachtet werden müssen, kann ein optimaler Plan mit den aus anderen Systemen bekannten Optimierungsstrategien nicht ermittelt werden. Die Personaleinsatzplanung für die Citibank trennt sich daher konsequent von diesen Methoden. InVision implementiert einen fuzzy gesteuerten GA (Genetischen Algorithmus), der bislang im kommerziellen Bereich kaum Beachtung findet. Der Algorithmus beruht auf evolutionstheroretischen Erkenntnissen und zeichnet sich u.a. dadurch aus, daß in sehr kurzer Zeit eine optimale Lösung unter vielen Randbedingungen gefunden wird. Der Nachteil dieser Technik ist die Notwendigkeit einer kundenindividuellen Anpassung, das sog. Feintuning, an die jeweilige Planungsproblematik. Eine Standardoptimierung mittels eines GA´s ist nicht realisierbar.

Mitarbeiterqualifikationen

Für jeden Mitarbeiter werden Qualifikationen hinterlegt, die die Verteilung der Mitarbeiter auf die zu besetzenden Arbeitsplätze regelt. Diese können z.B. sein:

- Kassierer
- Kundenbetreuer
- Servicemanager
- Zweigstellenleiter

Für jede Qualifikation können Einsatzstufen definiert werden, die die Prioritäten für die Vertretung von Mitarbeitern regeln, z.B.:

- Hauptfunktion
- 1. Stellvertreter
- 2. Stellvertreter

Orgastellen

Orgastellen bilden Zweigstellen und andere Bereiche in einer Baumstruktur ab. Jede Orgastelle kann eine übergeordnete Orgastelle haben oder bilden die Baumwurzeln, wenn keine übergeordnete Stelle vorhanden ist. Als Standardvorgabe für die Bedarfspläne werden die Minuten, z.B. 15 Minuten, als Rastereinheit vorgegeben. Zusätzliche informative Felder wie Anschrift, Name des Zweigstellenleiters, Telefon und Fax ergänzen die Beschreibung der Orgastelle.

Arbeitsplatz und Tätigkeit

Innerhalb der Orgastelle werden Arbeitsplätze und Tätigkeiten analog zu den Qualifikationen belegt, also Kasse, Betreuung, Zweigstellenleitung usw. Bei der späteren Einplanung auf einen Arbeitsplatz werden nur die Mitarbeiter herangezogen, die die entsprechende Qualifikationsanforderung erfüllen, z.B. „Kasse/Kassierer". Mehrere evtl. benötigte Qualifikationen können logisch verknüpft werden. Ebenfalls kann die Farbe definiert werden, mit der die Tätigkeit im Tagesplan angezeigt wird.

Tagesmodelle

Über eine beliebige Anzahl von Tagesmodellen werden die täglichen Standard-Arbeitszeiten festgelegt. wobei diese lediglich einen Rahmen der maximalen Arbeitszeit bzw. Öffnungszeit beinhalten. Die Zuordnung zum Mitarbeiter erfolgt über Tagestypen oder Datumsangaben. Natürlich können auch für Mitarbeiter völlig freie individuelle Zeiten eingeben und verrechnet werden. Einzelne Parameter sind z.B.

- Arbeitszeitbeginn zwischen Uhrzeit und Uhrzeit als Rahmenzeit
- Solldauer in Stunden
- Maximaldauer
- Minimaldauer
- Pause 1 und 2 mit Dauer und Uhrzeit

Arbeitszeitregeln

Innerhalb der Arbeitszeitregeln für den einzelnen Mitarbeiter werden gesetzliche, tarifvertragliche und individuelle Rahmenwerte definiert, die bei der Planung immer eingehalten werden müssen, z.B.

- wöchentliche Arbeitszeit

- maximale Plusstunden
- maximale Minusstunden
- Standard-Arbeitszeit
- individuelle Arbeitszeit

Abwesenheitsgründe

Über die frei definierbaren Fehlgründe als 2stelliges Kürzel werden Mitarbeiter im Schichtplan für einzelne Tage oder Zeiträume als abwesend gekennzeichnet und damit für diese Tage von der Planung ausgeschlossen. Bei bezahlten Fehlzeiten werden die Zeitkonten mit den vereinbarten Arbeitszeiten gefüllt.

Mitarbeiterkalender/Schichtplan

Aufgrund der Zuordnung der Tagesprogramme, Tagestypen und Mitarbeiter wird der Schichtplan, aufgeteilt nach Mitarbeitergruppen, automatisch für die Dauer von X Wochen erstellt. Änderungen der geplanten Schichten aufgrund von Mitarbeiterwünschen können jederzeit im Schichtplan direkt vorgenommen werden. Damit für den nächstmöglichen Zeitraum vom System direkt ein Abbau der Plusstunden vorgenommen werden kann, muß das System die ungeplanten Mehr- oder Minderstunden wissen. Dies kann durch eine Schnittstelle zu einem Zeiterfassungssystem oder durch manuelle Eingabe als Summe pro Woche und Mitarbeiter erfolgen.

Bedarfsplan OS 031 (Montag)									
Arbeitsplatz	09:00	09:30	10:00	10:30	11:00	11:30	12:00	12:30	13:00
Zweigstellenleiter	1/1/1	1/1/1	1/1/1	1/1/1	1/1/1	1/1/1	0/1/1	0/1/1	0/1/1
Kassierer A	1/1/1	1/1/1	1/1/1	1/1/1	1/1/1	1/1/1	1/1/1	1/1/1	1/1/1
Kassierer B	0/0/1	0/0/1	0/0/1	0/0/1	0/0/1	0/0/1	0/0/1	0/0/1	0/0/1
Service-Manager	0/1/1	0/1/1	0/1/1	0/1/1	0/1/1	0/1/1	0/1/1	0/1/1	0/1/1
Back-Officer	2/3/4	2/3/4	2/3/4	2/3/4	2/3/4	2/3/4	2/3/4	2/3/4	2/3/4
Schalter-Mitarbeiter	3/5/10	3/5/10	3/5/10	3/5/10	3/5/10	3/5/10	3/5/10	3/5/10	3/5/10

Abbildung 1

Bedarfspläne

Für jeden Tagestyp wird pro Orgastelle aufgeteilt nach Tätigkeiten ein Bedarfsplan nach dem vorgegebenen Zeitraster erstellt, der die vorgesehene Anzahl von Mitarbeitern für diesen Zeitraum enthält. Dabei wird nach Minimal-, Soll- und Maximalbesetzung unterschieden. Das Zeitraster für die Bedarfsplanung kann beliebig variiert werden. (Abbildung 1)

Automatische und manuelle Planung

Aufgrund der verfügbaren Parameter plant das System für jede Orgastelle, wobei ein beliebiger Planungszeitraum vorgegeben werden kann. Es wird versucht, den Sollbedarf der Orgastelle mit den zur Verfügung stehenden Mitarbeitern zu belegen. Dabei können auch Vor- und Nachrüstzeiten, Teamgespräche und Pausenzeiten automatisch berücksichtigt werden. (Abbildung 2)

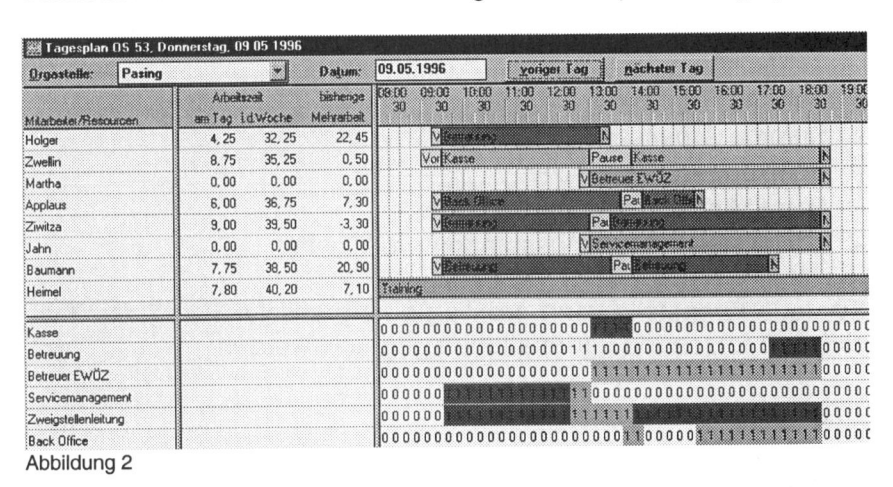

Abbildung 2

Die automatisch erzeugten Tagespläne können am Bildschirm verändert werden, wenn aufgrund des Bedarfsplans Abweichungen, die zum Handeln zwingen, auftreten. Manuelle Änderungen werden dergestalt gespeichert, daß die Zeitkonten der Mitarbeiter immer auf dem aktuellen Stand gehalten werden und bei der nächsten Planung automatisch berücksichtigt werden.

Im Tagesplan können folgende jederzeit aktualisierte Daten angezeigt werden:

- Wochenstunden pro Mitarbeiter
- Plus-/Minusstunden pro Mitarbeiter in der geplanten Woche
- kumulierte Plus-/Minusstunden pro Mitarbeiter in der geplanten Woche

- Kundenbedienungszeiten pro Mitarbeiter
- Über-/Unterdeckung des Bedarfs pro Zeitraster und Arbeitsplatz/Tätigkeit

Auswertungen und Berichte

Für alle Mitarbeiter kann eine Liste der geplanten Plus-/Minusstunden pro Woche einzeln und kumuliert mit Differenz zur Sollzeit ausgegeben werden. Darüberhinaus können die Mitarbeiter einen Arbeitsplan erhalten mit

- Arbeitsort pro Tag
- Arbeitszeitbeginn/-ende pro Tag
- übernommene Tätigkeiten inkl. Pause pro Tag als grafische Zeitbalken
- Summe Arbeitszeit pro Tag
- Summe Arbeitszeit pro Woche
- Sollstunden pro Woche
- Plus-/Minusstunden pro Woche
- kumulierte Plus-/Minusstunden pro Woche

Für jede Orgastelle kann pro Tag eine grafische Belegungsübersicht mit folgenden Informationen gedruckt werden:

- eingeplante Mitarbeiter
- Arbeitszeiten der Mitarbeiter
- Verfügbarkeit für Kundenbetreuung pro Mitarbeiter
- übernommene Tätigkeiten der Mitarbeiter

Planungsablauf Citibank Essen

Da sich das Projekt insgesamt noch bis Ende 1996 im Test befindet, werden die Planungen für alle 7 Zweigstellen zentral in der Region Mitte durch einen Mitarbeiter, den Koordinator, durchgeführt. Wie bereits angedeutet, spielt die Zeiterfassung keine Rolle. Die Mitarbeiter schreiben z.Zt. ihre Mehr- oder Minderzeiten selbst auf, die dann in das System übernommen werden.

Die Betriebsvereinbarung sieht vor, daß der Entwurf der Einsatzpläne jeweils für einen Monat für die jeweilige Zweigstelle im voraus erstellt wird. Der Arbeitgeber leitet dem örtlichen Betriebsrat spätestens 3 Wochen vor dem geplanten Inkrafttreten den Entwurf zu, den gleichzeitig die betroffenen Mitarbeiter erhalten. Der Betriebsrat hat danach eine Woche Zeit, um Stellung zu nehmen. Danach gilt die Zustimmung als erteilt. Eingeplant werden generell alle Mitarbeiter in einer Zweigstelle, unabhängig von ihrer Funktion. Der zeitliche Aufwand für die Erstellung der Planung am System beträgt etwa 1 Tag für die 7 Zweigstellen in Essen. Änderungen, die nach der Planung auftreten, z.B. durch Krankheit oder andere Abwesenheiten werden nicht über das System durchgeführt.

Der Betriebsrat war von Anfang an in die Planung mit eingebunden. Die Citibank interne Systembeschreibung war daher die Basis zum Abschluß der Betriebsvereinbarung. Der Anteil der Mehrarbeit vor Systemeinführung und jetzt ist relativ gleich geblieben und als äußerst gering zu bezeichnen. Dies wurde erreicht dadurch, daß in den 7 Zweigstellen in Essen die Mitarbeiterkapazität um 11 Vollzeitkräfte, dies entspricht 22 Teilzeitmitarbeitern, aufgestockt wurde.

Zukünftige Anforderungen und Erweiterungswünsche

Als weiteren Ausbau des Systems kann sich Günter Müller die Zusammenführung von mehreren einzelnen Systemen vorstellen, nämlich

- Personaleinsatzplanung
- Kapazitätsprognose
- Terminvereinbarung
- Fehlzeitenauswertung

Die Kapazitätsprognose ergibt sich aufgrund der Kundenfrequenz nach Zeitraster und wird zZt durch manuelle Eingabe in ein Kundenleitsystem errechnet. Der Servicemanager ermittelt den Kundenbedarf und leitet ihn an den richtigen Kundenbetreuer weiter. Daraus resultierende Bedarfsanalyse und zeitliche Kundenfrequenz ergeben die Kapazitätsprognose. Fest vereinbarte Termine beinflussen ebenfalls den Bedarf an Mitarbeitern und gehören daher als integrierter Bestandteil dazu.

6 Anwenderbericht: Zeitwirtschaft und Personaleinsatzplanung im Einzelhandel

6.1 famila Warenhaus GmbH & Co. KG Soest

6.2 MANOR AG Basel

Die Fachzeitschrift Einzelhandelsberater schrieb in ihrer Ausgabe 10/95 über PEP im Handel: „Süßer Rationalisierungs -Traum vieler Händler: Den Personaleinsatz optimal dem Umsatz anzupassen, damit gleichzeitig die Leistung zu erhöhen und die Kosten zu senken." Treffender kann man in einem Satz nicht die Aufgaben der PEP im Handel beschreiben. Gerade im Handel bilden wirkungsvolle Analyse- und Steuerungsinstrumente die Grundlage für ein erfolgreiches und optimales Personal- und Zeitmanagement und damit schnelle Reaktionen auf unterschiedliche Marktbedingungen.

Moderne, leistungsfähige Computerkassen und geschlossene Warenwirtschaftssysteme sind schon seit längerer Zeit im Handel eingesetzt und unverzichtbar. Ein weiterer Schwerpunkt der Unternehmenssteuerung wird immer mehr der Bereich der Personal- und Zeitwirtschaft mit der Verbindung zu Warenwirtschaftssystemen, da durch eine optimale Personalplanung die Personalkosten erheblich gesenkt werden können. Genauso ist ein optimierter Personaleinsatz im Bedien- und Kassenbereich ein Kriterium dafür, wo der Kunde zukünftig seine Einkäufe tätigt. (Abbildung 1)

Personalkostencontrolling heißt also das Gebot der Stunde. Unrter diesem Begriff werden alle Schritte zusammengefaßt, die für eine Minimierung der Personalkosten bei gleichzeitiger Optimierung der Personalstruktur erforderlich sind. (Abbildung 2)

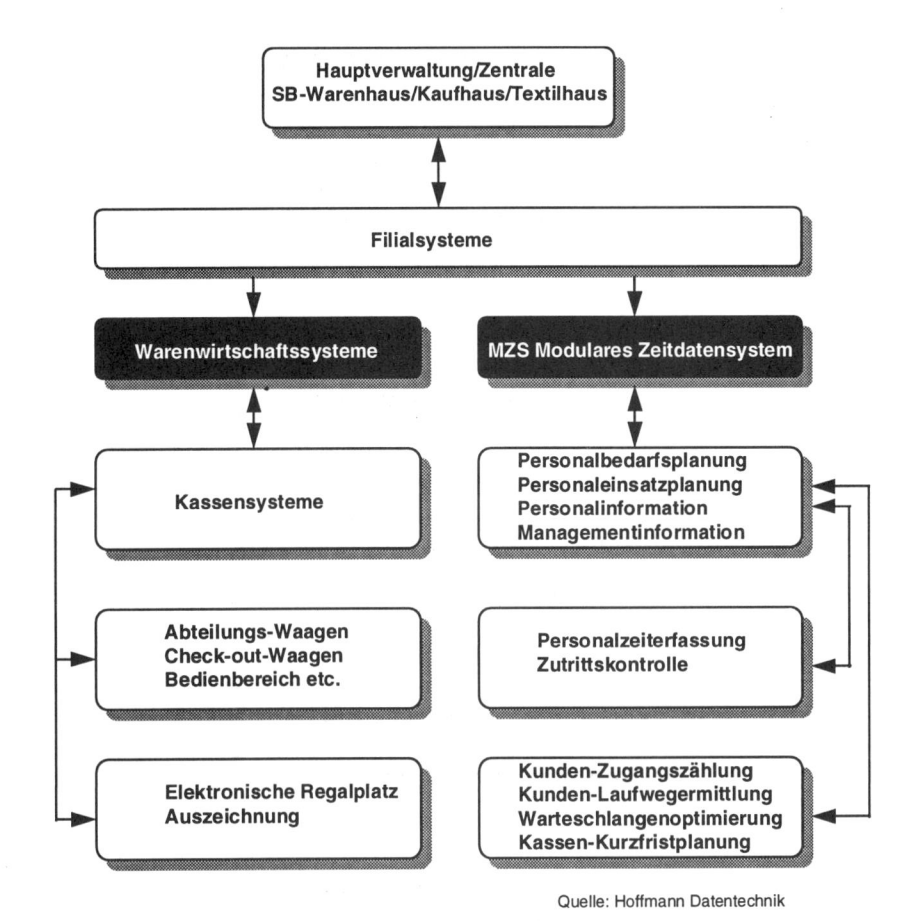

```
┌─────────────────────────────┐
│  Hauptverwaltung/Zentrale   │
│ SB-Warenhaus/Kaufhaus/Textilhaus │
└─────────────────────────────┘
              ↕
┌─────────────────────────────────────────┐
│            Filialsysteme                │
└─────────────────────────────────────────┘
        ↓                    ↓
┌──────────────────┐   ┌──────────────────────────┐
│ Warenwirtschafts-│   │ MZS Modulares Zeitdaten- │
│     systeme      │   │        system            │
└──────────────────┘   └──────────────────────────┘
```

Kassensysteme	Personalbedarfsplanung Personaleinsatzplanung Personalinformation Managementinformation
Abteilungs-Waagen Check-out-Waagen Bedienbereich etc.	Personalzeiterfassung Zutrittskontrolle
Elektronische Regalplatz Auszeichnung	Kunden-Zugangszählung Kunden-Laufwegermittlung Warteschlangenoptimierung Kassen-Kurzfristplanung

Quelle: Hoffmann Datentechnik

Abbildung 1

Zur Durchführung all dieser Aufgaben sind folgende personalabhängige Faktoren zu beachten:
- tarifliche Arbeitszeiten
- Verfügbarkeiten von Mitarbeitern mit Präferenzen
- unterschiedliche Ladenöffnungszeiten
- Fehlzeiten (Urlaub, Krankheit etc)
- Pausen
- Rolltage
- Qualifikation und Einsatzmöglichkeit des Mitarbeiters
- Zeitkontenstände des Mitarbeiters (Normalzeit, Mehrarbeit, Freizeitanspruch)

Personalkostencontrolling

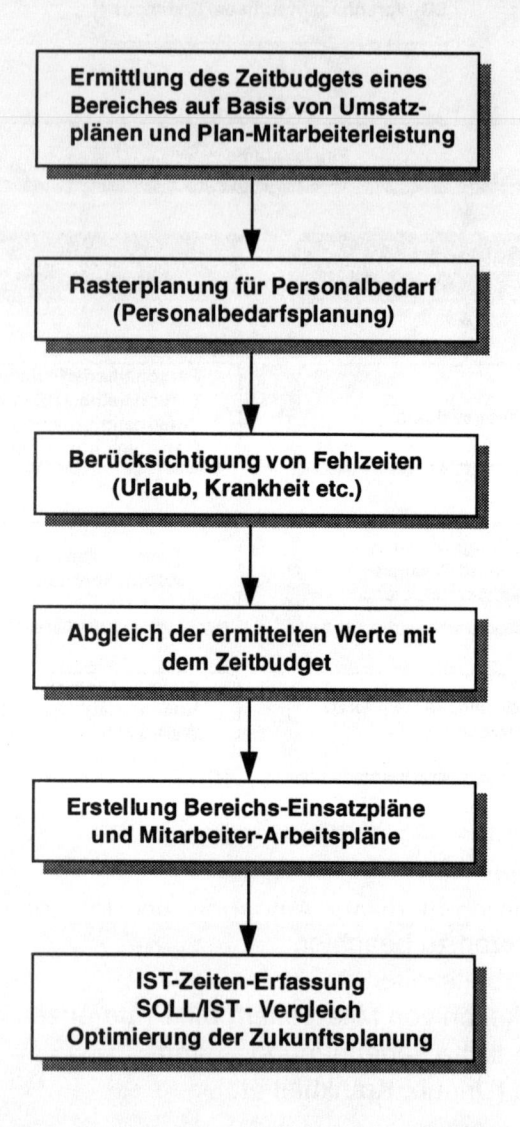

```
┌─────────────────────────────────────┐
│ Ermittlung des Zeitbudgets eines    │
│ Bereiches auf Basis von Umsatz-     │
│ plänen und Plan-Mitarbeiterleistung │
└─────────────────────────────────────┘
                  │
                  ▼
┌─────────────────────────────────────┐
│ Rasterplanung für Personalbedarf    │
│ (Personalbedarfsplanung)            │
└─────────────────────────────────────┘
                  │
                  ▼
┌─────────────────────────────────────┐
│ Berücksichtigung von Fehlzeiten     │
│ (Urlaub, Krankheit etc.)            │
└─────────────────────────────────────┘
                  │
                  ▼
┌─────────────────────────────────────┐
│ Abgleich der ermittelten Werte mit  │
│ dem Zeitbudget                      │
└─────────────────────────────────────┘
                  │
                  ▼
┌─────────────────────────────────────┐
│ Erstellung Bereichs-Einsatzpläne    │
│ und Mitarbeiter-Arbeitspläne        │
└─────────────────────────────────────┘
                  │
                  ▼
┌─────────────────────────────────────┐
│ IST-Zeiten-Erfassung                │
│ SOLL/IST - Vergleich                │
│ Optimierung der Zukunftsplanung     │
└─────────────────────────────────────┘
```

Abbildung 2

Eines sollte jedoch klar sein: eine erfolgversprechende Personaleinsatzplanung funktioniert nur mit einer flexiblen Gestaltung der Arbeitszeit, die es ermöglicht, einerseits die Arbeitsplätze kundenorientiert zu besetzen, andererseits jedoch die indiviuellen Bedürfnisse der Mitarbeiter nach mehr Zeitsouveränität zu berücksichtigen.

Ein weiterer wichtiger Faktor ist die Kundenfrequenz und daraus resultierend der Personalbedarf pro Zeiteinheit. Dieser ist im Verhältnis zum Verlauf der täglichen Umsatzkurve zu sehen, die vor Wochenenden oder Feiertagen einen zwar ähnlichen Verlauf, aber einen höheren Umsatzsockel bildet.

Im Rahmen einer Diplomarbeit an der Fachhochschule Ostfriesland (FHO) „Die Steuerung der Personalkapazität im Einzelhandel" hat Jörg M. Borchers 85 Fachmärkte mit Schwerpunkt Lebensmitteleinzelhandel befragt. Die Rücklaufquote der Fragebogen betrug 43 Stück = 50,6 %. Die drei folgenden Grafiken sind dieser Auswertung entnommen.

Kriterien der heutigen Personaleinsatzplanung

1 = Mitarbeiterwünsche
2 = Personalkostenoptimierung
3 = Umsatzplanung
4 = Kundenfrequenz

1=76% 2=76% 3=79% 4=86%

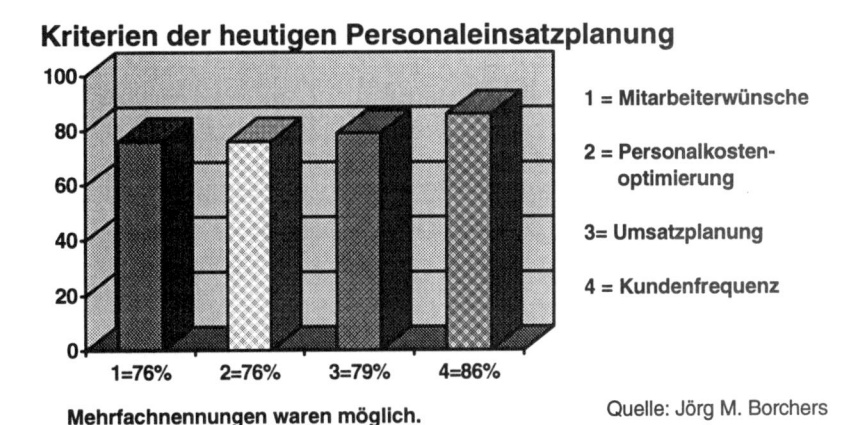

Mehrfachnennungen waren möglich.

Quelle: Jörg M. Borchers

Die Situation der Personaleinsatzplanung

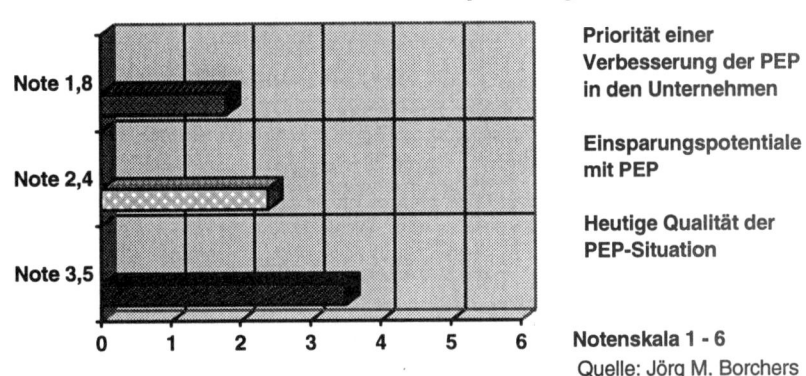

Note 1,8 — Priorität einer Verbesserung der PEP in den Unternehmen
Note 2,4 — Einsparungspotentiale mit PEP
Note 3,5 — Heutige Qualität der PEP-Situation

Notenskala 1 - 6
Quelle: Jörg M. Borchers

Welche Ziele werden mit der PEP verbunden?

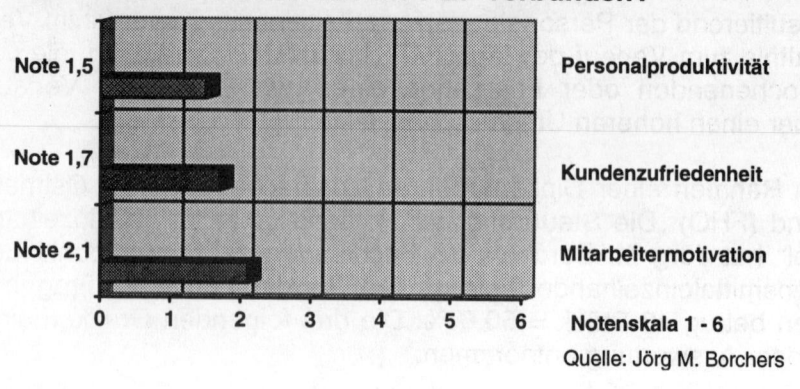

Note 1,5	Personalproduktivität
Note 1,7	Kundenzufriedenheit
Note 2,1	Mitarbeitermotivation

Notenskala 1 - 6
Quelle: Jörg M. Borchers

Die drei Grafiken als Auswertung der Umfrageergebnisse veranschaulichen sehr deutlich die Wünsche und Ziele, die die Personaleinsatzplanung heute in einem Einzelhandelsunternehmen erfüllen soll. Die Frage: „Über welche Merkmale müßte ein für Ihr Unternehmen geeignetes computergestütztes System für die Personaleinsatzplanung verfügen?" wurde wie folgt beantwortet, wobei Note 1 = sehr wichtig und Note 6 = nice to have bezeichnet wurde.

Merkmale eines computergestützten Systems

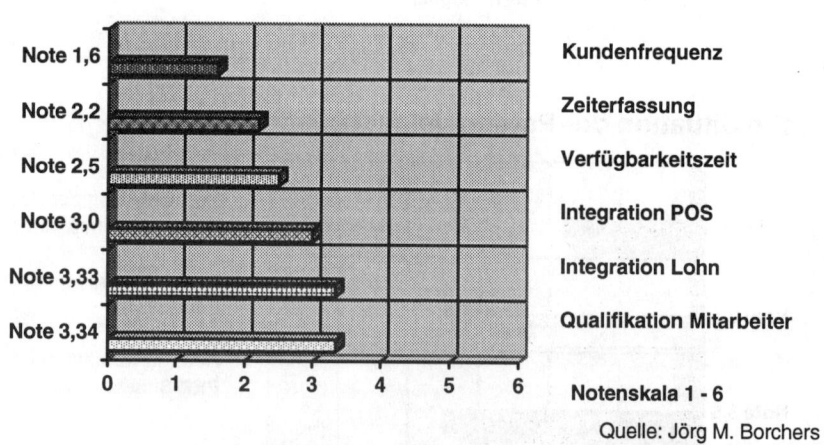

Note	Merkmal
Note 1,6	Kundenfrequenz
Note 2,2	Zeiterfassung
Note 2,5	Verfügbarkeitszeit
Note 3,0	Integration POS
Note 3,33	Integration Lohn
Note 3,34	Qualifikation Mitarbeiter

Notenskala 1 - 6
Quelle: Jörg M. Borchers

90 % der befragten Unternehmen gaben bei der organisatorischen Einbindung des Systems der dezentralen Lösung mit schneller Reaktionsfähigkeit vor Ort den Vorzug. Die Frage: „Sollte die Personaleinsatzplanung die Führungskräfte unterstützen oder den Personaleinsatzplan völlig selbständig erstellen?" wurde von 98 % positiv für die Unterstützung beantwortet. Speziell diese Frage wird noch stärker zu untersuchen sein, weil dies wesentliche Aspekte der Software betrifft. Meines Erachtens ist die Fragestellung so nicht eindeutig und geht zu wenig auf die Vorschlagsmöglichkeiten mit Änderungseingaben ein. Vielleicht haben die Anwender zZt auch noch einfach kein Zutrauen zu den heutigen systemtechnischen Möglichkeiten.

Die Hoffmann Datentechnik GmbH in Ritterhude bei Bremen bietet seit einigen Jahren das System MZS (Modulares Zeitsystem) speziell für den Handel an. Es besteht aus den Hauptmodulen Personalbedarfsplanung, Personaleinsatzplanung und Personalzeiterfassung. Das derzeit aktuelle Release läuft unter DOS mit einer durchaus ansprechenden Bedieneroberfläche mit Maussteuerung, die der Benutzer selbst in gewissem Rahmen durch flexiblen Maskenaufbau beeinflussen kann. Eine Windows-Version befindet sich zZt. in der Testphase und ist bereits bei einem Kunden installiert. Die Freigabe wird im April 1996 erfolgen.

Personalbedarfsplanung

Als Planungsebenen können innerhalb von MZS variable Zeiträume, von jährlich bis täglich, gewählt werden. Innerhalb einer Budgetplanung werden Umsätze und/oder Stunden-Umsatz-Leistung der Mitarbeiter und Abteilungen ermittelt. Haus- oder Filialvergleiche können durchgeführt werden. Das Stundenbudget für den entsprechenden Zeitraum wird errechnet (Umsatz : Stundenleistung), wobei ein Erschwernisabzug für Sonderfälle, z.B. Umbauarbeiten, berücksichtigt wird und zu einer Erhöhung des Stundenbudgets führt. Natürlich wird auch der Anteil der Fehlzeiten als durchschnittliche Ausfallquote mit bewertet. Vergleiche zu vergangenen Zeiträumen sind nur visuell möglich. Eine Statistik mit der Entwicklung und den Abweichungen war lt. Hoffmann Datentechnik bis jetzt nicht gefordert, weil diese Daten häufig in anderen vorhandenen Systemen gepflegt werden.

Neben den Planumsätzen können auch andere Bezugsgrößen, z.B. Bruttoerträge oder Personalkosten herangezogen werden.

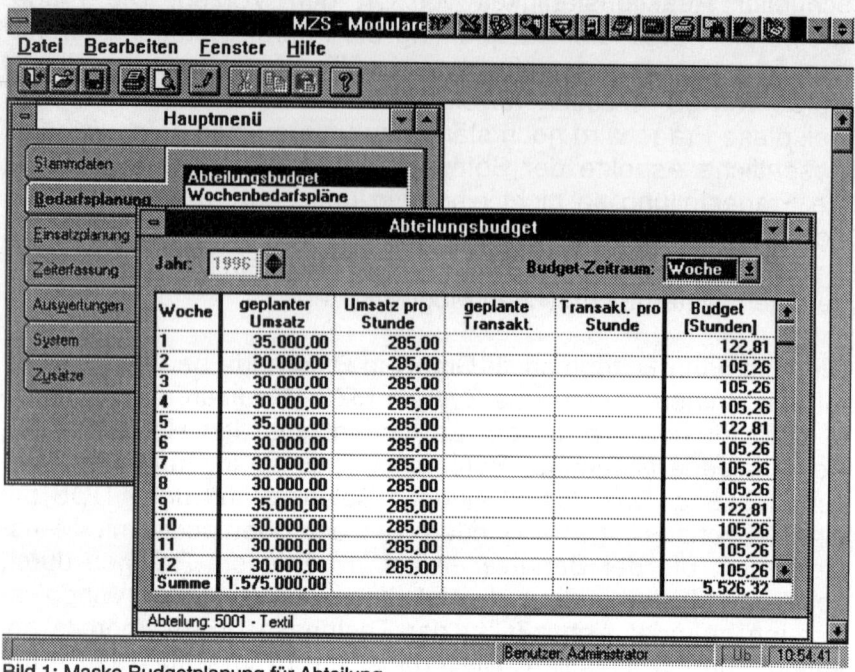

Bild 1: Maske Budgetplanung für Abteilung

Automatisch werden anschließend Wochenrasterpläne erstellt, die festlegen, mit wieviel Mitarbeitern je Wochentag und gewähltem Zeitraster die Abteilung besetzt sein soll. Der sich aus diesem Plan ergebende Stundenbedarf kann nun mit dem Stundenbudget verglichen und entsprechend optimiert werden.

Mit dem Modul POS-Planung können Daten aus dem Kassensystem übernommen und in die Bedarfsplanung eingestellt werden. Durch die Umsätze pro Zeitintervall wird automatisch die Umsatzfrequenz ermittelt. Damit sind die Basisdaten zur optimalen Besetzung des Kassenbereiches (Check-out) vorhanden.

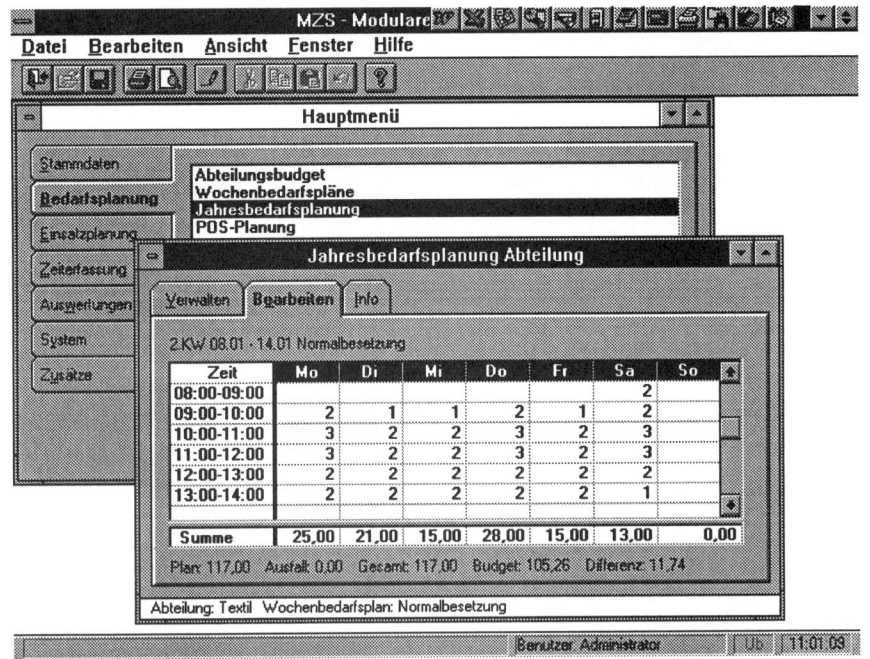

Bild 2: Maske Bedarfsplanung für Abteilung

Personaleinsatzplanung

Mit Hilfe der in der Zeiterfasssung hinterlegten Arbeitszeitmodelle können vorhandene Arbeitszeiten gesucht und eingeplant werden. Es können aber auch Zeiten erfaßt werden, die nicht als Arbeitsplan im System hinterlegt sind. Diese Arbeitszeiten werden einschließlich der Pausen direkt in die Planungsmaske eingegeben und stehen dann auch der integrierten Zeiterfassung zur Verfügung. Die Einsatzplanung kann sowohl für die einzelnen Mitarbeiter als auch für eine Abteilung erfolgen. Für den einzelnen Mitarbeiter vergleicht das System MZS die geplanten Zeiten mit der tariflichen Arbeitszeit und informiert über eventuelle Über- bzw. Unterschreitungen. Positive oder negative Zeitsalden werden unter dem Begriff Differenz-Stunden angezeigt. Dieses Feld wird auch für Jahresarbeitszeiten genutzt. Auch die sich durch die Einsatzplanung ergebenden Personalkosten können als Information angezeigt werden. Bei der Abteilungsplanung vergleicht das System auch die Bedarfs- und Einsatzplanung und meldet die Abweichungen. Dies könnte m.E. optisch besser gelöst werden, wird jedoch wohl in der Windows-Version verbessert sein.

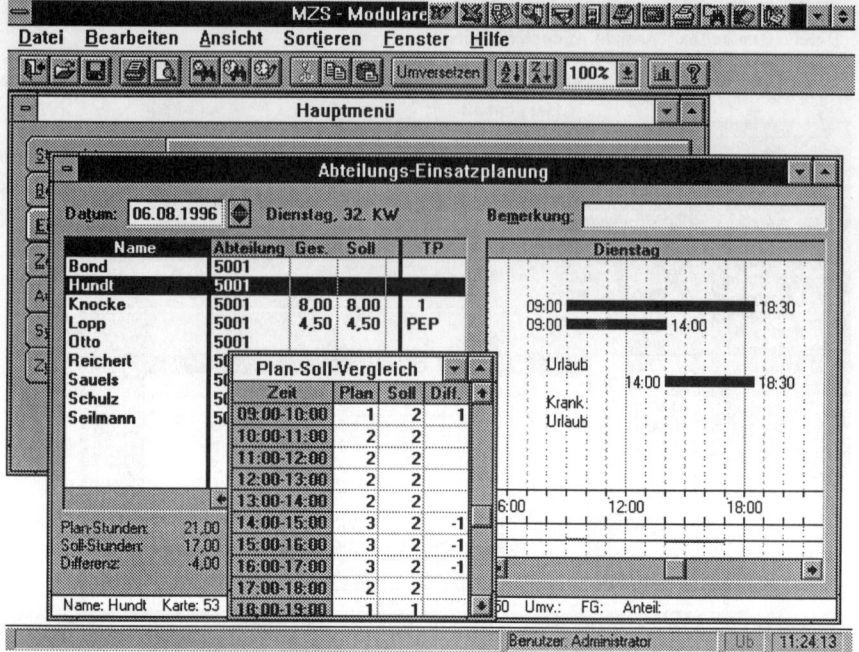

Bild 3: Maske Einsatzplanung für Abteilung

Abteilungs- und Mitarbeitereinsatzplanung aktualisieren sich ständig gegenseitig. Bei der Planung der Mitarbeiter kann nach vorhandenen Qualifikationen und Verfügbarkeiten gesucht werden. Mitarbeiter können auch vorübergehend in eine andere Abteilung versetzt werden, bleiben jedoch innerhalb ihrer Abteilung als besonders gekennzeichnet und nicht mehr einsetzbar erkennbar. Eine Mindestbesetzung nach Anzahl Mitarbeitern pro Abteilung kann ebenfalls festgelegt werden. Eine Gegenüberstellung der Plan- zu den Sollstunden erfolgt automatisch.

Zukünftig wird Hoffmann Datentechnik unter dem Namen Intelli-PEP einen automatisch vom System unter Berücksichtigung aller verfügbaren Informationen erstellten Einsatzplan zur Verfügung stellen. Dabei ist wichtig, daß es sich um einen jederzeit änderbaren Vorschlag handelt. Über Parameter kann festgelegt werden, mit welchen Prioritäten Vollzeit-, Teilzeit- oder Pauschalkräfte berücksichtigt werden.

Personalzeiterfassung

Die Zeiterfassung als Basis von MZS erfolgt über Erfassungsterminals von Benzing oder PCS und berücksichtigt alle erforderlichen Parameter. Das System ist mandantenfähig und berücksichtigt mitarbeiterspezifische Betriebskalender, die auch die Rolltage beinhalten. Die Mitarbeiterqualifikation ist nur für einen 4-stelligen Begriff ausgelegt, Mehrfachqualifikationen können daher nur über die Schaffung eines Kombischlüssels definiert werden. An dieser Stelle bietet jedoch die Windows-Version wesentlich verbesserte Möglichkeiten. Man merkt es dem System an, daß die Priorität nicht in der Industrie liegt. So ist die automatische Schichterkennung über Schichtfenster nicht optimal gelöst. Über sog. Anweisungen werden kundenspezifische Verrechnungen als Makros programmiert. Da das System als DOS-System konzipiert wurde, erfolgt keine on-line-Verarbeitung außer der Buchungsrhythmuskontrolle. Die Salden und Zeitkonten, die generell täglich, wöchentlich und monatlich geführt werden, sind immer vortagesaktuell.

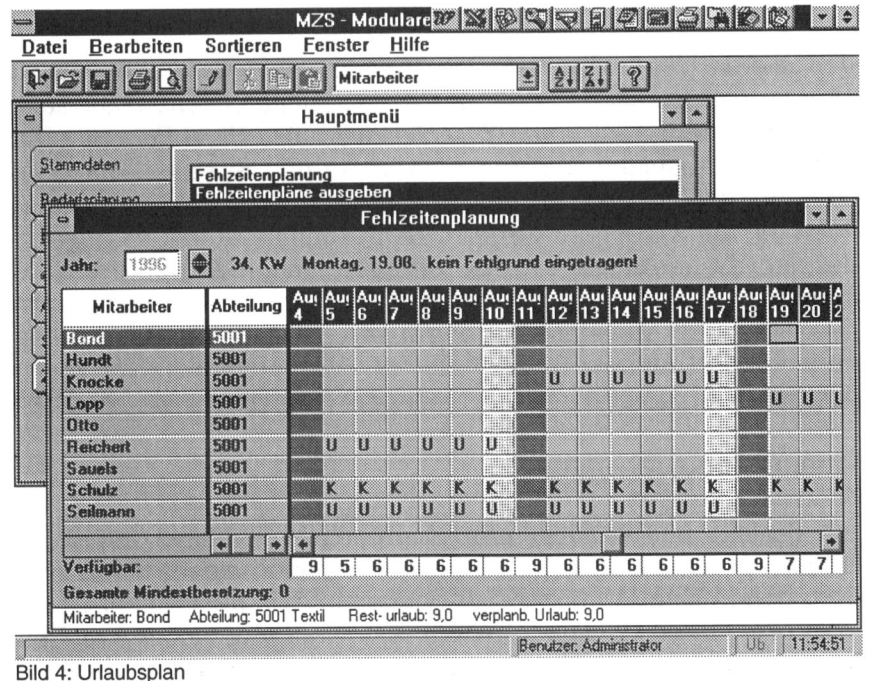

Bild 4: Urlaubsplan

Eine gute Sache ist der Urlaubskalender als Urlaubsplan, der auch in vielen anderen Branchen den immer noch gebräuchlichen großen Wandkalender in den Sekretariaten ersetzen könnte.

Anwenderbericht famila Warenhaus GmbH & Co. KG in Soest

Firmenprofil

Wenden wir uns nun den praktischen Einsätzen des Systems zu. Einer der ersten und mittlerweile größten MZS-Anwender sind die famila-Warenhäuser, familienfreundliche und leistungsstarke Einkaufszentren mit Schwerpunkt Rheinland-Pfalz und NRW, mittlerweile aber auch mit einigen Märkten in den neuen Bundesländern. Insgesamt gibt es 24 Märkte mit 2.500 Mitarbeitern auf einer Gesamtfläche von 150.000 qm. In der Zentralverwaltung in Soest sind nochmals 500 Mitarbeiter beschäftigt. Das angegliederte Warenhaus, das als erstes die PEP einsetzte und mit dem wir uns hauptsächlich beschäftigen wollen, zählt einen Bestand von 250 „Köpfen", also verfügbaren Mitarbeitern.

Von diesen Mitarbeitern werden in verkaufsstarken Zeiten bis zu 160, in Spitzenzeiten 230 eingesetzt. Die Mitarbeiterstruktur stellt sich folgendermaßen dar: 37 % Vollzeitkräfte, 45 % Teilzeitkräfte und 18 % Aushilfen. Vor der Einführung des Systems 1991, als die Planung manuell mit einem gröberen Zeitraster und daher auch mit mehr Leerlauf wegen Überbesetzung durchgeführt wurde, gab es bei famila ca. 100 Arbeitszeitmodelle. Heute wird je nach Betriebsgröße mit 400 bis 900 (z.B. in Soest) Zeitmodellen gearbeitet, d.h. viel individueller auf den budgetierten Bedarf ausgerichtet. So betrug z.B. der Anteil der Mehrarbeit kurz vor Weihnachten 1995 gerade mal 0,3 % von der Normalzeit.

Planungsablauf

Aus Kosten- und Arbeitsplatzgründen haben die planenden Abteilungsleiter keinen über Netzwerk verbundenen eigenen PC, sondern gehen einmal wöchentlich donnerstags in die Personalabteilung und führen dort nach einem festgelegten Zeitplan ihre Personaleinsatzplanung für die nächste Woche durch. Der zeitliche Aufwand pro Abteilung liegt je nach Größe zwischen 15 und 30 Minuten. In Soest werden 6 Abteilungen unterschieden. Die täglichen Abweichungen durch Mehr- oder Minderarbeit werden als Korrekturen einem Soll-Ist-Vergleich zugeführt. Der Zeitaufwand hierfür einschließlich der aus der Zeiterfassung erforderlichen Korrekturen für geplante und ungeplante Abwesenheiten beträgt für die Personalsachbearbeiterin nicht mehr als 30 bis 45 Minuten täglich. Mit Ausnahme des Betriebsleiters nehmen alle Mitarbeiter an der Zeiterfassung teil und es werden auch alle Mitarbeiter im Rahmen der PEP geplant.

Mit der Zeiterfassung und Personaleinsatzplanung sind also 3 Funktionsbereiche befaßt: die Abteilungsleiter für die eigentliche Planung, der Betriebsleiter für Kontrollfunktionen innerhalb der PEP, Bestimmung der Rastergrößen und Genehmigung von Mehr-/Minderstunden und die Personalsachbearbeiterin für die Systempflege, Ausdruck und Weiterleitung von Auswertungen und Statistiken. Mehrstunden werden auf einem Zeitkonto erfaßt und durch Freizeitausgleich abgebaut, nur in Ausnahmefällen bezahlt.

Da die Abteilungsgröße überschaubar ist, erfolgt die Anwesenheitskontrolle visuell durch den Abteilungsleiter. Fehlt eine geplante Person und muß diese unbedingt durch eine andere nicht anwesende Kraft ersetzt werden, so wird versucht, die in frage kommende Person telefonisch zu informieren. Dies erfolgt bei famila ohne Systemunterstützung, weil einmal der Abteilungsleiter die fraglichen Personen kennt und zum anderen ja auch kein PC im Netzwerk vorhanden ist. Für größere Planungseinheiten bietet sich hier sicherlich die Systemunterstützung an. Aufgrund der gebuchten Zeiten erfolgt für die Ersatzperson die Berechnung der Mehrarbeit.

Mitarbeiterinformationen

Die Wochenplanung für die nächste Woche wird ausgehängt, bei Bedarf erhält der Mitarbeiter seinen täglichen Einsatzplan. In einigen Betrieben wird dieser generell den Mitarbeitern ausgehändigt. Aus der Zeiterfassung kann der Mitarbeiter auf Wunsch das Monatsjournal mit allen Buchungen und der Verrechnung seiner Zeitkonten erhalten, ebenso seine Urlaubskarte. Eine Anzeige von Zeitsalden, Freizeitanspruch und Resturlaub an den 1 bis 2 Benzing-Erfassungsterminals pro Betrieb findet zZt nicht statt, wird aber zukünftig durchgeführt.

Auswertungen

Folgende wöchentliche Auswertungen werden erstellt:

- Personalbedarfsplanung-Personaleinsatzplanung (PBP-PEP) Vergleich für Abteilungsleiter und Betriebsleitung

- Plan-Soll-Ist-Liste für Betriebsleitung

- Saldenliste mit Mehr-/Minderstunden, Urlaub und Krankheit für Abteilungsleitung und Betriebsleitung

Monatlich ausgedruckt werden

- Saldenliste für die Zentralverwaltung

- Resturlaubsliste bei Bedarf

Weitere Fehlzeitenstatistiken o. ä. werden, obwohl MZS solche Auswertungen unterstützt, bei famila nicht durchgeführt. Eine Anbindung an das Lohn- und Gehaltssystem ist nicht vorhanden und auch nicht geplant. Bezahlt wird im Handel nach den tariflichen oder vertraglichen Stunden, Mehr- oder Minderstunden nur durch das Zeitkonto geführt. Lohnrelevante Fehlzeiten sind so selten, daß dafür eine Schnittstelle nicht erforderlich ist.

Systemeinführung

Nach der Installation von Hard- und Software im Frühjahr 1991 und einem ausführlichen Test von ca. 12 Monaten, in dem die Software verbessert, ergänzt und famila-spezifisch erweitert wurde, wurden zunächst zwei weitere Märkte in Betrieb genommen. Die dort gemachten Erfahrungen wurden wiederum in die neue Software-Version übernommen, die dann in allen weiteren Märkten zum Einsatz kam. Mit zwei Mitarbeitern aus der Zentralverwaltung wurde das System in etwa einem Jahr in 20 Märkten nach folgendem Ablauf in Betrieb genommen.

- Vor der Installation: Vorbereiten aller Mitarbeiterstammdaten, Vorbereiten der Urlaubskarten, Errechnen der aktuellen

Zeitsalden, Zusammenstellung aller Arbeitszeitmodelle der Abteilungen.

- 1. Tag: Einrichten des Systems und Schulung Personalstamm und Fehlzeitkarten

- 2. Tag: Selbständige Eingabe der Stammdaten und Urlaubskarten durch die Personalsachbearbeiterin

- 3. Tag: Schulung der PEP und Auswertungen mit Personalsachbearbeiterin und Betriebsleiter, anschließend Schulung mit Abteilungsleiter

- Mehrfache Nachschulung zu verschiedenen Themen

Da vorher eine Stempelkartenerfassung vorhanden war, gab es mit den Betriebsräten keine großen Probleme, auch deshalb, weil im Vorfeld die Dialogbereitschaft vorhanden war. In über 1.500 Einzelgesprächen mit Mitarbeitern, Betriebsräten und Abteilungsleitern wurde der Nutzen für Mitarbeiter und Unternehmen deutlich gemacht.

Nutzen aus der Sicht des Anwenders

Die Anwendung bei famila schließt alle verfügbaren Module ein: Personalzeiterfassung, Personaleinsatzplanung, Personalbedarfsplanung und POS-Planung. Daraus zieht der Anwender nach seinen Angaben hauptsächlich folgenden Nutzen:

- genaue Mehr- und Minderstundenkontrolle
- exakte Planung, optische Darstellung der Besetzung
- Rastervorgaben und automatischer Abgleich
- Führen von Zeitkonten (Mehrstunden, Urlaub, Krankheit usw.)
- ab 1966: Abrechnung der Aushilfen mit Tagesjournal

Ein automatischer Systemvorschlag wird in dieser Anwendung als nicht erforderlich bzw. eher hinderlich angesehen, weil die Verantwortung des planenden Abteilungsleiters hervorgehoben und nicht gemindert werden soll. Die Zukunft wird zeigen, ob auf Dauer auf dieses Hilfsinstrument verzichtet werden kann.

Anwenderbericht MANOR AG Basel

Firmenprofil

Die MANOR AG in Basel ist die Nummer 1 im Warenhausbereich in der Schweiz. Die gut 80 Warenhäuser, verteilt über die ganze Schweiz, umfassen eine Verkaufsfläche von über 250.000 Quadratmetern. Mit insgesamt 11.000 Mitarbeitern wird ein Umsatz von etwa 2,7 Mrd. sFr erwirtschaftet. Die Mitarbeiterstruktur stellt sich folgendermaßen dar: 10% Kadermitarbeiter (Führungskräfte), 37 % festangestellte Vollzeitmitarbeiter, 6 % festangestellte Teilzeitmitarbeiter, 38 % variable Teilzeitmitarbeiter, 6 % temporäre Mitarbeiter für befristete Zeiträume und 3 % Auszubildende.

Systemauswahl und Einführungstrategie

Die Geschäftsleitung hat im Januar 1995 entschieden, die Abteilungsleiter bei der Erstellung der Personaleinsatzpläne mit einem entsprechenden Programm zu unterstützen. Vorhanden waren ein Warenwirtschaftssystem und ein Zeiterfassungssystem der Firma alltronic, das allerdings noch nicht überall eingeführt war. Die Personaleinsatzplanung wurde bisher manuell mit Hilfe von Farbstiften und Taschenrechnern durchgeführt. Es wurde also ein System gesucht, das das vorhandene Netzwerk als Systemplattform nutzen konnte. In jedem Warenhaus existiert ein LAN mit Ethernet und TCP/IP, DEC-UNIX-Servern und PC`s als Workstations mit Pathworks und Windows 3.1. Ebenfalls mußte eine Schnittstelle zum vorhandenen Zeiterfassungssystem erstellt werden. MANOR testete das Produkt MZS der Hoffmann Datentechnik über einen längeren Zeitraum in einem Warenhaus in Solothurn. Allerdings war damals schon klar, daß die getestete DOS-Version aufgrund der vorhandenen Netzwerkstruktur nicht zum praktischen Einsatz kommen würde. Ab Oktober 95 standen erste Teile und ab Dezember 95 die komplette Windows-Version zur Verfügung. Ab März 1996 soll der Echtbetrieb sukzessive beginnen.

Der Einsatz der PEP mit den Modulen Personalbedarfs- und Personaleinsatzplanung ist für ca. 40 Warenhäuser im Non-Food-Bereich geplant. Dabei handelt es sich um Warenhäuser mit 60 - 800 Mitarbeitern, wobei der Anteil der Mitarbeiter im Non-Food-Bereich je nach Haus im Durchschnitt zwischen 50 - 70 % liegt.

Der Rest der Warenhäuser sind kleinere Filialbetriebe, die aufgrund ihrer Größe wirtschaftlich nicht in Betracht kommen. Aus den gleichen Gründen ist der Food-Bereich zZt kein Thema, weil für diese etwa 6 Abteilungen einmal noch keine Basiskennzahlen vorliegen und zum anderen die Kosten dafür wirtschaftlich nicht vertretbar sind. Im Gegensatz zu der vorher beschriebenen Anwendung bei famila erfolgt die Planung bei MANOR abteilungsorientiert. Ca. 35 Abteilungen im Non-Food-Bereich heißt immerhin 35 PC´s und Softwarelizenz je nach Vertragsgestaltung. In kleineren Häusern werden allerdings Abteilungen mit wenigen Mitarbeitern zusammengefaßt zu sog. Kaderbereichen. Insgesamt werden das System in allen geplanten Häusern 400 Kaderbereiche mit den dazugehörigen 400 Führungskräften und 600 Assistentinnen anwenden.

Zeitaufwände

Bei MANOR wird der Zeitaufwand für die Ersterstellung der PEP auf 30-40 Minuten und für die tägliche Bearbeitung auf 10-15 Minuten pro Abteilung geschätzt. Der Aufwand bei der manuellen Arbeitsweise beträgt dagegen etwa 4 Stunden pro Woche und Abteilung. Der Korrekturaufwand für die Zeiterfassung in den größeren Häuser beträgt täglich ca. 30 Minuten pro Haus.

Schnittstellen und Systemzusammenführung

Die Schnittstellen zwischen Entgeltabrechnung, Zeiterfassung und Personaleinsatzplanung wurden von den beteiligten Firmen alltronic und Hoffmann Datentechnik gemeinsam erstellt und sehen wie in der Abbildung 1 aus:

Die Stammdaten werden zentral in der Hauptverwaltung geführt und dezentral in die Zeiterfassungssysteme geladen. Von dort ist eine Übernahme per Datenimport in das PEP-System möglich. Dabei werden bestehende Datensätze geändert und nicht bestehende neu angelegt. Aus der Zeiterfassung werden Fehlgründe pro Tag oder für den Zeitraum und die Konteninhalte für die relevanten Mitarbeitersalden übernommen.

Schnittstellen Personaleinsatzplanung

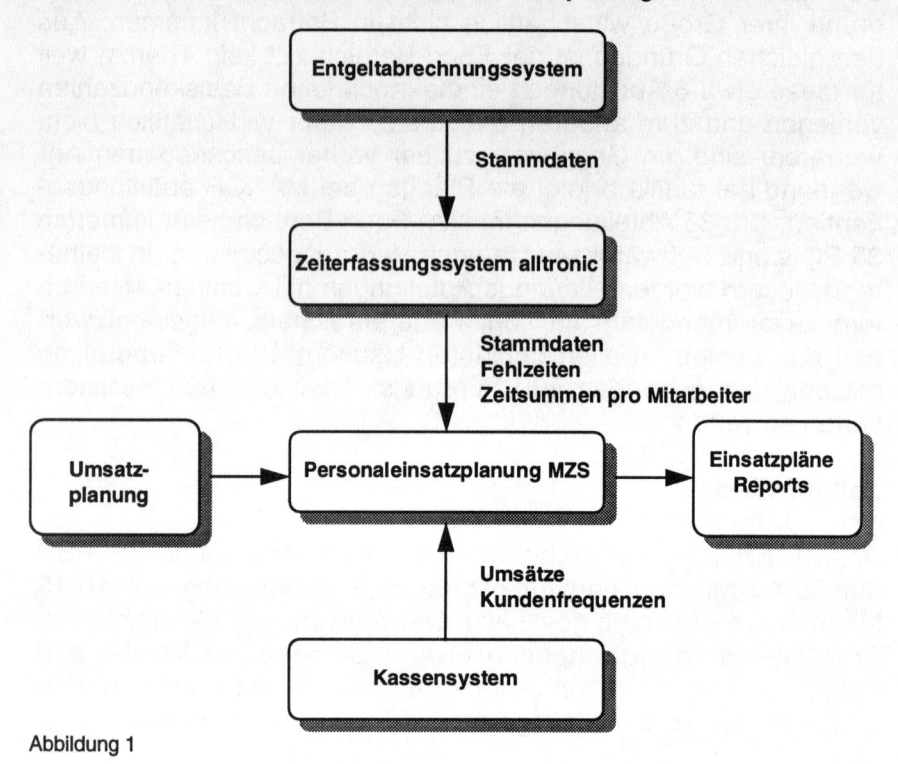

```
                    ┌─────────────────────────────┐
                    │  Entgeltabrechnungssystem   │
                    └──────────────┬──────────────┘
                                   │ Stammdaten
                                   ▼
                    ┌─────────────────────────────┐
                    │  Zeiterfassungssystem alltronic │
                    └──────────────┬──────────────┘
                                   │ Stammdaten
                                   │ Fehlzeiten
                                   │ Zeitsummen pro Mitarbeiter
  ┌──────────┐                     ▼                    ┌──────────┐
  │ Umsatz-  │──▶│ Personaleinsatzplanung MZS │──▶│ Einsatzpläne │
  │ planung  │                                          │ Reports  │
  └──────────┘                     ▲                    └──────────┘
                                   │ Umsätze
                                   │ Kundenfrequenzen
                    ┌─────────────────────────────┐
                    │         Kassensystem        │
                    └─────────────────────────────┘
```

Abbildung 1

Aus dem Kassensystem werden folgende POS-Daten übergeben:
Datum
Warengruppe oder Abteilung
Intervall für Umsätze, also z.B. 60 Minuten
Umsätze
Anzahl der Kunden
Stundensumme des Tages

Auswertungen und Informationen

Die Mitarbeiter können am Erfassungsterminal jederzeit Tageskonto, Überstunden und Resturlaub abrufen. Darüberhinaus erhalten sie ein Monatsjournal. Die Anzahl der Überstunden ist äußerst gering, zu 99% reicht die Normalzeit aus. Anfallende Überstunden werden generell in Freizeit ausgeglichen. Für Abteilungsleitung und Management werden Saldenlisten und verdichtete Saldenlisten mit Soll, Ist, Saldo, Mehrarbeit, Freizeitanspruch und diversen Fehlgründen wie Urlaub und Krankheit monatlich ausgedruckt.

Aus der PEP wird ein Soll-/Ist-Vergleich ausgedruckt und ein Wochenplan zum Aushang für die Mitarbeiter. Änderungen der geplanten Arbeitszeit werden den Mitarbeitern immer persönlich mitgeteilt. Wöchentlich werden die Kennzahlen der gearbeiteten Stunden pro Abteilung ermittelt: Netto-Umsatz/gearbeitete Stunden = Kopfleistung pro Stunde (KLS).

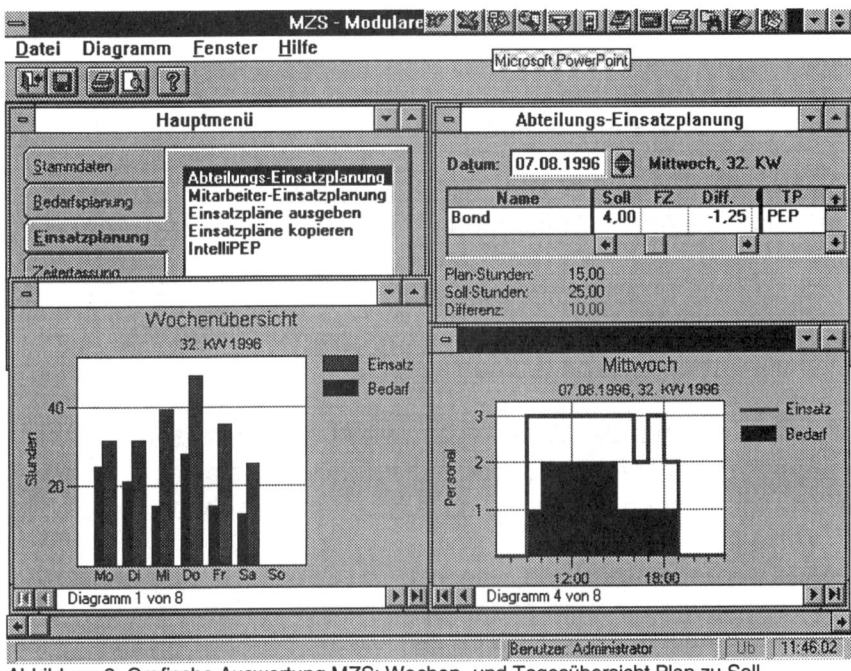

Abbildung 2: Grafische Auswertung MZS: Wochen- und Tagesübersicht Plan zu Soll

Anwenderschulung

Als relativ großes Problem ist die Schulung der Anwender zu betrachten, zumal der Zeitrahmen für die Systemeinführung sehr kurz bemessen wurde. Bis Ende September 1996 soll der erste Teil mit 22 Häusern abgeschlossen sein. Der zweite und dritte Teil sollen bis Ende 1997 in Betrieb gehen. Diese Vorgehensweise bedarf einer genauen Planung und die Bereitstellung der erforderlichen Kapazitäten. Die Einführung erfolgt nach dem Schneeballprinzip: Der Projektleiter besucht vor jeder Einführung das Warenhaus und erklärt den Sinn des Systems und das Prinzip der Ausbildung. Die zentrale Ausbildungsabteilung schult danach 3 Kadermitarbeiter 2 Tage am System in der Hauptverwaltung. Es werden max. 4 Häuser gleichzeitig ausgebildet. Diese 3 geschulten Mitarbeiter bilden dann in ihrem Hause die restlichen Kadermitarbeiter (Abteilungsleiter) und die Assistenten aus. Für die gesamte Einführungszeit in einem Haus ist nur 1 Monat vorgesehen.

Betriebliche Informationspolitik

Die Information des Projektleiters vor der Schulung enthält folgende Kerninformationen:

Warum ein neues Instrument?
Der Personaleinsatzplan hat zum Ziel, die Rentabilität eines Verantwortungsbereiches dank eines optimalen Bedienungsgrades und einer erhöhten Zufriedenheit der Mitarbeiter zu verbessern durch:
- Flexibilität der MitarbeiterInnen
- Anpassung der Arbeitszeiten an die Kundenfrequenz
- entsprechende Arbeitsorganisation

Welches sind nun die Vorteile des neuen Programmes?
- Alle Personalinformationen sind auf Ihrem System
- Alle Mutationen in den Personaldaten stehen Ihnen täglich zur Verfügung
- Alle Abwesenheitstage, wie Urlaub, Schule, Wehrdienst usw. Ihrer MitarbeiterInnen sehen Sie auf Ihrem Bildschirm
- Jeder Einsatzplanung geht eine Bedarfsplanung voraus
- Sie verfügen über alle Plandaten, wie Umsatz oder KLS
- Sie können individuell Ihre Einsatzpläne erstellen
- Alle Änderungen in der Planung können laufend nachgeführt werden
- Für die Planung stehen Ihnen die durchschnittlichen Umsätze des entsprechenden Tages oder der entsprechenden Woche zur Verfügung sowie die Posten und Umsätze pro ½ Stunde
- Das Programm errechnet Ihnen einen Vorschlag für den Einsatzplan
- Aufgrund der Planung sehen Sie sofort Ihre KLS
- Auf allen Masken werden Ihre Umsätze angezeigt

- Graphische Auswertungen über Ihre Planung und den Vorschlag des Systems stehen zur Verfügung

Wann wird der neue Plan eingesetzt?
- Sobald die Schulung abgeschlossen ist, beginnen Sie mit der Planung auf dem System
- Vielleicht wollen Sie die ersten 2, 3 Wochen, bis Sie geübt sind, den Plan parallel noch wie herkömmlich erstellen, dafür haben wir alle Verständnis. Jedoch 1 Monat nach der Schulung wird das ganze Haus nur noch mit dem neuen System arbeiten

Die Information schließt: „Im Namen der Generaldirektion danken wir Ihnen bestens, daß Sie aufgeschlossen und freudig auch dieses neue Instrument aufnehmen, welches mithelfen soll, die hochgesteckten Ziele zu erreichen." Diese Form der Projektabwicklung und der betrieblichen Informationspolitik ist es m.E. wert, von anderen Unternehmen, und nicht nur im Handel, nachgeahmt zu werden. Inwieweit der sehr eng gesteckte Zeitplan tatsächlich eingehalten werden kann, bleibt abzuwarten. Ein zu großer Zeitrahmen für eine konzernweite Anwendung ist allerdings auch nicht empfehlenswert, weil der erforderliche Druck fehlt und notwendige Arbeiten ohne zwingenden Grund verschoben werden.

Nutzen aus der Sicht des Anwenders

Nachdem es in der Schweiz keinen Betriebsrat gibt, mußten auch keine Gespräche über die Systemeinführung geführt werden. Der Projektleiter Herr Walker sieht den erwarteten Nutzen, der ja in der Information an die Abteilungsleiter schon ausführlich dargestellt wurde, zusammengefaßt so: Einheitliche Planung der Wocheneinsatzpläne im ganzen Konzern. Optimale Ausnutzung der verfügbar gemachten Kennzahlen, wie Kopfleistung pro Stunde oder Umsätze pro halbe Stunde und die Möglichkeit der graphischen Auswertungen. „Es steht nicht die Produktivitätssteigerung an erster Stelle, doch erwarten wir selbstverständlich optimalere Einsatzplanung, Anpassung an Kundenfrequenz, was zu mehr Umsatz mit weniger Kosten führen soll."

7 Anwendungsbeispiel 7: Baustoffzulieferbetrieb Tochterunternehmen der Degussa AG, Frankfurt/M

Einführung flexibler Arbeits- und Betriebszeiten mit einem DV-gestützten Planungstool

Der nachfolgende Anwendungsbericht (Auszug) wurde als Vortrag auf dem 4. CoPers-Forum vom 18. bis 19.9.97 in Lahnstein von Otto Lang, Referent der Arbeitswirtschaft der Degussa AG gehalten.

Saisonale und konjunkturelle Schwankungen prägen die Auslastung eines Baustoffzulieferbetriebes eines Tochterunternehmens der Degussa AG. Um diese Schwankungen besser abfedern zu können, wurden die Betriebs- und Arbeitszeiten seit April 1995 flexibilisiert. Eine geeignete Software unterstützt diesen Veränderungsprozeß seit April 1996.

Ziele
Durch die starken saisonalen Schwankungen ist das Hauptziel im wesentliche vorgegeben, nämlich
- die Anpassung der betrieblichen Kapazität im Frühjahr/Sommer sowie die Vermeidung voin bezahlten Leerzeiten im Winter.

Weitere Ziele sind:
- Beseitigung von Engpässen während der Schulferienzeit im Sommer
- Reduzierung von Überstunden
- schnelleres Reagieren auf Kunden-/Marktanforderungen
- Zeitsouveränität für den Mitarbeiter

Erarbeitung von alternativen Arbeitszeitmodellen
Gemeinsam mit 6 Mitarbeitern aus der Produktion, eines Betriebsratsmitglieds, eines Vertreters der Betriebsleitung, eines Personalreferenten sowie eines internen Beraters wurde eine Arbeitsgruppe gebildet, die folgendermaßen vorging:

- Problemanalyse des Ist-Zustands
- Definition der betrieblichen und Mitarbeiterziele
- Erarbeiten von Arbeitszeitgrundmodellen
- Erarbeiten von Flexi-Spielregeln

Flexible Arbeitszeitgestaltung
Die 4 Variablen der Entkopplung

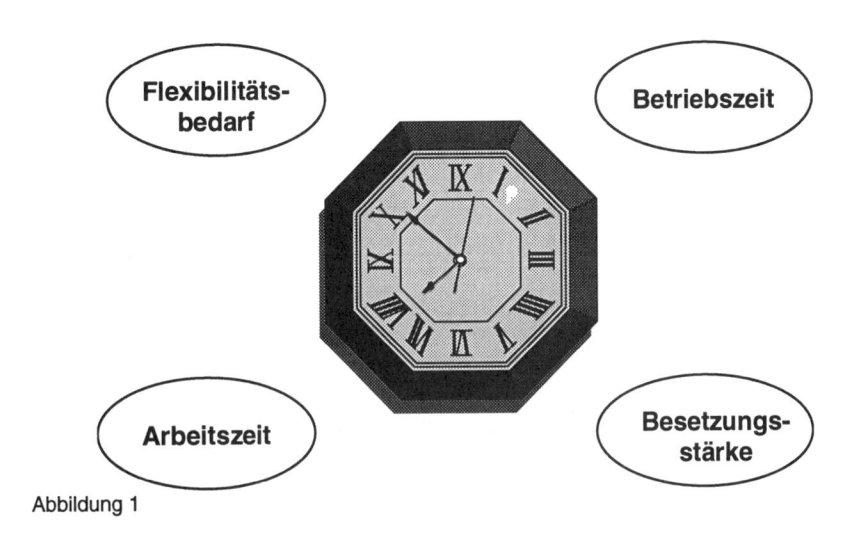

Flexibilitätsbedarf

Betriebszeit

Arbeitszeit

Besetzungsstärke

Abbildung 1

Als Ergebnis wurde festgehalten:

- Jahresarbeitszeit auf Basis der 37,5 Stundenwoche
    1956 Stunden/Jahr
    244,5 Schichten je 8 Stunden
    31 urlaubsbedingte Freischichten

- 3 verschiedene Schichtgruppenmodelle
    1. Teilkonti (3:1 → 3 Mitarbeiter - 1 Arbeitsplatz)
        1. Woche Früh Montag - Freitag + Samstag
        2. Woche Nacht Montag - Freitag
        3. Woche Spät Montag bis Freitag
        mit der flexiblen Absagemöglichkeit der Freitagsschichten

    2. Vollkonti (4:1 → 4 Mitarbeiter - 1 Arbeitsplatz)
        4-Schichtgruppenmodell
        für VK-Kampagne von wenigen Wochen

3. Vollkonti (5:1 → 5 Mitarbeiter - 1 Arbeitsplatz)
5-Schichtgruppenmodell
für VK-Kampagne > 4 Wochen

- Weitere Schichtgrundmodelle sind jederzeit im Rahmen des Jahresarbeitszeitmodells nach Abstimmung mit Mitarbeitern und Betriebsrat möglich.

- Führung von persönlichen Zeitkonten

- Übertrag von bis zu + 50 und bis zu - 100 Stunden in das kommende Arbeitsjahr (Stichtag Saisonbeginn 1. März)

- Während der Hauptferienzeit im Sommer (Saisonspitze) max. 3 Wochen Urlaub für Mitarbeiter mit schulpflichtigen Kindern

- Wegfall der Überstunden

Einflußfaktoren für die Personaleinsatzplanung

- Anlagen müssen möglichst über mehrere Tage kontinuierlich durchlaufen, da ansonsten überhöhte Kosten durch An- und Abfahren gegeben sind

- Besetzungsstärke mit den jeweiligen Funktionen ist auftrags- und tagesbezogen in den einzelnen Schichtlagen differenziert

- Hohes Produkt- und Anlagen-know-how; bedingter personeller Austausch der Mitarbeiter; Qualifizierungsmaßnahmen erforderlich

- Kurzfristige Anlagenstörungen oder Materialengpässe müssen abgefangen werden

- Anfahren einer Anlage einer anderen Produktgruppe, ggf. Engpässe bei Mitarbeitern mit entsprechender Qualifikation

- Punktuelle Unterbesetzungen führen zu
   kostenintensivem An- und Abfahren der Anlagen
   Überforderung der Mitarbeiter
   Qualitätsrisiken

Flexibles Schichtplanungskonzept

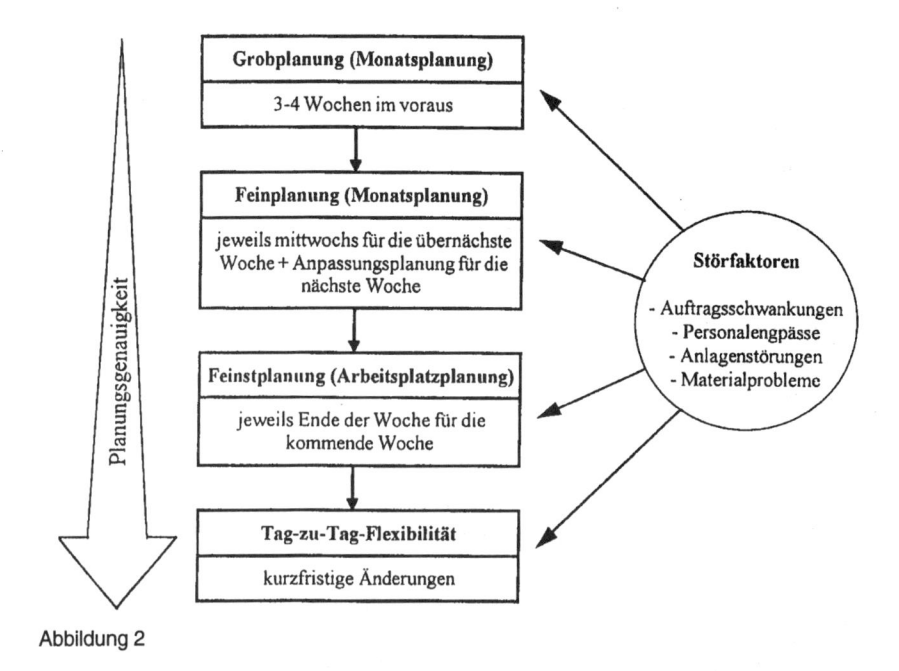

```
                    ┌─────────────────────────────────┐
                    │   Grobplanung (Monatsplanung)   │
                    ├─────────────────────────────────┤
                    │       3-4 Wochen im voraus      │
                    └─────────────────────────────────┘
                                    │
                                    ▼
                    ┌─────────────────────────────────┐
                    │    Feinplanung (Monatsplanung)  │
                    ├─────────────────────────────────┤          ╭───────────────────╮
                    │ jeweils mittwochs für die über- │          │    Störfaktoren   │
                    │ nächste Woche + Anpassungs-     │◄─────────│                   │
                    │ planung für die nächste Woche   │          │ - Auftrags-       │
                    └─────────────────────────────────┘          │   schwankungen    │
                                    │                    ◄───────│ - Personalengpässe│
                                    ▼                            │ - Anlagenstörungen│
                    ┌─────────────────────────────────┐          │ - Materialprobleme│
                    │ Feinstplanung (Arbeitsplatz-    │◄─────────│                   │
                    │ planung)                        │          ╰───────────────────╯
                    ├─────────────────────────────────┤
                    │ jeweils Ende der Woche für die  │
                    │ kommende Woche                  │
                    └─────────────────────────────────┘
                                    │
                                    ▼
                    ┌─────────────────────────────────┐
                    │    Tag-zu-Tag-Flexibilität      │◄─────────┘
                    ├─────────────────────────────────┤
                    │      kurzfristige Änderungen    │
                    └─────────────────────────────────┘
```
(Planungsgenauigkeit nimmt nach unten zu)

Abbildung 2

- Es gibt kaum Pufferarbeitsplätze, um bei überhöhter Personalverfügbarkeit durch Überbesetzung und Störungen Mitarbeiter ergebnisorientiert zu beschäftigen

- Berücksichtigung der Zeitkontenstände

- Vertretung von urlaubs- und krankheitsbedingten Fehltagen

- Mitarbeiter mit Teilzeitverträgen, Nachtschichtverbot

- Schichtentausch einplanen, um optimale Nettobesetzung zu erzielen

- etc., die Liste der Planungshindernisse ließe sich noch fortsetzen

Einführung des Personalplanungswerkzeuges SP-Expert

Die größte Schwachstelle wurde in der Umsetzungsphase der flexiblen Arbeitszeitregelung deutlich. Trotz Flexibilisierung war die Verfügbarkeit der erforderlichen Besetzungsstärke mit entsprechend qualifizierten Mitarbeitern nicht immer gegeben. Probleme zeigten sich nicht nur bei der Bewältigung des erforderlichen Umdenkens bzw. des Veränderungsprozesses bei den Mitarbeitern und Führungskräften, auch gestaltete sich die Planung eines hochflexiblen Modells als Planungspuzzle.

Um mehr Planungssicherheit zu erzielen, haben wir uns für das Planungsprogramm SP-Expert der Erlangener Firma Astrum GmbH entschieden.

Nach 8 Schulungstagen und einem hausinternen zusätzlichen Modellierungs- und Abstimmungsaufwand von ca. 20 - 30 Manntagen konnte das Programm als Planungstool eingesetzt werden.

Während der Einführungsphase wurde zunächst die wöchentliche Produktions- und Personaldisposition vom Systembetreuer (hier Autor) und dem zuständigen Meister durchgeführt.

Planungsschritte mit SP-Expert

Die betriebliche Situation ist im Planungswerkzeug SP-Expert komplett abgebildet. Die Planung kann wahlweise in einer oder zwei Stufen erfolgen. In der ersten Stufe wird für unsere Grobplanung ein automatischer Plan erstellt. Bereits hinterlegte Grunddaten, wie Schichtpläne für die einzelnen Mitarbeiter, Qualifikationen, Besetzungsstärken der einzelnen Funktionen, bereits eingetragene Abwesenheitszeiten und vieles mehr ist schon berücksichtigt.

In dieser Phase wird die erforderliche Soll-Besetzung festgelegt. Diese Besetzungsstärken (Anzahl der Mitarbeiter je Funktion und Schicht) sind, differenziert nach Tagen, bereits vordefiniert. Die ständigen Abweichungen werden wöchentlich angepaßt. Der Personalplaner hat nun einen Überblick in welchen Schichten Unterbesetzungen oder Überbesetzungen vorhanden sind. Unterbesetzungen werden rot, Überbesetzungen werden gelb angezeigt Dabei werden gleichzeitig die geforderten Funktionen überprüft.

Abweichend vom jeweiligen Arbeitszeitgrundmodell der Mitarbeiter können je nach Bedarf zusätzliche Schichten eingeplant, gestrichen oder Schichttausche vorgenommen werden. Kurzfristige Änderungen (< 10 Tage) müssen mit den Mitarbeitern abgestimmt werden.

Beim Arbeiten im Programm hat der Planer einen sofortigen Überblick über die Höhe der Zeit- und Urlaubskonten und wird gewarnt, wenn Regelverstöße wie Verletzung der Mindestruhepausen usw. auftreten. Durch Doppelklick mit der Maus auf die einzelnen Felder können wirklich alle planungsrelevanten Detailinformationen abgerufen werden.

Nachdem der ca. 3-wöchige Plan erstellt und die Abstimmung in den Schichtgruppen erfolgt ist, wird Ende der Woche ein Arbeitsplatzplan (Feinstplan) erstellt. Ziel ist es hierbei, den Schichtführern möglichst optimale Vorschläge für Einplanung der Mitarbeiter auf die einzelnen Arbeitsplätze zu machen; vor allem im Hinblick auf die Erlangung zusätzlicher Qualifikationen, die eine wechselseitigere Vertretung ermöglichen. Nachdem die Betriebszeiten/Woche der einzelnen Anlagen festgelegt sind, können die verfügbaren Mitarbeiter sekundenschnell automatisch den Arbeitsplätzen zugeordnet werden. Dabei sind die Kriterien für diese Mitarbeiterzuordnung mittels arbeitsplatzbezogener Prioritäten gesteuert und vom Personaldisponenten direkt beeinflußbar. In der oberen Hälfte des Bildschirms sind die Planungsdaten aus Sicht der zu besetzenden Arbeitsplätze und Funktionen dargestellt, in der unteren Hälfte aus mitarbeiterbezogener Sicht. Aufgrund der schnellen Übersichtlichkeit und der vielen Detailinformationen gibt es für den Personalplaner auch an dieser Stelle viele Möglichkeiten der Optimierung,. z.B. können Planungsszenarien durchgespielt werden.

Bisherige Erfahrungen

Das derzeitige Arbeitszeitmodell weiterhin mit Bleistift und Papier zu bewältigen, hätte trotz der neuen Flex-Zeit zu erheblichen Fehlplanungen geführt. Kritische Unterbesetzungen und teure Dispositionsreserven, also Überbesetzungen der Anlagen konnten mittels EDV-Unterstützung minimiert werden. Das Programm findet zur Zeit (noch) als reines Planungswerkzeug Verwendung.

Eine direkte Anbindung zu allen gängigen Entgeltabrechnungssystemen ist über Schnittstellen möglich.

Mit der Standard-Software SP-Expert können nach ca 6 - 8 Schulungstagen und wenigen Wochen Einarbeitungszeit jegliche Modifikationen vom Anwender (Systembetreuer) selbst durchgeführt werden, weitere Modellierungen neuer Produktions- oder Verwaltungsbereiche ebenfalls. In der Modellierungsphase und auch bei der späteren Anpassung durch betriebliche Veränderungen erweist sich das Programm als extrem flexibel.

Der Gesamtaufwand für das 1. Projekt betrug inkl. Software, Schulungskosten, Einarbeitungszeit des Systembetreuers sowie der Unterweisung der Dienstplaner ca. DM 120.000,-. Bei einem Folgeprojekt - gleicher Systembetreuer vorausgesetzt - ließen sich die Implementierungskosten bei rd. 70 - 100 zu verwaltenden Mitarbeitern auf schätzungsweise 30 - 40 % senken. Aufgrund der verminderten Fehlplanungsrate ergibt sich ein „Return on Investment" von wenigen Monaten. Der reine Planungsaufwand hat sich für den Disponenten mit 2-4 Stunden pro Woche nicht erhöht.

Bei der Einführung EDV-unterstützter Flexzeiten darf nicht übersehen werden, daß viele Probleme, ja die Grenzen dieser neuen, in der Regel eher noch exotischen Arbeitsorganisationen im menschlichen Bereich angesiedelt sind. Bedarfsgerechte Schichtsysteme, per Knopfdruck optimierte Schichtpläne nutzen nur wenig, wenn sie von den Mitarbeitern nicht verstanden werden. Auch diese Erfahrungen mußten wir machen. Neben dem Anpassen der erforderlichen Flexi-Spielregeln mit Mitarbeitern, Betriebsrat und Vorgesetzten ist zunächst in der Anfangsphase ein höherer Abstimmungs- und Überzeugungsaufwand erforderlich. In der saisonschwachen Jahreszeit, wenn die hohen Plusstunden abgebaut werden sollen und bei den Mitarbeitern Negativzeitsalden entstehen, wird deutlich, wie schwierig das „Ausatmen" sein kann. Viele Mitarbeitergespräche und Überzeugungsarbeit der Führungskrafte ist notwendig. Verstand man in der Vergangenheit Zeitkonten überwiegend zum Ansammeln von Plusstunden um freie Tage einplanen zu können, soll mit der Einführung neuer Arbeitszeitmuster das Arbeitsergebnis im Vordergrund stehen.

Bis zur optimalen Arbeitszeitorganisation ist sicherlich noch ein langer und steiniger Weg zurückzulegen. Ob dieser Weg jemals absolut erreicht wird und auch werden soll, ist (volkswirtschaftlich) fraglich. Auch pragmatische Kompromisse beim Umsetzen flexibler Arbeitszeitmodelle sind gefragt, die nicht von der EDV geleistet werden können. Wie dieses Beispiel jedoch zeigt, kann eine geeignete Software ein effizientes Hilfsmittel sein. Die EDV ist hierbei nur ein Werkzeug und nur so gut wie deren Bediener auch das gesamte Umfeld verstehen.

8. Anwendungsbericht 8: Zeitphilosophie bei Hewlett-Packard

Autor: Gerald Rauscher, Arbeitszeit-Referent Hewlett-Packard GmbH, Böblingen
Erschienen im Sonderheft 10/99 der Personalwirtschaft, Hermann Luchterhand Verlag GmbH, Kriftel

Als Vorreiter für flexible Arbeitszeiten führte die Hewlett-Packard GmbH bereits in den sechziger Jahren Gleitzeitmodelle ein. Seitdem kreierte das Unternehmen eine Vielzahl von Modellen nach dem Motto: Die einzige Konstante in puncto Arbeitszeit ist der Wandel.

Im Zuge der fortschreitenden Flexibilisierung geht gegenwärtig der Trend weg von Kernarbeitszeiten, die konstitutiver Bestandteil jedes Gleitzeitmodells sind, hin zu Funktions- beziehungsweise Rahmenzeitmodellen, die im Grunde eine Erweiterung des Gleitzeitmodells darstellen. Im wesentlichen funktionieren Rahmenzeitmodelle so, daß der Mitarbeiter innerhalb eines betrieblich vereinbarten Zeitrahmens selbstverantwortlich seine tägliche Regelarbeitszeit plaziert, ohne Vorgabe von verpflichtenden Präsenz- beziehungsweise von Kernarbeitszeiten.

Für Hewlett-Packard fungiert Arbeitszeit nicht als Instrument zur Mitarbeiterkontrolle. Vielmehr ist die Überzeugung verbreitet, so wenig als möglich und nur so viel als notwendig in den Zeithaushalt seiner Mitarbeiter einzugreifen, um ein ausgewogenes Miteinander zu ermöglichen. Maßgeblich für diese unternehmerische Praxis ist die ethische Grundhaltung der Firmengründer. David Packard: „Nach meiner Auffassung sind flexible Arbeitszeiten ein wesentlicher Ausdruck der Achtung und des Vertrauens gegenüber Mitarbeitern. Sie zeigen, daß man die Privatsphäre des einzelnen respektiert und ihm auch zutraut, zusammen mit seinem Vorgesetzten und seiner Arbeitsgruppe eine für alle Beteiligten praktikable und faire Zeiteinteilung zu finden."

Die HP-Zeitphilosophie wird von der Einsicht getragen, daß eine hohe Lebensqualität des Menschen wesentlich von einem ausgewogenen Verhältnis zwischen Arbeitszeit und Freizeit abhängt (work/life balance). Es liegt hauptsächlich in der Verantwortung des Arbeitgebers, für optimale Rahmenbedingungen am Arbeitsplatz und interessante wie erfolgversprechende Betätigungsfelder zu sorgen. Freizeit wiederum darf nicht im Dienst der Arbeitszeit stehen als bloße Regenerations- beziehungsweise Vorbereitungsphase. Freizeit – wenn sie ihren Namen verdient – muß als autonome Privatsphäre des Mitarbeiters verstanden und respektiert werden, sie darf nicht als bloße Unterbrechung der Arbeitszeit gesehen werden. Jeder Arbeitgeber muß einsehen, daß der Mitarbeiter zwar einen beträchtlichen Teil seiner Lebenszeit für den Erfolg des Unternehmens einbringt, nicht aber sein Leben selbst.

Seit langem verfolgt Hewlett-Packard den Weg, seinen Mitarbeitern eine weitgehende Selbstorganisation der Arbeitszeit zuzugestehen. Das Anforderungsprofil für Mitarbeiter umfaßt neben der jeweiligen fachlichen Qualifikation die maßgeblichen Fähigkeiten wie Kommunikationsfähigkeit, Eigenverantwortlichkeit, Mobilität und lebenslange Lernbereitschaft. Diese Eigenschaften benennen auch die wesentlichen Bedingungen für erfolgreiches Handeln unter veränderlichen Bedingungen, sie sind das ökonomische Rüstzeug für das beginnende 21. Jahrhundert. Unter den genannten Anforderungen stellt das Experimentieren mit Arbeitszeitmodellen eine relativ risikolose und gegebenenfalls umkehrbare Möglichkeit dar, Leistungsstrukturen und Innovationsprozesse zu optimieren.

Das Standard-Modell

Eigentlich gibt es keinen Ist-Zustand im statischen Sinne, sondern lediglich eine Momentaufnahme des sich ständig wandelnden Arbeitszeit-Kaleidoskops bei Hewlett-Packard. Die beständige Veränderung der betrieblichen Anforderungen und der Wunschvorstellungen der Belegschaft verhindert, daß das Projekt HP-Arbeitszeitmodell jemals zu einem Ende kommt. Weil kein ultimatives Arbeitszeitmodell je gefunden werden kann, tut man gut daran, sich ein prozessuales Verständnis von Arbeitszeitregelungen anzueignen. Die einzige Konstante in puncto Arbeitszeit ist und bleibt der Wandel.

Das HP-Arbeitszeitmodell

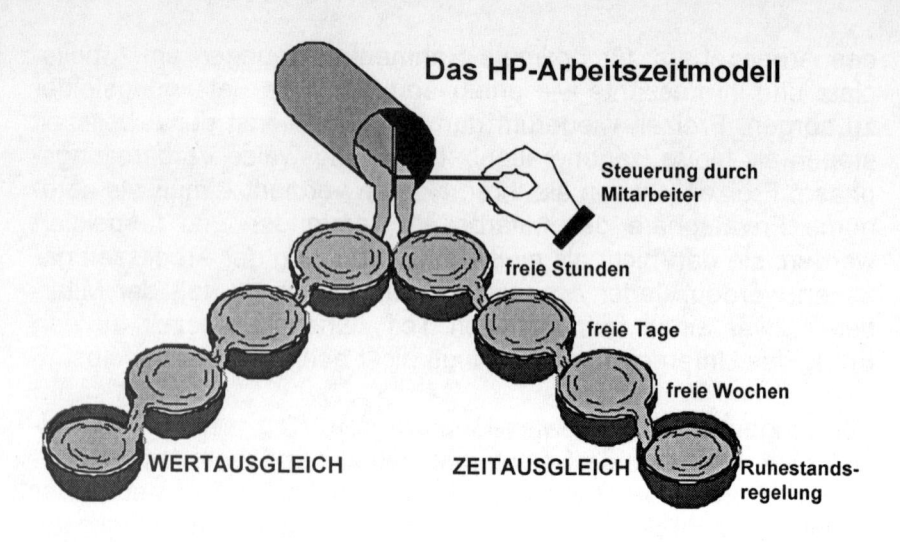

Steuerung durch Mitarbeiter

freie Stunden

freie Tage

freie Wochen

WERTAUSGLEICH   ZEITAUSGLEICH   Ruhestandsregelung

Abbildung 1

Das HP-Arbeitszeitmodell gleicht einem bunten altorientalischen Mosaik. Das Spektrum der Flexibilisierungsmöglichkeiten reicht von Vollzeit-, Teilzeit-, Stundenarbeit, Permanent- und Temporärverträgen über Rufbereitschaften, Schichtmodelle, Arbeitszeit-Korridore, Job- und Desksharing, außerbetriebliche Arbeitsstätten bis hin zu Funktionszeit, Vor- und Wahlarbeitszeit. In dem Maße, wie man versuchen würde, eindimensionale und endgültige Lösungen zu implementieren, in dem Maße würde man sich auch in seinen Handlungsmöglichkeiten und in seiner Reaktionsfähigkeit einschränken. Jede Vereinbarung betreffend Arbeitszeiten kann per se nur ein vorläufiges Ergebnis im Prozeß der Optimierung von Flexibilität und Effizienz sein. Dieser Eindruck wird noch verstärkt, wenn man die arbeitszeitlichen Bestimmungen der letzten Jahrzehnte Revue passieren läßt.

Vor dem Hintergrund der sich anbahnenden Arbeitszeitverkürzung wurde im Jahre 1984 bei Hewlett-Packard in Zusammenarbeit mit dem Betriebsrat und den Mitarbeitern aus verschiedenen Bereichen basierend auf bereits bestehenden Regelungen ein neues Arbeitszeitmodell entwickelt. Unternehmensseitig war man interessiert, einerseits die betriebsübliche Arbeitszeit auf 40 Wochenstunden zu halten und dennoch die gesellschaftlichen Trends der Arbeitszeitverkürzung mitzumachen und andererseits sich durch ein attraktives Arbeitszeitmodell positiv von den Mitbewerbern abzuheben. Tatsächlich hat sich das entwickelte Arbeitszeitmodell als ein Zwei-Gewinner-System herausgestellt: für das Unternehmen und für die Mitarbeiter gleichermaßen.

Die elektronische Zeiterfassung bei Hewlett-Packard resultiert aus der administrativen Notwendigkeit und dient nicht als Kontrollinstrument. Eine klassische Kommt-Geht-Zeiterfassung mittels Stechuhren würde dem HP-Denkansatz widersprechen, der sich hauptsächlich an Arbeitsaufgaben und Ergebnissen orientiert. Grundsätzlich geht das Unternehmen davon aus, daß die Gleichung Anwesenheitszeit = Arbeitszeit nicht ohne weiteres stimmig ist, weil man von einer rein quantitativ erfaßten Anwesenheitszeit nicht unmittelbar auf die Arbeitsleistung schließen kann. Es gelang weitgehend, eine Minutenmentalität, die auf reine Anwesenheitszeiten abzielt, aufzubrechen.

Für Hewlett-Packard insgesamt gilt nach wie vor der Leitsatz: Kontrolle ist gut, Vertrauen ist besser. Und es ist auch klar, daß die Etablierung einer Vertrauenskultur kein einmaliger Akt ist und auch nicht von oben verordnet werden kann. Vertrauen muß wachsen, es muß von jedem Einzelnen im täglichen Business auf den verschiedensten Kommunikationswegen immer wieder neu belebt und gelebt werden. Ansonsten bleibt das schönste Arbeitszeitmodell blanke Theorie.

Abschied von der Stechuhr

Den Mitarbeitern wird der Umgang mit wichtigsten Kunden, mit teuerstem Arbeitsgerät und mit hohen Geldsummen anvertraut. So ist es eigentlich nur ein logischer Schritt, ihnen auch die Eigenverantwortung und damit die Aufzeichnung der Arbeitszeit in ihre Hände zu geben. Alle Mitarbeiter von Hewlett-Packard erfassen ihre Arbeitszeiten selbstverantwortlich und geben sie per PC von ihrem Arbeitsplatz aus ein. Durch die praktizierte Mengenerfassung (zum Beispiel 40 Stunden pro Woche) wird ausgeschlossen, daß das Stechuhrprinzip durch die Hintertür wieder hereinkommt.

Das Standard-Arbeitszeitmodell für vollzeitbeschäftigte HP-Mitarbeiter sieht eine individuelle vertragliche Wochenarbeitszeit von 38 Stunden pro Woche vor. Bei einer tatsächlichen Arbeitszeit von 40 Wochenstunden werden somit zwei Stunden Vorarbeitszeit pro Woche beziehungsweise circa zwölf Tage im Jahr geleistet, die monatlich wahlweise als Geldwert (Wertausgleich) oder als Zeitgutschrift (Zeitkonto) vergütet werden. Der Vergütungsmodus kann zum Ende eines jeden Jahres jeweils für das kommende Kalenderjahr geändert werden. Zur Zeit nutzen rund 22 Prozent der Belegschaft die 1992 eingeführte Option der regelmäßigen monatlichen Auszahlung. Die Beweggründe hierfür liegen zumeist in einer Lebensphase, in der ein erhöhtes Ein-kommen einer weiteren Zeitgutschrift vorgezogen wird.

Es gibt zum einen das Kurzzeitkonto, welches in Stunden geführt wird. Bei Erreichen der entsprechenden Stundenanzahl fließt das Konto – bildlich gesprochen – über und geht als ganze Tage dem Langzeitkonto zu. Dem Urlaubskonto werden jährlich standard-mäßig 30 Tage zugebucht, der nicht beanspruchte Resturlaub fließt im Folgejahr jeweils zum 31. März ebenfalls dem Langzeit-konto zu. Für sämtliche Zeitgutschriften gilt, daß sie unverfallbar sind und nur in begründeten Ausnahmesituationen (beispielsweise Firmenaustritt, Todesfall) ausbezahlt werden.

Die Zeitgutschriften auf den Zeitkonten können nach Absprache mit dem Vorgesetzten unter Berücksichtigung der betrieblichen Belange als einzelne freie Stunden (Kurzzeitkonto), freie Tage, Sabbaticals oder zur Reduzierung der Lebensarbeitszeit (Lang-zeitkonto) genommen werden. Es bestehen keinerlei betriebliche Limitierungen für das Ansparen von Zeit auf den Konten. Durch diese Regelung erhält der einzelne Mitarbeiter eine weitgehende Zeitsouveränität. Um das Modell transparent zu machen, sind sämtliche Zu- und Abflüsse der Zeitkonten jederzeit einsehbar. Bei einer längerfristigen Zeitentnahme sprechen sich Mitarbeiter und Vorgesetzter ab, um einen eventuellen Kapazitätsengpaß proaktiv zu vermeiden.

Fonds bieten Sicherheit

Zur Finanzierung der Zeitkonten bildet die Hewlett-Packard GmbH zeitnah Rückstellungen in Höhe des Geldwertes der angesparten Zeitguthaben. Zur Insolvenzsicherung wird der Gegenwert der Rückstellungen aus dem Unternehmen ausgelagert. Konkret werden die Gelder durch einen externen Treuhänder in Fonds angelegt, um ein höchstmögliches Maß an Sicherheit für die Mitarbeiter-Guthaben aus den Zeitkonten gewährleisten zu können.

Das HP-Arbeitszeitmodell wird von den Mitarbeitern als Teil des gesamten Leistungspakets gesehen und in sämtlichen Umfragen als sehr positiv bewertet. In der Wertschätzungsskala der Mitarbeiter rangiert das Arbeitszeitmodell – laut der Sozialleistungsumfrage von 1997 – ganz oben zwischen Aktiensparplan, Gewinnbeteiligung, Betrieblicher Altersversorgung und Urlaubsgeld. Somit zählt die Zeitflexibilität zu den am meisten geschätzten Leistungen bei Hewlett-Packard.

Vorarbeitsmöglichkeit

Mit der Erweiterung des Standard-Arbeitszeitmodells um die Option 100=80+20 will Hewlett-Packard als Arbeitgeber noch attraktiver werden und noch mehr Mitarbeiterspielraum gewähren. Der Einzelne kann jetzt noch freier planen, wie er mit seinen Lebensparametern Arbeit, Zeit und Geld umgehen möchte, auf kürzere Sicht (zum Beispiel Weiterbildung, Langzeiturlaub) wie auch in der Langzeitperspektive (zum Beispiel gleitender / vorzeitiger Ruhestand).

Die unter der Formel 100=80+20 firmierende Option bedeutet eine wesentliche Erweiterung der Vorarbeitsmöglichkeit. Bei gleichbleibender tatsächlicher Arbeitszeit von 40 Wochenstunden (= 100 Prozent) kann der Mitarbeiter nun bis maximal acht Stunden (= 20 Prozent) pro Woche auf seinem Zeitkonto ansparen, indem er seine individuelle vertragliche Wochenarbeitszeit und also auch sein Gehalt auf 32 Stunden (= 80 Prozent) reduziert. Das Zusatzleistungspaket (zum Beispiel Urlaubsgeld, betriebliche Sonderzahlungen, Aktiensparen) wird auf der Grundlage dieses reduzierten Gehalts gewährt.

Erweiterte Vorarbeitszeit 100=80+20

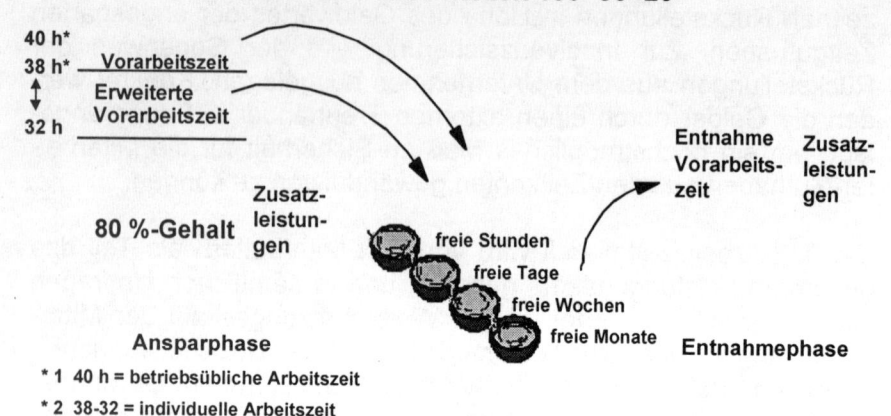

40 h*
38 h* Vorarbeitszeit
32 h Erweiterte Vorarbeitszeit

80 %-Gehalt   Zusatzleistungen

freie Stunden
freie Tage
freie Wochen
freie Monate

Entnahme Vorarbeitszeit   Zusatzleistungen

Ansparphase   Entnahmephase

* 1 40 h = betriebsübliche Arbeitszeit
* 2 38-32 = individuelle Arbeitszeit

Abbildung 2

Es bedarf – wie im Standard-Arbeitszeitmodell – keinerlei Festlegung über den Zeitpunkt der Entnahme, ebenso gibt es keine quantitative Begrenzung des Zeitkontos. In der Zeitentnahmephase bekommt der Mitarbeiter sein Zeitguthaben zu seinem dann gültigen Gehalt vergütet, die vollen Zusatzleistungen kommen entsprechend hinzu. Der Urlaubsanspruch beträgt auch weiterhin 30 Tage.

Die Formel 100=80+20 beschreibt nur die äußerste Vorarbeitsmöglichkeit. Tatsächlich kann der Mitarbeiter je nach Bedarf wählen in Stufen von jeweils ganzen Stunden. Zum Beispiel: 40 Stunden arbeiten bei 34 Stunden Gehalt und sechs Stunden Zeitgutschrift, was der Formel 100=85+15 entspräche. Das Projekt 100=80+20 umfaßt also eine Vielzahl von Varianten des Zeitansparens.

Die erweiterte Vorarbeitsmöglichkeit steht allen vollzeitbeschäftigten HP-Mitarbeitern offen. Mitarbeiter mit einem befristeten Arbeitsverhältnis können an 100=80+20 nicht teilnehmen. Für Mitarbeiter mit einem Teilzeitvertrag gibt es die Möglichkeit, bis zu neun Tage im Jahr anzusparen, indem ab der ersten Mehrarbeitsstunde ein Zeitausgleich (Gutschrift auf das Kurzzeitkonto) gewählt werden kann.

Die Teilnahme an 100=80+20 wird durch eine Ergänzung zum Arbeitsvertrag (Reduzierung der vertraglichen Arbeitszeit sowie des Grundgehalts) dokumentiert. Die Mitarbeiter können jährlich über die Teilnahme an 100=80+20 sowie über die jeweilige Variante für das kommende Kalenderjahr entscheiden.

Von der Gleitzeit zur Funktionszeit

Die Praxis hat gezeigt, daß der bisherige Gleitzeitrahmen wegen der zunehmenden Internationalisierung der Aktivitäten und wegen der massiven Veränderung der Kundenanforderungen weder den Wünschen der Mitarbeiter noch denen des Unternehmens weiterhin gerecht werden konnte. Seit Ende 1998 gilt bei der Hewlett-Packard GmbH die sogenannte Funktionszeit. Die Idee ist die folgende: der Mitarbeiter plaziert eigenständig seine acht Stunden tägliche Regelarbeitszeit innerhalb des definierten Funktionszeitrahmens von 6.00 bis 19.00 Uhr. Das bedeutet zunächst einmal, daß es keine starr definierten Zeiten mit Anwesenheitspflicht mehr gibt, sprich die klassische Kernarbeitszeit ist dadurch obsolet.

Die Einführung der Funktionszeit bedeutet mitarbeiterseitig einen beträchtlichen Zuwachs an individueller Zeitsouveränität und Flexibilität. Unternehmensseitig ergibt sich die Möglichkeit, gemäß den Kundenwünschen bedarfsgerechte Ansprech- und Betriebsnutzungszeiten über eine bestimmte Zeitspanne sicherzustellen. Die Mitarbeiter in denjenigen Unternehmensbereichen, die ein bestimmtes Zeitfenster abdecken müssen (zum Beispiel aufgrund von Zeitverschiebungen), stimmen die Besetzung untereinander ab.

Funktionszeit

Funktionszeitrahmen

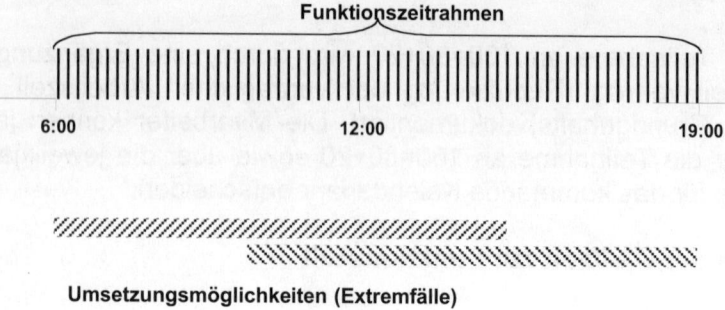

| 6:00 | 12:00 | 19:00 |

Umsetzungsmöglichkeiten (Extremfälle)

Abbildung 3

Swingtime-Modell

Mitte der siebziger Jahre hat Hewlett-Packard deutschlandweit ein weiteres Flexibilisierungselement mit dem Namen Swingtime eingeführt. Hinter diesem Begriff verbirgt sich ein arbeitszeitliches Instrumentarium, das ausschließlich von Arbeitnehmerseite genutzt werden kann. Konkret können die Mitarbeiter hierbei an einzelnen Wochentagen bis maximal drei Stunden pro Woche länger oder kürzer arbeiten. Nach der bisherigen Regelung mußten diese Stunden innerhalb derselben Woche vor- oder nachgearbeitet werden, heute dagegen erfolgt der Ausgleich von Mehr- oder Minderstunden im Rahmen des Swingtime-Modells innerhalb eines Monats.

Beispielsweise kann ein Mitarbeiter zwei Wochen jeweils drei Stunden sowie eine Woche zwei Stunden vorarbeiten, um in der vierten Woche einen Tag freizunehmen. Selbstverständlich gilt beim Swingtime-Modell der Einhaltung der gesetzlich vorgeschriebenen Tageshöchstarbeitszeit besonderes Augenmerk. Dem Einzelnen steht es prinzipiell frei, die genommene Freizeit vor- oder nachzuarbeiten. Zur Vermeidung von Kapazitätsengpässen sprechen sich hierbei Mitarbeiter und Vorgesetzte ab.

Flexibler Arbeitszeitkorridor

Unternehmensbereiche mit besonderem Flexibilisierungsbedarf – etwa aufgrund von Auftragsschwankungen oder saisonalen Spitzen und Tälern – können ihre Arbeitszeit an der Auslastung ihrer Kapazitäten orientieren. Der flexible Arbeitszeitkorridor findet vorwiegend aber nicht ausschließlich in der Produktion Anwendung. Basierend auf der allgemeinen Betriebsvereinbarung werden bereichsspezifische Details geregelt. Die Schwankungen durch Mehr- oder Minderstunden werden über ein separates Zeitkonto – das sogenannte Flexikonto – erfaßt und ausgeglichen. Das Grundgehalt, das Standard-Arbeitszeitmodell und die HP-Zusatzleistungen der betreffenden Mitarbeiter werden durch die arbeitszeitlichen Schwankungen nicht berührt.

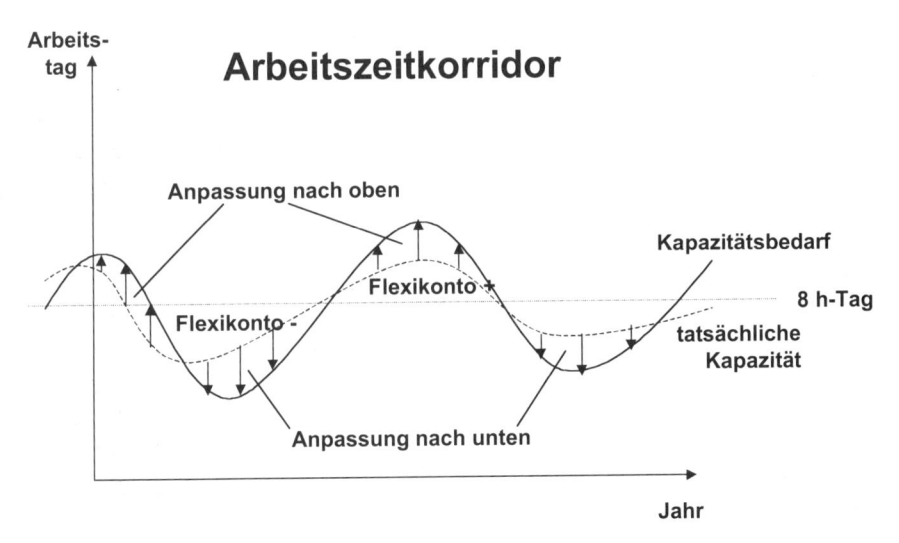

Abbildung 4

Die einzelnen Bestimmungen wie Schwankungsbreite der wöchentlichen Arbeitszeit, Ober- und Untergrenzen sowie Kontrollmöglichkeiten des Flexikontos, Ankündigungs- und Ausgleichsfristen werden zwischen Bereichsmanagement, Personal und Betriebsrat abgestimmt. Im Rahmen der betrieblichen Möglichkeiten werden die Wünsche der Mitarbeiter nach flexibler Zeiteinteilung so weit als möglich berücksichtigt.

Das Modell Flexibler Arbeitszeitkorridor leistet einen wichtigen Beitrag zur Standortsicherung, Beschäftigungssicherheit und zur Vermeidung von Überzeiten und Leerlaufzeiten durch eine bessere Verteilung von Mehr- und Wenigerarbeit. Im Gegensatz zu vielen anderen Arbeitszeitregelungen erlaubt der Korridor eine Flexibilität nicht nur nach oben, sondern auch nach unten. Konkret wird das Flexikonto auf zum Beispiel +/- 70 Stunden angelegt, und der Mitarbeiter muß innerhalb einer gewissen Zeitspanne – zum Beispiel ein Jahr – den Nullbereich durchlaufen, um wieder ein ausreichendes Flexibilitätspotential sicherzustellen. Schwankende Kapazitätsanforderungen können so durch ein stabiles Team bewältigt werden, ohne daß etwaige Personalaufstockungen oder -reduzierungen erforderlich sind.

Arbeitszeit à la carte

Ende 1999 erfolgt die Implementierung eines neuen HP-Zeitwirtschaftssystems mit dem Namen Time & Labor, das nur noch im Falle einer Abweichung von der vorgegebenen Standard-Arbeitszeit – bei Krankheit, Urlaub, Überzeit und so weiter – eine aktive Eingabe durch den Mitarbeiter erforderlich macht.

Hewlett-Packard betrachtet seine Fortschrittlichkeit in Sachen Arbeitszeit keineswegs als Ruhekissen. In Zukunft wird der Trend zu individuellen und flexiblen Modell-Lösungen immer notwendiger werden, starre Kardinallösungen und über längere Zeiträume hinweg festgeschriebene Modelle haben definitiv ausgedient. Gefragt sind arbeitszeitliche Regelungen, die auf die einzelnen Mitarbeiter in den jeweiligen Businesses zugeschnitten sind und sich leicht an veränderte Bedingungen adaptieren lassen.

Die zentrale Konstante innerhalb dieses hochvariablen Arbeitszeitszenarios bildet auch weiterhin das Vertrauensverhältnis innerhalb der Belegschaft wie zwischen der Belegschaft und dem Management. Hewlett-Packard wird auch in Zukunft an der Devise festhalten, unter Berücksichtigung der Kunden- und Unternehmensinteressen den einzelnen Mitarbeitern in ihrer Arbeitszeitgestaltung größtmögliche Selbstbestimmung zuzugestehen. Dies nicht zuletzt deshalb, weil mit einer erweiterten Zeitsouveränität auch eine stärkere Identifizierung mit den betrieblichen Zielen einhergehen kann.

Der Trend hin zu einem ergebnisorientierten Management wird sich verstärken, der Anwesenheitskult über kurz oder lang verschwinden. Aus administrativer Sicht verliert das Thema Arbeitszeit an Bedeutung, während es sich aus kreativ-gestalterischer Sicht zu einer fast unbegrenzten Spielwiese entwickelt. Es wird auch weiterhin von entscheidender Bedeutung bleiben, daß ein Unternehmen Mut für neue und unkonventionelle Lösungen aufbringt und nicht auf alten Positionen beharrt. Für Hewlett-Packard ist Flexibilität nicht mit Beliebigkeit gleichzusetzten. Es war die Absicht dieses Artikels, zu zeigen, daß diese Firma sehr konkrete Vorstellungen davon hat, wie ein gesundes Verhältnis zwischen Veränderung und Beständigkeit auszusehen hat. Es darf kein Zweifel darüber aufkommen, daß die Grenze der Flexibilisierung – durch das Wohlbefinden und die Freiwilligkeit aller Betroffenen sowie durch die wirtschaftliche Sinnhaftigkeit – klar gezogen ist.

Literaturverzeichnis

Adamski, Bernhard
Die Organisation der computergesteuerten Zeitwirtschaft; Erforderliche Grundlagen, benötigte Leistungsmerkmale, zu erwartender Nutzen, Köln 1995

Adamski, Bernhard
Einführung der integrierten Zeitwirtschaft - ein Leitfaden zur Vorgehensweise, Köln 1996

Borchers, Jörg M.
Auszug aus der Diplomarbeit Fachhochschule Ostfriesland Emden: Die Steuerung der Personalkapazität im Einzelhandel, Chart-Book - die Auswertung der Unternehmensbefragung

Marr, Rainer u. a.
Arbeitszeitmanagement; Grundlagen und Perspektiven der Gestaltung flexibler Arbeitszeitsysteme, Berlin 1987

Vatterroth, Hans-Christian
PPS und computergestützte Personalarbeit; Die Intergrationsmöglichkeiten von Produktionsplanungs- und -steuerungssystemen, Arbeitzeiterfassungs- und Personalinformationssystemen, Köln 1993

Benutzerhandbuch Personaleinsatzplanung SP-Expert Version 4.1 der ASTRUM GmbH, Erlangen

CoPers, Computergestützte und operative Personalarbeit, Datakontext-Fachverlag, Frechen

CoPers-Forum 1996 und 1997 Köln, Niederschriften der Fachvorträge

Fachzeitschriften, diverse Ausgaben (genaue Quellen im Text)

Internet diverse Fachbeiträge (genaue Quellen im Text)

Lohn + Gehalt, Zeitschrift für die Personalvergütung, Datakontext-Fachverlag, Frechen

Personalwirtschaft 10/99, Hermann Luchterhand Verlag, Kriftel

Personal, Zeitschrift für Human Resource Management, Wirtschaftsverlag Bachem, Köln

Die Anwenderberichte im Anhang B wurden von Bernhard Adamski geschrieben, soweit keine andere Autorenangabe vorhanden ist.